高职高专"十二五"规划教材

饭店前厅客房
服务与管理

主　编　高　巍

吉林大学出版社

内容提要

本教材根据旅游高等职业教育课程设置与教学要求编写,分前厅管理和客房管理两部分,共 17 章。其内容主要包括前厅基础,客房销售、预订,前厅礼宾服务、总台服务、商务服务,前厅沟通,前厅质量、资源管理,前厅管理自动化系统,客房产品概述,清洁器具和清洁剂,饭店公共区域及面层材料的清洁保养,布件的洗熨和特殊污渍的清除,客房部的对客服务工作,客房部的机构设置及人员管理,客房的物资管理。本书既可作为高等职业院校旅游管理、饭店管理专业的教材,也可作为旅游企业饭店管理人员的培训教材。

图书在版编目(CIP)数据

饭店前厅客房服务与管理 / 高巍主编. —长春:
吉林大学出版社,2010.4
(高职高专"十二五"规划教材)
ISBN 978 - 7 - 5601 - 5588 - 3

Ⅰ.①饭… Ⅱ.①高… Ⅲ.①饭店—商业服务—高
等学校:技术学校—教材 ②饭店—商业管理—高等学校:技
术学校—教材 Ⅳ.①F719.2

中国版本图书馆 CIP 数据核字(2010)第 048734 号

书　名:高职高专"十二五"规划教材
　　　　饭店前厅客房服务与管理
作　者:高巍　主编

责任编辑、责任校对:邵宇彤　　　　　　　　　封面设计:超视觉工作室
吉林大学出版社出版、发行　　　　　　　　　北京市彩虹印刷有限责任公司　　印刷
开本:787×1092 毫米　1/16
印张:21.25　字数:448 千字　　　　　　　　2014 年 1 月　第 3 次印刷
ISBN 978 - 7 - 5601 - 5588 - 3　　　　　　　　　　　　　　　定价:38.00 元

社址:长春市明德路 501 号　邮编:130021
发行部电话:0431-89580026/28/29
网址:http://www.jlup.com.cn
E-mail:jlup@mail.jlu.edu.cn

出 版 说 明

　　作为高等教育的重要组成部分，高等职业教育是以培养具有一定理论知识和较强实践能力，面向生产、面向服务和管理第一线职业岗位的实用型、技能型专门人才为目的的职业技术教育，是职业技术教育的高等阶段。目前，高等职业教育教学改革已经从专业建设、课程建设延伸到了教材建设层面。根据国家教育部关于要求发展高等职业技术教育，培养职业技术人才的大纲要求，我们组织编写了这套《高职高专"十二五"规划教材》。本系列教材坚持以就业为导向，以能力为本位，以服务学生职业生涯发展为目标的指导思想，以与专业建设、课程建设、人才培养模式同步配套作为编写原则。

　　从专业建设角度，相对于普通高等教育的"学科性专业"，高等职业教育属于"技术性专业"。技术性专业的知识往往由与高新技术工作相关联的那些学科中的有关知识所构成，这种知识必须具有职业技术岗位的有效性、综合性和发展性。本套教材不但追求学科上的完整性、系统性和逻辑性，而且突出知识的实用性、综合性，把职业岗位所需要的知识和实践能力的培养融会于教材之中。

　　从课程建设角度，现有的高等职业教育教材从教育内容上需要改变"重理论轻实践"、"重原理轻案例"，教学方法上则需要改变"重传授轻参与"、"重课堂轻现场"，考核评价上则需改变"重知识的记忆轻能力的掌握"、"重终结性的考试轻形成性考核"的倾向。针对这些情况，本套教材力求在整体教材内容体系以及具体教学方法指导、练习与思考等栏目中融入足够的实训内容，加强实践性教学环节，注重案例教学，注重能力的培养，使职业能力的培养贯穿于教学的全过程。同时，使公共基础类教材突出职业化，强调通用能力、关键能力的培养，以推动学生综合素质的提高。

　　从人才培养模式角度，高等职业教育人才的培养模式的主要形式是产学结合、工学交替。因此，本教材为了满足有学就有练、学完就能练、边学边练的实际要求，纳入新技术引用、生产案例介绍等来满足师生教学需要。同时，为了适应学生将来因为岗位或职业的变动而需要不断学习的情况，教材的编写注重采用新知识、新工艺、新方法、新标准，同时注重对学生创造能力和自我学习能力的培养，力争实现学生毕业与就业上岗的零距离。

　　为了更好地落实指导思想和编写原则，本套教材的编写者既有一定的教学经验、懂得教学规律，又有较强的实践技能。同时，我们还聘请生产一线的技术专家来审稿，保证教材的实用性、先进性、技术性。总之，该套教材是所有参与编写者辛勤劳作和不懈努力的成果，希望本套教材能为职业教育的提高和发展作出贡献。

　　这就是我们编写这套教材的初衷。

前　言

随着社会经济的不断发展，饭店业的发展也越来越快，同时，其面临的竞争也越来越激烈。为了适应这种发展，我们必须培养全面发展的高等技术应用型的饭店管理人才。基于此，我们根据高等职业教育课程的设置与教学要求编写了《饭店前厅客房服务与管理》一书。

本书分前厅管理和客房管理两部分，共 17 章。第一章至第十章为前厅部分，内容主要包括前厅基础，客房销售、预订，前厅礼宾服务、总台服务、商务服务，前厅沟通，前厅质量、资源管理，前厅管理自动化系统。第十一章至第十七章为客房部分，内容主要包括客房产品概述，清洁器具和清洁剂，饭店公共区域及面层材料的清洁保养，布件的洗熨和特殊污渍的清除，客房部的对客服务工作，客房部的机构设置及人员管理，客房的物资管理。

本书在体例方面也有所创新，每章的重点提示为学生明确了学习重点，"故事坊"以饭店管理中的经典故事引发学生的学习兴趣。此外，每节后都附有资料卡，为没有实践经验的在校学生提供了很好的学习素材。

全书既强调学科的理论性，又注重实践应用中的实用性和科学性，内容的编写不仅满足了前厅与客房服务的日趋变化及顾客个性化服务的要求，而且在技术和方法上能适应现代饭店前厅客房服务与管理的实践需要。本书既可作为高等职业院校旅游管理、饭店管理专业的教材，也可作为旅游企业饭店管理人员的培训教材和参考用书。

由于编者水平有限，书中难免存在不妥之处，恳请广大读者批评指正。

编　者

2008 年 1 月

目　录

前　厅　篇

客　房　篇

前 厅 篇

第一章　前厅基础

重点提示

1. 前厅的作用和地位。
2. 前厅氛围的营造。
3. 前厅岗位设定与员工素质。
4. 前厅服务流程。

故事坊

还不知道我是谁吗

Z 先生是某五星级饭店的熟客，他每次入住后，饭店的公共关系部经理都要前去问候。大家知道，Z 先生极好面子，总爱当着他朋友的面批评饭店，以显尊贵。这天，公关部经理再次登门拜访，发现 Z 先生正与他的几位朋友在一起。果然，Z 先生的话匣子又打开了："我早就说过，我不喜欢房间里放什么水果之类的东西，可这次又放上了。还有，我已经是第 12 次住你们饭店了，前台居然还向我要身份证登记，难道你们的电脑里没有存吗？是不是现在生意好了，有没有我这个宾客都无所谓啦？"

这是一个建议性投诉。宾客把某种不满告诉投诉对象，不一定要对方做出什么承诺，饭店要掌握宾客投诉的心理需要，加以迎合或满足。因此，饭店公共关系部经理很得体地向宾客解释："怎么会呢，您是我们尊贵的宾客，我们欢迎还来不及呢，怎么会无所谓呢？您提的意见我一定转告前台，相信下次您再来时一定不会这样了，非常感谢您的批评。"

第一节　前厅的作用和地位

一、前厅的概念

前厅（Front Office Department），亦称前厅部、前台部、总服务台或客务部。它设置在饭店前厅，是饭店的首席业务部门。其主要职责是推销及出售饭店产品，完成宾客入住和退房工作，调度饭店业务，并组织、接待、实施一系列对客服务，如客房预订、信息咨询、委托代办、行李运送、电话转接、退房服务、商务中心服务等。

前厅通常由客房预订处、大厅礼宾服务处、接待处、问询处、收银处、电话总机、商务中心、大堂值班经理和大堂副理等组成，其主要机构均设在宾客来往最频繁的地段——大堂。前厅的服务人员是饭店中与宾客接触面最广的员工，他们所提供的服务可为宾客留下深刻的第一印象。

前厅是饭店中最为重要的部门之一，前厅运转好坏将直接影响饭店的服务质量、经济效益乃至管理水平和市场形象。人们经常用"神经中枢"来形容前厅在饭店中的地位与作用。

二、前厅的职能

（一）销售客房

前厅的首要功能是推销客房。前厅的客房销售是饭店销售部工作的延伸和实现，客房的营业收入一般要占饭店全部营业收入的40%～60%。其销售数量的多少、销售价格的高低，直接影响着饭店客房销售目标的实现。同时，饭店客房出租率的高低也对实现餐饮、娱乐、健康中心等其他部门的经营指标起着极大的作用。

销售客房通常包括以下四项内容：

（1）受理宾客预订。

（2）接待未经预订而直接抵店的零散宾客（Walk-in Guests）。

（3）办理宾客的入住登记手续（Check-in）。

（4）分配房间，确定房价。

（二）管理客房

前厅的主要功能之一就是对客房产品进行管理，清楚地掌握和控制客房产品状况，最大限度地为饭店创造经济效益。饭店客房状况是指饭店客房使用情况。为了实现对客房状况的有效控制，前厅必须协调好与客房部和销售部的关系，及时准确地反映客房状况。前厅通过客房现状显示系统和客房预订状况显示系统来反映和控制客房状况。

（三）协调对客服务

作为饭店业务活动的中心，前厅必须承担饭店前、后台之间及管理部门与宾客之间的沟通联络工作。为方便宾客，使宾客满意，前厅应积极地帮助宾客，并协调其他部门解决宾客在住宿期间遇到的各种问题。例如，在旺季，前厅要积极协调客房部加快客房的清洁工作，减少未预订宾客的等候时间，帮助宾客尽快入住。当宾客投诉房间设施出现问题时，前厅应立刻与工程维修部门协调，恢复设施的正常使用。

（四）提供前厅服务

通常，前厅是宾客进入饭店最先接触的部门，也是宾客离开饭店最后接触的部门，其服务贯穿宾客住宿的整个过程，影响着宾客对饭店的总体印象和对饭店产品的满意程度。

作为饭店的门面和对客服务集中的场所，除协调饭店对客服务外，前厅还是一个直接向住宿宾客提供各类相关服务的前台服务部门。例如，在机场、车站或在饭店大门迎送宾客的服务，行李、问讯、邮件、留言等服务，分发、保管客用钥匙及处理投诉，贵重物品的寄存服务以及通过电话总机所提供的各项服务。

（五）处理客账

前厅为登记入住的宾客分别设立账卡，收取宾客押金，接受各营业部门转来的客账资料，及时记录宾客住宿期间的各项赊款，并在每天晚间加以累计、审计，管理宾客的信用度，确保饭店的营业收入。当宾客离店时，前厅为宾客办理结账手续，准确收取宾客在住宿期间消费的所有账款。处理客账的目的是记录和监视宾客与饭店之间的财务关系，以保持饭店的良好信誉和保证饭店应有的经济效益。

（六）辅助决策

前厅是饭店经营活动的主要信息源，其信息包括饭店经营的外部市场信息（如旅游业发展状况、国内外最新经济信息、宾客的消费需求与心理、人均消费水平、年龄结构等）和内部管理信息（如出租率、营业收入、宾客投诉、客情预测、宾客住店离店以及在各营业点的消费情况等）。

这些信息被前厅收集、统计和整理后报送饭店的管理机构，作为决策的参考依据。决策者根据市场变化采取相应对策，调整经营思路。为起到决策参谋的作用，前厅还应当将有关预订接待情况、客情预测、客史档案等资料收存建档，以充分发挥这些原始资料的作用，使前厅真正成为饭店收集、处理、传递和储存信息的中心。

前厅的管理人员还要亲自参与客房年度销售预测，进行月度、年度销售统计分析，并向总经理提供有价值的参考意见；亲自检查各类报表和数据，通过掌握大量的信息来不断改善本部门和饭店的服务工作，提高前厅的管理水平。

从以上六项功能可以看出，前厅是饭店的营业中心、协调中心和信息中心，在饭店经营中起着销售、控制、沟通、协调服务和参与决策的作用。前厅管理水平的高低与上述六项功能是否能正常发挥密切相关。

三、前厅的地位

前厅在整个饭店的对客服务体系中占据着举足轻重的地位，是饭店经营管理中绝不能忽视的部门。

（一）前厅是饭店"门面"

宾客的住宿需求一经产生，就开始了与饭店前厅的接触。宾客抵达饭店，首先要接触的就是前厅的各种服务。从前厅所处位置来看，其管辖区域的主要机构集中设在饭店大堂，这是所有宾客抵、离店必经之处和活动场所。从服务角度来看，前厅员工与宾客接触面最广，前厅所提供的服务贯穿于宾客抵店、住店和离店的全部过程。前厅每一位员工的音容笑貌、待人接物的一举一动，都体现出饭店对待宾客的关心程度，而主动、热情的接待及周到的服务才能换来宾客的满意，赢得宾客的信任，从而招徕回头客。

（二）前厅是信息枢纽

前厅是对客服务的协调中心，前厅员工通过自身的销售与服务工作，不仅要正确地向宾客提供各类信息，还要将宾客的有关信息传递到相关部门，使相关部门能够有计划地安排好各自的工作。另外，前厅通过客史档案工作，把一些宾客的特殊要求及时归整，以便今后宾客再次光临时通知有关部门提供有针对性的服务。前厅还通过自身完善的报表管理体系，为饭店储存完整的业务资料，如客情预测、营业日报等，以便销售部、财务部做好分析工作。总之，前厅在整个饭店中起着承上启下、联系内外、协调全局的重要作用，是饭店的信息中心和协调中心。

（三）前厅是客服纽带

前厅是饭店管理机构的代表，拥有相当数量不同性质的服务岗位和工种，通过销售与服务工作，在宾客抵店、住店和离店这三个过程中与宾客保持着全面、密切的联系。宾客投诉或寻求帮助时，通常会找到前厅。前厅掌握着所有住宿宾客的信息和资料，并把这些资料反馈到管理机构及其他服务部门，使之能更好地提供各种服务。所以对于宾客来讲，前厅的工作效率、服务质量和管理水平，直接代表着饭店的管理水平。

（四）前厅是决策参谋

前厅与宾客有着最广泛的接触，可以及时收集到宾客对饭店管理和服务的建议和意见，并传达给饭店质检部门进行有针对性和有成效的分析，为制定改进管理和提高服务的措施提供了第一反馈信息。另外，前厅还保存着大量的实时经营管理数据，前厅员工通过认真整理和分析这些数据，可按日、月、年定期或不定期地向饭店决策和营销机构提供反映市场各种信息的报表及数据，以此作为制定和调整饭店计划及经营策略的重要依据。前厅还会同销售部、财务部制定年度客房营销预算计划，发挥着重要的参谋和助手作用。

资料卡

一份证件能否开多间房

宾客只持一份有效证件要求开多间房时，前厅接待人员应采取以下应对策略：

（1）婉拒宾客。

（2）向宾客解释公安部门的规定：每一位居停的宾客都须登记。

（3）向宾客陈述这样操作对宾客的好处：便于查询；万一宾客丢失房间钥匙时能尽快通过核对其本人证件资料而快速提供相应的服务；为宾客在店的签单消费提供保障和方便；饭店能在宾客住店期间提供更细致的服务工作，如宾客的生日正好在入住期间，宾客将会收到饭店为他特别准备的生日礼物，宾客再次入住时便是饭店的常客，便于饭店提供更细致的服务。

房间已满，未预订的宾客要入住怎么办

（1）向宾客说明客房已满的情况，真诚地表示歉意。

（2）如有必要，主动帮助宾客联系附近的同类饭店住宿。

（3）告知宾客一旦饭店有退房，会立即通知宾客。

（4）欢迎宾客下次光临。

第二节　前厅氛围的营造

一、前厅的主要设备

前厅对客服务的运作效率在很大程度上依赖于所配备的设备状况。随着计算机的应用及其功能的不断开发和完善，越来越多的饭店前厅配置了计算机设备，这样既节省了总台服务空间，扩充了服务信息，又加快了服务节奏，提高了运转效率，同时也大大减轻了总台人员的工作量。

前厅设备、物品必须明确定位，便于对客服务。

（一）前厅电脑网络终端

前厅电脑网络终端是饭店计算机管理系统的重要组成部分，前厅员工通过它能够方便地进行客房预订、入住接待、客账处理、房态控制、信息查询、报表统计、夜间审核、系统维护等一系列工作。使用计算机进行管理已成为饭店特别是前厅信息处理的一种主要方法，它可以改善客房预订、排房、接待、结账和统计查询的工作条件，提高工作效率和服务质量，加强饭店管理。过去饭店前厅对客服务借助的手工操作设备，如房态显示架、预订显示架、问询架、账单架等，现已被电脑系统管理所取代。

（二）邮件架

传统的邮件架通常挂在前台大墙壁上，面向宾客。它是由标有房号的多格子的木架组成的，用于存放宾客邮件、留言单等。其排列设计有垂直式和水平式两种。有些饭店在木架上装有一个留言灯光显示器，当客房内留言单及总台键钮指示灯同时闪亮时，可提醒住客有邮件和留言待取；当住客取走邮件和留言单后，总台人员关闭指示灯，相应客房内的留言灯也同时关闭。

如今，许多饭店邮件架设在总台下面。其优点是服务员在取钥匙和留言时，不必转来转去，可保持与宾客面对面地接触和交流，并能关注整个大堂的活动。

（三）贵重物品保险箱

贵重物品保险箱是一种带有门锁、由多个小箱组成的立柜，其数量一般是饭店客房总数的15％～20％。目前，饭店中任何先进的设备都无法取代贵重物品保险箱的作用。

（四）打时机

打时机能够打印出即时的日期和时间。前厅使用打时机可以为宾客在办理入住登记、离店结账、贵重物品保存手续和收发保管宾客邮件、留言等时，在相关的卡、单上打印准确的日期和时间。

（五）电话总机设备

电话总机设备是用来转接电话的交换机。用于提供叫醒服务的设备以及长途电话自动计费器和播放背景音乐的设备均安装在电话总机房内。

（六）其他设备

前厅除拥有上述设备外，还应配备行李组设备（如行李车、伞架、供残疾人专用的轮椅等）、简介架、登账机、信用卡刷卡机、货币识别机、电话机、电传机、复印机以及各类文件柜等。

二、前厅主要组织机构

（一）前厅组织机构模式

前厅组织机构的设置，因各饭店的规模与管理体制的不同，大致有以下几种模式：

（1）饭店设房务部，下设前厅、客房、洗衣和公共卫生四个部门，统一负责预订、接待、住店过程中的一切住宿业务，实行系统化管理。前厅内部通常设有部门经理、主管、领班和服务员四个管理层次。该模式一般为大型饭店所采用。

（2）前厅是一个与客房部并列的独立部门，直接向饭店总经理负责。前厅内设有部门经理、领班、服务员三个管理层次。该模式通常为中型饭店和一些小型饭店所采用。

（3）前厅不单独设立部门，其功能由总服务台来承担，总服务台作为一个班组归属于客房部，只设领班（主管）和总台服务员两个管理层次。小型饭店一般采用这种模式。随着市场竞争的加剧，许多小型饭店也增设前厅，扩大业务范围，以强化前厅的销售和枢纽功能，发挥前厅的参谋作用。

（二）前厅的主要机构

前厅的工作任务是通过其内部各机构分工协作共同完成的。大中型饭店的前厅均设有以下主要机构：

1. 预订处

负责接受、确认和调整来自各个渠道的客房预订，办理入住客房手续；制作预订报表，对预订进行计划、安排和管理；掌握并控制客房出租状况；负责联络客源单位；定期进行客房销售预测并向上级提供预订分析报告。

2. 接待处

负责接待抵店投宿的宾客，包括团体、散客、长住客、非预期到店以及无预订宾客；办理宾客入住手续，排房定价；与预订处、客房部保持密切联系，及时掌握客房出租变化，准确显示房态；制作客房销售情况报表，掌握住宿宾客动态及信息资料等。

3. 礼宾部

负责在饭店门口或机场、车站、码头迎送宾客；调度门前车辆，维持门前秩序；代客卸送行李，陪客进房，介绍客房设备与服务，并为宾客提供行李寄存和托运服务；分送宾客邮件、报纸，转送留言和物品；代办宾客委托的各项事宜；四五星级饭店还提供"金钥匙"服务。

4. 问询处

负责回答宾客的询问，提供各种有关饭店内部和外部的信息；提供收发、传达、会客等应接服务，负责保管所有客房钥匙。

5. 电话总机

负责接转饭店内外电话，承办长途电话，回答宾客的电话询问；提供电话找人、留言服务、叫醒服务；播放背景音乐；担当饭店出现紧急情况时的指挥中心。

6. 收银处

负责饭店宾客所有消费的收款业务，包括客房、餐厅、酒吧、长途电话等各项服务费用；同饭店一切有宾客消费的部门的收银员和服务员联系，催收核实账单；及时催收长住宾客或公司超过结账日期、长期拖欠的账款；夜间统计当天营业收益，制作营业报表。

7. 商务中心

提供信息及秘书服务，如收发电传、传真和电报、复印、打字及电脑文字处理等。

8. 客务关系部与大堂副理

大中型饭店通常在前厅设有客务关系部，其主要职责是代表总经理负责前厅服务协调、贵宾接待、处理投诉等服务工作。在不设客务关系部的饭店，这些职责由大堂副理来承担。

三、前厅空间区域布局

大中型饭店的前厅空间大致由以下区域有机构成：

饭店大门、总服务台、大堂、大堂副理台、配套设施、无障碍设施。

（一）饭店大门

饭店大门通常由正门和边门组成。正门是宾客的主要通道口，正门的华盖要华丽、美观，同时要能体现饭店的档次和星级。边门分两种，一是饭店员工通道门，一是团体宾客及其行李的出入口。

饭店正门通常是由两层门及其中间的缓冲地带构成。饭店正门的第一层门最好为感应门，通常有旋转门和敞门两种形式。门口应铺蹭脚垫，方便宾客进入饭店前擦净鞋底；同时在门口设有伞架，以便宾客存放雨伞。

饭店正门的第二层门应为推拉门，由专门的门童负责开门。

两层门之间的缓冲地带在饭店里是一个比较重要的空间，起到隔离带的作用，把店外的喧闹声挡在外面，有利于保持大堂的宁静。通常，饭店的礼宾部柜台设立于此。

（二）总服务台

总服务台简称总台，是为宾客提供预订、入住登记、问讯、外币兑换、留言、结账等综合服务的工作台。饭店应将总服务台分成若干个功能区，并在各功能区上方标上相应职能部门的名称。通常情况下，大中型饭店的总服务台的功能分区如下：接待处，又称登记处，应设在总服务台最醒目的位置，因为接待入住登记、推销客房产品是前厅最主要的工作，所以接待处占总服务台空间较多；收银处，应设在与接待处相邻，较为安静、安全的位置；邮件和问讯处，也应与接待处相邻，但占用柜台较收银处少；订房部，通常设在前厅后台办公区域，不占总服务台柜台；礼宾部，应与总服务台分开，在饭店正门口另设柜台。

（三）大堂

大堂空间是指前厅内的免费公共活动区域，通常由公共活动区域空间和休息阅览区域空间构成。休息阅览区一般由沙发、茶几、台灯和阅读架组成。我国《旅游饭店星级的划分与评定》对宾客的休息场所都有特别的规定，但饭店在执行的过程中会发现，一些非饭店的宾客，如当地居民占用这些休息座椅的情况较多，而饭店真正的宾客却没有使用到。一些饭店为了限制当地居民使用休息座椅，便将其与咖啡厅、酒吧或茶座结合在一起，也就是说不存在免费的休息座。这种做法虽然提高了经济效益，却给宾客带来了不便。

（四）大堂副理台

大堂副理台位于饭店大堂一角，设施有大堂副理台、椅、宾客座椅。饭店通常在大堂副理台、椅下铺上一块地毯，以突出大堂副理台空间。

（五）配套设施

前厅内配套设施，主要包括公共洗手间、电话间及银行、邮局在饭店内的营业点。饭店大堂内的公共洗手间设备档次高，卫生要求严格，并要求设残疾人专用厕位。大堂内设有电话间以方便宾客，通常由店内电话和市内免费电话组成。

饭店是一个小型的社会，饭店还邀请银行、邮局在饭店大堂内开设分支机构，以方便住客。但这些机构的布局、装潢要符合饭店的整体风格，其员工素质应尽量达到饭店前厅员工的水平。

（六）无障碍设施

无障碍设施是现代化建筑设施的重要组成部分，不仅不会影响建筑的美观，而且能增加建筑人性化的氛围。即使是旧建筑改造，经过建筑师的精心设计，也能使无障碍设施与原有建筑结合得天衣无缝，恰到好处。饭店及其前厅在环境设计和设施配备上具备这个理念，不仅可以提高服务质量，还能够彰显饭店对残障人士及老年人群的人文关怀，实现与国际环境设计的接轨，体现较高的社会文明程度。

饭店前厅无障碍设计应本着方便残疾人和老年人的原则，在建筑设计、内部装修及设施设备上充分考虑残疾人和老年人的使用需求，扫除因无特殊设计而造成的使用障碍。

（1）停车车位。一般饭店入口最近的停车车位，应提供给残疾人使用，或者单独设残疾人停车车位。

（2）路缘石坡道。饭店门口的人行道和通往饭店大堂的入口是人们活动频繁的地带，但有的人行道地面高出车行道地面，给残疾人的行走带来了困难，特别是乘轮椅者。因此，凡是人行道口的地面有高度差时应设路缘石坡道。

（3）服务设施的高度。接待宾客的总台、公用电话、饮水器、自动售货机及自动取款机等，其高度应符合乘轮椅者的使用要求。

（4）前厅的垂直通道。设有楼层的饭店，应设置缓坡楼梯和客用电梯，楼梯和电梯的规格及设施应符合拄拐杖者、乘轮椅者及视残者的使用要求。

（5）前厅的水平走道。饭店前厅的主要入口及大堂内走道的地面有高度差和台阶时，必须有适合轮椅通行的坡道，在坡道两侧及超过两级台阶的两侧应设置扶手。大堂内走道的宽度要适合乘轮椅者通行，地面应平整，不应光滑。

（6）盲道的位置。前厅出入口至总台应设有盲道；人行道口及台阶、楼梯、电梯、扶梯、洗手间、公用电话等位置，应设盲道提示。

（7）公共洗手间。为公众设置的男女洗手间的入口、通道及残疾人的隔间厕位及安全抓杆应符合乘轮椅者的通行、回旋与使用要求；男洗手间供残疾人使用的小便器应设抓杆；当设有残疾人专用洗手间时，可不设公用洗手间的残疾人厕位。

（8）无障碍标志。在无障碍设施的地方和位置，应悬挂醒目的轮椅标志，告知残疾人可以通行、进入和使用。

四、创设迷人的前厅氛围

前厅是宾客进店后首先接触到的公共场所，其环境氛围直接影响宾客对饭店的印象，决定宾客是否会再次光顾。因而，前厅必须营造出有效感染宾客的气氛，以便给宾客留下美好的第一印象和难忘的最后印象。

前厅的氛围包括环境氛围和服务氛围。环境氛围主要由前厅的各种设施、设备、布局装饰以及宾客在前厅的行为举止等因素组成。服务氛围主要指前厅服务人员的精神面貌、仪容仪表、仪态等因素。在进行前厅氛围设计时，应先拟定出主题，然后围绕主题开展一系列的设计、施工。该主题必须与饭店的档次、风格、客源市场需求相一致。

（一）鲜花、盆景

饭店大堂周围应摆放鲜花、盆景，让宾客感觉轻松、愉悦，如沐春风一般。花卉、盆景布置应配合厅堂的建筑设计特色和装饰艺术风格，随着季节、气候变化和活动需要，适时调换品种，并配置一些壁毯、巨幅画、玉雕、花木、假山、喷水池、瀑布等，以体现饭店的特色，营造良好的文化氛围和感官效果。

（二）光线

前厅要有适中的光线。从宾客进入饭店门口到门厅，最后到服务台工作区，其照明强度应该逐步增加。按照国际照明工程协会提出的标准，强度应为 200 勒克司至 400 勒克司。这既调节了宾客的视觉，又增加了大堂环境气氛。另外，采用柔黄色灯光会给人以温暖和亲切的感受。

（三）噪声与音乐

饭店前厅员工、宾客活动频繁，噪声大，且声源杂。在噪声下工作、生活，人容易烦躁不安、冲动、争吵。前厅要创造良好的环境，一方面要减少噪声，可在建筑空间结构、装饰材料上做文章，并要求员工做到"三轻"（即说话轻、走路轻、操作轻）；另一方面要恰当地运用音乐来渲染氛围，可在前厅里播放轻松、悦耳的背景音乐，亦可请专业人士在前厅现场弹奏钢琴，以营造浪漫气氛。

（四）色彩

不同的色彩，给人的心理感觉不尽相同。前厅宾客活动区域应以暖色调为主，以烘托豪华的氛围；员工工作场所及宾客休息场所，色彩应以冷色为主，让人拥有平和、宁静的心境。

（五）宜人的温度、湿度与通风

前厅的温度、湿度应保持在人体所需的最佳状态。冬季前厅室温一般控制在 24℃ 左右，湿度为 30%～80%；夏季室温以 23℃ 为宜，湿度为 30%～60%。根据能源供需状况的变化，国家会制定相应的室温调节标准，饭店应参照国家现行规定执行。

前厅内人员集中，密度大，耗氧量大，如果空气质量差，会使人感到气闷压抑。因此，饭店必须有良好的通风条件，使前厅内的空气质量符合人体的需求。

（六）员工和宾客行为的适度约束

前厅服务人员必须按照饭店的服务规范要求自己，坚持站立服务，有良好的精神面貌和行为举止。宾客的行为举止也会影响到前厅的氛围，如宾客衣冠不整、蹲在大堂内、躺在大堂沙发上等，必然会破坏前厅和谐高雅的氛围。饭店必须采用一定的措施来对宾客的行为作适当的约束，前厅保安和大堂副理也应适时引导宾客。

资料卡

带宾客去房间，发现房间为脏房时如何处理

（1）向宾客致歉。

（2）立即通知总台重新安排房间（重新安排的房间应尽可能在同层，规格标准要与原先开的房间一样，房间的方向、位置也尽可能与原订房间相近），并将钥匙送至楼层。自己则留在宾客身边陪同宾客，这时可利用时间向宾客介绍饭店，通过交谈减少宾客精神等待时间。千万不要自己前往总台办理，留宾客一人在楼层等候。

（3）房间安排好后，应再次向宾客致歉并带宾客进房。

（4）送果盘或鲜花向宾客致以歉意。

（5）做好"结账送行留言"，在宾客退房时由总台管理人员或大堂副理代表饭店了解宾客的住店感受，并对宾客入住时饭店给其带来的不便再次致歉。

对宾客提问无法及时答复时怎么办

（1）向宾客致歉。

（2）请宾客稍候，及时通过各种途径搜索获取宾客所需的资料，如向同事了解，通过黄页、电话信息台、互联网等途径获悉。

（3）在时间允许的情况下，先打电话向对方确认，以确保资料的真实可靠。

（4）信息反馈要及时，一定要在与宾客约定的时间内回复宾客，如果不能在与宾客约定的时间内回复也应先向宾客说明。

第三节　前厅的岗位设定与员工素质

一、前厅主要岗位工作职责

（一）前厅经理

直接上司为客务总监，直接下属为前厅副经理、接待处主管、订房部主管、礼宾部主管（首席金钥匙）、总机主管、商务中心主管、车队队长、大堂副理。前厅经理主持前厅的日常工作，负责处理饭店对外的一切客务工作。

（二）前厅副经理

直接上司为前厅经理，直接下属为前厅各部门主管。前厅副经理协助前厅经理（或前厅经理不在时代行其职），保证前厅各项工作的顺利进行。

（三）大堂副理

直接上司为前厅经理，直接下属为宾客关系主任。大堂副理协助前厅经理对前厅所辖各岗位员工的工作进行指导和管理，解决宾客投诉，处理饭店内发生的紧急事件，保持与宾客的良好关系，并帮助协调饭店各部门之间的运作。

（四）宾客关系主任

直接上司为大堂副理。宾客关系主任直接向大堂副理负责，要与宾客建立良好的关系，协助大堂副理欢迎贵宾以及安排团体宾客的临时特别要求，了解清楚饭店内每天的餐饮安排，欢迎和带领贵宾到客房，处理宾客的投诉，留意饭店公众地方的安全和秩序，负责带宾客参观了解饭店的设备，与其他部门沟通合作，大堂副理不在时代其行使权力。

（五）接待处主管

直接上司为前厅经理，直接下属为接待处领班。接待处主管负责前台的经营管理工作，确保接待、问讯等服务项目的服务质量。

（六）接待处领班

直接上司为接待处主管，直接下属为前台接待员。接待处领班协助上级做好前台接待处的管理工作，确保接待服务质量。

（七）前台接待员

直接上司为接待处领班。前台接待员要热情为宾客提供优质的接待、问讯等服务。

（八）礼宾部主管

直接上司为前厅经理，直接下属为礼宾部领班。礼宾部主管全面负责前厅礼宾部的管理与培训等工作。

（九）礼宾部领班

直接上司为礼宾部主管，直接下属为行李员。礼宾部领班协助礼宾部主管做好管理工作，指导行李员提供优质服务。

（十）礼宾部行李员

直接上司为礼宾部领班。礼宾部行李员为宾客提供优质的行李服务。

（十一）订房部主管

直接上司为前厅经理，直接下属为订房部领班。订房部主管全面负责订房部的管理工作，督导订房员的日常工作，确保所有预订资料正确输入电脑，并做好预订统计工作。

（十二）订房部领班

直接上司为订房部主管，直接下属为订房员。订房部领班协助主管负责订房部的管理工作，督导订房员的日常工作，确保所有预订资料正确输入电脑，并做好预订统计工作。

（十三）订房员

直接上司为订房部领班。订房员按订房部领班的指示工作，认真做好预订工作：接受和处理电话、电传及文件和散客、团队预订，按操作规程作相应更改及取消；随时掌握客房预订情况；及时整理预订资料，并按日期整齐排放；对客户的特别要求及时向上级请示；尽量满足宾客的合理要求，努力提高客房出租率。

（十四）商务中心主管

直接上司为前厅经理，直接下属为商务中心领班。商务中心主管全面负责商务中心的管理以及员工的培训工作。

（十五）商务中心领班

直接上司为商务中心主管，直接下属为商务中心文员。商务中心领班协助主管处理好商务中心的各项工作，为宾客提供一流服务，完成上级交办的其他任务。

（十六）商务中心文员

直接上司为商务中心领班。商务中心文员为宾客提供优质商务服务：保持良好的仪容仪表和服务态度，热情为宾客提供商务中心各项服务；熟练操作商务中心的各项设备设施；备足各类办公用品，供宾客随时租用；为宾客提供各种最新商务信息；随时向商务中心主管、领班报告工作中发现的各种问题，接受上级的督导；记好每个班次的工作日志。

（十七）总机主管

直接上司为前厅经理，直接下属为总机领班。总机主管负责电话房的管理及员工培训工作。

（十八）总机领班

直接上司为总机主管，直接下属为话务员。总机领班协助主管完成电话房的管理工作。

（十九）总机话务员

直接上司为总机领班。总机话务员认真完成话务工作，保证饭店内外电话的畅通无阻。

（二十）车队队长

直接上司为前厅经理，直接下属为车队调度。车队队长积极贯彻前厅经理的指示和要求；负责制定车队的各项规章制度、工作程序等，确保车队工作标准化、程序化、规范化；直接对前厅经理负责。

（二十一）车队调度

直接上司为车队队长，直接下属为司机。车队调度负责车队车辆的日常调配，并对驾驶员进行遵纪守法、交通安全教育，确保车队营业正常进行。

（二十二）车队司机

直接上司为车队队长，车队调度。车队司机负责驾驶车辆，为饭店和宾客服务。

二、前厅员工素养

前厅员工代表整个饭店接待每一位宾客，以客为尊，要有良好的外部形象（包括仪表、仪态、气质、风度等），能让宾客的心理得到愉悦，给宾客留下美好的印象。

（一）优秀饭店前厅员工应具备的基本素质

（1）成熟而健康的心理，与他人相处，能遵循"平等和双赢"的原则。

（2）机智灵活，善于应变，以妥善处理日常所面临的复杂事务，发挥好神经中枢的作用。

（3）懂得有关社会学、旅游心理学、民俗学、销售学、管理学、法学等方面的知识，以接待具有不同职业、身份、文化背景、风俗习惯和社会阶层的宾客，提供个性化的优质服务。

（4）善于聆听，充分领会、理解宾客的需求，有针对性地满足宾客的需求，处理问题通情达理。

（5）有过硬的语言能力，除普通话外，还会说一两门外语（英语为必备语种），在与宾客进行语言交流的过程中，能充分运用语言艺术。

（6）掌握一定的推销技巧，尽可能地推销出饭店的产品和服务，同时要善于控制自己的情绪，绝不会随宾客的情绪波动而与之争吵，在推销过程中失态。

（7）具备娴熟的业务技能，真正做到服务效率高，讲究时效。如一名接待员能在 3 分钟内为宾客办理完入住手续；问讯员提供访客查询服务不超过 3 分钟；邮件分送不超过 30 分钟；话务员转接电话遇有占线或无人接听时，及时向宾客解释，请宾客等候，时间每次不超过 45 秒，等等。

（二）上岗前自检

前厅员工在进入岗位开展对客服务之前，必须先检查自身的仪表仪容，确保符合标准要求，具体内容如下：

（1）发型美观大方，梳理整齐。男员工发际线侧不过耳，后不过领；女员工长发需用深色发卡束起，不得披肩和加其他头饰。头发常洗，不得有头屑。

（2）面容清洁。男员工经常修面，不留胡须；女员工化淡妆，不可浓妆艳抹。

（3）手部保持清洁，修剪指甲，女员工不许涂指甲油。

（4）不可戴戒指、项链、耳饰、手链、手镯等饰物。

（5）上岗必须穿饭店规定的制服及鞋袜，男员工穿黑色袜子，女员工穿肉色丝袜。

（6）服装须熨烫平整，纽扣齐全，干净整洁，服务工号牌端正地佩戴在左胸处。

（7）皮鞋保持清洁光亮。

（8）应经常洗澡，身上无异味，保持皮肤健康。

（三）工作中的礼貌礼节

（1）称呼宾客时应恰当使用称呼礼节，最好能用"先生"、"太太"、"女士"、"小姐"等词语称呼宾客，并问候宾客。

（2）说话时语气应温和耐心，双目注视宾客，并及时给予应答。

（3）若对宾客的问话听不清，应主动说："对不起，请您再说一遍好吗？"

（4）若对宾客的问题一时答不上，应先致歉意再查询，说："对不起，请稍候（等）。"

（5）若宾客对回答表示感谢时，应说："别客气，不用谢。"

（6）始终注意保持环境安静，不可大声喧哗、哼唱歌曲、聚众开玩笑等。

（7）与宾客交流时，应注意要与宾客保持有效的距离（0.8～1m）。通常，人际交往距离有四类：亲密区（0.15～0.46m），个人区（0.46～1.2m），交往区（1.2～3.6m），公众区（3.6m 之外）。

（8）在交流过程中，不得与宾客开玩笑，打逗，过分随意，也不得与宾客过分亲热，应严格把握好分寸。

（9）注意保护宾客的隐私权，以免引起误会。

（10）一般不要接受宾客赠送的礼物，若不收有可能失礼时，应表示谢意，并按饭店部门有关规定处理。

资料卡

宾客住店拒绝交付押金时怎么办

（1）向宾客说明交付押金是饭店财务制度的要求，同时也方便宾客住店期间的签单消费，宾客于各营业场所消费时，只需在账单上签名确认，即可免去付现金的麻烦。

（2）如宾客坚持交付少于规定的押金金额时，应向宾客说明其将不能于饭店内进行签单消费，请宾客理解。

（3）随时了解房间的费用情况，主动联系宾客前来补交押金。

发现宾客用假钞支付账款时如何处理

（1）收银员发现假钞（包括假人民币和假外币）时，对宾客的态度应保持礼貌，处理问题时要讲究语言艺术。

（2）请宾客稍等片刻，立即报告总台管理人员或大堂副理。

（3）将宾客请入办公室，查清假钞的来源。

（4）如果宾客使用的假钞数量不大（只有一两张），并且有合理的解释证明其事先未知，饭店可没收该宾客的假钞并出具没收证明（要取得银行授权），请宾客用真钞结清账户后，在该宾客的饭店住宿档案中进行记录以备查。

（5）如果宾客使用的假钞面额大、数量多，甚至出现连号的情况，则应请公安部门协助调查，调查期间需请宾客协助。

第四节　前厅服务流程

前厅服务岗位的设置、服务程序的设计及运作，在很大程度上取决于宾客在饭店的活动周期及宾客在周期不同阶段的需求。

一、宾客在饭店的活动周期

宾客在饭店的活动全过程，是一个完整的、循环的过程。大致可分为以下五个阶段：宾客抵店前、宾客抵店时、宾客住宿期间、宾客离店时、宾客离店后。

二、对客服务过程的主要工作

（一）宾客抵店前

宾客抵店前这个阶段亦称客房产品售前阶段。前厅在这一阶段的主要任务如下：

1. 承接宾客各种渠道的订房要求，保存好订房资料

饭店一般将客源划分为两大类，即已办理预订客房手续的宾客和未办理预订而直接抵店的宾客，有预订要求的宾客提前将住宿的需求以多种方式与饭店预订部联系，预订员则按工作程序要求受理预订业务。

宾客的预订资料能使前厅的预测、调整及组织等方面工作获得更准确的依据。同时，对已办理预订的宾客，前厅可以按宾客要求在抵店前预留客房，并做好宾客抵店前的各项准备工作。

对于未办理预订手续直接抵店的宾客，由于无法提前知道宾客的具体需求，只能根据当时饭店的营业状况接待这些宾客，并提供相应的服务。

2. 向相关部门传递宾客预订信息，督促各部门做好宾客抵店前的准备工作

根据宾客预订资料中关于抵离店日期、特殊要求等有关内容，预订部要适时安排车辆和机场代表或行李员去机场、车站接客，事先排房，准备礼品，提前通知相关部门或店领导等，使准备工作周到、细致，并为下一阶段的服务奠定良好的开端。

（二）宾客抵店时

宾客抵店时这个阶段亦称作客房产品消费开始阶段。在这一阶段前厅的主要任务如下：门卫及门童在车门、店门前迎接宾客；行李员为宾客提供行李入店服务；接待员迎接宾客，了解宾客有无预订；对未预订客房的宾客，接待员向其推销客房；分配房间（团体宾客提前排房）；接待员为宾客办理入住登记手续，并分发钥匙及房卡；行李员带宾客进房，介绍房间设备；礼宾部为宾客提供行李寄存服务；接待员把宾客到达信息通知相关部门；接待员变更房态记录，保持房态正确，建立客账。

无论预订宾客还是未经预订直接抵店的宾客在入住前都要办理入住登记手续。在办理入住登记前，前厅接待员应该确认宾客的预订情况。如已办理了订房的，则宾客登记表已经准备好，且饭店已掌握了宾客的有关情况与需求并做好了抵店前的各项准备工作，因此宾客抵店时只需出示有效证件，核实预订信息，在准备好的登记表上签字，交纳押金，索取押金收据，即可领取房门钥匙。对未办理预订手续直接抵店的宾客，接待员在定价、排房过程中，应进一步了解清楚宾客对所需房间的类型、位置、朝向等方面的需求，把握住面对面进行推销的机会。因而未经预订的宾客则需要相对稍长的时间办理入住登记、支付预付款等手续。

在预订和入住登记时，前厅员工应尽力收集各种必要的信息，以增强满足宾客特定需求的能力、预测客房出租率的能力和为宾客正确结账的能力。到了离店结账阶段，宾客的入住登记表可以成为建立客史档案的重要材料。

办理完入住登记手续，接待员就要根据登记表和预订资料的内容制作宾客账单。电脑化的饭店管理系统则会在接受预订后自动建立起一份宾客的电子账单，记录住店宾客在客房、餐饮及康娱等部门的消费情况。在以上各项工作完成后，前厅服务员要检查宾客在住宿卡上的签名，提示宾客免费寄存贵重物品，提供饭店介绍材料，填写房间钥匙卡，然后由行李员引领宾客进入房间。

（三）宾客住宿期间

宾客住宿期间这个阶段亦称客房产品消费进行阶段。宾客住店期间，其身份、目的、居留期限、健康状况、业务往来、人际关系、支付能力、心理状态、喜好需求千差万别。饭店本身"硬件"的设施设备和"软件"的服务质量及管理水平，以及社会经济、政治等因素，都会对饭店经营产生种种意想不到的影响。因此，做好宾客住店期间服务阶段的各项服务工作，不断满足宾客的个性需求，其重要意义显得尤其明显和突出，是对客服务全过程中的"重中之重"。

前厅在这一阶段的主要任务有：

（1）总机为宾客提供电话转接服务。

（2）问讯处为宾客提供问讯、留言服务及邮件服务。

（3）接待员负责处理宾客换房、核对房态等日常服务。

（4）前厅收银员为宾客提供贵重物品寄存、各项账目入账、账目查询、外币兑换等项服务及完成催收应收款等项工作。

（5）提供委托代办服务，如订票、邮寄等。

（6）接待处负责协调各部门的对客服务过程。

（7）商务中心为宾客提供各项商务服务。

（8）大堂副理处理宾客的各种投诉。

宾客住店期间，前厅对客服务的主要目标除了满足宾客的各项合理要求外，还要通过提供服务建立良好的对客关系，争取宾客再度光临。这有赖于前厅与饭店其他部门和宾客之间的良好沟通。前厅服务员必须了解宾客对饭店的不满之处，耐心并讲究技巧地处理宾客投诉，寻找一种使宾客满意的方法尽快地解决问题。另外，前厅需要十分关注的问题是宾客的安全问题，包括宾客信息和对贵重财物的保管。住店期间，宾客与饭店之间还会发生多种多样的财务账单。财务记录大部分通过饭店管理系统的记录和审计功能自动登录到营收中心。前厅必须对账务记录材料定期检查，以确保其准确性和完整性。

（四）宾客离店时

宾客离店这个阶段亦称作客房产品消费结束阶段。在这一阶段前厅的主要任务有：

（1）离店结账。宾客在办理离店手续时，总台结账员按账户设定、付款方式、预付款存额等情况，经核实后打印账单，并请宾客过目查看，确认无误后再予以收款。

（2）征求意见。前厅服务人员在宾客即将离店之时，主动、诚恳地征求宾客意见，并请宾客对服务的疏忽之处予以谅解，同时感谢宾客光临饭店。这是进行二次推销、培养回头客的机会。

（3）送客离店。根据宾客离店时间和去处，主动征求宾客要求，及时安排行李员，优先照顾老、弱、病、残宾客及妇女和儿童，以及身份高的重要宾客。最后祝愿宾客旅途愉快，并欢迎宾客再次光临。

（五）宾客离店后

宾客结账离店后，前厅能够根据宾客的电子预订单、入住登记以及账单等资料进行记录分析，并建立客史档案。

一份客史档案是饭店关于宾客个人习惯和财务资讯的记录，是宾客住店资料的汇总，它使得饭店能更深入地理解它的顾客群体，是制定市场策略的坚固基础。宾客再度光临时，可以利用客史档案在线预订或办理入住登记，饭店的客房管理系统按既定程序根据入住登记资料自动为每个宾客安排某一种类型的客房和价格。客房的安排和房价的确定取决于预订资料，又取决于当时客房出租状态。

此外，还要妥善处理未尽事项。宾客离店时经常让前厅服务人员在其离店后办理委托事项，例如找寻离店时遗忘的个人物品等等。前厅服务员应按饭店委托代办服务规程要求以及相关规定，尽快、妥善地予以处理，不使宾客留下遗憾，为饭店赢得信誉。

资料卡

宾客对账单提出异议怎么办

（1）收银员应保持礼貌，询问宾客对哪些收费项目和数额存在异议。

（2）仔细核对相关部门的账目，找出异议的根源。

（3）如果是宾客对饭店的收费标准不熟悉导致的异议，收银员要耐心地对其进行解释，使宾客明确收费标准与额度。

（4）如果是由于饭店工作人员的工作粗心大意、收费情况不合理而造成的，收银员应郑重地代表饭店向宾客道歉，将账单重新核查、改正后再开出。

宾客长时间在商务中心闲坐时怎样处理

（1）询问宾客是否需要服务，委婉地告诉宾客商务中心是营业场所，如需等人则要到大堂。

（2）如宾客仍然不肯离开，并且出现异常的举止，如长时间只看一页报纸，手里拿着东西捏，自言自语，等等，可通知大堂副理和保安部前来处理。如宾客离开，要通知保安部监视跟踪该人。

思考与练习

一、思考题

（1）前厅有哪些主要机构？

（2）要想成为一名优秀前厅员工，应具备哪些基本素质？

（3）宾客在饭店的活动周期分为哪几个阶段？宾客离店后，前厅应处理哪些善后事宜？

二、案例解析

某日傍晚 6 时许，某星级饭店的大堂内灯火辉煌，宾客如云。总台接待员小吴正忙着为抵店的宾客办理入住手续。

这时，两位操着外地口音的宾客来到总台。其中一位姓马的宾客对小吴说："我们要一间双人房。"小吴报以微笑，并亲切地说道："好的，请稍等，我为这位宾客办理完手续后，马上为您安排。"

那位姓马的宾客有些急躁地说："今晚 7 点 40 分，我们要外出谈生意，签协议，你能不能先替我们办理！"小吴连忙应答，一边继续办理前一位宾客的相关手续，一边用电脑为马先生查看空房。不到半分钟，小吴抬头询问道："现在空房倒还有几间，但房价比标准间略高一些，是朝大花园的，每晚 280 元，您看如何？"

此时，那位姓马的宾客竟怒气冲天："怎么，上午我曾电话问过房价，你们饭店员工回答说每间 228 元，为什么到了晚上就一下子抬高到 280 元？真是漫天要价！"小吴刚要解释，这位姓马的宾客突然挥拳向小吴打去，小吴毫无防备，挨了这一拳，他脸色煞白，正想回敬对方，猛然想到自己在岗，应扮演好岗位角色，心里想到要忍耐！忍耐！绝不可意气用事。于是，小吴仍然克制自己并用正常语气若无其事地解释道："228 元的客房已全部住满了，280 元还有几间，是朝向美丽花园的，楼层也不一样。我建议你们尽快办理入住手续，还可以准时外出谈生意。请允许我提醒先生，有问题尽可以用语言表达。"

这时在旁边的另一位冯先生感到马先生理亏，便想找个台阶收场，劝道："这位接待员态度不错，我们赶快住下吧！"马先生见势也软了下来，小吴便为其排房，并让行李员将宾客行李送往房间。

事隔两天，那位马先生也感到自己的不是，终于在离店结账时向接待员小吴表示歉意。

（1）你为这位接待员感到自豪吗？为什么？请谈谈你的感受。

（2）前厅管理人员对此事应持什么态度？

第二章　客房销售

1. 了解客房种类、房态类型及房态的因素。
2. 学习有关客房定价的基本知识，了解房价的构成。
3. 掌握前厅客房销售的步骤与技巧。

故事坊

双重卖房

某饭店系一家按四星级标准建造的饭店。由于所处地段不甚理想，散客客源不是很多，因而该饭店以接纳团队为主。1999 年 10 月 18 日，将有 6 个团队抵达该店。由于 506 房客将延迟至晚 7：00 退房，故总台早班员工将上海某旅行社韩国团 16＋1 人原订的 506 房换至 516 房，并在团队资料及电脑上分别作了调整，但房卡及团队欢迎卡上忘了更改。

当晚 6：30 该韩国团一行抵店，中班员工亦未发觉房卡、欢迎卡上的资料与团队资料及电脑中不符，当即为宾客办理了入住手续，宾客拿上房卡便进了房间，致使电脑中 516 房为已住房，而实为空房；宾客真正入住的是 506 房，但电脑上却显示为空房。故晚 10：30，总台员工便将此"空房"卖给了一位散客。宾客办完手续上了楼层，不到 3 分钟便打电话下来质问："你们怎么搞的，506 房已有人入住，这样的房间你们也会卖，我要找你们大堂经理投诉。"

总台小姐只好将此情况向大堂副理汇报。大堂副理在第一时间为那位散客换到同一楼层的另外一间 OK 房，并与 506 房宾客取得联系，问明情况，及时改正电脑房态。同时为此向宾客解释，出现这样的问题是电脑故障等原因所致，随即打印致歉信并郑重地交给那位宾客，且赠送鲜花水果以表歉意。此举终于得到了那位散客的谅解。

第一节　客房产品

一、客房的种类

客房是饭店最基本的、最重要的产品。为满足不同类型宾客的用房需求，保证客房的出租率，提高客房销售收入，同时考虑饭店的类型、档次及其所处地理位置，饭店应设计和布置各种不同类型且富有特色的客房，以供宾客选择。

（一）按客房数量分类

1. 单间客房

单间客房是由一间房构成的客房。

2. 套间

套间由两间及两间以上的客房组成。根据组成套间的客房的数量，又可分为双套间和三套间等。

（二）按客房内的布置分类

1. 单人间

单人间，又称单人客房，房内配备一张单人床，适合于不愿与别人分享同一间客房的宾客使用。为增加白天起居活动的面积，有些饭店的单人间采用沙发两用床或隐蔽床。

2. 大床间

配备一张双人床的单间客房叫作大床间，这种房间既适合夫妇居住，也适合单身旅行的宾客居住。因为大床间宽敞舒适，越来越多的商务宾客也常常选择此类客房。

3. 双床间

配备两张单人床的客房叫作双床间，又称之为标准间，适合于旅游团体和会议宾客的需要。这类客房在饭店所有客房中所占比例最大（75％以上），适用面也最广。

为了满足不同宾客的需要，提高客房出租率，有的饭店在客房里配备单双两便床。平时作为标准间，在大床间供不应求时，将两张单人床合为大床，作为大床间出租。另外，一些饭店为了显示其规格档次和经营方式，在双床间中放置两张双人床，或一张大号双人床和一张普通双人床，或一张双人床与一张单人床。这三种类型的双床间比较适合家庭使用。

（三）按客房的等级分类

按等级，无论是单间客房，还是套间都可分为：标准、高级、豪华房。

（四）按客房的位置分类

1. 外景房

外景房是指窗户朝向公园、湖泊、山景或街道的客房。

2. 内景房

内景房是指窗户面朝饭店的内庭院的客房。

3. 角房

角房是位于楼层走廊、过道尽头的客房。

4. 相邻房

相邻房是相邻的两间客房。

5. 连通房

连通房是相邻的两间客房，内部有连通门连接。平时连通门可以两面反锁，以保证客房安全，如有需要时，可以打开连通门连接两间客房。

（五）按套间的种类

1. 普通套间

普通套间，又称为双套间，一般是连通的两个房间，一间为卧室，另一间为起居室，即会客室。卧室内通常配备一张双人床或两张单人床，并附有独立卫生间。起居室也设有专门供访客使用的盥洗室，内有恭桶与洗面盆，一般不设浴缸，但可设淋浴设备。

2. 高级套间

高级套间或在设备方面，或在装修方面，或在用品方面，或在面积方面比普通套间要稍胜一筹。

3. 豪华套间

豪华套间室内注重装饰布置和营造温馨的气氛，所有设备用品华丽高雅。此类套间可以是双套间，也可以是三至五个房间，分设卧室、起居室、餐厅、会议室或酒吧等，卧室内通常配备大号双人床或特大号双人床。

4. 总统套间

总统套间一般由五间以上房间构成，最多的可达十间以上，包括男女主人卧室、随员室、警卫室、客厅、书房、餐厅、厨房、酒吧等，有的甚至设有室内花园。总统套间，装饰布置极为考究，设备用品富丽豪华，一般四星级以上饭店才设。它是一种等级和档次的象征，标志着饭店已具备接待总统的条件和能力。因其价格昂贵，故出租率很低。

5. 立体套房

立体套房，一般起居室在下、卧室在上，两者用楼梯连接，又称双层楼套间。

6. 组合套房

组合套房是指根据宾客的需要，把相对或相邻的两间客房一起出租给宾客使用。

（六）其他类型客房

1. 商务房、商务楼层

商务房，是专为从事商务、公务活动的宾客而设计的。客房内家具设备的配备与布置都充分考虑到商务宾客的办公需要，如宽大的办公桌、电脑专用插孔和电源插座、传真机及一些办公文具用品等。随着商务宾客的增多，饭店这类客房的比例也正在不断增加，一些高星级饭店已设立了商务楼层，以便向宾客提供更有针对性的服务。

2. 无烟客房、无烟楼层

一般无烟客房房门上有禁烟标志，房内也不设烟缸，不接待吸烟宾客入住，深受不吸烟人士的欢迎。一些高档饭店还专门辟有无烟楼层，以满足宾客日益增长的对无烟客房的需求。现在的无烟客房还有向绿色客房概念发展的趋势。

3. 残疾人客房

此类客房的设计与装饰布置，均应充分考虑残疾人的生理特点，一般要求楼层较低，进出方便；通道宽敞，地面无障碍，以保证残疾人车通行；房门把手、窥视镜、墙上装的扶手的位置应方便坐轮椅的宾客；房内专门设有与客房服务中心相连的呼叫按钮等，真正使残疾人在客房内的休息与活动方便、舒适、安全。按照旅游饭店星级评定标准规定，三星级以上饭店必须具备残疾人客房。

4. 女性客房、女性楼层

房内所有设备、设施与服务，都充分地照顾了女性的生理和心理特点，考虑到了女性宾客住店时的各种要求，使她们感到舒适、安全、受尊重。如客房陈设温馨浪漫，备有各种女性杂志；衣橱内有裙架、熨衣板等；卫生间十分宽敞，并有吹风机、化妆镜和其他女性专用设备、用品等等。

此外，有的饭店还有儿童客房、安睡房等各种类型的客房。

二、房态的类型

房态，又叫客房状况，是指对客房占用、清理或待租等情况的一种标示或描述。准确控制房态是做好饭店客房销售工作以及提高接待服务水准的前提。饭店的客房随着宾客入住和离店等活动而处于各种状态之中。

常见的客房状态有：

（1）住客房。住店宾客正在使用的房间。

（2）空房。已完成卫生清扫工作，可随时出租的房间。

（3）走客房。宾客已结账离店，待清扫或正在清扫的房间。

（4）待修房。因房间设施设备故障，待修或正在修理而不能出租的房间。

（5）保留房。为接待会议、团队或重点宾客而提前预留的房间。

（6）外宿房。宾客在外留宿未归，总台接待作记录并通知大堂副理和客房部，由大堂副理双锁宾客的房间，宾客返回时，大堂副理为宾客开启房门。

（7）携带少量行李住客房。住店时只携带少量行李的宾客居住的房间。为了防止宾客逃账等意外情况，客房部应将此情况通知总台。

（8）请勿打扰房。若该客房门口"请勿打扰"灯亮，或门把手上挂有"请勿打扰"牌，服务员则不能进房间提供服务。如超过饭店规定时间，则由总台或客房部打电话与宾客联系，以防宾客发生如患急病等意外事件。

（9）双锁房。宾客从房内双锁客房，服务员使用普通钥匙无法打开门，对这种宾客要加强观察和定时检查。另外，饭店发现宾客外宿未归或客房内有特殊情况时也会采取双锁客房的措施。

三、影响房态的直接因素

影响客房状况控制的直接因素，包括以下几种。

（一）入住

宾客在办理完入住登记手续后，接待员应立即制作客房状况卡条，将"空房"改为"住客房"，或将指令输入电脑，完成电脑系统的房态变更。因此，这项操作不能粗心大意，否则，就会影响客房状况控制的准确性。

（二）换房

换房有两种可能，一种是由住客提出，另一种是饭店自身要求，例如，住客未按时离店而提出换房，也可能是饭店由于需集中排房而向宾客提出换房。因此，必须慎重处理，并按换房服务操作程序进行换房。具体程序如下：

（1）在搬运宾客物品时，应安排两人以上的工作人员在场，注意事先征得宾客同意。

（2）问清（或解释）换房原因。

（3）填写客房、房租变更单，送达相关部门或岗位。

（4）更改住房卡或客房状况卡条内的相关内容。

（5）填写客房状况调整表。

（6）将换房原因记入客史档案。

（三）退房

收银员为宾客办理完结账和退房手续后，立即通知客房服务中心，同时改变客房状态。采用电脑管理系统，此项工作可实现将房态由已结账房到待清扫房的自动转换。

（四）关闭楼层

饭店根据淡季时接待客流量下降、降低能耗和物耗、计划维护设备、组织人员培训等经营需要，关闭部分客房和楼层。接待员应在接到准确的指令后，在电脑或客房状况架中及时进行调整。

总之，正确控制客房状况，主要是为了有效地销售客房。无论采用何种客房状况控制系统，都要加强总台接待、账务、预订与客房部之间的房态变更、转换控制，保持信息沟通及协作，最终提高服务效率和经济效益。

资料卡

查房有消费酒水，而宾客称没有用过时，如何处理

1. 原则

（1）宾客身份较重要的情况下，可以请示后予以批免。

（2）在宾客强烈拒付而现场气氛不宜向宾客提出索赔的情况下，大堂副理可以予以批免，在事后应将此客输入黑名单。

2. 程序

（1）向宾客说明房间所欠酒水，并委婉表明该物品为非免费赠送。

（2）如宾客否认取用，可引导宾客进行回忆是否有朋友取用或无意中取用。

（3）请客房当值仔细查找，并核对客房物品增补记录，确定该物品在宾客入住前是否齐备。

（4）如有必要，可陪同宾客一同上房间查找确认酒水的使用。

（5）在查找无获，且明确责任在客的情况下，可向宾客提出索赔。

（6）在查找无获，而责任不明，宾客强烈拒付等情况下，大堂副理可作出批免或让宾客先离店再作进一步调查。

宾客要求入住非吸烟房而没有非吸烟房时，该如何处理

（1）向宾客道歉，解释。

（2）此时如有不同房类的非吸烟房，可以建议宾客换房类，相应的房租也应向宾客说清楚。

（3）如宾客不同意换房类，通知客房服务中心重新挑选一间烟味不严重的房间并作除味处理。

（4）先带宾客前往已处理烟味的房间参观，直至宾客满意。

（5）一旦有非吸烟房的同类房间，应主动请宾客前来换房。

第二节 客房定价

一、房价构成与收费方式

饭店客房价格是由客房商品的成本和利润构成的。其中客房商品的成本项目包括建筑投资及由此产生的利息和客房设备折旧费、修缮费、物资用品消耗费用、土地资源使用费以及经营管理费、客房服务人员工资福利、保险费、营业税等。利润则包括所得税和客房利润。

各家饭店收费方式均有所区别，通常按照对宾客的房费报价中是否包括餐费以及包含哪几餐的费用而划分成以下五种收费方式。

（一）欧洲式（European Plan，简称"EP"）

只包含房费，而不包括任何餐费的收费方式，为国际上大多数饭店所采用。

（二）美国式（American Plan，简称"AP"）

不仅包含房费，而且还包括一日三餐的费用，故又被称为"全费用计划方式"。多为远离城市的度假型饭店或团队宾客所采用。

（三）修正美式（Modified American Plan，简称"MAP"）

包含房费和早餐费用，此外，还包括一顿午餐或晚餐（两者只任选一个）的费用，多为普通旅游宾客所采用。

（四）欧洲大陆式（Continental Plan，简称"CP"）

包含房费及欧陆式早餐。其早餐主要内容包括：冷冻果汁、烤面包、咖啡或茶。

（五）百慕大式（Bermuda Plan，简称"BP"）

包含房费及美式早餐。美式早餐除包括欧陆早餐的内容外，通常还包括鸡蛋、火腿、香肠、咸肉等肉蛋类食品。

二、房价的种类

饭店客房产品的市场交易价格，可分为四种基本类型。

（一）公布房价

公布房价，是在饭店价目表上公布的各种类型客房的现行价格，也称标准价、门市价或散客价。

大部分饭店一年中的公布房价都是一样的，但旅游胜地的饭店却按季节实行两种价格制度。公布房价中通常不包括税金和服务费。

（二）特别房价

特别房价，即优惠房价，是指饭店免费或以优惠价格向宾客提供客房。

1. 免费房价

免费客房既是饭店招待宾客的手段，又是市场营销中宣传饭店的方法之一。在互惠互利的原则下，饭店给予和其有业务关系的宾客免费款待待遇。免费的范围既可以包括餐费，也可以仅限于房费。

对于 15 人以上的旅游团队，饭店可为一名导游或领队提供免费客房；30 人以上时，可为两人提供免费客房或免费提供双人间客房，依此类推。

2. 优惠房价

（1）团体价。团体价，是饭店为团体宾客提供的优惠价，其目的在于吸引大批宾客，从而售出大量客房。

（2）家庭租用价。饭店为携带小孩的父母所提供的优惠价，例如给未满 6 岁儿童免费提供婴儿小床或对 12 岁以下儿童免收加床费等，以刺激家庭旅游消费者。

（3）淡季价。饭店在经营淡季，为刺激需求，提高客房利用率而为宾客提供的优惠价。通常，在标准价的基础上，下浮一定的百分比。

（4）小包价。饭店对住店宾客提供的一揽子包价，除房费外，还可以包括餐费、游览费、交通费、游乐费等项目的费用，以方便宾客预算。

（5）折扣价。饭店向常客（Regular Guest）或长住客（Long Staying Guest）或其他有特殊身份的宾客提供的优惠价。

（6）商务价。饭店与客源输送单位签订房价合约，饭店按合约的规定给予来自签约单位的宾客优惠价格，以求双方长期合作。该优惠价主要视其提供的客源量或在店的消费额的多少而确定。

（7）合同价。合同价也称批发价，是饭店给予中间商的优惠价。根据中间商的批发量和付款条件，饭店给予不同的数量折扣和付款条件折扣。

（三）追加房价

追加房价是在公布房价的基础上，根据宾客的实际住宿情况，另外加收的房费。

（1）白天租用价。宾客退房离店超过了规定时间，饭店应向宾客收取白天租用价。许多饭店规定宾客在中午 12 时以后、18 时以前退房，加收半天房费。18 时后退房，加收一天房费。

（2）深夜房费。宾客在深夜或第二天凌晨抵店，饭店将向宾客加收一天或半天深夜房费。

（3）保留房价。住客因短期外出旅行或公干，但继续保留所住客房，或预订宾客因特殊情况未及时抵店，如飞机晚点等，饭店对其预约予以保留。对上述两种情况，饭店通常需要宾客支付为其保留客房的房费，即保留房价，但一般不再加收服务费。

（4）加床费。加床费是指饭店对需要在房内临时加床的宾客所收取的额外的费用。

（四）其他房价

（1）旺季价。饭店在营业旺季，为最大程度地提高经济效益而将房价在标准价的基础上，上浮一定的比例，此为旺季价。但应注意不得违反当地政府有关价格调整的规定。

（2）房间差价。饭店把面积、设施设备相同的房间因楼层、位置、朝向、景观的不同而制定不同价格的做法，叫房间差价。

（3）双开房价格。对于一间标准间而言，一位宾客和两位宾客住宿的价格差别不大。根据饭店管理经验，双人占用的房价应该比单人占用的房价至少高出 1/3，如某房单人占用 400 元，那么双人占用则为 600 元。这种定价方法也得到了国外饭店业的公认。

（4）房间升级。房间升级，是指当宾客所订的低档客房租完时，饭店把高一级的房间租给宾客而只收原订房的房费。实行房间升级的饭店，通常都执行房间差价。

（5）房间降级。由于受饭店客房现状的限制，而把宾客安排在比预订房间便宜的客房时称为房间降级。实行房间降级的同时应注意对宾客提供优惠房价，否则会招致宾客的不满而引发投诉。

三、影响房价的因素

饭店制定房价时，要受到很多因素的影响。我们把影响房价的因素分为两大类：一类是外部影响因素，另一类是内部影响因素。

（一）外部影响因素

1. 社会政治、经济形势影响

旅游经济具有脆弱性，其产品具有不稳定性、波动性。一个稳定而繁荣的社会政治及经济环境对以旅游经济为其重要收入来源的饭店来讲是至关重要的。因此，在房价制订过程中，房价也会受到以上因素的影响。

2. 季节性影响

季节性强是旅游业的一大特点，季节直接影响饭店的经营状况。

3. 供求关系影响

当供过于求时，饭店业不得不考虑降低价格；当供不应求时，饭店业要考虑适当提高价格。房价会随供求关系的变化而调整。

4. 竞争对手价格影响

竞争对手的价格是饭店制订房价时的重要参考依据。因为在定价过程中，定价人首先要调查本地区同等级、同档次、具有同等竞争力的饭店的房价，做到"知己知彼"。

5. 行业组织的价格约束

客房房价还要受本地区政府主管部门以及行业协会等组织和机构对饭店价格政策的约束，例如某地区对所在地区饭店客房价格的最高上限等。

6. 宾客消费心理认同

宾客的消费心理也是进行客房价格定价时应予以重点考虑的因素，尤其是宾客对某一种商品价格能够接受的上限和下限。

（二）内部影响因素

1. 饭店定价目标

定价目标是指导饭店进行客房定价的首要因素，这是饭店确定经营方针的重要依据。

2. 饭店地理位置

地理位置对于饭店经营的确非常重要，位于市中心区、繁华商业区，距离机场、火车站比较近，交通便利的饭店，其房价的制定或调整的条件就会有利一些；而位于市郊、远离繁华商业区、交通条件较差的饭店，虽然地价便宜，经营成本低，但由于其对宾客的吸引力差，因此房价会相应地低一些，以提高饭店的竞争能力。

3. 经营成本及建筑成本回收

这是影响客房价格水平的基本因素。比如建筑成本回收期的长短，以及目标利润率的高低，都会对房价的制定产生影响。在进行客房定价时，必须考虑成本水平。

4. 饭店服务质量

在定价过程中，除考虑饭店硬件设施设备的档次以外，还必须要考虑服务质量水平。

四、制定房价的方法

常见的饭店客房定价方法有三种类型：成本定价法、需求定价法、竞争定价法。下面将重点介绍几种通用的定价方法。

（一）千分之一法

千分之一法，即房价粗估法，又称建筑成本定价法，是国际上比较通用的一种根据饭店建造总成本来制定客房价格的方法。这种定价方法就是平均房价等于每个标准房间建造成本的千分之一。其计算公式为：

平均房价＝饭店建筑总成本÷饭店客房数×1/1000

饭店建造总成本，包括建筑材料费用、各种设施设备费用、内装修及各种用具费用、所需的各种技术费用、人员培训费用、建造中的资金利息等。

后来，考虑到建造成本因素，有关专家学者对千分之一法作了一些修正。现在的提法是平均房价应为建筑成本的千分之一点五，以抵消房价中建造成本上涨因素等问题。

（二）赫伯特房价公式

赫伯特房价公式是一个决定构造房价的标准公式。它是根据饭店经营费用和利润来确定平均房价，并以此作为定价依据的。具体方法是，对饭店各种经营费用、经营成本和非客房部门的营业收入进行预测，得出客房部要求达到的收入额，然后，根据饭店的客房数及预计出租率，得出每间客房每日的平均房价。其计算公式分为两步：

第一步，客房部需达到的收入＝饭店经营利润＋饭店企业管理费－非客房部门经营利润＋客房部经营费用；

第二步，平均房价＝$\dfrac{客户部需达到的收入}{饭店客房数×预计出租率×年天数}$。

赫伯特房价公式比千分之一法更加合理。因为它在设计公式上充分考虑了饭店的利润目标、经营费用、经营成本和非客房部的营业收入，将制定房价中的相关因素作了综合考虑。但这种方法也存在着以下缺点：

（1）公式中的各种相关因素是估算或假设得出的，所计算出房价的科学性将取决于这些数据的正确性和有效性。

（2）客房部为此必须承担其他部门的盈亏负担。事实上，用缺乏竞争力的高房价来弥补其他部门的低效率是不尽合理的，而其他部门的高额盈利也不应成为制定过低房价的基础。

（3）过分注重企业经营成本和利润需要，而没有考虑市场需求和顾客心理。

因此，赫伯特房价公式也只能在制定房价时作为参考。

（三）出租客房面积计价法

这种计价法是根据客房的出租面积来确定平均房价的。

具体做法分为三步：

(1) 计算客房出租总面积。

(2) 预计客房出租率。

(3) 预计客房部平均营业收入。

例如，某饭店有客房 300 间，其中面积 20m² 的客房有 150 间，面积为 25m² 的客房 100 间，面积为 40m² 的客房 50 间，预计该饭店明年的客房出租率为 80%，客房部日营业收入将达到 60000 元。假设顾客对各种客房的需求基本相同，那么，计算平均房价的方法如下：

(1) 可供出租的客房总面积合计：7500m²（20m²×150＝3000m²，25m²×100＝2500m²，40m²×50＝2000m²）

(2) 每天出租客房总面积：7500m²×80%＝6000m²

(3) 每平方米应提供营业收入：$\frac{60000 \ 元}{6000m^2}=10 \ 元/m^2$

(4) 上述三种客房的平均房价分别为：200 元（10 元/m²×20m²），250 元（10 元/m²×25m²），400 元（10 元/m²×40m²）

（四）理想平均房价

理想平均房价是由拉弗尔和霍瓦斯公司共同设计的，是用于检验房价结构的一种方法。根据这种方法，饭店应该在每一个价格等级中销售同等百分比的客房，其销售方法不一定从低价向高价或从高价向低价进行。

假如饭店的住宿率为 80%，就意味着每个价格等级中都是 80% 的住宿率，只有客房全部住满时，这种百分比分布所产生的平均价格才与获得的平均价格相等，这就是理想平均房价。它的计算方法是：在确定单、双人住宿率的基础上，假设饭店住满情况是从低价向高价或从高价向低价的方式进行，两种计算结果得出的最低价和最高价相加，再除以两倍的现有客房数，即得出理想平均房价。

如果实际平均房价高于理想平均房价，表明饭店的房价结构体系难以为宾客提供合适的高价房。只有在饭店特殊市场对高于平均房价的房客感兴趣时，才可往高调整价格。若实际平均房价低于理想平均房价，则说明：

第一，饭店管理者未按照市场客观需求制定合理的房价结构。

第二，低价和高价房客之间没有明显的差异，宾客在购买较高价格客房时，没有任何附加利益吸引他们，自然转向购买较低价格的客房。事实上，理想平均房价可以用客房附加利益所产生的房价差异来调整价格等级的差别，使饭店获得较为理想的盈利。

除了以上介绍的几种通用的定价方法外，还有以需求为中心的理解价值定价法、区分需求定价法、声望定价法，以竞争为中心的随行就市定价法、排他性定价法等，这些方法从不同的角度为饭店房价的制定提供了参考。

资料卡

宾客要求以优惠房价享受赠送早餐券时，如何处理

(1) 婉拒宾客。

(2) 向宾客耐心解释该优惠房价所包含的优惠项目。如宾客要求房价包送早餐，则告知宾客房价将作相应调整，请宾客理解。

宾客对房价有异议并将其与其他饭店作比较时，如何解释

（1）向宾客详细解释该门市价格包含的优惠项目以吸引宾客。

（2）简述饭店优越的地理位置和物超所值的服务宗旨等来突出饭店与众不同的特色，让宾客动心。

（3）介绍房间的特点和优势。

（4）通过自己真诚、自然和热情的介绍和服务来满足和感动宾客，达成促销。

（5）做好结账送行工作，在宾客退房时由总台管理人员或大堂副理代表饭店了解宾客的住店感受，欢迎宾客再次入住。

第三节 客房销售策略和技巧

一、销售人员素质要求

前厅接待人员要在接待过程中成功地将客房及饭店其他产品推销给宾客，必须具备基本的个人素质，掌握相应的知识和能力。

（一）熟悉掌握本饭店的基本情况和特点

本饭店的基本情况和特点包括：饭店所处的地理环境及交通情况，饭店建筑、装饰、布置的风格和特点，饭店的等级与类型，饭店的服务设施与服务项目，饭店产品的价格与相关的政策和规定……

了解掌握上述情况，是做好客房销售工作的先决条件，尤其是对饭店的主要产品之一——客房，需作全面的了解，如各类房间的面积、色调、朝向、功能、所处的楼层、价格及计价方式、特点、设施设备等。接待员只有对以上内容了如指掌，推销起来才能得心应手，才能随时答复宾客可能提出的任何问题和疑问，才能使宾客感受到你对本饭店的信心和热爱，从而有助于推销的成功。

（二）了解掌握饭店竞争对手的产品情况

接待人员在深入了解和掌握本饭店产品情况的基础上，更要熟悉竞争对手的有关情况，因为宾客面对的是一大批与本饭店档次、价格、服务相类似的企业。要想在销售中取胜，就要找出自己饭店的特色和优势，并着重加以宣传，这样更容易引起宾客的兴趣和注意。

（三）认真分析宾客心理，迎合宾客需求

饭店的每一种产品都有多种附加利益存在。对于一个靠近电梯口的房间，有的宾客会认为不安静，而有的宾客则会认为进出很方便。所以饭店负责推销的员工，必须要深入了解宾客最需要的是什么，最关心的是什么，最感兴趣的是什么，把握好宾客的购买目的和购买动机，帮助宾客解决问题，满足其物质和心理需要。这样在宾客受益的同时，饭店也会得到相应的回报。

（四）表现出良好的职业素养

前厅是给宾客留下第一印象的地方，是饭店的门面。宾客初次到一个饭店，对该饭店可能不甚了解，他对饭店产品质量的判断是从前厅员工的仪表仪容和言谈举止开始的。因此，前厅员工必须随时面带微笑，以热诚的态度、礼貌的语言、优雅的举止、快捷规范的服务接待好每一位宾客，这是前厅成功销售的基础。

（五）使用创造性的语言

前厅员工在推销客房、接待宾客时，必须注意语言艺术，善于使用创造性的语言。像类似"24小时热水，中央空调，IDD电话"等这种你有我有大家都有的销售用语，肯定是不能吸引宾客的，因为宾客对习惯了的事物都熟视无睹。推销过程就是说服宾客的过程，一开口就要让宾客了解产品的利益所在，努力使自己的报价言之有据，让宾客感到该产品的确物有所值，甚至物超所值。

二、影响客房销售的因素

（一）饭店的地理位置

饭店所处位置是影响宾客选择所住饭店的重要因素之一，它指饭店所处区域的交通便利程度、周围环境等，前厅服务人员应充分利用现有的地理位置进行积极推销。

（二）饭店的设施设备

饭店齐全有效的设施设备、过硬的有形产品是开展销售的重要条件。为此，前厅服务人员应娴熟地掌握饭店所拥有的设施设备及其有别于其他饭店的特点。例如，饭店的外观、风格，各有特色的房间，别具特色的餐厅，各健身、娱乐场所及所提供的美味可口的精致菜肴等。

（三）饭店的服务

服务是饭店所销售产品中最为重要的部分。优质、高效的服务，需要符合"SERV-ICE"要求：S——Smile（微笑），E——Efficiency（效率），R——Receptiveness（诚恳），V——Vitality（活力），I——Interest（兴趣），C——Courtesy（礼貌），E——Equality（平等）。作为与宾客接触面最广的前厅服务人员，更应努力提高自身的服务意识、服务技能，给宾客留下美好的印象。尤其是当宾客提出临时的、合理的特殊服务要求时，更应千方百计地满足，突出饭店"个性化"服务。例如，有的饭店总台具有一本专门记录宾客特殊要求（爱好、习惯等）的活页本，并将这些要求及时输入计算机，供各部门使用。

（四）饭店的形象

饭店的形象是最有影响的活广告。前厅服务人员应灵活运用，自觉维护。它主要包括饭店的历史、知名度、信誉、口碑、独特的经营作风、优质的服务等。

（五）饭店的气氛

饭店的气氛是宾客对饭店的一种感受。前厅地处饭店最显眼的地段，又是留给宾客第一印象和最后印象的所在地，故其所创造的气氛十分重要。例如，文化氛围浓郁的饭店气氛给宾客一种高品位的感受。古色古香的中国民族风格的饭店建筑，配以不同格调的艺术品，辅之相宜的传统民族服饰以及错落有致的花卉点缀，将对外宾有着特殊的吸引力。因此，前厅人员应努力销售其独具特色的饭店气氛。

三、报价方法

实际推销工作非常讲究报价的针对性，只有适时采取不同的报价方法，才能达到销售的最佳效果。因此，作为总台接待员，只有掌握一定的报价推销技巧，才能为饭店创造更多的收益。以下是饭店业常见的几种报价方法。

（一）高低趋向报价法

高低趋向报价法是针对讲究身份、地位的宾客设计的。这种报价法首先向宾客报明饭店的最高房价，让宾客了解饭店所提供房间的最高价格及其宜人的环境和设施。在宾客对此不感兴趣时，再转向销售较低价格的客房。

此类报价的指导原则有以下一些特点。

（1）努力把客房产品的特征转化为宾客的利益需要，积极地推销客房，而不是仅仅突出客房的价格。

（2）坚持高低趋向报价的一致性，严格执行饭店规定的报价原则。

（3）要善于用描述性语言介绍适合宾客的高价房的高档设备，突出高价房的良好服务给宾客带来的高级享受，促使宾客作出购买决策。当然，所报价格应相对合理，不宜过高。

（二）低高趋向报价法

低高趋向报价法是针对价格敏感的宾客设计的客房报价法，即先报最低价格，然后逐渐报高价格。对这种报价法的批评最多，认为这样做会使饭店失去很多获取利润的机会。但不可否认的是，它也往往给饭店带来更广阔的客源市场。因为，在客源市场中有许多低房价需求的潜在宾客。这些宾客在比较其他饭店的价格之后，一旦发现本饭店报价较低，就可能使宾客转向本饭店购买。同时，用低高趋向报价法有利于稳定饭店的竞争优势。

（三）交叉排列报价法

这种报价法是将饭店所有现行价格按一定排列顺序提供给宾客，即先报最低价格，再报最高价格，最后报中间价格。这样可使宾客有选择各种价格的机会。这样做，饭店既坚持了明码标价，又维护了商业道德；既方便宾客在整个房价体系中自由选择，又增加了饭店出租高价客房、获取更多收益的机会。

（四）选择性报价法

选择性报价法，即将宾客定位在饭店房价体系中某个范围，有针对性地选择推销。采用此类报价法要求前厅操作人员善于辨别抵店宾客的支付能力，能客观地按照宾客的兴趣和需要，选择提供适当的房价范围。

一般报价不能超过两种以上，以体现估量报价的准确性，避免选择性报价时犹豫不决。

（五）利益引诱报价法

利益引诱报价法，是针对预订的宾客而言的，当宾客来到饭店住宿登记时，总台要利用二次销售的机会，采取一定附加利益的方法，使宾客放弃原来预订客房，转向购买高一档次价格的客房。前厅不仅是销售饭店客房，也要不失时机地销售饭店其他服务产品。

此类报价要强调给预订宾客的附加利益，同时在原预订房价和改换房的价格之间不作令人不愉快的比较。

（六）"三明治"式报价法

又称"夹心式"报价，此类报价方法是将房价置于所提供的服务项目中进行报价，以减弱直观价格的分量，增加宾客购买的可能性（适合高档客房）。此类报价一般由前厅接待人员用口头语言进行描述性报价，强调所提供的服务项目是适合于宾客利益的，同时要注意报价不要过多，要恰如其分。

（七）灵活报价法

灵活报价法是根据饭店的现行价格和规定的价格浮动幅度，将价格灵活地报给宾客的一种方法。

此类报价一般是按照物价部门和饭店主管部门的规定，根据饭店的具体情况，在一定价格范围内适当浮动，灵活报价，以调节需求，使客房出租率和经济效益达到理想水平。

四、客房销售程序

客房销售可以分成以下五个步骤。

（一）把握需求特点

前厅服务人员应充分了解饭店目标市场的需求，并有效地利用已建立的客史档案资料，把握宾客的需求特点，采取针对性、个性化、定制化的销售方法，提高销售质量。例如，对于商务宾客，其特点是时间安排很紧，往返饭店的可能性大，对房价不太计较，经常使用商务设施设备，等等。前厅员工就应针对上述特点，向他们推销幽静的、便于会客、办公桌宽大、房内办公设备齐全、价格较高的商务房。而对于一般的旅游宾客而言，他们通常要求房间干净卫生、环境整洁、价格相对较低的客房。此外，度蜜月的新婚夫妇则喜欢宁静、免受干扰且配有大床的双人房，知名人士、高薪阶层的宾客则偏爱高价的套房，携带孩子的父母往往愿住相连房，年老的宾客则喜欢住在低楼层或电梯附近的房间，等等。因此，前厅员工应通过仔细观察、细心了解，才有可能把握宾客的特点，进而作好有针对性的销售。

（二）介绍饭店情况

销售客房是前厅销售的首要任务。前厅员工，尤其是接待员、预订员必须了解饭店的销售政策、价格变动情况和每一间客房的特征与价格，其中包括了解客房的种类、位置、形状、朝向、面积、色彩、装潢、家具等等。只有深入地了解以上的情况，才有可能向宾客详细介绍客房的特征。另外，前厅员工还应该掌握饭店服务指南上所介绍的全部资料，其中，要着重介绍具有本饭店特色的服务项目以及其他活动内容。最后前厅员工还要了解竞争对手的情况，懂得沟通、交流的技巧。

（三）洽谈客房价格

对饭店客房特点给予恰当的介绍后，前厅员工应让宾客认同饭店所销售客房的价值，并解答宾客最希望了解的关键问题，有技巧地与宾客洽谈价格。此时，前厅员工应注意避免强行推销和急于报出价格，而是选择时机将价格提出来，以易于宾客接受。

（四）展示客房特色

前厅应备有各种类型的客房的彩色照片或图片，这些图片能起到加强销售效果的作用。必要时，还可带领宾客实地参观几种不同类型的客房。向宾客展示客房时，应先介绍高档次的客房，然后再逐一介绍到较低档次的客房。前厅员工要自始至终表现出有自信、有效率、懂礼貌，及时解决宾客存在的疑虑。

（五）努力达成交易

当意识到宾客对所推荐的客房感兴趣时，前厅员工应采取有策略的语言和行为，促成宾客作出最终选择。例如，可以用这样的方式来结束推销："××先生，您想试试这间客房吗？"、"您愿意试住一个晚上吗？××先生，如果您不满意的话，我明天再为您换一间！"、"您喜欢能看到街景的房间，还是山景的房间？"。达成交易后，前厅员工应真诚地向宾客表示谢意，要尽量缩短宾客的等候时间，请宾客办理入住登记手续。

五、客房销售技巧

（一）熟记宾客姓名

在销售过程中，使用姓名称呼宾客，给人以亲切感。前厅服务人员应尽快通过形象记忆或面部特征记住宾客姓名。

（二）注意聆听，及时释疑

应注意掌握听的艺术，只有通过聆听，才能得知宾客的真正要求；只有通过运用"两耳一心"（即"两耳听内容，一心听情感"）的聆听方法，才能全面把握宾客的意图和心理需求。对于宾客不明或有疑虑之处，应及时解释，以利于销售。

（三）态度诚恳友善

在与宾客谈话过程中，不要出现打断其思路或显出烦躁不安（如低头看表、眼观它方）的表现，更不应随意评论、反驳或争辩。切忌在宾客面前为推销而推销，引起宾客反感。

（四）使用正面说法

在销售过程中，最好采用正面说法，注意语言艺术，称赞对方的选择，应避免使用"不走运"、"只剩下"等类词语。这样说虽无恶意，但不会让宾客产生好感，甚至会得罪宾客。例如，应该说："王先生，您真走运，我们恰好还有一间漂亮的单人房！"而不能说："单人房就剩这一间了，您要不要？"

（五）强调客户的价值而非价格

前厅销售过程中，服务人员常出现的一个误区是只谈房价而不介绍客房的特点。例如，经常流露在前厅服务人员口中的"一间每晚500元，您要不要？"不是让宾客望而止步，就是虽勉强接受，心里却不高兴。因此，为避免进入误区，前厅服务人员应严格按客房销售的程序步骤开展推销，应该说"一间宽敞的、刚刚装修过的客房"、"一间装修华丽、具有民族特色的客房"等。

宾客在了解客房的特点及其价格后，才有可能选择购买，宾客需要的是自己喜欢的客房而不仅仅是价格。

（六）多提建议，争取每一位宾客

宾客选择客房时，出现犹豫、计较的现象是正常的，前厅服务人员应分析宾客的心理活动，给予更多的关注与耐心，千方百计地消除宾客的购买疑虑，多提建议，不要轻易放过任何一位可能住店的宾客。相反，任何不耐烦的神态或催促语句，都会导致销售失败。

（七）利益引诱法

如果宾客所预订的房价较为低廉，在入住登记时，前厅接待员可抓住二次销售的机会，建议宾客只要在原价格基础上稍微提高，即可得到更多的好处或优惠。例如："您只需多付50元，就可享受包价优惠。除房费外，还赠送早餐和午餐。"此时，宾客往往会乐意接受。这样不仅让饭店增加了收入，而且也让宾客享受到了更多的优惠和更愉快的经历。

资料卡

宾客喝醉酒后出言不逊，如何应对

（1）控制好自己的情绪，千万不要因为宾客无礼的或威胁性的言语而激动或害怕，应尽量说服宾客回房休息。

（2）保护好自己和同事，注意柜台上不要摆放如烟灰缸等可移动物品，以防宾客因神志不清用其伤人。

（3）注意避免宾客窜入柜台工作区域内，及时通知保安监控留意。

（4）向男性大堂副理汇报或请行李员协助将宾客送回房间。

（5）通知客房部该房宾客喝醉酒，请其留意观察该房情况。

当发现大堂区域有行李而宾客又不在现场时，怎样处理

（1）提高安全警惕，报告大堂副理，并通知保安部和当值主管在场一起打开。

（2）检查行李中是否有毒品、走私物、爆炸物、危险品，验证其安全性，如属危险的行李物品，交相应部门处理。

（3）如属正常行李，根据行李内的线索查找失主，并将行李先拉至柜台处看管。

（4）当岗期间仍未被领走的，将情况向接班同事交代清楚，并在行李上系上标签说明。

（5）宾客认领时要认真核对宾客证件，留下宾客联系电话，确认无误后请宾客在《认领表》上签名领取。

（6）如行李属于没有价值的物品，则须在征得上级同意后再作丢弃处理。

📖 **思考与练习**

一、思考题

（1）什么叫房态？常见的房态类型有哪些？

（2）房价构成有哪些方式？哪些外部因素会对房价构成影响？

二、案例解析

住1206房的陈先生是与饭店有业务合约的宾客，住店后无需交预付款，只有在他消费额达到饭店规定的限额时，饭店才书面通知他。一天，陈先生的挂账数又到了消费签单限额，总台即发了书面通知，可陈先生未来结算，甚至连电话也没来一个。由于陈先生是老客户，且以前一直是有合作关系的，总台也只是例行公事地发了一封催款信，礼貌地予以提醒。可催款信就如石沉大海，没有回音，且其消费额仍在上升。

总台直接再拨打电话与他联系，陈先生也很客气："我这么多业务在你们市里，还不放心吗？我还要在这里扎根住几年呢，明天一定来结。"可第二天依然如故，总台再次打电话，委婉说明饭店规章制度，请其配合，陈先生却支支吾吾。

此时，陈先生的可疑行迹已引起饭店的注意，饭店经讨论后决定对他的业务单位进行侧面了解。其结果使饭店大吃一惊：陈先生在本市已结束了业务，机票也已订妥，几天后飞离本市。这一切与他"这么多业务在本市"、"扎根住几年"显然不符，其中有诈。

饭店当即决定内紧外松，让客房部、保安部对陈先生"重点照顾"。同时，与机场联系，打听到其所乘航班、时间。为了尽可能不搞僵关系，客房部以总经理名义送上果篮，感谢陈先生对本饭店的支持，此次一别，欢迎再来。

陈先生是聪明人，感觉到自己的心思已被饭店详知，第二天，便到总台结清了所有账目。总台对陈先生也礼貌有加，并诚恳询问其对饭店服务的意见和建议，热情希望他以后再来，给陈先生足够的面子，下了台阶。

如果你是饭店前厅总台员工，读了上述案例，能得到哪些启发？

第三章 客房预订

重点提示

1. 学习客房预订的渠道、方式和种类。
2. 掌握客房预订的程序。
3. 分析预订失约行为产生的原因，学会正确处理失约行为的方式方法。
4. 了解超额预订的基本知识。

故事坊

宾客不能住上预订的房间

南京某大饭店的门前停着一辆出租车，一对日本夫妇先后从车上走下，接待员接过行李，陪宾客到总台前。"我能为两位干些什么吗？"接待员十分有礼貌地问。"我在3天前离开大阪时与你们通过电话，预订一间朝南的套房，说定今日下午抵达，请你帮忙查一下预订记录。"那位日本先生说话慢条斯理。接待员早就料到他们的到来，因为预订记录上确实写着"三木先生今天下午来店"。问题是今天的客房出租率是100%，实在腾不出空房。

"您的订房记录在这儿，但十分抱歉，今天我们没有一间空房，希望您能谅解。"接待员道歉说。"那不行，我和夫人新婚旅行，特意到南京瞻仰中山陵。就因为担心没房间，我们才从大阪提前打电话来预订。你们已经答应的话怎么能不算数？"三木先生非常恼怒。"确实十二万分抱歉。今天下午原定的一个旅行团增加了几名成员，多要了4个房间。所以，预订的房间不得不给他们了。"接待员如实相告。三木夫妇更加生气了："他们没预订却有房间住，我们提前3天就预订了反而露天睡不成？他们比我们重要？"本来说话很慢的三木先生此时节奏加快了。"不是那么回事。那个旅行团中有很多人在北京玩得太累了，生了病。为了能照顾好那些病人，旅行团负责人希望宾客不要分散在几个饭店，所以占用了先生的房间。"接待员解释说，"我向经理汇报过此事。我们已经和本市的一家五星级饭店联系好了，他们今天有空房。我们已经代两位订了一间朝南的套房。那儿的设施和服务都很不错，房间又临街，可以观赏南京的市容。如果两位没意见的话，我马上派车送你们过去暂住一个晚上。尽管他们的房价比我们饭店的高出很多，但你们只需按预订的价格付钱。明天上午我再派车接二位回来，我们一定给你们安排一个朝南的套间。"

三木夫妇听说付四星级饭店的房费可以住五星级饭店，何乐而不为？于是欣然同意。

第一节　客房预订的渠道、方式、种类

预订客房，是指宾客或代理机构为住店宾客在抵店前与饭店客房预订部门所达成的订约。

一、客房预定的目的

（一）尽量满足预订宾客的订房要求

为了有效地计划自己的行程，节省时间，免遭饭店客满的风险，宾客往往通过电话、传真、书信等方式与饭店联系预约客房。预订在得到饭店确认后，饭店与宾客之间便确立了一种具有法律效力的合同关系。因此饭店有义务以预先确定的价格为宾客提供他所希望的而且已经得到饭店确认的客房。

（二）保证饭店达到最理想的客房出租率

客房出租率是实际出租的客房数与饭店可供租用的房间数之百分比。客房出租率表明饭店客房的利用状况，是反映饭店经营管理水平和经济效益的一个重要指标。客房出租率常年过高，既不利于对饭店设施、设备的维护保养，又会导致饭店服务质量的下降；反之，客房出租率过低必然使得饭店现有设施、设备大量闲置，影响企业经济效益。因此饭店前厅必须与销售部门密切配合，根据饭店可供租用的房间数量，合理控制客房近期、中期及远期预订的数量及其比例，使饭店客房达到最佳出租率，避免超额预订及缺额预订现象的出现，使饭店利润达到最大化。

二、客房预订的方式

饭店预订部门日常收到宾客订房的要求很多，散客通过电话、信函、传真等方式直接向预订部门订房。旅行社等团体则通过市场营销部按合约规定订房。客房预订的方式大致可分为以下六种。

（一）面谈订房

面谈订房是指宾客或客户亲自到饭店与预订服务人员面对面地洽谈有关订房事宜。这种订房方式有利于饭店推销客房产品。通过面谈，饭店有机会更详细地了解宾客的需求，并能当面回答宾客提出的问题，必要时，还可向宾客展示房间供其选择，便于与宾客建立良好的彼此沟通和信任的关系。需要注意的是，预订服务人员在与宾客面谈订房工作时，应避免轻易向宾客作出确认房号的承诺，以免由于其他原因不能向宾客提供该号房间而失信于宾客。

（二）电话订房

电话订房是应用最广泛、最为有效的一种方式。使用电话订房不仅迅速、简便，而且预订服务人员能和宾客进行直接沟通，可以具体了解宾客的需求，迅速传递双方信息，当场回复和确认宾客订房要求。在处理电话预订时，应注意：

（1）与宾客通电话时要注意使用礼貌用语，语音、语调运用要适当、婉转，语言表达要规范、精确。

（2）对于饭店客房预订状况的掌握要十分准确，以便于及时查找、确认。

（3）预订单要放置在便于取用的地方。

（4）绝对不能让宾客在电话中久等，如不能立即答复，应请对方留下电话号码，确定再次通话的时间。

（5）婉拒宾客订房时，应征询宾客是否可以列入候补名单。

（6）必须及时做好完整的记录，通话结束前，应重复宾客的订房要求，避免发生差错。

（7）确认宾客订房后，在时间允许的情况下，应向宾客寄送订房确认书。

（三）信函订房

信函订房的方式比较适合于提前时间较长预订的客户和以接待度假或会议宾客为主的饭店。通过信函，宾客可以具体详尽地提出订房要求，而且，信函还可以作为一种预订协议，对饭店和宾客起约束作用。信函订房工作需要注意：

（1）预订信函应以一定的格式记载。

（2）回复宾客订房要求应及时，复信内容要明确、有条理。同时，还要注意信封信纸的质量选择。

（3）准确记录客户的姓名、身份、地址与日期，以便日后进一步招徕客户。

（四）传真订房

传真订房方式比较适用于大中型饭店。这种方式的特点是：操作方便，信息传递迅速、准确、可靠，还有书面信息留底。所以传真是当今饭店与宾客进行订房联系的最理想的通讯手段。传真订房需要注意：

（1）接收和发出传真后，应及时打上时间印记。

（2）受理预订和确认订房要迅速，回复宾客传真时语言应简明扼要。

（3）接收宾客的传真订房资料要保留存档，以备日后查对。

（五）网络订房

随着现代电子信息技术的迅猛发展，网络预订方式迅速兴起，并被许多大中型现代饭店及客户广泛使用。这种预订方式具有信息传递快、可靠性强等特点。电脑终端储存的预订信息可随时提取和打印，极大地方便了订房管理工作。网络订房工作的管理要求：

（1）饭店须定时向航空公司、旅行社等客源渠道通报本饭店各类客房的出租利用情况、可预订房间数量、房价标准及变化情况。

（2）此项通报工作由饭店市场营销部根据不同季节和市场情况所决定的销售方案向有固定联系的大客户进行传递，要做到准确及时，配额合理，符合签约原则，讲求商业信誉。

（3）避免错报、漏报现象发生。

（六）口头订房

口头订房通常是宾客由于时间紧迫或其他原因临时向饭店提出订房，或委托当地亲友向饭店提出订房。饭店很难当场了解宾客的信用状况，因此要向宾客明确说明所订房间只保留到某一时间为止，逾期则自动取消。

在以上各种订房方式中，目前使用较普遍的是电话、传真和网络。在客房预订销售中，一般来说，无论宾客以何种方式订房，饭店方面都应以同样的方式给宾客答复。为了满足每位预订者的要求，争取最理想的住房率和最佳的经济效益，前厅预订部门必须建立一整套预订管理制度与规范化的服务程序，以保证为宾客提供优质的预订服务。

三、客房预订的种类

尽管宾客预订时采取不同的方式，但饭店为便于管理，将各种预订都归纳为"临时性预订"、"确认性预订"和"保证性预订"三种类型。

（一）临时性预订

临时性预订是预订种类中最简单的一种类型。它是指宾客在即将抵达饭店前很短的时间内，或在当天才联系预订。由于时间紧迫，饭店也无法要求宾客预付定金，也没有时间进行书面确认，但可以口头确认。接受此类预订时，预订员的通常做法是重复宾客订房要求，问清宾客抵店航班、车次及时间，尤其提醒宾客饭店将房间保留至当日下午18：00，18：00以后饭店有权将房间出租给别的宾客。

（二）确认性预订

通常是指饭店同意为宾客预订并保留客房至某一事先约定的时间。这是一种比较重信誉的预订方式。如果宾客错过了商定的截止日期而未到店，也未提前通知饭店，在用房高峰阶段，饭店可另租给其他宾客，例如等候名单上的宾客。确认预订的方式有两种：口头确认和书面确认。

两种方式相比较，书面确认又具以下特点：

（1）证明饭店能够满足宾客的要求。

（2）以书面约定的形式使饭店和宾客之间达成了协议关系，从而也约束了双方行为。

（3）通过书面确认可以使饭店了解更多、更准确的宾客资料，并得到证实。很多饭店对持有确认书的宾客常给予优惠服务，例如信用限额升级，或一次性结账服务。

（三）保证性预订

这是饭店在任何情况下必须保证宾客预订实现的承诺，同时宾客也要保证按时入住，否则要承担经济责任的一种信誉最高的预订方式。保证性预订通常以三种方式具体实施。

1. 预付定金担保

宾客或他们的代理人（机构）在住客抵店入住前须先行支付预订金或预订全额预付款。由于各饭店自行制订的信用政策不同，所以标准不一。饭店的责任是预先向宾客说明取消预订、退还预付款的政策及规定，并保证按宾客要求预留相应的客房。对于饭店而言，宾客预付定金是最理想的保证性预订方式。饭店关于预付定金政策一般都包括以下内容：

（1）收取预付定金的期限。

（2）支付定金最后截止日期。

（3）规定预付定金数额的最低标准。

（4）退还预付定金的具体规定。

饭店为加强预付定金的管理，要提前向宾客发出支付预定金的确认书，陈述饭店收取预定金及取消预订、核收取消费的相关政策。收到预定金后饭店应出具收据。

2. 信用卡担保

这是指宾客将所持信用卡种类、号码、失效期及持卡人姓名等以书面形式通知饭店，达到保证性预订目的。即使因各种原因宾客不能按时抵店，饭店仍可通过银行或信用卡公司获取房费收入。例如，美国运通公司组织的"信用卡订房担保计划"，对持"运通卡"的宾客，在订房后未按时到店，饭店可以根据订房宾客的信用卡号码、姓名及"预订未到"记录等相关文件向美国运通信用卡公司或授权的机构收取相关房费，减少饭店经济损失。

3. 合同担保

该方法是指饭店与有关公司、旅行社等就客房预订事宜签署合同，以此确定双方的利益和责任。合同的主要内容是明确向未按预订日期抵店入住宾客收取房费，同时，亦明确饭店应保证向与之签订合同的公司或旅行社提供所承诺的客房。总之，保证性预订维护了入住宾客的利益，同时也维护了饭店的经济利益。

资料卡

饭店受理电话预订的程序与标准

程序	标准
接电话	铃响3声以内
问候客人	问候语：早上好，下午好，晚上好；通报部门：预订部
聆听客人预订要求	确认客人预订日期；查看计算机及客房预订显示架
询问客人姓名	询问客人姓名及英文拼写；复述确认
推销房间	介绍房间种类和房价，从高价房到低价房；询问客人公司名称；查询计算机，确认是否属于合同单位，便于确定优惠价
询问付款方式	询问客人付款方式，在预订单上注明；公司或者旅行社承担费用者，要求在客人抵达前电传书面信函，作付款担保
询问客人抵达情况	询问抵达航班及时间；向客人说明，无明确抵达时间和航班，饭店将保留房间到入住当天18：00；如果客人预订的抵达时间超过18：00，要求客人告知信用卡号码作担保预订
询问特殊要求	询问客人特殊要求，是否需要接机服务等；对有特殊要求者，详细记录并复述
询问预订代理人情况	预订代理人姓名、单位、电话号码；对上述情况作好记录
复述预订内容	日期，航班；房间种类、房价；客人姓名；特殊要求；付款方式；代理人情况
完成预订	向客人致谢

第二节　客房预订的程序

一、受理预订

预订员在接到宾客的订房申请后，迅速查看电脑或预订控制架，看看有无房间，以及房间是否符合宾客的订房要求，以决定是否接受宾客的申请。

（一）受理散客预订

1. 电话预订

（1）接听电话。预订员必须在电话铃响三声之内接起电话，礼貌地向宾客问好，报上自己的姓名，提供服务。

（2）了解宾客抵店、离店日期和所需房间的种类、数量，介绍时注意尽量推销高价房。

（3）查看电脑或客房预订控制架，检查空房情况。如果有空房，则问清宾客的详细资料，主要有：宾客姓名（中英文拼写），付款方式，抵店日期、时间及航班号，预订人或预订代理人的姓名、单位、联络方式和电话号码等。同时要向宾客说明除非收到预订保证金，否则预订的房间只保留到当日下午6时。

（4）复述核对以上预订内容，以保证预订资料的准确性。

（5）询问宾客有无特殊要求，如是否需要接机服务，房内是否需要布置鲜花、水果，是否需要加床，等等。对有特殊要求者，应详细记录并复述。

（6）向宾客致谢，并等宾客先挂电话后方可挂电话。

（7）把宾客的详细资料记录在预订单上，写上日期、时间并签名。

（8）将所有资料输入电脑，记录电脑预订编号。

2. 书面预订

（1）接到宾客书面预订后，预订员应仔细阅读电传、传真或信件的内容，了解宾客预订要求。

（2）查看电脑或预订控制架，决定是否接受预订。

（3）决定接受预订后，填写预订单。

（4）如订房的电传、传真或信件等资料不完整或字迹不清楚，应按来件地址或电话、传真号码与宾客联系，要求宾客对内容予以书面确认。

（5）所有的电传、传真或信件必须在24小时之内予以回复；加急函电立即回复，以示重视；回复应使用标准格式和通用的缩写方式。

（6）将所有资料输入电脑，记录电脑预订编号。

（二）受理团体预订

（1）所有团体预订须有书面预订单。团队订房通常由饭店营销部负责，并由营销部将团体订房资料提前送到预订处。

（2）预订处应了解、核对团体预订情况，包括团体名称，团员姓名、国籍、身份，抵离店时间，所用的交通工具，房间种类和数量，餐食安排，付款方式，特殊要求和注意事项，等等。

（3）填写团体预订单。

（4）填写团体接待通知书，分发客房、餐饮、财务各部门。

（5）将团体预订的所有内容输入电脑，记录电脑预订编号。

（6）团体预订资料应至少提前一天交接待处，以便接待处合理分房。

（7）如果饭店未设立营销部，那么，从签订协议到团体预订手续的办理，一般都由预订处完成。

二、确认预订

一旦接受宾客预订，预订处就要对宾客的预订加以确认。按照国际订房惯例，不管预订人以什么方式订房，只要宾客订房与抵店之间有充足的时间，饭店都应向宾客寄发书面预订确认书。预订确认书主要包括以下内容：

（1）重申宾客的订房要求。

（2）双方对房价及付款方式达成的一致意见。

（3）声明饭店有关取消预订的规定。

（4）对宾客选择本店表示感谢。

（5）预订员或主管的签名、日期。

通常，确认书应在预订员收到书面（信函、电传、传真等）预订凭证的 24 小时内发出；对团体预订则至少应在宾客动身前一周把确认书寄到宾客手中，要有充分的时间让饭店通知宾客为他保留房间。

经过确认的预订，饭店有责任把客房保留到宾客预订到达当天下午 6 时或双方事先约定的时间，以保证饭店信誉。除非宾客逾期未能到达且又未主动与饭店联系，饭店才有权取消宾客的预订。

三、婉拒预订

如果饭店无法接受宾客的预订，就应对预订加以婉拒。

婉拒预订是因为饭店客满，才婉言拒绝宾客的预订要求，并不是因为未能满足宾客最初的订房要求而终止服务。相反，预订员应主动提出一系列可供宾客选择的建议，例如，建议宾客重新选择抵店日期，建议宾客更改房间类型或变更客房预订数量，等等，尽量争取留住宾客。

如果仍然不能达成订房协议，还可征得宾客的同意，将宾客的姓名、电话号码等登记在候补名单上，一旦有了空房，立即通知宾客。这一做法通常出现在旅游旺季或饭店业务繁忙的情况下。

在客房预订服务时，用建议代替简单拒绝是很重要的，它不仅可促进饭店客房的销售，而且有助于树立饭店的良好形象。

婉拒宾客预订时，预订员应对宾客的预订表示感谢，同时对饭店无法满足宾客要求表示歉意，并希望宾客下次光临本店，最后向宾客礼貌道别。对书面预订，也应及时礼貌复函，以表歉意。

四、变更与取消预订

宾客在办理了预订以后，由于交通状况、气候或其他人为因素（如临时取消行程）的影响，在到达饭店之前，还会变更甚至取消预订。因此，饭店要求预订员必须熟练掌握预订变更的工作程序。

（1）如果宾客要求更改预订，预订员首先应查看电脑或有关预订控制记录，确定是否能够满足宾客的变更要求。如果可以接受宾客的更改要求，应及时予以确认，填写预订变更单并修改电脑和有关预订控制记录。如果客房已订满，无法满足宾客变更要求时，则应耐心解释，并将宾客的预订暂时列在候补名单上。

（2）如果宾客取消预订，应立即查找出该宾客的原始预订单，加盖取消图章，注明取消日期、取消原因和取消申请人等，签上预订员姓名，将资料存档，并在电脑或预订控制表上将其注明。注意不可在原始的预订单上涂改。

（3）如果是电话通知取消预订的，应记录通知人姓名、电话号码、单位等，以便双方进一步联络。如果是以电函通知取消预订的，可将电函与原始预订单装订在一起存档。

（4）如果预订的变更、取消内容涉及一些特殊安排，如接机、订餐、摆放鲜花水果等，应尽快给有关部门发出变更或取消的通知。

（5）若属保证类预订，其取消日期已经超过预订抵达时间，预订员应按规定计算应扣留的款项额并转交前厅收银处。

（6）尽量简化取消预订的手续。为了有效控制预订的变更和取消，饭店可根据自身的特点设计预订取消编码。预订取消编码是将有关预订情况的几种必要信息集合在一起而组成的具有完整含义的数字和字母。如 122－WQ－0418－101。122 是饭店在连锁饭店集团中的确认号码，WQ 为办理取消的预订员的姓氏词首字母，0418 是宾客抵达日期，101 则为取消预订的顺序号码。

（7）在处理预订的变更或取消时，预订员应对宾客能及时通知饭店表示感谢，并耐心、热情地做好对客服务工作。据调查显示，取消预订的宾客中有 90% 以后仍会来预订，因此，正确处理预订的变更和取消，对于饭店进一步巩固和扩大自己的客源市场具有重要意义。

五、预订资料记录储存

当预订确认书发出后，预订资料必须及时、正确地予以记录和储存，以防疏漏。预订资料一般包括客房预订单、确认书、预付定金收据、预订变更单、预订取消单、客史档案卡及宾客原始预订凭证等。有关同一宾客的预订资料装订在一起，且最新的资料存放在最上面，依次顺推，利于查阅。预订资料的记录储存可采用下列两种方式。

（一）按宾客所订抵店日期顺序储存

按照宾客所预订的抵店日期顺序，将预订单归档储存，以便随时掌握未来每天的宾客抵店情况。

（二）按宾客姓氏字母顺序（A～Z）储存

按照宾客姓氏第一个字母的顺序，将预订单归档储存，以便随时查找出宾客的预订资料。同时，前厅问讯处和电话总机也可通过宾客姓氏字母顺序查找相关资料，快捷有效。

六、宾客抵店前的工作

（一）订房核对

由于宾客抵店时经常出现取消预订或更改预订的情况，因此，需要预订部做好宾客抵店前的核对工作，以确保订房准确无误。

订房核对工作一般分三次进行。

第一次是在宾客抵店前一个月，以电话、书信或传真等方式直接与订房人联系，问清是否能如期抵店、住宿人数及时间有无变化。这项工作由预订部门人员每天核对预订下个月同一天到店的宾客。

第二次是在宾客抵店前一周进行，其程序和方法与第一次核对相同。若发现有宾客更改或取消预订，则要调整订房控制表，并迅速做好取消或更改后闲置客房的补充预订。

第三次是在宾客到店前一天进行，对预订内容要仔细检查，发现问题，立即与有关部门联系，商量解决办法或提出补救办法。

（二）向其他部门提供有关信息单

预订部门的工作除了为宾客订好房间外，每天还要把第二天将要入住的宾客信息制表通知其他部门，使他们做好准备工作，以便为宾客提供准确周到的服务。

1. 宾客预期抵达名单

这份名单应记录第二天预计抵店宾客的详细情况，是其他部门进行工作安排的依据。如餐饮部的厨房，根据宾客预期抵达名单可以作宾客进餐数量分析，从而决定采购量和人员安排。特别是举办一些大型宴会、团体会议时，这些信息就更为重要。

2. 飞机航班分析表

此表通报宾客预计抵达的时间、航班等，饭店可据此调度车辆，安排人员接送宾客。

3. 团队资料表

团队资料表是专为团队安排而做的，它详细记录团队入住时的各种活动安排和特别要求，以方便其他部门安排工作。

4. VIP 通知单

VIP 通知单是为前厅接待部门及其他部门做好接待工作而准备的，它记录接待重要宾客的标准和特殊服务的要求等项内容。

资料卡

宾客入住找不到《预订单》时如何处理

（1）向宾客致歉。

（2）按照散客入住程序先为宾客办理入住手续，避免让宾客等待。

（3）在办理入住手续时，可利用时间与宾客沟通，如询问宾客的预订方式、预订时间等详细信息，尽量在宾客办理完入住手续前找到相应的《预订单》。

（4）向宾客回复找不到《预订单》的原因，如是饭店内部原因，则向宾客致歉，或向宾客解释实际原因让宾客释疑。

宾客预订房间要求报出房号时怎么办

(1) 可按宾客的要求先选定一个房间将房号报给宾客。

(2) 要向宾客说明由于住房的动态原因，届时会优先安排该房，请宾客理解。

(3) 于电脑上做好房间预留，并将宾客的要求详细交班。

第三节　预订失约处理

一、预订失约处理

(一) 预订失约行为产生的原因

1. 未能准确掌握可售房的数量

主要表现为：

(1) 客房预订处与接待处、营销部的沟通不畅。

(2) 客房预订处与预订中心系统和预订代理处的沟通不良。

(3) 客房预订处与客房部的有关客房状态显示出现差异等。

2. 预订过程中出现差错

具体表现为：

(1) 姓名拼写错误。

(2) 日期出错。

(3) 项目遗漏。

(4) 存档顺序搞乱、变更及取消处理不当等。

3. 未能真正领会宾客的预订要求

如对前厅术语理解不一致，业务素质不高或因疏忽未能最终落实宾客的预订要求。

4. 部际间沟通协调不畅

饭店内部缺少沟通，饭店服务人员缺乏沟通意识和合作精神。

5. 预订员对销售政策缺乏了解

6. 未能精确统计信息数据及实施超额预订过"度"

具体表现为：

(1) 过高估计预订未到宾客的用房数。

(2) 过高估计临时取消宾客的用房数。

(3) 过高估计提前离店宾客的用房数。

(4) 过低估计延期住店宾客的用房数等。

(二) 预订失约行为控制

1. 失约行为的处理

对于在规定时间内抵店的持保证性或确认性预订证明的宾客，由于上述种种原因而导致宾客没有房间，按照国际惯例及饭店业常规，可采用如下处理方法：

(1) 诚恳解释原因并致歉意，请求宾客谅解。

(2) 立即与其他同等级的饭店联系，请求援助。若找不到相同等级的饭店，则应安排宾客住档次稍高一点的饭店,高出的房费由本饭店支付。

(3)免费提供交通工具和第一夜房费。

(4)免费提供一两次的长途电话费或传真费,使宾客能将临时改变住处的信息告诉有关方面。

(5)临时保留宾客的有关信息,便于为宾客提供邮件及查询服务。

(6)征得宾客同意,并做好搬回饭店时的接待工作,如大堂副理或客务关系主任出面迎接宾客或在客房内放致歉信,赠送鲜花和水果,等等。

(7)向预订委托人致歉。

(8)向提供援助的饭店致谢。

而对于其他有预订的宾客届时无房提供时,则应礼貌地向宾客说明情况,并帮助推荐其入住其他饭店,同时欢迎他第二天在有空房时入住本饭店。

2. 控制的方法

为避免出现预订失约行为而引起的宾客与饭店之间的纠纷,饭店前厅应实施有效的预订控制方法,可考虑如下做法:

(1)完善各项预订政策,健全预订程序及标准。

(2)加强与预订中心、预订代理处的沟通。

(3)建立与接待处等沟通的制度,如前厅接待处应正确统计出可售房数量、预订未到者、未经预订而直接抵店者、临时取消者、提前抵店者、延期住店者等用房变化数,并按时将上述统计数字通知预订处。

(4)注重培训、督导预订员,加强其责任心,提高其预订业务素质。

(5)由专人负责将预订信息按要求输入计算机或标注客房预订汇总表。

(6)注意预订细节,如是电话或面谈预订,则应复述宾客的预订要求,解释总台专业术语的确切含义及相关规定,以避免产生误会。

(7)加强预订工作的检查,避免出现差错、遗漏。

(8)合理配置部门人力资源,做到人尽其用。

二、超额预订

经验表明,即使饭店的订房率达到100%,也会有一小部分人因为各种原因不能按期抵达饭店、临时取消或提前离店,使饭店利益蒙受损失。为了充分利用客房,提高客房出租率,饭店有必要作超额预订来弥补由以上原因所造成的损失。

所谓超额预订是指在饭店订房已满的情况下,再适当增加一些订房的数量,以弥补因少数宾客订房不到、临时取消和提前离店等情况造成客房闲置的损失。

超额预订通常出现在旅游旺季和节假日,是一种有风险的行为。超额预订的数量是没有固定公式可以计算的,主要根据以往饭店经营的经验、对市场的预测以及对客情的正确分析来决定。

(一)确定超额预订数量

超额预订应该有个"度"的限制,以免出现因为"过度超额"而使宾客不能入住的情况。按国际饭店的管理经验,饭店接受超额预订的比例应控制在5%~15%之间。具体到每一家饭店,要根据各自的实际情况,考虑各种因素,合理掌握超额预订的"度"。

1. 掌握好团体订房和散客订房的比例

团体订房，是事先有计划安排的，取消订房或无故不到的可能很小，即使取消一般也会事先通知。而散客订房的特点是随意性大，受外界因素的影响也很大。所以，在团体订房多、散客订房少的情况下，超额预订的比例应小一些；反之，在散客订房多、团体订房少的情况下，超额预订的比例就可大一些。

2. 掌握好预订类别之间的比例

在某一时期内，如果现有预订都是保证类预订，通常不能实行超额预订。如果保证类预订和确认类预订多，临时性预订少，超额预订的比例就应该小一些；反之，超额预订比例就可大一些。

3. 根据预订情况分析订房动态

订房情况分析是对住客中预订宾客和非预订宾客的比例进行分析。如果住店宾客提前预订的比较多，未经预订而直接到店的宾客所占比例较小，那么，超额预订量就可大一些，以免宾客取消预订后，造成客房闲置；反之，超额预订量应小一些。同时，对订而不到的单位和个人要做好记录和存档，以后处理超额预订时，就可以先占用过去经常预订而不到店的宾客的房间，增加超额预订数量。

4. 本地区有无同档次饭店

如果本地区有同档次饭店，可以适当提高饭店超额预订的数量。这样，万一因为超额预订量过大而无法提供房间时，可以介绍宾客到其他同档次或同星级的饭店。

5. 饭店在市场上的信誉

硬件好、服务质量高、服务设施功能齐全、又有良好的交通的饭店，一般宾客到店率比较高，超额预订量应适当减少。

（二）处理超额预订

饭店由于承诺了超额预订的宾客，有时会使已经订房的宾客到店后无房可住。出现这种情况，会引起宾客很大不满，不仅容易出现纠纷，还会影响饭店的声誉。所以，饭店应积极采取补救措施，妥善安排好宾客住宿，以消除宾客的不满，挽回不良影响，维护饭店声誉。

一般处理程序为：

（1）诚恳地向宾客解释原因，并赔礼道歉，如有需要，还应由高级管理者亲自出面致歉。

（2）立即联系一家档次相当、风格特色相近的饭店，并免费派车专人（如大堂副理）陪同宾客前往。

（3）征求宾客意见，是否愿意次日搬回饭店，如果愿意，则及时、准确地为其订房。

（4）免费提供一次或两次的长途电话费或传真费等，以便宾客能将临时改变住宿地址的消息通知有关方面。

（5）支付宾客在其他饭店住宿期间的第一夜的房费。

（6）通知本饭店总台、总机、商务中心等岗位，注意是否有宾客的传真、信件、电话、留言等，若有，则应及时准确地传递给宾客。

（7）次日排房时，优先考虑此类宾客的用房安排，同时做好宾客搬回本饭店时的接待工作，如大堂副理在大厅迎候，陪同宾客办理入住手续，房内放总经理亲自签名的致歉信、鲜花、水果等。

（8）事后由前厅管理人员向提供援助的饭店表示感谢。

（9）详细地作好客史档案记录。

资料卡

宾客开房后马上折回总台要求退房时如何处理

（1）委婉询问宾客退房的原因。

（2）如系房间设施、设备令宾客不满意，则应向宾客致歉，然后建议陪宾客参观更好的房类。如此时宾客还在徘徊，要抓住时机婉转向宾客说明此时退房饭店应收取费用的财务制度（此时应掌握好语言的表达技巧，千万不能让宾客有反感的心理），以防宾客对你的建议动摇。如是宾客因自身的原因退房，则在查房后与宾客进行交涉，可根据实际情况酌情处理，尽量避免宾客因此事而下次投宿他店。

（3）带宾客参观客房时应尽量将新房间的特点和优点作详尽的介绍，当然在房价上也要让宾客感到饭店对他的重视，可通过一些语言的表达技巧使宾客接受，如"您只要多花50元就可以住上面的房间了"或"我会向上级请示，争取给您打个优惠的折扣"等，将宾客留住。

（4）做好送行服务，了解宾客对新房间的意见和建议，同时感谢宾客，欢迎宾客再次入住。

思考与练习

一、思考题

（1）宾客预订客房可以通过哪些方式？

（2）宾客因为种种原因失约后，预订部门应如何妥善处理？

（3）什么是超额预订？如果宾客订了房，抵店后却无房住，饭店应采取怎样的应对措施？

二、案例解析

婚宴和政府会议的冲突

一位姓张的先生在某饭店订了20桌婚宴，时间安排在1999年5月18日下午5：00至晚8：00左右，地点在该饭店的多功能厅。但就在5月18日的前两天，该饭店接到市政府的一项紧急政治任务，全省将有一个300人的重要会议安排在该饭店举办，时间也是1999年5月18日，地点也在该饭店的多功能厅，且时间为下午2：00到4：30。会议时间与婚宴时间本来并不冲突，但就在会议举行前一天，会务组突然告诉饭店会议时间可能会延长1小时。此时应如何处理？

有以下几种办法可供参考，你认为哪种方法最优？为什么？

（1）将实际情况告诉订婚宴的宾客，饭店接到的是政治任务，没有办法推卸，并向宾客道歉，请其将婚宴改期或安排到其他饭店。宾客若提出索赔要求，则可以考虑赔偿，费用向会务组收取。

（2）将婚宴临时安排到其他餐厅举办。

（3）说服宾客延迟一小时举行婚宴。

（4）请政府会议尽量提前举行，并提前半小时结束，确保下午5：00能退出会议场地；同时在开会前提前将大部分婚宴用品入场置于会场一角，以备会议结束能立即进行布置；安排足够人力准备紧急调派；向宾客说明实情，请求婚宴延迟25～35分钟举行。

第四章　礼宾服务

重点提示

1. 学习前厅迎送、行李服务的主要内容。
2. 把握"金钥匙"的内涵、服务内容、职责与素质要求。

故事坊

门童是饭店的脸面

饭店行李员是谁？是你到饭店所见到的第一个工作人员，也就是通俗称呼的"门童"。对于这样一个职业，想必大家都不陌生，很多时候人们很容易忽略掉这样一个岗位。但饭店行李员在饭店系统内实在是一个非常重要的岗位，很多饭店高层管理者都会着重强调：对饭店而言，行李员就是脸面，他直接关系到宾客对饭店的第一印象。

看过电影《大腕》的人都会对影片结束部分李成儒的那段台词印象深刻："……门口站一个英国管家，用标准的伦敦腔问您'Can I help you, sir?'……"这是句笑谈，但在国外也的确如此。国外的高级饭店中，很多行李员并不像大家想象中的都是年轻小伙子，而是由40岁左右极具绅士风度的人来担任的。因为他们相信，这样具有绅士风度的人会使宾客对饭店有更好的印象，也更能体现饭店的档次和形象。

一位留学英国的朋友对当地饭店的服务称赞有加。试想一下，在一个雨天，你乘车抵达饭店门口时，一位衣着得体的具有绅士风度的人立刻为你撑开伞打开车门，温文尔雅地向您问候，然后迎接您进入饭店。如此体贴到位的服务，怎能不让你对该饭店的印象值一路飙升？这位出国深造学习饭店管理的朋友感慨地表示，饭店服务无小事，一个岗位就能把饭店档次提升一大截。

饭店行李员既然身负如此重任，当然饭店对他们的要求也就格外严格。目前，有越来越多的饭店将饭店行李员打造成自家的一张招牌，在他们身上尽可能直观地体现饭店的服务理念和饭店形象。衣着、发型、动作、言谈、服务内容，无一不作严格要求。所以，千万不要小视饭店行李员这个职业，要想很好地胜任它，也需要极大的工作热情和学习精神。工作在一线，就要面对很多突发问题并需要及时加以解决，所以饭店行李员必须不断地补充自己，时刻打起精神做好每一个细节工作。

第一节 迎送服务

一、店内迎送

店内迎接服务主要由门童和行李员负责。门童一般安排身材高大、英俊、笑容可掬的男青年担任，但欧美国家饭店常常安排体态稳重、讲究礼节礼貌的长者司其职。在国内已有饭店开始启用女性担任饭店的门童。由女性担任门童不仅具有特殊的魅力，而且能够突破传统，标新立异，受到宾客的欢迎。

门童要承担迎送、调车等工作，还要协助保安员、行李员等开展工作，通常应站在大门的两侧或台阶下、车道边，站立时应挺胸额首、手自然下垂或下握，两脚与肩同宽。门童的服装除有季节之分外，选用衣料比较高级，颜色较鲜艳，款式华丽，做工精致。

（一）宾客到店时

（1）散客步行至饭店门口。门童应主动、热情、面带微笑向宾客点头致意，并致问候或欢迎语，同时用手势示意方向，并为宾客拉开大门。如果宾客行李物品较多，应主动帮助提拿，进入大堂时立即交给行李员。若行李员距离较远，使用手势示意，切忌大声喊叫，以免扰乱前厅安静的气氛。

（2）散客乘车到店。门童使用规范手势，示意司机停在指定地点或宾客容易下车的地点。汽车停稳后，如果是出租车，门童应等候宾客付完车费后再开门，主动向宾客热情问候，对常客可以尊敬地称呼姓名和职务以示尊重。

开门时要注意：

①原则上先女宾后男宾、先外宾后内宾、先老人后小孩。

②站在前、后门中间，用左手拉开车门使其成70°左右的角，右手则挡在车门框上沿，防止宾客碰伤头部。要注意对佛教徒和伊斯兰教徒不能护其头顶。若无法判断宾客的身份，可以将手抬起而不护顶，注意保护宾客，防止发生磕碰现象。

③宾客行动不便或遇到残疾宾客时，立即上前搀扶，并提示行李员为残疾宾客准备轮椅。

④如果宾客行李物品多，主动帮助司机卸下行李，并提醒宾客清点件数，带好个人物品，然后使用手势提示行李员为宾客运送行李。

⑤下雨天，主动打伞接迎宾客下车进店，并提醒宾客可以将雨伞存放或锁在门口的伞架上。

（3）团体宾客到店。在团体宾客的客车停稳后，门童站立在车门一侧，迎接宾客下车，主动点头致意、问候，接过行李物品，搀扶行动不便的宾客、老人或儿童下车，最后示意司机将车开走或停放在指定地点。

（二）宾客离店时

（1）送别散客。宾客出店，门童主动点头致意。如果宾客暂时外出，可以说"一会儿见"；如果宾客已结账欲离店，则向宾客致祝愿语，欢迎宾客再次光临。

　　宾客乘车离店，门童将车引至便于宾客上车又不妨碍其他车辆停车的位置，待车停稳后左手拉开车门，请宾客上车，右手挡在车门框上沿，防止磕碰宾客头部。待宾客坐稳后再关车门，注意不要夹住宾客衣角、裙带等，然后后退一步，目送宾客并挥手道别。

　　（2）送别团体宾客。门童站立在车门一侧，向每一位上车的宾客点头致意，欢迎宾客再次光临；主动搀扶老人或行动不便的宾客，待宾客全部到齐、司机关门后，伸手示意司机开车，并目送宾客离去。

二、店外迎接

　　饭店为方便宾客，在机场、车站及码头设立接待处，安排饭店代表专门负责住店宾客的迎接和送行服务。因此，店外迎接实际上是前厅礼宾服务的延伸。饭店代表是宾客所见到的第一位服务人员，饭店代表的仪表仪容、行为举止、服务效率将给宾客留下深刻印象。

（一）饭店代表服务规程及要求

1. 宾客抵达前

（1）准确掌握航班、车次及宾客情况。

（2）提前做好准备工作，备好接机牌。

（3）安排好交通工具。

（4）站立在显眼位置举牌等候。

2. 宾客到达时

（1）代表饭店向宾客表示欢迎和问候。

（2）根据预抵店宾客名单予以确认无误。

（3）搬运并确认行李件数，拴好行李牌。

（4）引领宾客上车。

3. 在路途中

（1）主动介绍本地和饭店概况。

（2）协助作好入住登记手续。

（3）始终与总台保持联系，及时通知变化情况。

4. 宾客抵店后

（1）引领宾客到总台办理手续。

（2）将行李物品交付行李员运至房间。

（3）协助大堂副理作好 VIP 贵宾接待。

（二）驻机场代表服务

　　此项服务是饭店整体对客服务的延伸和扩展，越来越多的饭店在国际空港设置驻机场代表，使这类服务更具专业化。驻机场代表应有较高的外语交流水平，熟悉饭店的客情，掌握主要客源国旅游者的生活习俗、礼仪，有较强的应变能力和人际交往能力等。

　　驻机场代表的服务程序是：

　　（1）熟知次日、当日客情，在预订宾客抵达前一天，核对宾客姓名、人数、所乘航班号等信息。

（2）根据接机预测报告，安排好机场与饭店间运行的穿梭巴士或向车队下达出车指令。

（3）宾客抵达当日，根据所乘航班时间提前作好接机准备，如在招示牌上醒目写明预接宾客的姓名等。

（4）密切注意航班时间有无变化。若飞机延误，则与管理人员联系，作出适当调整。

（5）接到宾客后，主动问候，表示欢迎，介绍自己的身份和任务，并帮助其提取行李，引领宾客上车。

（6）根据宾客房号（已排房）开立账单，将车费录入宾客账目或由司机收费。

（7）使用电话通知前厅礼宾值班台有关宾客抵店信息，包括宾客姓名、所乘车号、离开机场时间、用房有无变化等。

（8）一旦出现误接或在机场找不到宾客，应立即与饭店取得联系，查找宾客是否自己已乘车抵店，并及时与总台确认。

（9）宾客离店时，驻机场代表与礼宾部行李组及车队取得联系，弄清宾客姓名、所乘航班号、离店具体时间、行李件数及其他要求等。

（10）协助宾客托运行李和办理报关手续。

（11）与宾客告别，感谢宾客光临饭店，并欢迎宾客再次光临。

三、VIP 宾客迎送服务

VIP 宾客迎送是饭店给下榻的 VIP 宾客的一种礼遇。门童应根据客房预订处发出的接待通知，作好充分准备等。

（1）根据需要，负责升降某国旗、中国国旗、店旗或彩旗等。

（2）负责维持大门口秩序，协助做好安全保卫工作。

（3）正确引导、疏通车辆，确保大门前交通畅通。

（4）讲究服务规格，并准确使用 VIP 宾客姓名或头衔向其问候致意。

资料卡

CRO（宾客关系员）

这是一些高星级饭店为增进与顾客的双向沟通，加强和改善饭店宾客关系而新设立的一个岗位，旨在通过 CRO 随时服务于宾客，主动征询宾客的意见，进一步了解顾客需求，获得更多的顾客反馈信息，从而改善饭店产品，使之更符合市场需求。饭店一定要重视 CRO 的人选，总的来说，CRO 必须是有较好修养、言行举止大方得体、形象气质较好、语言能力出众、善于揣摩宾客心理、有一定饭店工作经验及应变能力的人才可以胜任的。

在提倡饭店服务规范化、主动性的同时，更应提倡服务中的个性化和灵活性，不要照搬照抄，要根据环境、人物、场所的不同变化而应变自如。

随着顾客对服务要求的提高，饭店服务更要注重宾客心理的研究，倡导人性化服务，让宾客真正有宾至如归、温馨舒适、轻松自如的感觉。服务要掌握一个度，热情过头只会使宾客"受宠若惊"而不知所措，结果往往弄巧成拙、适得其反，反而吓跑了宾客。

第二节　行李服务

行李服务是前厅服务的一项重要内容，由行李员负责提供，内容包括宾客行李搬运和宾客行李保管服务。

一、宾客入住行李服务

（一）散宾客入住行李服务

（1）散客乘车抵店时，行李员主动帮助宾客卸行李，并请宾客清点过目。宾客清点完毕后，再帮助宾客提拿。对于宾客的易碎物品、贵重物品，行李员不必主动提拿，如宾客要求行李员帮忙，行李员则应特别小心，以免物品丢失和破损。

（2）行李员手提行李，走在宾客的左前方，引领宾客到接待处办理入住登记手续；如属大宗行李，则需用行李车。

（3）宾客到达接待处后，行李员站在宾客身后，距宾客两至三步远，行李放置前方，随时听候接待员及宾客的召唤。

（4）从接待员手中接过宾客的房卡和钥匙卡，引领宾客进房间。

（5）主动为宾客叫电梯，并注意乘坐电梯的礼节：让宾客先进电梯，行李员进电梯后，按好电梯楼层键，站在电梯控制牌处，面朝宾客，并主动与宾客沟通；电梯到达后，让宾客先出电梯，行李员然后提行李跟出。

（6）到达客房门口，行李员放下行李，按饭店既定程序敲门、开门，以避免接待处卖重房而给宾客造成不便。

（7）打开房门后，开灯，退出客房，以手势示意宾客进客房。

（8）将行李放在客房行李架上，然后介绍房间设备设施。行李员在介绍时，手势不能过多，时间不能待得太长，以免给宾客造成索要小费的误解。

（9）行李员离开客房前，应礼貌地向宾客道别，并祝宾客住得愉快。

（10）返回礼宾部填写"散客行李（入店/出店）登记表"。

（二）团体入住行李服务

一般旅行社都备有行李车，有专职的行李押送员运送团队行李。饭店的行李员只负责行李的店内运送与收取。

（1）团体行李到达时，行李员推出行李车，与行李押运员交接行李，点清行李件数，检查行李有无破损，然后双方按规定程序履行签收手续。此时，如发现行李有破损或短缺，应由行李押运单位负责，须请行李押运人员签字证明，并通知陪同及领队。如行李随团到达，则还应请领队确认签字。

（2）填写团体行李登记表。

（3）如行李员先于宾客抵店，则将行李放到指定的地点，标上团号然后将行李罩上存放。注意不同团体的行李之间应留有间隔。

（4）在每件行李上挂上饭店的行李标签，待宾客办理入住登记后，行李员要根据接待处提供的团体分房表，认真核对宾客姓名，并在每张行李标签上写上宾客房号，房号填写要准确、迅速；同时，在团体行李登记表的每一房号后面标明入店的行李件数，以便将来出店时核对。如某件行李上没有宾客姓名，则应把行李放在一边，在行李标签上注明团号及入店时间，然后将其放到行李房贮存，备查，并尽快与陪同或导游联系确定物主的姓名、房号，尽快送给宾客。

(5) 将写上房号的团体行李装上行李车。装车时应注意：

①硬件在下，软件在上；大件在下，小件在上。特别注意有"请勿倒置"字样的行李。

②同一团体的行李应放于同一趟车上，放不下时分装两车；同一团体的行李分车摆放时，应按楼层分车；同一楼层或相近楼层的行李，应尽量放在同一趟车上。

③如果同一层楼有两车行李，应根据房号装车；如果同一位宾客有两件以上的行李，则应把这些行李放在同一车上，不分开装车，以免宾客误会丢失。

④遵循"同团同车、同层同车、同侧同车"的原则。

行李送到楼层后，按房号分送行李。送完行李后，将每间房间的行李件数准确登记在团体入店行李登记表上，并按团体入住单上的时间存档。

二、宾客离店行李服务

(一) 散客离店行李服务

散客离店行李服务程序：

(1) 当礼宾部接到宾客离店要求搬运行李的通知时，要问清宾客房号、姓名、行李件数及搬运行李的时间，并决定是否要带上行李车，然后指派行李员去客房收取行李。

(2) 与住客核对行李件数，检查行李是否有破损情况；如有易碎物品，则贴上易碎物品标志。

(3) 弄清宾客是否直接离店，如宾客需要行李寄存，则填写行李寄存单，并将其中一联交宾客作取物凭证，然后向宾客道别，将行李送回行李房寄存保管。待宾客来取行李时，核对并收回行李寄存单。

(4) 如宾客直接离店，装上行李后，则礼貌地请宾客离开客房，主动为宾客叫电梯，提供电梯服务，带宾客到前厅收银处办理退房结账手续。

(5) 协助宾客把行李装车离店，向宾客道别。

(6) 填写"散客行李出店登记表"。

(二) 团体离店行李服务

(1) 根据团体宾客入住登记表上的出行李时间作好收行李的工作安排，并于宾客离店前一天与领队或导游或团体接待处联系，确认团体离店时间及收行李时间。

(2) 在规定的时间内依照团号、团名及房间号码到楼层收取宾客放在门口的行李。收行李时从走廊的尽头开始，可避免漏收和走回头路。

(3) 收行李时，应核对每间房的入店行李件数和出店行李件数，如不符，则应详细核对，并查明原因。如宾客在房间，则应与宾客核对行李件数；如宾客不在房间，又未将行李放在房间，则要及时报告领班，请领班出面解决。

(4) 将团体行李运送到前厅大堂，再次核对，并严加看管，以防行李丢失。

(5) 核对实数与记录是否相符，请领队或陪同一起过目，并签字确认。

(6) 与旅行社的行李押运员检查、清点行李，办好行李移交手续。

(7) 将行李搬运上车。

(8) 填写团体行李出店登记表并存档。

三、换房行李服务

换房行李服务程序及要求：

(1) 接到接待处换房通知后，应问清宾客房号，并确认宾客是否在客房。

(2) 进宾客房间前，应先敲门，经宾客同意后方可进入。

(3) 请宾客清点要搬运的行李及其他物品，并将它们小心地装上行李车。

(4) 引领宾客进入新换的客房后，将行李重新放好，收回宾客原有的客房钥匙和住房卡，并将新的客房钥匙和住房卡交给宾客，向宾客道别，离开客房。

(5) 返回大厅，将宾客的原客房钥匙和住房卡交前厅接待员，并告之换房完毕。注重服务细节的饭店前厅接待员在此会再用电话与宾客联系，询问对所换房间是否满意等。

四、行李的寄存与提取

（一）行李寄存

行李员除了在宾客抵、离店以及在房时提供行李运送服务以外，还要负责住店宾客的行李物品的寄存服务。各个饭店对宾客寄存行李期限及费用也制订了不同的管理办法，但基本的服务程序内容大致相同。

接收行李寄存的服务程序为：

(1) 主动问候宾客，了解清楚宾客的要求。

(2) 请宾客出示离店单，如宾客尚未结账，应在寄存卡的上联注上未结账的标记。

(3) 礼貌地询问宾客所寄存行李中是否有贵重物品或其他需特别注意的物品，以及提取行李的时间。

(4) 填写寄存行李卡，请宾客确认行李物品件数后，在双联行李寄存卡上签名。

(5) 在寄存卡上打印时间或注明时间，然后将寄存联撕下并系在行李物品上，将提取联交给宾客，并向宾客简要说明注意事项及饭店的有关规定。

(6) 向宾客道别。

(7) 将行李物品放置在行李架上，并用绳子系在一起，以区别于其他宾客的行李物品。

(8) 寄存行李时间超过 24 小时以上的，应予以单独存放保管。

(9) 填写工作记录。

（二）行李提取

(1) 主动问候宾客，听清宾客要求。

(2) 请宾客出示提取联，并与寄存联核准。

(3) 核对无误，将行李物品从架上取下，交给宾客。

(4) 请宾客当面确认件数及状况。

(5) 向宾客道别，致祝愿语，表示欢迎再次光临。

(6) 在"寄存联"和"提取联"上注明时间以及经办人签名。

(7) 填写工作记录。

资料卡

宾客反映送至房间的行李件数不符时如何办理

(1) 请宾客不要慌张，与宾客确认此前所接到的所有行李件数。

(2) 请宾客回忆来店经过，提醒宾客回忆行李可能被遗落的地方。

(3) 根据宾客提供的线索协助宾客寻找。

有大量行李的团队入住时的应对策略

(1) 同一楼层如果需要两辆行李车，则应根据房号装车，房号在电梯右侧的，行李放在一车上；房号在电梯左侧的，行李放在另一车上。

(2) 如果同一宾客有两件以上的行李，应该把行李放在同一车上，不能分开装车以免宾客只见到一件行李时误以为其他行李丢失而着急。

(3) 行李分送服务应遵循"同团同车，同层同车，同侧同车"的原则。

第三节　金钥匙服务

一、揭开"金钥匙"面纱

"Concierge"一词是饭店前厅委托代办的专业词汇，最早源于法国。这个词最初的含义是指古代旅馆守门人，负责迎来送往和保管钥匙。随着近代、现代饭店业的不断发展，"Concierge"逐渐演变成饭店为宾客提供至尊、全方位和个性化的服务理念和高水平的专业服务方式。只要不违背法律和道德，饭店就要竭尽全力去满足宾客的合理要求。

金钥匙，既是一个国际性的民间专业组织，又是一种专业化的饭店服务，此外还是对具有国际金钥匙组织会员资格的饭店礼宾部职员的特殊称谓。

金钥匙组织，是指全球饭店中专门为宾客提供金钥匙服务的国际专业服务民间组织，其成员以个人身份加入国际金钥匙组织。

金钥匙服务，是指饭店内礼宾部职员（具有国际金钥匙组织会员资格则可称为金钥匙）以为其所在饭店创造更大的经营效益为目的，按照国际金钥匙组织特有的金钥匙服务理念和由此派生出的服务方式，为宾客提供的一条龙式的个性化服务。金钥匙服务，通常以委托代办的形式出现，即宾客委托，职员代表饭店代办。它具有鲜明的个性化特点，被饭店业的专家称为饭店服务的极致。"尽管不是无所不能，但要竭尽所能"，这就是"金钥匙"的服务哲学。其含义是在不违反法律的前提下，使宾客获得满意加惊喜的服务

金钥匙，是对饭店中专门为宾客提供金钥匙服务的个人或群体的称谓。金钥匙通常身着燕尾服或西装，衣领上别着一对金光闪耀的"金钥匙"徽章，这是国际"金钥匙"组织

的会员标志。它象征着"Concierge"如同万能的"金钥匙",可以为宾客解决一切难题。金钥匙谦虚热情,彬彬有礼,博闻强记,交际和应变能力极强,外语流利,经验丰富,尤其善解人意。他们站立在饭店前厅,总是面带微笑,热心地回答宾客的询问,及时、高效地满足宾客的委托服务要求。

饭店金钥匙对中外商务旅游者而言,是饭店内外综合服务的总代理,是一个在旅途中可以信赖的人,是一个充满友谊的忠实朋友,是一个解决麻烦问题的人,是一个个性化服务的专家。

饭店金钥匙服务对高星级饭店而言,是管理水平和服务水平一种成熟的标志。他是在饭店具有高水平的设施、设备以及完善的操作流程的基础上,更高层次饭店经营管理艺术的体现。

饭店金钥匙服务对城市或地区旅游业而言,对其服务体系的形象将产生深远的影响。

饭店金钥匙在中国的逐渐兴起,是我国经济形势的发展以及旅游总体水平发展的需要。它将成为中国各大城市旅游体系里的一个品牌,即代表着热情好客独具饭店特色的一种服务文化。

国际饭店金钥匙组织联合会会徽图　　中国饭店金钥匙组织会徽　　　　中国饭店金钥匙标志

二、中国饭店金钥匙组织会员的能力及业务要求

(一)能力要求

(1)交际能力:乐于、善于与人沟通。

(2)表达能力:语言表达清晰、准确。

(3)协调能力:能正确处理好与相关部门的合作关系。

(4)应变能力:能把握原则,并以灵活的方式解决问题。

(5)健康条件:身体健康,精力充沛,能适应长时间的站立工作和户外工作。

(二)业务知识与技能

(1)熟练掌握本职工作的操作流程。

(2)会说普通话并至少掌握一门外语。

(3)掌握中英文打字、电脑文字处理等技能。

(4)熟练掌握所在宾馆的详细信息资料,包括饭店历史、服务设施、服务时间、价格等。

(5)熟悉本地区三星级以上饭店的基本情况,包括地点、主要服务设施、特色和价格水平。

（6）熟悉本市主要旅游景点，包括地点、特色、开放时间和价格。

（7）掌握本市高、中、低档的餐厅各5个（小城市3个）和娱乐场所、酒吧5个（小城市3个）的情况，包括地点、特色、服务时间、价格水平、联系人。

（8）能帮助宾客购买各种交通票据，了解售票处的服务时间、业务范围，知晓联系人。

（9）能帮助宾客安排市内旅游，掌握交通线路、花费时间、价格，知晓联系人。

（10）能帮助宾客修补物品，包括手表、眼镜、小电器、行李箱、鞋等，或掌握这些物品维修处的地点、服务时间等信息。

（11）能帮助宾客邮寄信件、包裹、快件，懂得邮寄事项的要求和手续。

（12）熟悉本市的交通情况，掌握从本饭店到车站、机场、码头、旅游点、主要商业街的路线、路程和出租车价格（大约数）。

（13）能帮助外籍宾客解决办理签证延期等问题，掌握有关单位的地点、工作时间、联系电话和手续等信息。

（14）能帮助宾客查找航班托运行李的去向，掌握相关部门的联系电话，熟悉领取行李的手续。

三、饭店金钥匙一条龙服务

金钥匙的一条龙服务主要包括"接"、"送"、"买"、"取"、"修"、"订"、"印"、"寄"、"代"等事项。

（1）接，就是到机场、火车站、月台或码头接VIP散客、VIP团队、儿童团队或普通宾客。

（2）送，不单指送VIP散客、VIP团队、儿童团队或普通宾客到机场、车站、月台或码头，而且也包括在市区内送信、送物。

（3）买，就是代宾客买邮票、食品、药品、日用品、电脑、电脑配件、娱乐用品、植物、交通客票、戏票，代买鲜花、致敬卡等。

（4）取，就是去机场、汽车站、火车站、托运站代取行李、货物、客票，去邮局代取邮件、包裹等。

（5）修，指代宾客修理行李、鞋子、摄影器材、手提电脑、手表、眼镜等。

（6）订，指代订其他城市的饭店，订餐、订报纸、订车、订船、订活动场地等，以及约定按摩师、医师、导游、裁缝等。

（7）印，根据宾客的要求为宾客印制名片、胸卡等。

（8）寄，就是指代寄邮件、包裹、特快专递等。

（9）代，就是代办签证、旅游，为长住宾客安排度假等。

资料卡

中国金钥匙发展回顾

中国的饭店金钥匙服务最早是由著名爱国人士霍英东先生倡导引入白天鹅宾馆的。国际金钥匙组织荣誉会员、广州白天鹅宾馆的杨小鹏总经理为此倾注了大量的心血。

在新闻媒介的广泛宣传下，中国饭店金钥匙服务事迹引起了同行业及社会各界的重视。中国饭店金钥匙服务的发展状况也开始被国际饭店金钥匙组织重视。特别是从 1995 年起，国际饭店金钥匙组织主席非常关注中国饭店金钥匙组织的成长。

1997 年，中国申请加入国际饭店金钥匙组织，成为第 31 个成员国。1998 年 12 月，中国饭店金钥匙组织获批成立，划归中国旅游饭店业协会指导，并作为中国旅游饭店业协会下属的一个专业委员会。到今天，中国饭店金钥匙组织已发展到 50 个大中城市，150 家高星级饭店里共有 200 名金钥匙，这支逐渐成长的饭店服务群体正在创造着更新的服务奇迹。

如今，中国饭店金钥匙组织的发展正一步一步地迈向成功，中国饭店业已到了一个新的发展阶段。几十年的饭店发展经历告诉我们，中国饭店服务太需要个性化服务品牌了，服务业需要一种贴近服务人员生活的服务理念，这样才能从根本上提高服务水平。中国的饭店在硬件方面已经赶上了国际水平，我们的个性化服务也要达到或超过国际同行水平，这是时代赋予我们这一代饭店服务管理人员的历史使命。

思考与练习

一、思考题

(1) 常见的饭店礼宾服务内容有哪些？

(2) 在饭店业，金钥匙有哪些层面的含义？它与普通礼宾服务相比，有哪些鲜明特色？

二、案例解析

要求宾客赔偿雨伞

徐先生是美国一家银行的总经理，第一次来杭州，是专程来考察华东旅游线路的。徐先生一家三口入住了杭城某饭店的 631 房间。这天，徐先生准备带家人出去观赏西湖美景，刚走到大厅门口，就看到外面阴雨绵绵，但听说杭州的雨景也很美，于是就向行李柜台借了两把雨伞，带着一家人外出观赏西湖的雨景去了。

两个小时之后，徐先生一家回到了饭店，行李房领班小何撑开雨伞一一进行检查，发现其中一把有损坏，于是要求徐先生赔偿。但是徐先生却说："这把伞交给我们时就是坏的，后来我们三人就共撑了一把伞。"

此时，如果你是小何，应该如何妥善处理？

参考解析：碰到讲道理的宾客，让他赔偿一点修理费，由饭店负责修理，宾客或许愿意接受。若宾客不愿赔偿，或强调伞借出时确实是坏的，也可免去赔偿，但需向宾客说明，这次就算了，但下不为例。此方法合情合理，既坚持了饭店的原则，又能让宾客心悦诚服。

第五章 总台服务

🎯 重点提示

1. 掌握宾客入住饭店的基本登记程序，对宾客入住登记后出现的一些常见问题，要了解应对策略。
2. 学习宾客结账离店的基本手续，了解客账管理中一些特殊情况的处理方法。
3. 熟悉饭店问讯服务的基本服务范围和内容。

📖 故事坊

该不该让这个宾客入住

某年10月2日，傍晚5：00左右，杭州城P饭店的住宿率已达到了92%，仅剩5间已预订出去的标准间，还有少数几间单人间和一套套房可供出租。

这时，从饭店大门外进来一位宾客，他径直来到总台，对接待员小胡说："我是上海来的林先生，上海南北订房中心为我预订了一个标准间，房间准备好了吗？""请稍候。"小胡立即从电脑的"预订类宾客"中进行查找，奇怪的是电脑显示没有该项预订。小胡又查了总台的预订夹，其中也没有该订房中心的预订传真件。小胡礼貌地问宾客："请问林先生，您有南北订房中心的客户凭证联（VOUCHER）吗？""有啊。"林先生立即从公文包里拿出一张A4大小的文件纸递给小胡。小胡接过一看，果然是上海南北订房中心于9月15日为林先生在P饭店预订了一个标准间，住10月2日、3日两晚，房价按饭店与南北订房中心签订的协议价。但怎么会没有原始订单呢？

小胡正在疑惑的时候，细心的领班小徐又发现了另一个问题。以前，每次从上海南北订房中心过来的客户凭证联上都有一个小甲虫标志，但这张客户凭证联上面却没有这个标志。因此，小徐对这份订房单的真实性产生了怀疑。是不是宾客为了能在国庆节期间以较低的房价订到房间而擅自伪造了一张订房单呢？但又不能仅凭一个小甲虫标志来判断宾客所持客户凭证联的真假，因为南北订房中心从来都没有向饭店正式声明过以此小甲虫作为该订房中心客户凭证联的真伪识别标志。或许这只是某个订房员个人的爱好，而这次，正好又不是该订房员操作的呢？这些都是有可能的。

如果在平时，总台可以立即打电话与该订房中心联系确认，或与宾客协商一个房价安排宾客入住。可偏偏国庆节期间订房中心休假，而饭店又没有多余的标准间可供出租了，即使是剩下的单人间和套房，根据总经理室的指示，在国庆节期间也要执行特别的价格政策，按门市价上浮20%出售，宾客能接受这些房型和价格吗？

此时，天色已暗，小徐非常清楚，在这样一个旅游城市，这样一个节日里，眼前的这位宾客已经不可能再在别的饭店订到房间了。看着宾客期待的目光，总台接待小徐真的感到为难了。

在请示了前厅领导之后，小徐终于开窍：不管总台是否有原始订房传真，既然宾客按总台的要求出示了凭证（VOUCHER），就应相信宾客。于是他承认了该预订，并向宾客说明，因节日期间饭店用房紧张，他预订的标准间房型没有了，其他饭店可能也都订满了，请宾客谅解，并建议以协议价入住本饭店单人间或套房，次日有标准间再为他调换。

一场不快终于化解，宾客脸上写满感激和赞许。

第一节　宾客入住

宾客入住饭店必须办理入住登记手续。为宾客办理入住登记是接待处的主要职责。宾客在办理入住登记手续的时候，饭店所有市场努力的成果以及计算机订房系统的作用都得到了体现。

宾客在办理入住登记过程中所获得的饭店服务设施的第一印象，对于建立热情友好的氛围和持续良好的商务关系非常重要。如果受到了热情的招待，宾客将会积极地配合饭店的工作，并希望在饭店其他部门也受到同样热情的服务。否则，宾客不仅不会对饭店的服务及设施产生兴趣，而且还将会在住宿期间百般挑剔。

一、入住登记管理的必要性

饭店入住登记工作必要性主要反映在以下四个方面：

（1）建立合法依据。办理入住登记手续是饭店与宾客之间建立正式、合法关系最重要的依据，为宾客住店利益和饭店营收利益提供保障。

（2）提供客情依据。这是饭店营销部门获得客源市场信息重要的、直接的渠道。住宿登记表中有关宾客的国籍、性别、年龄以及停留事由（商务、旅行、会议等）、房价等都是饭店客源市场的重要信息。

（3）保障安全依据。通过住宿登记，查验宾客有关身份证件，可以有效地防止和减少饭店不安全事故的发生，保障饭店的宾客生命、财产的安全。

（4）协调服务依据。总台接待根据宾客的不同要求经常与问询、礼宾、收银等岗位以及销售、公关、餐饮、客房、娱乐等部门协调合作，共同承担为宾客提供舒适、方便、满意的服务。

二、入住登记需要的表格和卡片

（一）入住登记表（Registration Form）

该表的设计格式、所列项目因饭店和宾客类型而异，但其内容一般包括两类：一类是户籍管理所规定的登记项目；另一类是饭店对客服务和管理中所需的登记项目，如房号、房租、付款方式、抵（离）店日期及时间、账单编号、接待员签名、有关饭店责任声明等。按照宾客类型，又可将登记表分为以下几种：

（1）"国内宾客住宿登记表"（如下表），供国内宾客住店填写。

房号：　　　　房租：　　　　接待员：

姓名	性别	年龄	籍贯	工作单位	职业
			省　市 　县		

户口地址			从何处来	
身份证或其他有效证件名称			证件号码	
抵店日期			离店日期	

同宿人	姓名	性别	年龄	关系	备注

请注意：
1. 退房时间是中午 12：00 前
2. 贵重物品请存放在收款处的免费保险箱内，阁下一切物品之遗失，饭店概不负责
3. 来访客人请在晚上 23：00 前离开房间
4. 离店请交回钥匙
5. 房租不包括房间里的饮料费用

离店时我的账目结算将付
□现金
□旅行社凭证
□信用卡

客人签名：

（2）"临时性住宿登记表"（如下表），供外国宾客及华侨住店填写。

ROOM NO.

DATE

ARRIVAL DATE

DEPT. DATE

ACCT. NO.	ARRIVAL DATE	DEPARTURE DATE	ARRIVAL TIME	NO. OF ROOM	ROOM TYPE

DAILY RATE	NO. OF GUEST	ADV. DEPOSIT	ROOM NO.	3% GOVERNMENT TAX & 10% SERVICE CHARGE WILL BE ADDED ON TO YOUR ROOM RATE

MR. / MISS（PLEASE PRINT）

　　SURNAME　　　　FIRST NAME　　　INITIAL

FULL HOME ADDRESS

NAME OF COMPANY	OCCUPATION

续表

NATIONALITY		PASSPORT NO.		DATE OF BIRTH	
WHERE FROM	CARRIER	NEXT DESTINATION			CARRIER
FORM OF PAYMENT： ☐ CASH AIRLINE ☐ TRAVEL AGENT ☐ COMPANY					
CREDIT CARD： ☐ AMEX ☐ VISA ☐ DINERS					
☐ JCB ☐ MASTERCHARGE					
DID YOU STAY WITH US BEFORE? YES ☐ NO ☐ CHECK OUT TIME IS 12 NOON.					
NOTICE： OUR LIABILITIES FOR GUESTS' PROPERTIES AND VALUABLES ARE GOVERNED BY THE HOTLE PROPRIETORS ORDINANCE, CHARTER 158，SECTION 4. GUESTS ARE ADVISED TO READ THE NOTICE DISPLAYED AT THE RECEPTION DESK. THERE ARE SAFETY DEPOSIT BOXES AVAILABLE FOR THE USE OF THE HOTEL GUESTS FREE OF CHARGE. UNLESS OTHERWISE ARRANGED GUEST IS REQUESTED TO SETTLE HIS/HER ACCOUNT WITH THE HOTEL WEEKLY AND/OR ON DEMAND.				GUEST SIGNATURE	
DEMAND.					

（3）"团体人员住宿登记表"（如下表），专供团体宾客住店填写。

Registration Form of Temporary Residence Group

团队名称：　　日期　年　月　日　至　年　月　日
Name of Group.　Date　Year　Mon.　Day　Till　Year　Mon.　Day

房号 Room No.	姓名 Name in full	性别 Sex	出生年月日 Date of Birth	职业 Occupation	国籍 Nat.	护照号码 Passport No.
何处来，到何处去						
留宿单位				接待单位		

需要说明的是，无论何种形式，入住登记表中的项目均需满足两方面要求，即国家法律所规定的登记项目及饭店本身运行与管理所需的登记项目，其中主要包括以下九个方面。

① 房号。注明房号是为了便于查找、识别宾客及建立客账。房号的填写应准确无误，这对饭店的日常安全、夜审等十分重要。

② 房租。房租是建立宾客账户、预测客房收入的重要依据。

③ 付款方式。注明付款方式，可使饭店决定宾客在店的信用限额，同时也有助于提高结账离店的效率。

④ 抵离店日期、时间。正确掌握宾客抵离店日期、时间，有助于结账及提供邮件查询服务；有助于客房预测及排房工作，尤其在旺季，取得宾客亲笔填写的离店日期，可使饭店处于比较主动的地位；有助于客房部做好迎接与送别等接待服务工作。

⑤ 永久地址。掌握宾客完整的地址，有助于宾客离店后的账务处理以及遗留物品的处理；有助于向宾客提供离店后的邮政服务及便于向宾客邮寄促销印刷品；有助于宾客投诉处理的跟踪服务，等等。

⑥ 账单编号。填写账单编号是为了能根据宾客姓名顺序查找出账单的存根，以便有关账务等问题的处理。

⑦ 宾客与接待员签名。宾客签名是为了让宾客对所列项目内容予以认可与保证，提高了其合法性；接待员签名有助于加强其工作的责任心，是饭店服务质量管理的措施之一。

⑧ 有关饭店责任的声明。饭店责任的声明一般包括结账离店时间规定、会客须知、查验证件要求、贵重物品寄存规定等，有助于明确责任，减少纠纷，改善饭店与宾客关系以及完善服务环节。

⑨ 其他。包括与饭店市场调研有密切关系的项目（宾客旅行目的、预订渠道、住店次数、所乘交通工具、下个目的地等）。

（二）房卡（Room Card）

此卡亦称钥匙卡（Key Card）、欢迎卡（Welcome Card）或饭店护照（Hotel Passport）。它起着证实住店宾客身份的作用。

房卡的设计形式、内容因饭店而异，但一般包括宾客姓名、房号、房价、失效日期（离店日期）、抵店日期、宾客签名、住客须知及接待员签名等项目。部分饭店设计此卡时，还刊有总经理欢迎词、饭店所提供的服务项目及服务设施，并附有饭店所在地著名景点的风光照与饭店所在地的地理位置及主要交通线路示意图，既方便宾客，又促进销售。

（三）宾客入住单（Check-in Slip）

宾客入住单由接待员打印制作。其目的在于将宾客入住的信息尽快传递给各个对客服务部门，如客房楼层、总机、问讯组、礼宾部等，以便协调对客服务。客房楼层根据宾客入住单编制"楼层住客名单"，总机据此进行客房电话转接，问讯处将宾客入住单归入住客资料查询架，便于查询。

客房入住单，只是在没有电脑或者电脑没有联网、电脑没有普及的饭店使用。如果饭店管理电脑化，各对客服务部门电脑联网，信息资源共享，则可不必使用宾客入住单，而且信息传递更为准确及时。

三、预排房处理程序

预先为贵宾、散客和团队排房，不仅可以保证宾客的入住需要得到满足，而且使前厅服务、客房服务、餐饮服务等相关业务部门的正常运转具备稳定的工作基础。

通常可按下列顺序进行：

（1）贵宾和常客。

（2）团队。由于团队用房量大，抵店前和离店后会经常出现预留房闲置、待售空房比较集中、数量多等状况，因此要注意采用相对集中排房的原则，尽量避免团队与散客、团队与团队之间的相互干扰，同时也便于行李接送。

（3）保证类预订宾客。

（4）要求延期续住的宾客。

（5）普通预订的宾客。

（6）无预订、直接抵店宾客。

另外，对于残疾、年纪大、带小孩的宾客，应尽量安排离电梯较近的房间，以方便他们的出行。不要把敌对国家的宾客安排在同一层楼。还要注意宾客对房号、楼层数字的忌讳，尽量予以调整。

四、入住登记程序

（一）散宾客入住登记程序

1. 迎接宾客

（1）当宾客走近预订处时，接待员应目视宾客，向宾客点头微笑致意。

（2）如当时接待员正在忙碌：

①接待员正在接听电话，应向宾客点头微笑，示意宾客稍候。

②接待员正在处理文件，应随时留意宾客到达，当宾客到达时，应马上放下正在处理的文件，接待宾客。

③当接待员正在接待宾客时，见到有其他宾客到达，应向宾客微笑并示意来宾稍候。

④接待员应尽快结束手头工作，接待宾客。手头工作一时难以完成时，应先接待宾客或示意其他接待员尽快接待。

2. 确认有无预订

（1）征询宾客是否有预订。

（2）如宾客只是问讯，并非入住，应耐心解答宾客询问或引领宾客到问讯处。

（3）如宾客有预订：

①请宾客稍候，并根据宾客预订时使用的姓名或单位查找预订单。

②与宾客核对预订资料并查找是否有宾客留言。

（4）如果宾客没有预订：

①若有空房，应向宾客介绍可出租房间的种类、位置、价格，等候宾客选择，并回答

宾客询问。

②若已无可供出租的房间，应向宾客致歉，并向宾客介绍附近饭店情况，询问是否需要帮助。若宾客提出协助要求，应引导其到问询处，由问询员负责帮助宾客联络。

3. 入住登记

(1) 手持住宿登记表上端，将住宿登记表递给宾客。

(2) 同时手持笔的下端，将笔递给宾客，请宾客填写住宿登记表。

(3) 即刻通知楼层服务台或服务中心作好准备。

(4) 再次向宾客确定房间类型及价格；如宾客提出异议，应根据房源情况尽量予以说明并致歉。

4. 验证

(1) 核查住宿登记表是否填写齐全，如有缺项或不详的情况应请宾客补充。

(2) 检查宾客有效证件（护照或身份证）、照片是否与持证人相符。

(3) 核对宾客证件号码及相关资料是否与住宿登记表填写的内容相符。

5. 确认付款

(1) 如宾客使用信用卡付款，请宾客出示信用卡并核对信用卡的有效期及签字。

(2) 如宾客使用现金付款，应按照饭店现金付款有关规定办理。

(3) 如宾客使用支票付款，应核对支票的有效性。

6. 签认、送客

(1) 上述事项均确认后，在住宿登记单上注明房号、房价以及接待员姓名。

(2) 将房间钥匙、住宿登记单第三联交与行李员，请行李员引领宾客至房间。

(3) 与宾客礼貌告别。

7. 入住资料处理

(1) 对有预订宾客在完成上述程序后，在预订单上做"已住人"标志。

(2) 将宾客预订资料和住宿登记表第一联交电脑录入员录入电脑。

(3) 信息录入电脑后，将住宿登记表第一联和预订单分类存放。

(4) 对无预订宾客作录入电脑及相关处理。

(二) 团队入住登记程序

1. 准备工作

(1) 根据实际情况预排房间。

①同时抵达有两个以上团队，应先预排级别高的重点团队，再排用房数多的团队。

②同一团队的宾客尽量集中安排，如确有困难也应相对集中。

③一时无房间预排时，可暂时等候，但最迟应在宾客抵达前一小时排出房间，并尽早将团领队和陪同人员的房号通知客房服务中心。

(2) 根据房号和计划制作钥匙，填齐团队预订单相关内容。

①提前一天准备房间钥匙，同一团队的钥匙统一保存在大袋内，封面注明团号、进店日期、离店日期。

②将已排出的房号填在团队预订单上，并和电脑打印的该团预订表订在一起。

③将团队预订单放入今日团队抵达文件夹里，钥匙放入指定地点。

2. 迎候宾客

（1）当团队抵达时，接待人员应与销售人员一道向团队和成员表示欢迎，引领宾客到指定的团队登记地点，请大家稍候。

（2）根据宾客信息查找该团预订单。

（3）根据预订单信息与宾客核对团号、人数、房间数、是否订餐等。

（4）内容无误后，即可请宾客填写房单。

（5）内容不相符时，应与领队、陪同一道核实情况。

（6）特殊情况需要增减房间或加床时，应礼貌征询宾客付款方式，并在团队预订单上注明原因，请对方签字，然后电话通知楼层、客房中心、前厅收银处作好接待及相应变更。

3. 填单、验证、分房

（1）请宾客填写住房登记单。

①团队有集体户口和集体签证时，可免去个人填单。

②B类以上重点宾客直接入房时，应请旅行社联络员待宾客入住后补报户口。

（2）根据宾客有效证件核对登记表各项，看是否相符及有无漏项，未填妥之处应补填好。

（3）根据领队或全陪的意图分配住房，填写房号。

①将钥匙和房卡交给领队分发给队员。

②值班员在团队预订表上签名。

4. 感谢宾客光临，送宾客入房

（1）再次与领队或全陪核对膳食安排、叫醒时间、收行李时间、店内联系方式和具体联系人员，使用IDD时需付押金。

（2）及时将相关信息通知总机、礼宾、收银等处。

（3）现付团队，应请领队或全陪在收银处交预付款。

（4）将已确认的带有房号的团员名单速交行李员完成行李分送任务。

（5）向领队和其他宾客表示感谢，请销售人员引领宾客入房。

①团队预订表的第四联由销售人员带上楼层交楼层值班员。

②在入房的过程中，销售人员应主动向宾客介绍饭店的基本情况，并将自己的姓名和联系电话告诉领队。

5. 处理有关资料

（1）及时将有关信息输入电脑。

（2）将团队预订表的第二联交前厅收银处，第三联留档；将宾客的户口登记表保存至第二日电脑中心收单为止。

（3）如果宾客有二次返回，则将第三联保存在"团队二次返回"文件夹中。

（三）VIP入住登记程序

1. 准备工作

（1）优先为VIP排定房间，房间状况应该是同类房间中最好的。

（2）根据VIP级别，每日上午11：00之前向相关部门发出当日VIP宾客抵达通知单。如因特殊情况上午 11：00 之前不能发出该通知单时，应由接待组领班或其指定员工将当日 B 类以上 VIP 将入住的房号电话通知客房服务中心，以便楼层能提前作好接待准备。

（3）打印宾客住房登记表中已有项目，同时把已制作好的比实际入住天数多一天有效期的钥匙和已打印好的住房登记表放进"预订抵店 VIP"文件夹中。

①若宾客是第二次入住，应从客史档案中调出宾客信息，打印登记表。

②如果宾客是第一次入住，则只打印已确认信息。

2. 热情接待宾客，迅速为其办理入住手续

（1）宾客抵达时，接待员要热情向宾客问候，请宾客出示有效证件，帮助宾客填写登记表中未填项目，注明房号、价格及优惠比例，值班员签字，然后送还宾客有效证件，并请宾客签名（注：由公关部陪送。已明确直接入房的 VIP 宾客，请公关部全陪人员或 VIP 联络员协助填好登记表）。

（2）示意行李员引领宾客上楼入房，将钥匙和宾客房单第三联交行李员。

（3）电话通知所住楼层值班员作好接待准备。

（4）所有 VIP 宾客均不需预付。

3. 整理资料

（1）根据登记表将宾客信息输入电脑，客史档案信息同步修改。

（2）作好值班记录，详细记载接待过程。

（3）将 VIP 抵达信息向各相关部门通报。

（4）将登记表第一联按规定存档。

五、办理入住登记后常见问题及对策

从宾客办理入住登记起直至结账离店，前厅在按正常的流程和程序接待宾客中，会遇到各种意想不到的情况。对这些情况要提前准备，制定出相应的操作程序，寻找适合的解决办法。

（一）换房工作程序

换房，也叫转房，宾客办理入住登记手续住下来以后，对客房的位置、朝向、大小、设备使用情况等方面有了较为清楚的、详尽的了解。在此情况下，有的宾客会觉得房间不够理想，或者不太方便，这时，宾客就会向前厅提出换房要求。饭店应在可能的情况下尽量满足宾客的要求。

饭店有时也会由于自身的原因要求宾客换房。如客房设备损坏，维修需时较长，饭店则主动为宾客换房；住客超过原计划住店天数续住，而指定预订该房的宾客又快要入住时，饭店亦可能要求原住客换房。

1. 了解换房原因

（1）宾客方面。

①房间楼层、位置、朝向不理想。

②房号不吉利等。

（2）饭店方面。

①客房设备损坏、维修需时较长。

②现住客续住，影响到指定预订该房宾客的入住。

③其他接待任务。

由于饭店方面原因需要宾客换房，接待员必须向宾客解释清楚，求得宾客谅解。

2. 查看客房状态资料，为宾客排房

查客房状态资料，看是否有与宾客原住房相同档次的客房，如果暂时没有，则需向宾客说明。倘若房间档次升高了，则要加收房费（饭店自身原因要求宾客换房时除外），并要对给宾客带来的不便表示歉意。

3. 填写房间/房价变更单

填写房间/房价变更单，由行李员分发至相关部门。

（1）管家部。楼层服务员接到此单后，按退房要求对原住房进行检查，然后对走房进行清扫。

（2）电话总机。方便电话转接。

（3）前厅收银。接到此单后，转移客账。

（4）问讯处。方便邮件转交和访客查询。

（5）礼宾部。及时协助宾客提拿行李换房。

4. 换房时为宾客提供行李服务

5. 发放新的欢迎卡及房卡

6. 接待员更改电脑资料，更改房态

（二）续房工作程序

当宾客预计的住宿结束时，可能会因为种种原因要续住。对于续住宾客，前厅接待人员可以用下面的工作程序及标准为其提供服务。

1. 接待宾客

（1）当宾客本人或委托他人到前厅（或打电话）要求续住时，接待员应热情接待宾客，仔细聆听宾客续住的原因和要求，尽量满足宾客。

（2）礼貌地询问宾客需要续住的时间，不可直接问宾客退房时间。

2. 查询房态

（1）根据宾客续住的期限立即在电脑上查询近期房态。

①如果房态状况较紧张，接待员应立即请示前厅相关领导，然后回复宾客。

②如果无法满足宾客，应向宾客建议换房，或共商其他解决办法。

③根本不可能续住时，应向宾客道歉，并建议宾客入住其他同档次饭店，同时积极为宾客联系订房，必要时为宾客预订房间。

④VIP宾客的续住，向上级汇报，根据回复情况处理。

（2）如果团队要求续住，请其与销售部联系。

3. 办理续房手续

（1）能够满足宾客要求时，要礼貌地告诉宾客同意其续住，由接待员填写续房通知单，注明宾客续房的时间和续住方式。

（2）如果宾客预付的是现金，应查询金额是否足够，如不够请宾客再预付一些押金，并礼貌地向宾客说明。

4. 处理续房资料

(1) 将续房通知单第二联交收银处，第一联由接待组留底。

(2) 根据续房通知单内容及时在电脑上修改该宾客续住信息，并将该通知单按规定存档。

(3) 如果是团队续住，应由销售人员发更改单。

（三）宾客入住后立即要求离店处理程序

遇到这种情况首先要迅速查清宾客离店的原因，尽力挽留宾客继续留宿，为其提供相应的客房；如果宾客执意要求离店，则接待部门应该进行以下几步工作：

(1) 对宾客退房离店表示惋惜，同时尽力协助宾客离店。

(2) 如果宾客没有使用客房设备，也未发生账务问题，要立即把这种情况输入电脑，使问讯处、电话总机及时掌握房间状况。

(3) 立即废止已开出的宾客入住登记表和制作的宾客账单，一起加盖"宾客未住店"标记。

(4) 通知有关部门宾客未住店情况。

（四）宾客抵店后无法安排客房的处理程序

宾客抵达饭店后，店方因某种原因暂不能安排宾客进房间时，接待部门应做好以下几步工作：

(1) 让宾客先进行住房登记，但不排房号，不定房价。

(2) 提供行李寄存服务，请宾客在大堂吧稍候。

(3) 与客房部紧急协商，尽快安排宾客住宿。

(4) 接到客房清扫完毕和待出售通知后，尽快为宾客办完有关住宿手续。

（五）宾客入住饭店时没有携带行李的处理程序

对于没有携带行李入住饭店的宾客，为防止恶意逃账，应作如下处理：

(1) 辨明宾客是否将携带的行李放在行李处柜台上，用心观察宾客进店时的状况。

(2) 如果宾客确未带行李，可向宾客礼貌地询问："先生，您的行李是否还在外面?"宾客可能会作出几种不同的回答，如"航空公司把行李托运错地方了"或者"只想在饭店逗留几小时"等，以表明未带行李的原因。

(3) 对于出示信用卡的宾客，经饭店确认后，一般可以接待住宿；对相当可疑者，可采取预先收取其一夜房费的做法。

（六）抵店宾客要求提供隐私服务的处理程序

有些宾客抵店后，不想有来访者打扰，特别是一些名人，要求饭店为他们的住店保守秘密，饭店应该尊重宾客的要求。

具体做法是，在前厅终端机荧屏上输入"没有输入信息"字样，便于接待员、话务员婉言回绝来访者。

（七）卖重房的处理程序

有时由于工作疏忽，接待处将客房已售出，但房态未能及时更改过来，导致该房间重卖；有时由于未能与管家部保持及时的信息沟通而无法掌握最新的楼层实际房态，导致卖重房。

卖重房，会给该客房的原住客和新来的宾客带来不悦，会给服务质量带来负面的影响，饭店应重视这类问题，特别是在以手工操作为主的饭店。行李员带新入住的宾客进房前，应先敲门，如果发现卖重房，马上向双方宾客致歉，然后请新入住宾客在楼层稍候，电话报告接待处。

接待处核实卖重房后，应马上找出一间相近楼层同类型的客房，签发新的欢迎卡和房卡，安排另一行李员送上楼层，收回原来的欢迎卡和房卡。最后填制新的"入住单"并发放至各相关部门，收回原来的"入住单"。特别是要提醒前厅收银处做好建账工作。

（八）宾客要求房间增加住客的处理程序

一间标准客房正常情况下只能住宿两个成年宾客，加床后最多只能住成年3人，如超过三个成年人时必须多开一间房。

在此条件下，房间增加住客分三种情况。

（1）原客房已有一个住客，后要求加入一住客。接待员必须替新来宾客办理入住登记手续，为其签发欢迎卡和房卡，但欢迎卡和房卡栏为"无房价"，并请原住客在新来宾客登记表上签名表示同意。如属成年男女同住，则应按相关规定办理。

（2）原客房已有一住客，后要求加入两住客。接待员必须为其办理入住登记手续，为其二人签发欢迎卡和房卡。其中一人的欢迎卡和房卡栏为"无房价"，另一人的欢迎卡和房卡房价栏为"加床价"，并请原住客在这二人的入住登记表签名表示确认，然后按加床处理。

（3）原住房已有两个住客，后要求加入一住客，则按加床处理。

不管属于哪种增加住客情况，接待员都必须将增加宾客信息通知相关对客服务部门。

（九）加床的处理程序

一个标准间，正常情况下只能住两个成年人，如要住三个成年人，则需加床。

宾客加床大致分两种情况，一是宾客在办理登记手续时要求加床，一是宾客在住宿期间要求加床。

饭店要按规定为加床宾客办理入住登记手续，并为其签发欢迎卡和房卡，欢迎卡中的房价为加床价，加床费转至住客付款账单上。如是宾客在住宿期间要求加床，第三个宾客在办理入住登记手续时，入住登记表需支付房费的住客签名确认。

接待处将加床信息以"入住单"的形式，或者以专门的"加床通知单"的形式通知相关部门，如前厅收银处和管家部楼层。

（十）房客押金数额不足的处理程序

在一些时候，宾客的钱只够支付房费数，而不够支付额外的押金。遇到这种情况，接待员要请示上级作出处理。如让宾客入住，签发的欢迎卡为钥匙卡（不能签单消费）；通知总机关闭长途线；通知客房楼层收吧收走客房小酒吧内的酒水或锁上小酒吧。后两项工作一定要在宾客进房前做好，不要让住客撞见，以免使宾客尴尬和反感。宾客住下来后，客房楼层服务员对该房间要多加留意。

客房销售并非多多益善

对一家饭店而言，即使是节日期间，也不应只考虑经济效益而出租完所有的客房。饭店在任何时候都应该控制出租率，留出适当数量的备用房以备下列情况应急之用：

（1）有 VIP（重要贵宾）临时抵达，需要在本饭店安排住宿时。

（2）住店宾客的房间出现坏房状态，而一时又无法维修，需要换房时。

（3）预订与接受预订双方在衔接、操作方面发生不够顺畅的情况时。

（4）在高峰期或旺季作为一个公益产品提供给社会，如在快报热线上将备用房提供给残疾人等，这是一种提高饭店知名度和美誉度的机会。

第二节 宾客离店

前厅收银处，亦称收款处，与前厅接待处相邻。前厅收银处的员工主要有收银员和夜间审核员。收银员主要负责住客账户的处理，提供外币兑换服务和贵重物品的寄存与保管服务。夜间审核员则主要负责住客各项费用的审核、编制营业报表和财务报表。

一、客账管理

（一）建立客账

宾客账户一般在预订阶段或入住登记阶段建立。前台接待处在每位宾客预订时或登记入住时设立一个账户（如下表），供收银员登录该宾客在饭店居住期内的房费和其他各项花费。这是编制各类营业报表的资料来源之一，也是宾客结账离店、平衡个人账户的基础。

客 人 账 户

序号		姓名				备注		×××HOT
								地址：ADD
房价		抵店日期		离店日期				电话：TEL
								传真：FAX
日期	借方							贷方	余额
	房费	服务费	餐饮	洗衣	电话	电传	租车	其他	小计		
住客签名		地址			付款单位			

宾客账户分为两大类,一类是饭店为每位散客建立的个人账户,一类是为团体宾客建立的团体账户。有些时候,团体中的个别宾客会有私人花费不愿意或是不能够记在团体账户的账上,这种时候也要另立个人账户,但账户名称必须准确无误,不能混乱不清。账户要分类归档,以方便取用。

在使用计算机管理系统的前厅中,客账管理十分简便。宾客预订或是登记之后,他的信息自动从电子预订记录或入住登记记录转入到电子总账单上。计算机将自动在前厅系统中检查电子总账单与其他的计算机记录。

饭店计算机管理系统中,每一个账户可以将所有过账记录都保存下来。有些饭店所采用计算机管理系统不是在预订之后建立宾客的电子总账单,而是与预订记录同时建立。这样在宾客登记前就可以记账到宾客账户,因此能通过电子记录对预付款和预付订金等账目进行准确的控制。

另外,计算机系统能够在每位宾客登记时自动建立账单编号,根据预订过程的事先设置,将费用直接转到每一个住客总账单上。

采用计算机管理系统对客账管理的另一个较大的优势是数据全部由计算机处理,宾客在预订、登记以及在店内进行所有消费时,他的资料只需输入一次,能够极大地减少因多次重复处理数据而造成的差错。

(二)管理客账

1. 客账记录要求

(1)转账迅速。

宾客在饭店逗留期较短,发生的费用项目多,又可能随时离店,故要求转账迅速。各业务部门必须按规定时间将宾客签字认可后的账单送到总台收银处,以防跑账、漏账发生。采用计算机收银系统,只要收银员将宾客在店内的任何消费账单转入收银机,计算机即可同时记下宾客当时的转账款项,极大地提高了工作效率。

(2)记账准确。

为宾客建立账户后,即开始记录宾客住店期间的一切费用。宾客的房租采取按日累计的方法每天结算一次。加上宾客离店当日应付房租,即为宾客应付的全部房租。其他各项费用,如餐饮、洗衣、长途电话、传真、美容美发、书报等项目,除宾客愿在消费时以现金结算外,均可由宾客签字后由各有关部门将其转入前厅收银处,记入宾客的账户。因此,记账要准确,宾客姓名、房号、费用项目和金额、消费时间等应记录清楚,并和宾客账户记录保持一致。

2. 客账记录程序

宾客与饭店可能发生多种交易,客账的录入程序依赖于交易的性质和货币类型。

(1)现金结算。

①外币现金。必须是在我国银行或指定机构可兑换的外币,根据当天银行汇率折算。

②人民币现金。如果宾客用现金付款,收银员一定要学会分辨真伪。如果宾客用预付的现金结账,则多退少补。退款需开具"现金支出单",并让宾客签字确认,第一联给宾客,第二联留夜审审核,收回交给宾客的押金单第一联,将其与账单订在一起。

③旅行支票。应检查旅行支票的真伪,如支票残缺不全、有涂改或擦除痕迹都不能兑换,并按买入价与宾客结算。

④支票。再次检查支票的真伪及支票正面的内容及背书，注意辨别，防止错收银行已发出停止使用的旧版支票。如果宾客结账时才出示支票，则应按支票当押金时的工作程序做好相应工作，然后正确填写支票，切不可涂改、描补，一定要用碳素笔填写。填写支票头及相应日期、项目、金额等，并开具发票，把支票连同发票交给宾客。饭店暂不接受私人支票。

(2) 信用卡结算。

现在，饭店的收银部门大多配备了信用卡授权终端机，只要将宾客结账的信用卡在终端机上刷一次，把入住时取得的授权号码输入，便可直接进行离店交易。采用这种结账方式，收银员要注意核对持卡人签名。

如宾客改变原入住时决定的付款方式，要求改用信用卡支付，则应按宾客入住时的信用卡验卡程序做好相应工作，然后按信用卡结账的程序处理。

(3) 挂账。

饭店出于促销和方便宾客的需要，会允许一些大公司、旅行社为其宾客的消费采用转账方式支付，这种结算方式称为挂账。挂账可简化宾客抵离店手续，同时可促使这些大公司、旅行社为饭店带来不断的客源。采取挂账方式的前提条件是饭店要对对方的信用情况、财务情况有详细的了解，然后以合同的方式获得法律上的支持。只有饭店财务信用部允许的单位和个人才能挂账，一般宾客不允许挂账。

①旅行社挂账。旅行社给予挂账的宾客分为团体客和散客，其中有的散客持有旅行社凭单。旅行社凭单由旅行社签发，宾客持此单到饭店办理入住手续，届时由接待员收回，将其作为转账凭证。旅行社只负责持旅行社凭单宾客的房费，其他费用由顾客自付。

团体宾客的账单分两种，一种是杂费账单，如电话费、洗衣费等，由宾客自行支付；另一种是旅行社挂账账单，亦称主账单，一般包括房费和餐费，这种账单必须有陪同人员签字确认（旅行社账单对宾客是保密的），然后将主账单、团队确认单、订房单订在一起挂账。

②公司挂账。收银员根据宾客要求为宾客建立两张账单，一张是由公司结算的主账单，一张是由宾客自付且须在离店前付清的杂费账单。住客必须在公司结算的主账单上签字，以示确认，然后由收银员将主账单及公司预订单订在一起挂账。

(三) 客账管理中的特殊情况的处理

1. 即时消费收费

即时消费收费是指宾客临近退房前的消费费用，因送到前厅收银处太迟而没能赶在宾客退房前及时入账。如洗衣费用就有可能在宾客结账退房后才会被送到前厅收银处。在这种情况下，对饭店来说，从已退房离店的宾客那儿收款是一件较为困难的事情。

为减少宾客临近退房前的消费而带来的损失，收银员在给宾客打印账单前，应确认宾客有无仍未入账的消费。例如，收银员应婉转地询问宾客早上有否使用客房小酒吧的酒水，有无吃早餐签单，等等。然而，这种做法是否有效，在很大程度上取决于宾客的诚实度。

在宾客结账时，收银员去调查宾客有无即时消费的情况，有可能由于时间太长而给宾客带来不便。再说，收银员本来工作就较为烦琐，如再花大量精力调查即时消费，可能会忙上加忙。在此情况下为了向宾客提供准确的、快捷的结账服务，饭店有必要建立一套高效的、多功能的账目处理系统，来确保宾客在饭店内部各个部门的消费账单能尽快地传递到前厅收银处，以便前厅收银员接到转来的账单尽快入账，从而减少因宾客即时消费而使饭店承担的损失。

2. 逾期离店

在过了饭店结账时间（按国际惯例，饭店每天结账截止时间一般为当日中午 12：00），宾客仍未结账时，应当婉转地提醒宾客，超时离店饭店将加收房费。

（1）12：00～15：00 结账的，加收 1 天房费的 1/3。

（2）15：00～18：00 结账的，加收 1 天房费的 1/2。

（3）18：00 以后结账的，则加收全天房费。

如宾客想免交加收的费用，饭店则必须视客房的出租情况，经过一定的审批程序（延时退房通知单）后，将延时退房通知单交给前厅收银处和接待处。前厅收银处在给宾客办理退房时，不得加收房费；接待处得到延时退房通知单时，可不必急于催促宾客办理退房手续。

3. 退账处理

宾客在退房结账时才提出要折扣优惠，而且也符合饭店优惠条件；或者宾客结账时，收银员才发现该客房的某些费用是因为输入有误造成的。此时，前厅收银员应填写一份"退款通知书"，由前厅经理签名认可，并要注明原因，最后在计算机中将差额作退账处理。

4. 住店宾客欠款不断增加

有些宾客住店期间所交预付款已经用完，还有的宾客入住饭店后，长期未决定离店日期，而其所欠饭店账款不断上升。为防止宾客逃账和引起其他不必要的麻烦，饭店通常催促宾客付款。饭店可使用电话通知，也可使用书面的"催款信"，将宾客房号、姓名、金额、日期填妥后，放入信封，交接待处放入钥匙架内。一般宾客见此通知后会主动前来付款。若遇宾客拒绝付款时，则应及时交大堂副理处理。

5. 其他宾客代付账单

当住客的账单由其他住客支付时，为防止漏账发生，饭店通常应在交接记录上注明，并附上支条在这两位宾客的账单上，以免忘记。当然，处理这种情况还有一种方法：若甲宾客替乙宾客付款，乙先离店，则可将乙的账目全部转入甲宾客的账单上，使乙账单挂账数为零来处理。但在此前，必须通知甲宾客，并已有甲的书面授权，以免引起纠纷。

二、夜间审计

夜间审计，是指前厅收银处在夜间（通常为夜间 23：00～早晨 7：00）对当日收到的账单进行审核和结转账目，完成制作经营报表等工作，以确保宾客账单准确无误和反映饭店经营中的问题，以及安排夜间到来的宾客。夜间审计也可成为夜间查账，在规模较大的饭店里设有主管审计和审计员，在小型饭店则可由夜间收银员承担。

（一）夜间审计的必要性

（1）饭店是全天 24 小时营业的，这意味着宾客在任何时间都有可能抵达和离开饭店。因此，费用的产生和宾客的结算也是随时的。为了确保饭店的经济收入和对消费者负责，在宾客退房时能及时提供账单，饭店就必须有专人负责账目审核。

（2）在正常营业的情况下，饭店白天业务往往比较繁忙，而夜间业务相对较少。由于宾客白天结账较多，一些费用凭证暂时无法入账，夜间审计则可以完成白天所有尚未结转账目。

（3）收银员在白天的工作中有可能出现转账错误、入账错误、数字书写和计算错误，接待员也有可能出现客房状况控制失误，前厅也有可能出现一些特殊情况，而且有关饭店营业情况的报表也适合在夜间制作。因此前厅的夜间审计工作是十分重要的。

（二）夜间审计工作流程

夜审工作流程依据饭店的具体情况，如饭店业务量、所用的设备、具体分工的不同而有较大的区别。例如，一些饭店夜审只负责收银处的宾客账单和各部门凭证的核算，而一些饭店却要求夜审员完成夜间前厅的全部事务。但是，夜审工作的共同特点，形成了一套完整的工作流程。

1. 费用入账

夜审员的第一项工作是将白天尚未结转的费用凭证及时转入宾客账单。如果采用计算机系统，只需核实上一个班次的数额即可。如果采用手工审账系统，则需逐项转入对应的宾客账单。

2. 核对客房状况

核对客房状况是指核对前厅与客房部之间有关客房状况是否存在差异。此项工作不仅有利于客房状况控制，而且能够从客房状况的错误中发现账目问题。

3. 平衡各部门的费用额

平衡各部门费用额是夜审的主要工作内容。各部门费用额的平衡标志着饭店收益没有任何差错，各部门的输入准确无误。平衡的办法是将前厅收银处宾客账单里的原始凭证取出，然后按各营业中心分类，如将车费、电话费、洗涤费、餐饮费等分别放在一起，累积各部门费用额，得到部门费用总额。用这些数额与各营业中心的营业额相比较，如果双方一致，说明部门费用和没有差错。如果双方不一致，那么夜审员就要逐项核对原始凭证和所打印数额。审账工作是十分繁重的，但饭店使用计算机管理系统会使此项工作简单化。

4. 核对客房房价

饭店要求夜间审计员制作每日客房收益报表。为此，夜审员要核对和填写客房价格。这项工作的复杂性是由客房的公布价与实际的出租价往往不一致而造成的。夜审员如果发现客房公布价与出租的实际价格不一致，应按以下线索审核：

（1）首先要注意团队宾客、享受公司优惠价的宾客、免费和折扣房价以及其他优惠价的宾客。

（2）审查"房费折扣或免费申请单"，核对是否每位享受优惠房价的宾客都符合条件，防止一些前厅接待员自作主张，为亲友提供优惠。

5. 结转客房费用

在高档次的饭店，房费是由夜审员使用过账机自动结转的。使用电脑的饭店，客房费用的转账更加方便和迅速。同时夜审员还要完成办理宾客续住的程序。

6. 制作部门收益报表

在完成以上工作后，夜审员还要完成各部门的收益总结报表，连同原始凭证一起送交财务部。

7. 编制饭店的营业日报表

该表是全面反映整个饭店营业情况的业务报表（如表 6-8 所示）。通常一式两份，一份于次日上午送至总经理办公室，以便让管理人员及时了解饭店营业情况，进行经营决策；另一份则交财务部。

三、外币兑换业务

饭店为方便宾客，受中国银行委托，根据国家外汇管理局公布的外汇牌价，代办外币兑换业务。目前，中国银行除收兑外汇现钞外，还办理旅行支票、信用卡等收兑业务。总台收银员应掌握外币兑换的业务知识，接受这方面技术技能的培训，以搞好外币兑换服务。

（一）外币现钞

1. 外币现钞种类

目前，国内饭店外币兑换处承兑的外币种类有：美元、英镑、日元、澳大利亚元、加拿大元、瑞士法郎、丹麦克朗、挪威克朗、瑞典克朗、新加坡元、欧元、菲律宾比索、泰国铢、新西兰元等。

2. 外币现钞兑换程序

中国银行根据饭店的业务量大小，相应拨给饭店定额周转金，饭店总台收银处兑换点则应每天定时收外钞、银行支票及相关外币兑换凭证，递交中国银行并换回等额周转金。

外币兑换的服务程序是：

（1）弄清宾客的兑换要求。

（2）清点查收宾客需兑换的外币及金额。

（3）使用货币识别机鉴别钞票真伪，并检查其是否属现行可兑换的外币。

（4）填制水单，查核当日现钞牌价，将外币名称、金额、兑换率及应兑金额填写在水单相应栏目内，准确进行换算。

（5）请宾客在水单上签名。

（6）检查复核，确保其正确。

（7）确保无误后，将兑换的款额付给宾客。

（二）旅行支票

旅行支票是一种定额支票，亦称汇款凭证，通常由银行、旅行社为便利国内外旅游者而发行。旅游者在国外可按规定手续，向发行银行（或旅行社）的国内外分支机构、代理行或规定的兑换点，兑取现金或支付费用。

收兑旅行支票的服务程序是：

（1）弄清宾客的兑换要求。

（2）检查、核对其支票是否属可兑换之列，有无限制（区域、时间）。

（3）与宾客核对，清点数额。

（4）请宾客出示有效证件，并进行复签（应看着宾客进行），并检查复签是否与初签相符。

（5）查清当日牌价，填制水单，并扣除贴息，准确换算。

（6）请宾客在水单上签名。

（7）检查复核。

（8）核对无误后，将支付款额付给宾客。

（三）信用卡

信用卡是由银行或信用卡公司提供的一种供宾客赊欠消费的信贷凭证，上面印有持卡者的姓名、号码、初签等。中国银行自 1981 年 4 月起，先后与一些代理行签订协议，代兑由它们发行的信用卡。目前，可兑换的信用卡有：美国运通公司的运通卡（American Express Card）、香港汇丰银行的东美卡（签证卡）（Visa Card）和万事达卡（Master Card）、香港麦加利银行的大来卡（Diner Club Card）、日本 JCB 国际公司和三和银行的 JCB 卡（JCB Card）。我国自行发行的信用卡现有长城卡、牡丹卡、金穗卡等。

四、宾客离店程序

（1）面带微笑，迎接宾客。

（2）确认离店房号，收回房卡和钥匙。

（3）电话通知客房服务中心宾客离店。

（4）询问宾客在不久前是否接受过要付费的服务，如离开房间前有否打过电话，同时检查这些服务是否已经登账，以避免漏账。

（5）准备宾客账单：确保账单正确并让宾客核实账单。

（6）检查有无宾客的留言或信件。

（7）接收付款：确认宾客付款方式是现金或是信用卡，收现款并找零钱，填写信用卡凭证并让宾客签名，填报时再次确认公司名称和地址，把宾客的收据复印件附在账单后面，把票据和收据交给宾客。

（8）询问宾客对停留的感受，微笑告别。感谢宾客在饭店的停留；询问宾客是否可就饭店服务提出改进意见；以适当的方式答复投诉；欢迎宾客下次再入住，祝愿他们旅途愉快，一路平安。

（9）资料处理：所有账单分开并按适当方式处理，宾客登记卡存档。

五、宾客离店结账

（一）宾客离店结账的基本程序

（1）前厅审计员在夜审时将预计当天离店的宾客账户抽出，检查应收账款，作好结账准备。

（2）宾客离店要求结账时，收银员应问清宾客房间号码，找出账卡，并复述宾客的姓名，以免拿错，造成不必要的麻烦，同时收回客房钥匙。

（3）收银员向宾客询问在不久前是否接受过付费的服务，比如离开房间前是否打过电话等，同时检查这些服务是否已经过账以免漏账。

（4）向宾客报告在饭店的消费总数，为其开出总账单。如果宾客支付现金，则在账单上盖上"收讫"戳；如果宾客使用信用卡支付，则按照饭店有关信用卡使用的有关规定和要求进行处理；如果是记账单支付，则请有关人员签字，并按事先约定的方式转账。

结账后，相关工作人员将宾客的登记卡、结账单等各种凭证存档，并通知各有关部门保存宾客资料。

（二）散客结账服务程序

（1）问候宾客，弄清宾客是否结账退房。

（2）确认宾客的姓名与房号，并与宾客账户核对。

（3）检查宾客的退房日期，如果宾客系提前退房，收银员则应通知相关部门。

（4）核实延时退房是否需要加收房费。如宾客有异议，请大堂副理出面协助解决。饭店有优惠延时退房规定除外。

（5）通知客房楼层查走房，检查客房小酒吧酒水耗用情况、客房设备设施的使用情况以及客房内的日常补给品——供宾客免费使用，但不可带走，否则需按价赔偿。

（6）委婉地问明宾客是否还有其他即时消费，如电话费、餐饮消费等。

（7）将已核对过的宾客分户账及宾客的账单凭证交宾客过目，并请宾客签名确认。

（8）确认付款方式，宾客结账，如宾客入住时交了押金，则收回押金单。

（9）收回宾客的房卡和房门钥匙，检查宾客是否有贵重物品寄存，并提醒宾客带好自己的贵重物品。

（10）行李员提供结账行李服务。

（11）弄清宾客是否要预订日后的客房，或者预订本饭店连锁管理集团的其他饭店客房。

（12）更新前厅相关信息资料，如房态表和住客名单等；将宾客结账离店消息通知相关部门，如总机关长途电话等。

（13）做好账、款的统计，材料的存档工作，以方便夜间审核。

（三）团体宾客结账服务程序

（1）将结账团队的名称（团号）告知相关楼层服务台员工，通知其查房。

（2）打印账单，做到转账和宾客自付分开。通常接待单位或旅行社只支付房费及餐饮费用，其他杂项，如电话单、洗衣费、酒水费用等，则由宾客自行支付。

（3）如预订单上标明付款方式为转账，则请付款单位陪同人员在转账单上签字确认，并注明报账单位以便将来结算；凡不允许挂账的单位，其团队费用一律到店时现付，团队宾客的房价不可泄露给宾客。

（4）为有账目的团队宾客打印账单，收款。

（5）收回房卡与钥匙。

（四）离店结账付款方式

在宾客办理离店结账手续时，宾客的账户分为两种：私人账目和公司账目。私人账目由宾客个人支付，宾客可以用现金（人民币或外币）、旅行支票、信用卡等方式付款。公司账目不用宾客直接支付，而是宾客退房时对账单签名确认后，由饭店转账给相应的公司或旅行社，由后者支付饭店欠款。

宾客的付款方式主要分三大类，即现金、信用卡和挂账，详细内容见前述"客账记录程序"。

（五）快速结账服务

饭店退房时间为中午 12 时前，此时段宾客退房结账较为集中，以至于前厅收银处宾客拥挤，收银员工作较为繁忙。为避免此种现象的出现并为了方便宾客，国外的一些饭店力求为宾客提供快速结账服务，其模式大致分为两种。

1. 宾客房内结账

饭店通过将客房内的电视机与计算机管理系统驳接，宾客就能在离店的前一天晚上根据服务指南中的说明启动房内结账系统。在离店的当天早上，宾客就可以在电视机屏幕上看到最后的账单情况，并提前通知收银员准备账单，这样就加快了结账的速度。如果住客使用信用卡结账，就不必到前厅收银处办理结账手续；如果宾客用现金付款，则必须到前厅收银处结账，因为付现金的宾客还没有与饭店建立信用关系，故计算机管理系统的控制程序不允许现金付款的宾客采取房内结账。

2. 宾客填写"快速结账委托书"办理结账手续

对于有良好信用的使用信用卡结账的顾客，饭店为其提供快速结账服务。宾客在离店前一天填写好"快速结账委托书"，允许饭店在其离店时为其办理结账退房手续。住客提前向前厅收银处索取"快速结账委托书"并将其逐项填好后送至收银处，收银员则对其支付方式等进行核对。在宾客离店当天早上，收银员将住客消费的大致数目告诉宾客，这时宾客也可能已经离店而未告知收银员。住客离店后，收银员在稍为清闲时替宾客办理结账手续，并填制好信用卡签购单。

资料卡

宾客兑换外币不出示有效证件时如何处理

（1）婉拒宾客。

（2）向宾客申明饭店仅是银行外币兑换业务的一个代兑点，为宾客兑换外币时应按银行的规定执行，即要求宾客出示有效证件，由饭店复印后交银行备案留存。

（3）请宾客理解配合，必要时可向宾客提供中国银行的电话，由宾客向银行咨询。

宾客要求以信用卡换取现金时怎么办

（1）婉拒宾客。

（2）向宾客解释饭店不提供此项服务，饭店同样无法承担信用卡换取现金的风险，请宾客理解。

（3）询问宾客所持信用卡的类型，建议宾客使用银行或公共场所的 ATM 机提取现金。

（4）必要时向宾客提供信用卡公司的相关资料，请宾客向信用卡公司咨询。

第三节 问讯服务

由于前厅是宾客接触最多的饭店公共活动场所，所以问询处通常设在总台。大中型饭店专门设置问询员。有些饭店，特别是小型饭店，不设专职问询员，其工作由总台接待员兼任。

一、问讯服务范围

前台提供问讯服务，应以满足宾客的一切要求为宗旨，使宾客有依赖和信任的感觉。一般来说，问讯服务工作的范围包括：查询服务，提供旅游和交通信息服务，留言与传真服务，邮件处理服务，客房钥匙管理服务。

二、问讯服务工作规范

(1) 对待宾客要一视同仁，彬彬有礼。

(2) 要耐心、热情地解答宾客的任何疑问，做到百问不厌。

(3) 熟知饭店所提供的各种服务项目，准确地记清他们的位置和电话，以便迅速联系，减少宾客等候时间。

(4) 要不断搜集、补充、修改饭店内外情况的最新资料，做到即问即答，准确无误。

(5) 未经住客同意，不得将住店宾客的房号告诉来访者。

(6) 对于不熟悉的宾客来领取钥匙，应该有礼貌地询问宾客的姓名，然后与钥匙架存放的卡条或电脑终端核对，证明无误后，才能把钥匙交给宾客。

(7) 对于因事急而询问时词不达意的宾客，要帮助他稳定情绪，慢慢提问解答。

(8) 对于长话慢讲，细述详问的宾客，应耐心倾听，不得中途打断，听清要求后，再作回答。

(9) 对于语言难懂、口齿不清的宾客，要仔细倾听，听清后立即回答。

(10) 对于熟知的情况，回答应简明扼要，不得模棱两可，含糊其词，使人不知所云。

(11) 对于自己了解不详而又一时查不到的情况，应向宾客说明，请予谅解，并将宾客的姓名、房号及问讯内容记录下来，事后再行查阅。一旦查到应立即通知宾客；若经努力仍无结果的，应如实向宾客耐心解释，并对此表示歉意。

(12) 对于几个宾客同时问讯时，应本着先问先答，急问急答，简问简答的原则，尽可能使问讯的宾客都得到恰当的接待和满意的回答。

三、问讯资料准备

为了做好问讯服务，问讯处应备有多种资料和工具书，以便问讯员随时查用。一般情况下，问讯员要熟悉和掌握如下信息：

(1) 本饭店的组织结构、各部门的职责范围和有关负责人的姓名及电话。

(2) 本饭店服务设施及饭店特色。

(3) 本饭店的服务项目、营业时间及收费标准。

（4）饭店所在地大医院的地址及急诊电话号码。

（5）本地各主要旅游观光景点、商场、购物中心名称、特色以及与饭店的距离。

（6）饭店周边地区的距离及交通方法。

（7）饭店各部门电话号码。

（8）客源地的风土人情、生活习惯及爱好、忌讳等。

（9）本地主要活动场所，如商业步行街、体育场所、交易会展馆等的地址及抵达方法。

（10）本地各名饭店餐厅的经营特色、地址及电话。

（11）世界各主要城市的时差计算方法。

（12）当地使、领馆的地址及电话号码。

（13）当天的天气预报。

（14）当地航班、火车车次的咨询电话等。

问讯员需要备齐的信息资料有：

（1）飞机、火车、轮船、汽车等交通工具的时刻表、价目表及里程表。

（2）本地的详细地图、交通地图、旅游地图及全省、全国地图乃至世界地图。

（3）本市、全省乃至全国的电话号码簿及世界各主要城市的电话区号。

（4）各主要媒体、企业的网址。

（5）交通部门对购票、退票、行李重量及尺寸规格的规定。

（6）本饭店及其所属集团的宣传册。

（7）邮资价目表。

（8）饭店当日活动安排，如宴会等。

（9）当地的著名大专院校、学术研究机构的名称、地址及电话。

（10）本地主要娱乐场所的特色及其地址和电话号码等。

越来越多的饭店正利用多媒体计算机向宾客提供问讯服务。宾客可通过电视屏幕了解当天的各种新闻、体育赛事、股票行情、天气预报以及交通等信息。为了方便住店宾客，增加饭店竞争优势，突出饭店产品差异，有些饭店的住客可在房间内的电视机屏幕上查到各种有用信息，如留言、预订机票、办理旅行委托、查阅银行服务范围、外汇牌价、购物指南、特色服务信息等，深受宾客欢迎。

四、住客查询

宾客住下来以后，经常会向前厅问讯处、总机或楼层员工询问有关饭店的情况。饭店员工要将宾客的每次呼叫或询问当作一次产品推销的机会和增加饭店收入的机会，应详细介绍饭店情况，而不应将之当作一种麻烦。有时宾客也会问及饭店当地的一些情况，饭店员工也要详细解答。

五、访客查询

问讯处经常会接到打听住客情况的问讯，如宾客是否在饭店入住，宾客入住的房号，宾客是否在房间，是否有合住及合住宾客的姓名，住客出去前有否给访客留言或授权书等。

问讯员应根据具体情况区别对待。

（一）询问宾客是否入住本店

对访客的这一询问，问讯员应如实回答（住客要求保密者除外）。查电脑或住客资料显示架名单，及接待处刚转来的入住单，确定宾客是否已入住；查预抵宾客名单，核实该宾客是否即将到店；查当天已结账的宾客名单，核实该宾客是否已退房离开；查以后的订房单，看该宾客以后是否会入住。

如宾客尚未抵店，则以"该宾客暂未入住本店"回复宾客；如查明宾客已退房，则向对方说明情况。已退房的宾客，除非有特殊的交代，则不应将其走向及地址告诉第三者（公安检察机关除外）。

（二）询问宾客入住的房号

为住客的人身财产安全着想，问讯员不可随便将住客的房号告诉访客，如需要告诉，则应让住客通过电话告诉给访客。

（三）询问宾客是否在房间

问讯员先确认被查询的宾客是否为住客，如系住客则应核对房号，然后打电话给住客，如住客在房内，则应问清访客的姓名，征求住客意见，将电话转进客房。如果宾客已外出，则要征询访客意见，是否需要留言。如住客不在房内在店内，问讯员可通过电话或广播代为寻找，并请访客在大堂等候，亦可请行李员在大堂内举牌摇铃代为寻找。

（四）询问住客是否有留言给访客

有些住客在外出时，可能会给访客留言或授权书。授权书是住客外出时允许特定访客进入其房间的证明书。问讯员则应先核对证件确认访客的身份，然后按饭店程序办理。

（五）打听住客情况

问讯员应为住客保密，不可将住客的姓名、单位名称告诉给对方，除非是饭店内部员工的出于工作需要的咨询。

（六）如果访客通过电话查询住客情况，问讯员应注意以下问题：

（1）问清访客的姓名，如果是中文姓名查询，则应对容易混淆的字，用组词来分辨确认；如果是英文姓名查询，则应将宾客姓（Surname）与名（First Name）区分以及对易读错的字母进行辨认，如"A for apple，B for baby，C for Charlie，D for David"等。特别要留意港澳地区宾客及华侨、华人谐同英文名汉语拼音姓氏的情况。

（2）如查到了宾客的房号，并且宾客在房，则应先了解访客的姓名，然后征求住客意见，看其是否愿意接电话，如同意，则将电话转接到其房间；如不同意，则告诉访客住客暂不在房间。

（3）如查到了宾客的房号，但房间没人听电话，则建议访客稍后再打电话来，或建议其电话留言。切忌不可将住客房号告诉对方。

（4）如查询团体宾客情况，则要问清团号、国籍、入住日期、从何处来（上一站）到何处去（下一站），其他做法与散客一致。

六、留言服务

总台受理宾客留言一般分为两类，即访客留言和住客留言。

（一）访客留言

访客留言是指来访宾客给住店宾客的留言。问询员在接待来访宾客时，经核实被访宾客不在房间，可以向访客建议给住店宾客留言，由服务员将留言转达被访宾客。

提供访客留言服务要注意以下问题：

（1）各班次交接班时应对上一班次和本班次留言处理情况交代清楚。

（2）留言传递要做到迅速、准确。

（3）楼面客房服务员可以配合，在宾客回房间时提醒有关访客留言事宜。

（二）住客留言

住客留言是指住店宾客给来访宾客的留言。住店宾客欲离开房间或饭店时，希望给来访者留言，这时，问询员请宾客填写"住客留言单"。在来访宾客到达饭店后，经问询员核准，按住客要求，将住店宾客所填写的留言单（应提前装入信封）交给来访者或将留言内容予以转告。

提供住客留言服务时应注意以下问题：

（1）交接班时将留言受理情况交代清楚。

（2）住客留言单上已标明留言内容的有效期限，如果过了有效期访客仍未取走，也未接到留言者最近的通知，饭店才可以将留言单按作废处理。

（3）接受宾客电话留言时，要听清、记准宾客留言内容，迅速记录，经复述，被宾客确认无误后，再填写留言单，然后按留言服务程序办理。

七、传真服务

（1）接到总台送来的传真时，先检查收件人资料，然后将传真装入信封，写上宾客姓名、房号、打印时间，封装后按房号致电告知宾客，经宾客同意后送往房间并让宾客签收，注意作好记录。

（2）宾客不在房时，则封装后送往商务中心并将情况告知商务中心员工，由商务中心员工作好留言，待宾客回房后再送入房间。

（3）如收到的传真上宾客姓名、房号模糊不清，传真严重褶皱时，应及时告知总台员工处理。

八、邮件服务

邮件服务，分进店邮件服务和代办邮件服务两大类。

（一）进店邮件服务

处理宾客的进店邮件是饭店问讯处的一项重要职责。例如，饭店收到了住客的挂号信或特快专递但没有递送给宾客，就可能要对宾客由此所受的损失或对宾客所造成的不便负责任。因此，建立高效率的邮件处理系统是非常必要的。

1. 进店邮件的种类

（1）饭店邮件。分发给饭店相关部门。

（2）员工邮件。通过人事或办公室转交。

（3）租用饭店场所的单位邮件。一般由饭店专门的部门处理，如物业部等；有的饭店也由问讯处处理。

（4）顾客邮件。包括住店宾客邮件、已离店宾客邮件、订了房但尚未抵店的宾客邮件及姓名不详无法查找的宾客邮件等几种邮件，需分别对待处理。

2. 住店宾客邮件的处理

对于寄给住店宾客的邮件，收到后要通过电脑进行核对。如手工操作的饭店，则应查对住客资料显示架，是否与住店宾客的姓名和房号吻合；如邮件上只有姓名而无房号，则应从电脑或住客资料显示架中找出房号，并在邮件上注明房号；如邮件上标有房号及姓名，但房号不正确，则应在邮件上注明正确的房号，并加括号以示区分，但原房号不能涂改，住客来签领时请住客确认。

确认好邮件的姓名与房号后，问讯员按照邮件的种类情况分发。

（1）挂号信、包裹单、汇款单、特快专递等，要立即用电话通知宾客前来签领。如宾客不在房间，则填写"住客通知单"，并按留言程序进行分发，通知宾客前来签取。宾客签领时要出示有效证件。

（2）普通邮件则放入宾客问讯架中（或钥匙架内），待宾客来取钥匙时给宾客；亦可移交行李员，由行李员送给住客；如住客不在房内，则转交楼层台班，由其送入客房内。

3. 已离店宾客邮件的处理

通过查找，发现宾客已退房，则应在邮件上注明宾客离店日期。如宾客退房时未作任何交代，又属普通邮件，有些饭店则在邮件中注明保留天数，过期后按寄件人的地址退回；宾客的电报电传等亦按原址退回，并标注宾客已退房。如宾客退房时留下了地址委托饭店转寄，饭店则应按要求给予办理。

4. 订了房但尚未抵店的宾客邮件的处理

通过查核，如属订了房但尚未抵店的宾客邮件，则在邮件上注明宾客入住日期，然后将邮件放在指定的地方，如等候邮件架内，并在订房部的宾客订房单备注栏内提示该宾客有邮件，待宾客入住时，通过确认订房单的指示，将邮件交给宾客。

5. 姓名不详无法查找的宾客邮件的处理

对于姓名不详的宾客邮件，问讯员应耐心细致地通过多种渠道、多种方法查找，并要多次试分发给姓名相近似的宾客——由行李员进行分发，请住客确认。如属实在无法查找的宾客急件，在急件上盖上"查无此人"印章，同时打上收件日期、时间后予以退回；如属普通邮件，则按饭店规定，保留一定期限，并在保留期内每天查对，若确定无人领取，则退回给寄件人，作好邮件退回记录。

（二）代办邮件服务

代办邮件服务，包括为住客代发平信、挂号信、特快专递、代售邮票、明信片等。

（1）如果是平信，则要求宾客贴足邮票，待邮递员投递进店邮件时让其捎走。

（2）如有特快专递业务，则通知185服务专线前来收取。

（3）如果是挂号信、包裹，问讯员可请金钥匙等代为解决，费用可由宾客用现金支付，或由饭店先垫付，将单据到前厅收银处入账，待宾客退房时一并收取。

九、客房钥匙管理

（一）传统客用钥匙的管理

在使用传统客房锁匙的饭店，住客的客房钥匙统一归口前厅问讯处发放和管理。提供此项服务，不但安全性高，而且便于总台掌握住客的进出情况，及时传递转发邮件、信函和留言等，同时也有利于总台的客房销售。其服务程序为：

（1）住客凭有效房卡取客房钥匙。房卡中的姓名、房号及有效日期必须与钥匙、邮件架中卡条的姓名、房号及离店日期相一致，方可发放钥匙。

（2）对于 VIP 宾客、常客、长住客，可直接将钥匙交给他们，但须准确无误。

（3）若两位宾客同住一间客房，也应只发给他们一把钥匙，特殊情况，另作处理。

（4）若宾客未随身携带房卡，问讯员应问清该宾客的姓名，然后请宾客稍候，迅速通过钥匙孔内的卡条或计算机核对，确认无误后将钥匙交给宾客。

（5）若宾客出示的房卡与钥匙格内的卡条不相符，应核实纠正；若属无效房卡，应立即报告主管作处理。

（6）对已遗失房卡的住客，必须核实确认并上报作记录，方可补办房卡，发出钥匙。

（7）若住客指派人员进房取物，必须有书面凭据，填写客房钥匙准用单，并报大堂副理、总台主管，同保安部人员一起进房取物。

（8）若住客离店，问讯员应提醒宾客归还钥匙。团队客房钥匙则由总台负责收回，必要时，可请陪同或领队协助。

（9）对于宾客存放、归还的钥匙，必须立即放回该钥匙格内，不得置于总台台面上或久放于钥匙箱内。

（10）若离店宾客带走钥匙，应查明原因，及时联系，并尽量找回。对于确属遗失钥匙的客房，问讯员应立即通知接待处在客房状况显示架及钥匙、邮件架相应位置上注明"No Key"标记。同时，通知保安部、工程部，视具体情况将该客房门锁芯调换或安装新锁等，并请宾客付一定的赔偿金。

（11）总台应定期在保安部、工程部的监督协助下，统计丢失及损坏的客房钥匙总量，并将客房门锁进行一次相互间的大调换，以确保安全。

（12）对于客房备用钥匙的管理，应将其存放在备用钥匙箱（柜）内，并指定专人负责。备用钥匙的数量一般以三套为宜。钥匙牌的大小、形状、质量、质地、饰物材料的选择，应考虑到钥匙牌的美观、成本、耐用度、便于携带及保存等因素。

（二）现代化客用钥匙的管理

随着科学技术的发展，上述传统锁匙已逐渐被各种新型的锁匙所取代。饭店为更好地保证住客的人身和财产安全，并让其更方便地进出客房，已大多选择使用代表先进科学潮流的新型锁匙系统。

1. 新型客房锁匙系统的类型

（1）磁卡锁和 IC 卡锁。磁卡锁及 IC 卡锁是利用磁卡开启的计算机控制门锁，锁内配有磁卡阅读器和计算机芯片。宾客办理完入住登记手续后，可得到一张类似身份证大小的磁卡或 IC 卡，并由接待员使用计算机和配套的刷卡器，将宾客的密码和特定信息录入到磁卡的磁条内（磁卡的一面涂有可存储密码信息的磁条）。

宾客进房时，先将卡上有磁条的一面，插入磁卡锁读卡器的读卡口里，然后取出，锁中的磁头便可自动读出磁卡上的密码，并经锁中的计算机芯片运算，以判断是否属"合法磁卡"（以红、绿灯亮来标志）。

若属合法磁卡，通过电磁铁带动控制锁的开关，房门即可打开（即门锁上的绿灯亮起）。磁卡和 IC 卡锁往往可设置 10 亿个以上不重复密码，万一卡片丢失，可重新设置密码，使丢失的钥匙失效，因而避免了钥匙遗失或宾客离店未归还客房钥匙而带来的麻烦，保密性更强。

有的磁卡和 IC 卡锁内的计算机芯片，能存储最近的 200～300 条开门记录（次序、具体时间等），起到类似于飞机上"黑匣子"的作用。若将相关信息和密码输入磁卡或 IC 卡中，则该卡还能在饭店内计算机联网的营业点充当信息卡直接刷卡记录，此外，IC 卡和磁卡还能充当客房电器的节能开关卡。

（2）电子密码锁。电子密码锁由集成电路和号码键盘等组成，可极容易地设置或更改密码，故保密性强，常被安装在饭店客房内电子密码保险箱或保险柜门上，以方便宾客使用。

（3）感应门锁。为克服磁卡、IC 卡易磨损以及读卡器插卡口易被人为破坏的不足，又出现了一种无需插卡的感应锁匙。该锁将无线电技术和计算机技术结合起来，只需将感应卡靠近门锁一定的距离，即可打开门锁，既方便又安全。

2. 磁卡和 IC 卡锁匙的管理

（1）专供宾客使用的钥匙应在宾客入住时才制作，每位磁卡钥匙制作的接待员或收银员有独立的密码进入制作系统。

（2）钥匙的制作者与密码应由高层管理人员专人负责管理与控制，随时查对钥匙制作的情况。

（3）使用磁卡或 IC 卡开启房门时，应按卡片箭头方向轻轻插入门锁的插口内，插到底后平稳拔出。卡片拔出后，指示灯亮绿灯；约 10 秒后，用手下压门把手即可开门入房；若超过 10 秒，未能开启房门，门锁又会自动锁上，指示灯亮红灯；若接触不良，则应重新设置新卡。

（4）宾客卡在登记的时间内可开启相应的客房，如住客将卡丢失或提前离店，接待员应用新的宾客卡或终止卡把门打开，原宾客卡立即失效。

（5）宾客结账时，将磁卡或 IC 卡钥匙交前厅收银员，收银员应及时交给接待员。接待员在交接班时，应同时清点未制作过的磁卡数量。有些饭店，宾客也可随意带走钥匙卡。

（6）当计算机或发卡器出现故障时，可使用备用钥匙。通常，备用钥匙一般配三套以上，由前厅经理或其他指定的专人负责使用、保存。

资料卡

住客要求对房号保密时如何处理

有些宾客在住店时，由于某种原因，会提出对其房号进行保密的要求。不论是接待员还是问讯员接到此要求，都应按下列要求去做：

（1）此项目要求由问讯处归口处理。如是接待员接到宾客保密要求，最后都应交问讯处处理。

（2）问清宾客保密程度。如对接听电话的要求，只接听长途，不听本地，或者来电一律不听；如对来访宾客的要求，只会见某一访客，还是一律不见，等等。

（3）在值班本上作好记录，记下宾客姓名、房号及保密程度及时限。

（4）通知总机室做好该宾客的保密工作。

（5）如有人来访要见保密的宾客时，或来电查询该宾客时，问讯员及总机均应以该宾客没有入住或暂时没有入住为由予以拒绝。

（6）如宾客要求更改保密程度或取消保密时，应即刻通知总机室，并做好记录工作。

思考与练习

一、思考题

（1）总台服务主要有哪些服务项目？

（2）宾客入住登记和结账离店过程中，有哪些常见问题需要及时妥善处理？

二、案例解析

（1）王先生是一位以全价（门市价）入住饭店的宾客，可在他住满四天办理退房结账手续时，却声称饭店房租太贵，客房内设施设备他均不喜欢，提出投诉，并要求房租按七折收费。此时，你应如何处理？

（2）饭店客房内物品被宾客随身带走，这是经常发生的事。当你确信住客李先生拿走了客房内比较贵重的电视机遥控器，而该宾客正在前厅办理结账手续，你有什么办法既能让宾客退还饭店的遥控器，使饭店不受损失，而且又不至于使宾客难堪而引起投诉？

第六章　商务服务

重点提示

1. 饭店总机及商务中心对外开展的主要服务项目和内容。
2. 商务楼层特色服务及员工素质要求。

故事坊

2004年3月5日通宵时分，话务员小辛忙着检查确认清晨的人工叫醒服务时间。

6:05时，小辛致电2320房为陈先生做人工叫醒服务，但电话铃响六声后仍无人接听。在此之前，小辛仔细检查了电脑上的记录显示，该房的电脑叫醒服务已完成，而此时已超过宾客指定的6:00am的叫醒时间5分钟了。那么，是宾客已经离开房间了，还是又睡着了呢？小辛心急如焚，一边继续往房间致电，一边请同事致电客房部服务中心，派服务员协助上房间叫醒……

6:07时，睡意蒙眬的宾客终于拿起电话应答，听着小辛亲切温柔的叫醒声音，宾客猛然想起，他还要搭乘早班机呢！"我太累了，醒了又睡过去了，如果没有你，我就耽误行程了。谢谢！太谢谢了！"

听着陈先生感激的话语，甜美的笑容在小辛的脸上绽放开来。

第一节　总机服务与商务中心

一、总机服务

总机话务员的工作是极其重要的，他们代表了饭店的形象。话务员如能日复一日、年复一年地以亲切殷勤的态度，正确娴熟的技能，礼貌、高效地处理每一个电话，将会给住店宾客及社会公众留下美好的印象，使他们感到与之接触的饭店是受到严格专业化管理的、高效率运转着的组织。这些美好的印象有助于提高饭店的良好社会形象。

饭店电话总机提供的服务项目主要包括：转接电话，挂拨长途电话，提供电话查询、留言服务、叫醒服务和内部呼叫等。

（一）话务员基本素质要求

（1）口齿清楚，耳、喉部无疾病。

（2）语音甜润柔和，语速适中。

（3）听写迅速，反应敏捷。

（4）专注认真，记忆力强。

（5）有较强的外语听、说能力，日常会话流利。

（6）熟练掌握电话接转及相应设备的使用技能和规程，操作轻、快、准。

（7）具备良好的协调、沟通能力。

（8）乐于助人，工作责任心强。

（9）熟知饭店服务设施布局、特点等业务知识及相关的电话号码。

（10）熟悉本地交通、旅游、公安、医疗、娱乐、购物等基本业务常识及相关电话号码。

（11）严守话务机密。

（二）总机服务项目

转接电话服务

（1）转接电话动作要迅速，必须在铃响三声之内接起电话，主动向宾客问好，自报店名或岗位。外线应报："您好，某某饭店。"（Good moming/afternoon/evening，××hotel，May I help you?）内线应报："您好，总机。"（Operator，May I help you?）有的饭店要求先说英文、后说中文，中英文都应报出。

（2）根据宾客要求，迅速准确地接转电话。

（3）遇到转接的电话占线或线路繁忙时，话务员应请对方稍等，并使用音乐保留键，播放悦耳的音乐。

（4）对无人接听的电话，铃响半分钟后（五声），必须向来电人说明："对不起，电话没有人接，请问您是否需要留言?"需要给房间宾客留言的电话一般由话务员记录，重复确认后，通知行李员送至客房或前台问讯处，或者开启客房内的电话留言信号。给饭店管理人员的留言，一律由话务员记录下来，并重复确认，通过传呼或其他有效方式尽快转达。

（5）如果来电者只知道要找的宾客姓名而不知房号时，应请其稍等，查出房号予以接转，但不能告诉对方房号；如果来电者只告诉房号，应首先了解住客姓名，然后核对电脑中宾客资料，特别注意该房宾客有无特别要求，如房号保密、免电话打扰等，若无则将电话转入房内。

（6）对于要求房号保密的宾客，如果事先并没有说明不接任何电话，可问清来电者姓名、单位等，然后告诉住客，询问是否接听电话。如果宾客表示不接任何电话，应立即通知总台在电脑中输入保密标志，遇来访宾客或电话查询，即答宾客未入住本饭店。

（7）如果住客做了"免电话打扰"，则应礼貌地向来电者说明，并建议其留言或待宾客取消"免打扰"之后再来电话。

（8）如果来电是长途电话，而房内无人接听，则应先帮助寻找住客，再作电话留言；如住客房间电话占线，则应将电话插入该房间，向住客说明有长途电话是否需要接听，征得宾客同意后，请宾客先将房间话机挂上，再把电话转入。

（9）挂断电话时切忌勿忙，一定要待宾客先挂断后，才能切断线路。

为了能准确、快捷地接转电话，话务员必须熟练掌握接转电话的技能，熟悉交换机的操作方法。同时话务员应熟悉本饭店的组织机构、各部门的职责范围，尽可能地辨认长住宾客、饭店中高层管理人员的语音特点，随时掌握最新的住客资料。

（三）为住客提供电话查询服务

话务员应熟记市内各主要饭店总机号码及当地常用电话号码（至少 200 个以上）；熟悉本饭店各项服务设施及服务项目、营业时间、营业地点与收费标准；根据宾客要求，随时转接店内电话；处理电话留言，及时通知问讯处或宾客；准确及时地提供电话查询服务。

（1）宾客查询电话号码时，话务员应先请宾客稍等，然后立即查明电话号码通知宾客。如果需要较长时间进行查询，则要主动征询宾客意见，询问宾客是否可以先留下电话号码，待查实后，再与宾客联系并告之。

（2）查询住店宾客房间电话时，话务员应先礼貌、委婉地进行核准，再予以接转。未经住客同意，不能泄露宾客房号。

（3）如果暂时找不到被访宾客，话务员应立即与总台问询联系或进行查找，不能简单回绝。

（4）总机房内可设记事板，用于记载有关通知和事项，提醒话务员注意。

（四）请勿打扰服务

（1）话务员将要求提供"勿扰服务"的宾客房号、姓名、时间记录在交接班记录本上。

（2）话务员将电话号码通过话务台关闭。

（3）在勿打扰期间，话务员应按该项服务规程要求，礼貌地通知发话人，并建议其留言或在取消"勿扰"之后再与之联系。

（4）接到宾客要求取消"勿扰服务"通知后，话务员应立即通过话务台开通电话，并在交接班记录本上注明取消符号及时间。

（五）长话服务

饭店向宾客提供国内、国际直拨长途电话服务，亦称 DDD、IDD。通话结束后，电脑会自动计算通话费用并打印出账单，还可以与饭店计算机管理系统接口，直接记入客房账户。因此，话务员要按照饭店电话服务规程，加强与其他相关部门的联系及协调，使计费设备系统正常运转，保证费用及时收回入账。

话务员应根据宾客要求准确挂拨长途电话；熟悉所有长途区号、国家代码及收费标准；作好外接电话登记；及时开出所有长途电话的账单或通知总台，以便宾客结算；应前台要求随时启动或关闭长途电话直拨功能。

饭店内长途电话服务通常有两种：一是宾客在房内直拨的国际长途电话（International direct dial，简写为 IDD）、国内长途电话（Domestic direct dial，简写为 DDD），二是通过电话局接通的人工长途。

现代饭店一般采用程控直拨电话系统，宾客可以在房内直拨国内和国际长途电话。通话结束后，电脑能自动计算出费用并打印出账单。因此，程控直拨电话系统的使用，加快了通讯联络的速度，大大方便了宾客，减轻了话务员的工作量，还减少了饭店与住客之间因话务费用而引起的纠纷。

当宾客要求挂拨人工长途电话时，话务员受理挂拨电话程序如下：

（1）及时接受宾客要求，检查宾客姓名和离店日期，询问电话打往哪个国家、地区及电话号码，并在长途电话单上逐项填写，最后填上日期和话务员签名。

（2）拨通电话局国际、国内长途台挂号，向对方通报本机号码，分机（房间号）号码及宾客姓名、国籍、地区、电话号码。

（3）电话接通后，将电话转至房间。通话结束，等待国际、国内长途台通报通话时间。

（4）开具电话通知单和收费单，根据实际通话时间计算费用，收费单正联送至前台收银处，副联总机保存，并请宾客到前台付款或签单计入其账户内。

提供优质长途电话服务，话务员必须熟悉世界各地时刻表，掌握各地国际时间和当地时间差，熟悉各国、各地长途电话代号和收费标准，并按宾客要求做到挂拨电话准确、迅速。

（六）叫醒服务

饭店向宾客提供的叫醒服务是全天 24 小时的服务，其方式有两种：人工叫醒和自动叫醒。

1. 人工叫醒服务

（1）受理叫醒服务预订。

（2）确认房号和叫醒的时间。

（3）填写叫醒记录。

（4）使用定时钟定时。

（5）使用电话叫醒宾客时，话务员先向宾客问好，告之叫醒时间已到。

（6）在叫醒记录表上登记注销。

（7）若无人应答，隔 3 分钟再人工叫 1 次。

（8）再次无人应答时，立即通知大堂副理和客房部，查明原因，采取措施。

2. 自动叫醒服务

（1）受理叫醒服务预订。

（2）确认房号、时间。

（3）填写叫醒记录表。

（4）输入电脑，并检查屏幕显示与打印机记录是否一致。

（5）核审当日叫醒记录，并检查设备是否运转正常。

（6）注意查看是否有无人应答记录的房间，若有则立即改用电话，以人工方式叫醒宾客，并通知客房服务中心，作详细记录。

（7）发生设备故障时，应立即通知总台问询员和客房服务中心，并采用人工叫醒服务程序，直到设备修复。

无论是人工叫醒，还是自动叫醒，话务员在受理这项业务时，都应认真、仔细、慎重。如果由于话务员的疏忽，忘记及时叫醒宾客，其后果是非常严重的，不但会招致宾客的投诉，饭店还有可能要赔偿由此给宾客带来的一些损失。所以，对那些具有自动叫醒功能的饭店总机而言，在打印出宾客已被叫醒的记录后，要再用人工叫醒的方法检查核实，以证实宾客的确已被叫醒。

另外，由于很少有人乐意在熟睡中被叫醒，因此话务员还应注意叫醒的方式。

（1）叫醒宾客时，尽量以姓氏称呼宾客。

（2）如是贵宾，则必须人工叫醒。

（3）在叫醒服务时，将当天的天气变化情况告知宾客，并询问宾客是否需要其他服务。

（七）内部呼叫

为了密切饭店内各业务部门之间的沟通联络，同时也使各级员工对有关业务能够及时作出反应处理，现代饭店设立了内部传呼系统（电脑微机控制）。传呼系统的控制由总机人员负责，因此，话务员应熟悉传呼器携带者的呼叫号码，并了解他们的工作区域、日程安排及去向。当店内员工提出寻呼要求时，话务员即可在呼叫系统中准确键入打电话者或部门分机号码，也可直接键入总机号码，并记录寻呼者提出的某些要求，以便向被寻呼者进行简明转达。有的饭店甚至将传呼器租借给住店宾客使用，从而扩大了饭店总机的业务范围，大大方便了宾客的商务、公务和旅游活动，深受宾客的青睐。

无论采用哪一种方法，提供呼叫服务后，均应作呼叫记录。呼叫记录的内容应包括：日期、时间、宾客姓名、房号，要求呼叫者姓名、电话号码、有无要求回电，话务员/呼叫员、备注。

饭店档次和宾客需求的差异，使得饭店总机所提供的服务项目并不完全相同。有些饭店的电话总机还负责背景音乐、闭路电视和 VCD 的播放，接受进店电传，监视电梯运行并接受客房、宴会、会议室的预订、出租等各项工作。

二、商务中心

为满足宾客的需要，现代饭店，尤其是商务型饭店通常都设有商务中心，为宾客提供复印、传真、电报、文字处理、翻译、文件抄写核对、会议记录、代办邮件以及秘书工作等服务。

商务中心一般设在饭店大堂附近的公共区域内，一则方便宾客，二则便于与总台联系。若商务中心本身配备大小不等的会议室，则往往单独设在饭店某一楼层上。为便于宾客使用商务中心从事各类商务活动，商务中心应具有安静、隔音、优雅、舒适、整洁等特点，环境布置应令人赏心悦目，以提高工作效率。

（一）复印服务

（1）主动问候宾客，介绍收费标准。

（2）接过宾客的复印原件，根据宾客要求，选择纸张规格、复印张数以及颜色深浅程度。

（3）将复印原件在复印平面上定好位置，检查送纸箱纸张，按动复印键。

（4）需放大或缩小的复印，按比例调整尺寸，检查第一张复印效果，如无问题，则可连续复印。

（5）复印完毕，取原件交给宾客，如原件为若干张，则应注意按顺序整理好。

（6）问明是否要装订文件，替宾客装订。

（7）根据复印张数和规格，开立账单。账单通常一式三联，将二、三联撕下，第二联交总台收银处，第三联呈交宾客。如宾客不要，立即用碎纸机销毁。

（8）若宾客要挂账，则请宾客出示房卡，并签字。

（9）若宾客要开发票，将发票第二联交给宾客，第三联需同账单的第二联一起交总台收银处。

（10）将账单号码、房号、金额、付款方式分别填在"商务中心日复印、打字报表"上。

（二）打印服务

（1）主动问候宾客，介绍收费标准。

（2）接过宾客原稿文件，了解宾客打印要求以及特殊格式的安排。浏览原稿，检查是否有不清楚字符。

（3）告知宾客大概完成时间。

（4）文件打出后，应请宾客校对。

（5）修改后，再校对一遍。

（6）将打印好的文件交给宾客。根据打印张数，为宾客开单收费，请宾客签字后，将账单转至总台收银处。

（7）询问宾客是否存盘及保留时间。若无须保留，则删除该文件。

（8）填写"商务中心日复印、打字报表"。

（三）收发传真

1. 接收传真

（1）认真阅读来件信息，与前厅问讯处确认收件人姓名及房号，并将"OK"报告单与来件存放在一起。

（2）填写"商务中心每日传真来件报表"。

（3）电话通知宾客有传真来件。如宾客在客房，应告诉宾客将派行李员送到房间，然后开出账单交总台收银处；若宾客不在房间，则进行留言服务。

（4）留言单右上角应注明宾客离店日期、时间，以便能在宾客离店前将传真送给宾客。

（5）疑难来件应及时请示大堂副理，妥善处理查无此人的来件，传真来件按饭店规定收费。

2. 发送传真

（1）主动问候宾客，问明发往的地区。

（2）查看宾客所提供的地区号码，并进行校对。

（3）输入传真号码后，先与稿件上的号码核对，确认无误后，再按发送键。如发送接通后，对方为通话状态，此时需拿起电话告知对方接通传真机。事先应向宾客讲明，传真发送需收费，按时间（或页数）计算。

（4）事先向宾客说明收费标准，传真价格是3分钟起算，并将每分钟价格告诉宾客。

（5）传真发出后，应将"OK"报告单连同原件一起交给宾客。

（6）按饭店规定计算传真费。

（7）请宾客付款或签单，账单上注明传真号码以及发送所用时间。

（8）将账单送至总台收银处。

（9）若非住店宾客，则应先请宾客支付100％预付款。

（10）填写"商务中心每日发送传真报表"。

（四）文字编辑

（1）进行文字编辑以后要登记其文件的电脑存放路径，以备查用。如果宾客不要求保存文件，则可以立即删除。

（2）属于饭店内部服务的文字编辑须经前厅经理以上人员签名同意。

（五）车票业务

1. 大巴车票销售

（1）宾客要求购买大巴车票时，先要确认当天是否还有车位，有空位则可以马上开票。车票上所填写的日期、时间均为上车的日期、时间，上车地点一栏盖上饭店票务专用章。

（2）每售出一张车票，须在《大巴票座号一览表》上注明已售出车票的号码，以免重复出售，并在《销售登记表》上登记。

（3）如果饭店的座位已全部售出，而又有宾客要求购买，饭店可以向其他代售点索取座位。

（4）大巴车票分为成人票和童票（三岁至四岁），五岁以上须购成人票。

（5）票价的计算：按大巴公司的车票价格加上饭店代售服务费收取。

（6）车票一经售出，不得退票或更改日期和时间。

销售大巴车票后须在《销售登记表》上作记录。

2. 火车票销售

（1）饭店销售火车票为代售性质，不直接出票。

（2）宾客订火车票时，须先致电代理处查询该班次是否有票。

（3）订票时，先向宾客收取火车票票款及服务费，并开具饭店收据，告知宾客取票时间，再致电代理处确认要订的班次、时间、等级及要求送票的时间。

（4）如果宾客要求退票，退票手续须到火车站办理。

（六）观光旅游服务

（1）宾客咨询观光旅游服务时，商务中心的员工应向宾客介绍相关的旅游线路。

（2）向宾客介绍可提供的车型、价格。

（3）一般由司机提供导游服务，如宾客需要专职导游，可与各合作旅行社联系，由他们派出专职导游，但须加收专职导游费。

（4）与旅行社确认旅游服务，向宾客先收取费用并开具专用发票，注明宾客的房号、姓名、人数及参加的日期、时间，复印发票传真给旅行社，并告诉宾客须提前10分钟在大堂候车。

（七）机票订购

（1）宾客购票时，请宾客填好《旅客购票单》，填写的项目有：姓名、家庭住址或单位、身份证号码或护照号码或公安机关出具的其他身份证明以及航段、日期、时间、联系电话、是否订购保险。

（2）给宾客订票时，要看清楚《旅客购票单》上填写的项目，不清楚之处要询问宾客。

（3）凭《革命残废军人抚恤证》、《军官证》购特殊折扣票须到航空公司购买。

（4）在订购机票前先查询机票的价格，购童票应注意其出生日期是否达到童票的标准（儿童 2～12 周岁，婴儿 2 周岁以下）。

（5）宾客购单程票，电脑订位出票后，须把出票人联、乘机二联撕下留底，给宾客的是乘机一联和旅客联。

（6）当宾客需要购买联程票时，在每一站停留的时间必须是 2 小时以上。如果宾客要求购联程票，且中间站时限不到 2 小时，其后果（误机或者其他原因）应由宾客自己负责，在出票前应向宾客说清楚；电脑订位出票后，须把出票人联撕下留底，给宾客的是乘机一、二联和旅客联。

（7）宾客购买国际机票（包括香港），要用英文姓名或用汉语拼音。

（8）向宾客收取机票款，须做到"唱收唱付"，以免出现差漏。

（9）请宾客再次复核机票上的姓名、日期、航班是否正确。

（10）饭店订票电脑系统无法直接开国际机票，如宾客欲购买，饭店可联系代理机构出票。

（八）机票改退

1. 机票改期

（1）国内航班的机票，如要改期，须查询不同航空公司机票的更改政策、规定。宾客要求改期而超过规定时间，要事先向宾客解释，并查询电脑，看宾客所需航班是否有座位，如果有座位，可以在机票电脑系统帮宾客更改日期。

（2）机票改期要注意座位等级，一般要同一等级才能改期，如果不同等级的座位要改期，必须先向宾客说明。高等级换低等级是不退差额的；低等级换高等级，宾客要补上差额（低等级换高等级要到航空公司办理）。

（3）国际航班的机票，如要改期或订座，要查看机票的有效期。

（4）饭店订票电脑系统只能改 CRS 系统的机票，不能改 ICS 系统的机票。如果宾客拿着 ICS 系统的机票来要求改期时，同样须先查询电脑是否有座位，再作答复。

（5）当在订票电脑系统里为客票改期以后，要注意在客票上粘贴规定的更改标签，然后盖上"坐位已经证实"的印章。

（6）无法立即把机票交还给宾客时，要留下宾客的姓名、房号、电话号码，并开单据给宾客。

2. 退票处理

（1）客票的申退受时间限制，不同时间申退，航空公司扣除的运费是不同的。全价票：离起飞时间 24 小时前申退，扣除 5%；离起飞时间 2 小时至起飞前 24 小时，扣除 10%；离起飞时间 2 小时，扣除 20%；误机，扣除 50%（本规定适应散客）。折扣票：退票手续费的扣除须根据不同航空公司的退票条款、政策进行扣除。

（2）如果宾客要求申退的机票不是在饭店购买的，则要帮宾客在电脑中取消订座记录，在机票上签明退票时间，并加盖代理印章，宾客须到原出票处取回退款。

（3）革命残废军人和婴儿票要求退票，免收退票款。

（4）当无法立即完成服务时，要留下宾客的姓名、房号、电话号码，并开单据给宾客。

资料卡

常用称谓语、问候语、欢迎语（中英对照）

称谓语

（1）李先生/太太：Mr. /Mrs. Li

（2）先生/女士：Sir/Madam

（3）先生们/女士们：Gentlemen/Ladies

（4）王女士/小姐：Ms. /Miss Wang

（5）James教授/医生/博士：Prof. /Dr. James

问候语

（1）你好：How do you do? /How are you?

（2）早上/下午/晚上好：Good morning/afternoon/evening.

（3）很高兴见到您：Nice to meet you. /Glad to know you. /Pleased to know you.

（4）您近来好吗？How are you these days? /How is everything going these days?

（5）陈先生近来还好吧？How is Mr. Chen recently? /IS Mr. Chen all right these days?

欢迎语

（1）欢迎光临：Welcome.

（2）欢迎下榻本饭店：Welcome to our hotel.

（3）我谨代表本饭店全体员工，真诚地欢迎您：On behalf of our staff, I would like to present you our sincerely welcome.

（4）欢迎您再次光临：Welcome you back.

（5）衷心欢迎您光临本饭店：It is truly a pleasure for us to welcome you to our hotel.

第二节　商务楼层管理

"商务楼层"是高星级饭店（通常为四星级以上）为了接待高档商务宾客等高消费者宾客，向他们提供特殊的优质服务而专门设立的楼层。

商务楼层被誉为"店中之店"，通常隶属于前厅。该楼层被誉为"店中之店"，单独设有总台、会客室、咖啡室、报刊资料室、宾客休息室及商务中心等，为入住该楼层的宾客提供从预订到抵店、入住、离店等全方位服务，集饭店的前厅登记、结账、餐饮、商务服务于一身，为商务宾客提供更为温馨的环境和各种便利条件，以使其享受更加优质的针对性服务。

一、商务楼层主要服务内容

（1）提供轻松入住。由专人负责办理入住登记手续，气氛怡然。

（2）准备丰盛早餐。自助餐台上各种食品、饮品丰富，任宾客自选，就餐酒廊环境幽雅，接待人员态度热情、动作敏捷、服务意识极强。

（3）获取时事动态。附设有多种中外报刊，供宾客选择浏览，同时播放国际卫星传输的电视新闻、专题节目等，使宾客随时了解世界各地要闻及商业经济动态。

（4）享受悠闲下午茶。每天下午按时布置好茶水台，各种茶饮、茶具、软饮及点心免费供宾客选用。

（5）安排鸡尾酒会。商务楼层在晚间还精心安排免费为本层宾客提供结识新老朋友、沟通关系的鸡尾酒会，使宾客度过美好之夜。

（6）进行商务洽谈。商务楼层所设置的各种会议室和洽谈室及配置的复印机、传真机、电脑工作台、多功能投影仪等设备一应俱全，并提供打印、翻译、装订文件、发送文稿等商务秘书服务。

（7）提供委托代办。商务楼层为商务宾客出行、中转提供票务、订房、订车等代办服务，使宾客足不出户，便可享受快捷、方便的服务。

（8）实施快速结账。商务楼层接待服务人员可以为宾客在本层或房间办理离店结账手续，并提前安排行李员或代订交通工具，最终给宾客留下美好的印象。

二、商务楼层员工素质要求

为了向商务宾客提供更加优质的服务，饭店要求商务楼层员工，无论是管理人员还是服务人员，都必须具备很高的素质。

（1）气质优雅，有良好的外部形象和身材。

（2）工作耐心细致，诚实可靠，礼貌待人。

（3）知识面宽，有扎实的文化功底和专业素质，接待人员最好有大专以上学历，管理人员应有本科以上学历。

（4）熟练掌握商务楼层各项服务程序和工作标准。

（5）英语口语表达流利，英文书写能力达到高级水平。

（6）具备多年的饭店前厅、餐饮部门的服务或管理工作经验，掌握接待、账务、餐饮、商务中心等服务技巧。

（7）有较强的合作精神和协调能力，能够与各业务部门协调配合。

（8）善于与宾客交往，掌握处理宾客投诉的技巧。

三、宾客入住服务程序

（1）当宾客在大堂副理或宾客关系主任陪同下走出电梯来到商务楼层总台后，行政楼层经理或主管面带微笑站立起来迎接宾客，并自我介绍，请宾客在接待台前坐下。

（2）将已准备好的登记表取出，请宾客签名认可，注意检查宾客护照、付款方式、离店日期与时间、机票确认等。

（3）将已准备好的欢迎信及烫金私人信封（印有宾客姓名）呈交给宾客，并递送欢迎茶（要求整个过程不超过 5 分钟）。

（4）主动介绍商务楼层设施与服务项目，包括早餐时间、下午茶时间、鸡尾酒时间、图书报刊赠阅、会议室租用服务、商务中心服务、免费熨衣服务、委托代办服务以及擦鞋服务等，以方便宾客选择。

（5）在宾客左前方约一米处引领宾客进房。

（6）告诉宾客如何使用钥匙卡，并连同欢迎卡交给宾客，介绍房内设施，预祝宾客居住愉快。

（7）通知礼宾部行李员，要求在10分钟之内将行李送到宾客房间。

（8）在早餐、下午茶、鸡尾酒服务时间，接待员应主动通知新入住商务楼层的宾客。

四、欢迎茶服务程序

（1）在宾客登记入住时，商务楼层接待员应为宾客提供欢迎茶。

（2）事先准备茶壶、带碟垫的茶杯、一盘干果或巧克力糖果饼干和两块热毛巾。

（3）称呼宾客姓名，并介绍自己。例如，"下午好，布朗先生，欢迎下榻……饭店商务楼层；我是……请用茶，希望您在这里住得愉快。"（同时，将热毛巾和茶水送到宾客面前）

（4）如宾客是回头客，应欢迎宾客再次光临。

五、早餐服务程序

（1）配合餐饮部专职人员在开餐前10分钟做好全部准备工作，包括将自助餐台摆好，食品从厨房运至餐厅，餐桌按标准摆放，更换报纸杂志，调整好电视频道，在每张餐桌上放置接待员名片，等等。

（2）根据计算机提供的住店宾客名单确认用餐宾客姓名。

（3）称呼宾客姓名并礼貌地招呼宾客。

（4）引领宾客至餐桌前，并为宾客拉座椅。

（5）将口布打开放在合适的地方。

（6）礼貌地询问宾客是用茶还是咖啡。

（7）介绍其他特色食品，并请宾客用餐。

（8）用过的餐具应在宾客用过后1分钟之内撤换。

（9）自助餐台应始终保持整齐和吸引力。

（10）礼貌地问清宾客准备在结账处结账，还是需将账单送到房间。

（11）宾客用完餐离开时，应称呼宾客姓名并祝宾客愉快。

（12）统计早餐用餐人数，做好收尾工作。

（13）配合客房部服务员做好场地清理工作。

六、鲜花、水果服务程序

（1）依据确认的预计抵店宾客名单，准备好总经理欢迎卡、商务行政楼层欢迎卡。

（2）将需要补充鲜花、水果的房间标记在住店宾客名单上。

（3）将鲜花、水果、刀叉和餐巾备好并装上手推车。

（4）将鲜花、水果、刀叉和餐巾送入客房，并按规定位置摆放。

（5）补充鲜花、水果时，要将不新鲜的花和水果全部撤出，用过的刀叉全部更换。

（6）作好记录，并根据次日预计抵店名单填写申请单，以备使用。

七、下午茶服务程序

（1）提前10分钟，按要求准备好下午茶台，包括茶、饮料和小点心等。

（2）微笑、主动招呼宾客。

（3）引台并为宾客拉座，礼貌地询问其房号。

（4）请宾客随意用茶。

（5）注意观察，当宾客杯中的饮料还剩 1/3 时，应主动询问并及时倒满。

（6）将用过的杯、盘及时撤走。

（7）在 17：00 结束前 5 分钟应通知宾客即将结束免费下午茶服务。

（8）宾客离开时应向其表示感谢，并与宾客道别。

（9）填写记录表。若宾客消费超过了免费时间，费用记在宾客账户上。

（10）欢迎宾客带朋友来参加。账单由宾客签字后，记在宾客账户上。

八、鸡尾酒服务

（1）提前 10 分钟，做好全部准备工作，桌上放服务人员名片。

（2）微笑、礼貌地招呼宾客。

（3）引台，为宾客拉座椅。

（4）记清每台所点的酒水名称、数量。

（5）19：30 提供最后一道免费酒水。

（6）宾客离开时应向其表示感谢并道别。

（7）宾客的朋友消费账单将记入宾客账目。

（8）填写记录表，下班前统计酒水，在盘点表上作记录，并根据标准库存填写申领单。

九、退房结账程序

商务楼层的宾客大多可享受到饭店为他们特别提供的快速结账离店服务，不仅可在商务楼层服务台办理手续，而且亦可在其房间内办理结账手续。

（1）提前一天确认宾客结账日期与时间。

（2）询问宾客有关结账事宜。如付款方式、行李数量、是否代订交通工具并及时检查酒水。

（3）将装有宾客账单明细的信封交给宾客。

（4）通知行李员来取行李，代订出租车。

（5）请宾客在账单上签字，将第一联呈交给宾客。

（6）询问宾客结账方式。如宾客付外币现金，请宾客到前厅外币兑换处办理；如需刷卡，则使用刷卡机。应注意是否超限额，并请宾客签字。其中一联呈交宾客。

（7）询问是否需作"返回预订"。

（8）感谢宾客入住并与宾客道别。

十、商务中心服务程序

内容参照前厅商务中心服务程序。

资料卡

常用感谢语、道歉语（中英对照）

感谢语

（1）谢谢您的订房，我们期待着您的光临。

Thank you for your booking, and we are looking forward to your coming.

（2）感谢您的大力协助。

Thank you very much for your cooperation.

（3）谢谢，这是您的信用卡。

Thanks, here is your credit card.

（4）衷心感谢您长期以来对本饭店的支持与厚爱，我们将竭诚为您服务。（书面）

We sincerely appreciate your constant supporting and hope to extend our service ever since.

（5）以上资料如有更改，请立即通知前厅接待处，我们将不胜感激。（书面）

We would be so grateful if you could notice the Reception immediately in case of any updating in the information above.

道歉语

（1）对不起。

Sorry. /I'm sorry.

（2）非常抱歉。

I'm terribly/badly sorry.

（3）对不起，让您久等了。

I'm sorry to keep you waiting.

（4）对不起，标准间已经预订完了。

I'm really sorry but all the standard rooms have been booked out.

（5）很抱歉，1818 房已经有宾客住了。

I'm terribly sorry that Room 1818 has been accommodated to another guest.

（6）劳驾，请您在这里签名。

Excuse me, would you please sign here?

（7）很抱歉，预订员把您的姓名拼写错了。

I'm badly sorry that the reservationist has mis-spelled your name.

（8）对不起，我们饭店没有叫林文生的宾客。

I'm sorry sir, but there is no such a guest call Lin wensheng living in our hotel.

（9）很抱歉，没有宾客的同意，我们不能把房间号码告诉您。

I'm terribly sorry, sir. But I can't tell you the guest's room number without his permission.

（10）真对不起，顾先生上午已经退房了。

Sorry, Mr. Gu has already checked out this morning.

（11）抱歉我们饭店没有××服务。

I'm sorry that we have no such a service in our hotel.

（12）万分抱歉，我给您换一间房可以吗？

I'm terribly sorry, would you like me to change you another room?

(13) 真对不起，接待员忘了请您签名了，能请您到接待处来吗？

I'm so sorry that the receptionist forgot to ask you to sign the registration form. Would you please come to the Reception to finish it?

(14) 非常抱歉，行李员把您的行李拿错了。

Sorry, the bellboy has mistaken your luggage.

(15) 给您带来诸多不便，敬请原谅。

I'm so sorry for the inconvenience during your stay.

思考与练习

一、思考题

(1) 商务中心对外主要开展哪些业务项目？

(2) 对于有隐私要求的住客，商务中心在电话转接业务中应注意哪些问题？

(3) 商务楼层有"饭店中的饭店"，入住商务楼层的宾客，可以享受哪些专门服务？

二、案例解析

23：00 的电话

住在426房间的周小姐，因有些事情还没有办好，需要继续在饭店住两天。这天下午，周小姐拿着房卡来总台办理续住手续。总台的小李热情地接待了周小姐。她看了看电脑，该房间后面几天没有预订，于是就很快帮周小姐办理了续住房卡。第二天上午，大堂经理一早就接到426房间周小姐的投诉电话："昨晚我回来本已有些迟了，刚睡着不久就被总台的电话吵醒，要我去总台补交押金。请你们解释清楚为什么办理续住时不让我一块儿交足押金，而要弄到夜里11：00又把人吵醒，让我去补交。难道我会逃账？就不能明早再办补交？非要影响我的正常休息吗？要知道我后来就睡不着了。饭店就是这样为宾客着想，提供优质服务的吗？"

你认为总台服务员在处理此事时有哪些不当？如果你是大堂经理，应该如何妥善处理问题？

一切为了宾客

正值一年一度的金秋经贸洽谈会期间，南京某五星级饭店上下一派繁忙景象。总机房内更是铃声不断，话务员们热情地转接着每一个内外来电。下午四点多钟，中班当班话务员小曹接到1508房来自台湾的宾客龙先生的电话，龙先生跟小曹说："小姐，我想寻找多年来未曾联系的老友。我这里仅有几年前使用的七位数电话号码。""好的，龙先生，我试试。"小曹很爽快地答应了。但是她按照一般电话升位法拨打后，无法联系上宾客的朋友。"谢谢你，小姐，你已经努力了，就算吧。这本已超出你的服务工作范围。"虽然是满腔谢意，但小曹分明能感受到宾客的失望和迫切联系老友的心情。她不忍心让龙先生带着遗憾回到台湾，于是便利用转接电话的间隙努力地拨打各种咨询电话，不放过任何有价值的信息。一个、两个……功夫不负有心人，小曹终于在晚上10点前找到了宾客的老友。龙先生见此情形，说："……"

你对这位话务员感到满意吗？为什么？如果你是龙先生，当时会有怎样的心理感受？

第七章　前厅沟通

重点提示

1. 熟悉前厅沟通的各种媒介和方式。
2. 掌握前厅内部沟通、前厅与饭店其他部门沟通、前厅与宾客沟通的基本原则和方法。

故事坊

2004 年 6 月 22 日，接待处主管小林接到 A 公司的订房电话，宾客要求预订 12 间标准房。接待处为了做好此次的接待工作，在宾客入住之前就作了充足的准备：了解宾客的抵店时间，提前选定房号，备好房卡，等等。在宾客入住时，接待处还安排足够的人手做好带房服务。带房过程中与宾客沟通顺畅，宾客顺利入住。

第二天，接待处领班小马致电 2208 房的蔡先生和 2118 房的梁先生，询问是否住得舒服，对房间环境、设备等是否感到满意，有没有需要改进服务的地方。宾客对饭店的这种回访服务颇感意外，称很少有饭店能这样重视宾客的感受。两位宾客均表示他们对饭店的服务非常满意，梁先生还告诉小马他 24 日将要提前退房，25 日再重新回店，小马表示欢迎和感谢，并立即为宾客下订单，备注让 25 日的当班领班做好带房服务。另外，梁先生称同来的 2320 房的陈先生昨天偶感风寒，询问小马应服用什么药品。小马听后，除了表示关切外，还建议梁先生安排医生上房看看，梁先生接受小马的建议后，称饭店想得真周到。临挂电话前，梁先生感慨地称："如果刚才没有你的来电，我还真不知道这些问题应该找谁才能解决，谢谢你了！"

一个电话便在无意中解决了宾客的困难，这正是我们为做好服务工作而不断追求的。

第一节　沟通媒介

前厅沟通有三个层次：前厅内部各部门之间的沟通、前厅与饭店其他部门之间的沟通、前厅与宾客之间的沟通。

前两个层次属于饭店内部范围的沟通，第三个层次属于饭店对外沟通的范畴。无论哪一个层次的沟通，都需要借助一定的媒介来实现和完成。这里提及的媒介主要是指计算机系统、报表、报告和备忘录、日志、记事簿、例会、员工团体活动等等。

一、常用沟通媒介概述

（一）计算机系统

随着计算机的普及，饭店计算机联网已成为饭店信息管理的重要手段。计算机系统的最大特点是信息沟通准确、迅速，沟通的中间环节少。前厅饭店计算机软件有：订房系统、入住登记系统、电话管理系统、账务管理系统、客房管理系统、综合分析管理系统等。

（二）报表、报告和备忘录

前厅内外沟通多采用报表、报告和备忘录方法。报表包括营业统计报表、营业情况分析报表、内部运行表格等等。报告包括按饭店组织机构管理层次逐级呈交的季度、月度工作报告等等。备忘录是饭店上下级、部门间沟通、协调的一种有效形式，包括工作请示、指示、汇报、建议、批示等。

（三）日志、记事簿

日志、记事簿是饭店对客服务基层班组相互沟通、联系的纽带，主要用来记录本班组工作中发生的问题、尚未完成需下一班组跟催的事宜。前厅各环节、各班组均需建立此制度，确保信息沟通渠道畅通及传递迅速有效。饭店的交接班均采用此方法。

（四）例会

例会是信息沟通、联络并及时传递信息、指令的一个主要手段。例会是饭店管理方法中一事一议的具体体现。常见的例会有饭店高层的行政例会、部门班组的班前班后例会。针对饭店内部管理的例会，尤其应重视会议期间的记录，如简要记录、摘要记录、详细记录等。

（五）员工团体活动

丰富多彩的团体活动（Party），是消除误解、隔阂，加强沟通、交流的较为理想的方法。饭店应定期或不定期地举办这类活动，如茶话会、联谊会、酒会、歌舞会、郊游等，传递各类统计信息、数据、分析结论等。

二、客情信息预测表

为做好接待服务工作，前厅客房预订处应在宾客抵店前，将有关预订信息和指令以客情预测表的形式传送至饭店各相关部门，以便提前作好充分的准备。

（一）每月预测

每月预测通常只统计预订宾客数量、每天所需房间数、重要宾客和团队会议等内容，并传递给相关部门，以便各部门的管理人员据此作好近期接待计划和设备及物资准备（尤其是季节性和紧缺物资），防止到时措手不及，影响服务质量。

（二）每周预测

前厅预订处应提前一周将未来每天的宾客人数、用房类型、团队会议、VIP宾客等信息进行统计并制作"一周客情预测表"（见表7-1），一式多份，分送饭店总经理、餐饮部、客房部、财务部、工程部等，以作好接待准备。预订处也可建议召开由总经理或驻店经理主持的协调会，以搞好重大活动的接待。

表7-1 　　　　　　　　　　　　一周客情预测表

项目 预测数 时间	特级套房		甲级住房			标准客房			用　　　餐			备注
	团体 客人	重要 客人	团体	散客	重要 客人	团体	散客	重要 客人	早餐	午餐 宴会	晚餐 宴会	
一												
二												
三												
四												
五												
六												
七												
合计人数												
合计房数												

预测预订总数	预测房租收入
	制表人

　　　　　　　　　　　　　　　　　　　　　　　　　年　　月　　日

（三）翌日抵店宾客预测

　　翌日抵店宾客预测表比每月预测和每周预测内容更详细，此时要将具体的接待要求（包括宾客姓名、用房类型、优惠条件、接待规格等）提前一天通知相关部门。这样，客房部可以提前安排好人员，及时整理好房间，前厅接待处可以准确分房，以便做好接待服务工作。如制作"VIP宾客接待通知单"（见表7-2）、"鲜花、水果篮通知单"、"团队接待通知单"（见表7-3）等。

表7-2 　　　　　　　　　　　　VIP宾客接待通知单
VIP ARRIVAL REPORT

Name 姓名	
Designation 职务	
Company 公司	
Arrival Date 到店日期	Time 时间
Departure Date 离店日期	Time 时间
Purpose Of Visit 访问目的	
Arrival Reception 到店接待 1. _____M. D. 董事长_____G. M. 总经理_____D. G. M. 副总经理 2. Photographer 摄影师_____ 3. Other Requirement 其他要求_____ _____ 4. VIP Amenities 礼节_____ _____	
Departure 离店	
Originating Dept 要求部门	Date 日期
Remarks 备注	

表 7 - 3   团队接待通知单

```
┌──────────────────────────────────────────────────────────────┐
│   姓名_____       国籍_____        人数_____           │
│   旅行社_____                                            │
│   抵达日期_____                                          │
│   离开日期_____                                          │
│   单人_____房租_____  双人_____房租_____               │
│   三人_____房租_____  套房_____房租_____               │
│                                                                │
│   三餐                                                         │
│   早餐_____                        │
│   午餐_____                        │
│   晚餐_____                        │
│   备注_____                        │
│       _____                        │
│       _____                        │
│                                                                │
│   送往                                                         │
│       总台        旅行社        餐饮部        客房部            │
└──────────────────────────────────────────────────────────────┘
```

在宾客抵店当天，前厅接待员应将有关变更或补充的接待细节通知相关部门，以做好接待服务。

三、前厅报表的制作和使用

（一）报表设计原则

前厅管理人员在设计或修改部门使用的表格时，都要遵循符合饭店运转体系要求这一目标。即前厅管理人员只有在明确了组织机构、职责范围以后，才有可能设计出符合运转体系、适合饭店规章制度的表格，也才有可能做好各类表格的衔接与配套工作。当运转体系发生变动后，管理人员应考虑部门所使用的表格的种类与内容是否有必要作相应的更改。

表格设计包括表格的种类与内容两个方面的工作。确定表格种类时，要考虑的关键问题是该表格是否有保留和使用价值。前厅管理人员应考虑到如果没有这类表格将会对工作产生什么影响，此表格能否用其他表格代替。确定表格的内容时，要考虑表格所提供的信息是否能够满足前厅经营管理的需求，表格的内容是否简明扼要、一目了然，项目排列是否科学、美观。

前厅每年至少审查一次正在使用的表格。前厅在进行修订工作之前，应广泛征求员工的意见，认真研究需修订的和新设计的表格内容。表格的设计、修订工作完成以后，要经过专门培训、试用、审查阶段，才能正式印刷使用。

（二）前厅表格设计应考虑的因素

（1）明确目的。明确设计此表格的目的，进行"投入"（即制作、发放、保存表格所需花费的时间、精力）与"产出"（使用表格的机会与效果）的比较。

（2）确定内容，确定表格项目。表格内容应简明扼要，排列易于填写、阅读，形式美观。

（3）确定分发对象。确定该表格需发给的部门和人员。

（4）选择印刷方式。考虑印刷表格的纸张质量与成本，印刷数量与费用，色彩、字体、编号方式、装订方法。

（三）前厅常用的报表

1. 未到宾客报表

未到宾客是指没有正式取消预订，但在预订入住日未能抵店的宾客。该表是饭店掌握超过预订比例的依据之一。未到宾客报表（见表7-4）一式三份，分送前厅预订处、接待处和前厅经理，以便前厅经理了解情况，预订员据此修订预订控制记录。

表7-4　　　　　　　　　　　　　　未到宾客报表

姓名	离开日期	房间类型	房价	备注
总计：	客房数：		人数：	

日期：

2. 当日取消的订房表

此表用以统计当日取消预订的宾客的情况，以便预订员据此修订预订控制记录以及为掌握超额预订比例提供依据。当日取消订房表（见表7-5）一式三份，分送前厅经理、前厅接待处和预订处。

表7-5　　　　　　　　　　　　　　当日取消的订房表

姓名	离开日期	房间类型	房价	取消原因
总计：	客房数：		人数：	

日期：

3. 预订更改表

此表（见表7-6）反映宾客由于某种原因而更改预订要求的情况。

表7-6　　　　　　　　　　　　　　预订更改表

姓名	入住日期		离开日期		房间类型		房价		备注
	旧	新	旧	新	旧	新	旧	新	
总计：	客房数：						人数：		

日期：

4. 提前退房表

此表反映宾客由于某种原因而提前退房的情况。制作提前退房表（见表7-7）的目的是及时修订预订控制记录，提高客房出租率，也可作为确定超额预订的重要参数。

表 7-7   提前退房表

房号	姓名	原定退房日期	人数	原因
总数：_____				

日期：

5. 延期退房表

此表反映宾客推迟抵店日期的情况。制作延期退房表（见表 7-8）的目的是及时修订预订控制记录，妥善处理因延期退房而造成客房无法正常安排的情况。

表 7-8   延期退房表

房号	姓名	离店日期	人数	原因
总数：_____				

日期：

6. 房租折扣及免费表

制作房租折扣及免费表（见表 7-9）时，要在备注栏里注明优惠或免费的原因。

表 7-9   房租折扣及免费表

房号	姓名	离店日期	房类	房费	折扣	实收	备注

日期：

7. 次日宾客退房表

制作次日宾客退房表（见表 7-10）有助于有效控制房态，做好退房结账的准备工作，防止宾客逃账。

表 7-10   次日宾客退房表

房号	姓名	住房日期	人数	备注
总数：_____				

日期：

8. 今日住店 VIP 报告

制作今日住店 VIP 报告（见表 7-11）的目的在于让有关部门及管理者对 VIP 住店离店情况做到心中有数，以便做好相应的迎送等接待工作。

表 7-11   今日住客 VIP 报告

姓名	职位/公司（单位）	抵店日期	离店日期	房号
员工：_____	主管：_____			

日期：

9. 客房收入报告

客房收入报告（见表 7-12）是详细反映饭店每间客房收入情况的报告。制作客房收入报告有助于让管理者了解饭店客房每天收入的情况。

表 7-12　　　　　　　　　　　　　　　客房收入报告

房号	房间类型	男	女	房价	实际收入	备注	国籍
101	S	√		100	100		A
102	S		√	100	90	10% Disc.	J
103	S	√		100	0	COMP.	B
104	T			120	0	House Use	
105	T	√		120	120		CA
106	D		√	110	110		A
107	D		√	110	105	Singel Rt.	F
108	D			110	0	O. O. O.	
109	S		√	100	100＋50	Late Out 50% Plus	
110	S			100			

备注：折扣——Disc.，免费房——ODMP.，待维修房——O. O. O.，饭店自用房——House Use，
　　　单人房费——Single Rt.，推迟离店房——Late Out。

四、建立客史档案

建立客史档案是饭店了解宾客，掌握宾客的需求特点，从而为宾客提供针对性服务的重要途径。对饭店经理和工作人员来说，想要搞好市场营销，努力使工作卓有成效，想要使自己的一切活动都针对每个宾客的个性，建立客史档案绝对是一种有效的方法。

1. 建立客史档案的意义

（1）有利于饭店为宾客提供"个性化"服务。服务的标准化、规范化，是保障饭店服务质量的基础，而"个性化"服务则是服务质量的灵魂。要提高服务质量，必须为宾客提供更加富有人情味的、突破标准与规范的"个性化"服务，这是服务质量的最高境界，是饭店服务的发展趋势。建立客史档案，记录宾客的详细资料，能够帮助饭店为宾客提供有针对性的、更加富有人情味的服务。

（2）有助于饭店做好市场营销，争取回头客。客史档案的建立，不仅能使饭店根据宾客需求，为宾客提供有针对性的、更加细致入微的服务，而且有助于饭店平时做好促销工作。比如，通过客史档案，了解宾客的出生年月、通讯地址，与宾客保持联系，向宾客邮寄饭店的宣传资料、生日贺卡，等等。

（3）有助于提高饭店经营决策的科学性。任何一家饭店，都应该有自己的目标市场，并且通过最大限度的满足目标市场的需要来赢得宾客，获取利润，提高经济效益。客史档案的建立有助于饭店了解"谁是我们的宾客"、"我们宾客的需求是什么"、"如何才能满足宾客的需求"，从而提高饭店经营决策的科学性。

2. 客史档案的种类

（1）常规档案。常规档案包括宾客姓名、性别、年龄、出生日期、婚姻状况以及通讯地址、电话号码、公司名称、职务等。收集这些资料有助于了解目标市场的基本情况，了解"谁是我们的宾客"。

（2）预订档案。预订档案包括宾客的订房方式、介绍人、订房的季节、月份和日期以及订房的类型等。掌握这些资料有助于饭店选择销售渠道，做好促销工作。

（3）消费档案。消费档案包括报价类别、宾客租用的房间、支付的方式、餐费以及在商品、娱乐等其他项目上的消费，宾客的信用、账号，喜欢何种房间和饭店的哪些设施，等等。掌握这些资料有助于了解宾客的消费水平、支付能力以及消费倾向、信用情况等。

（4）习俗、爱好档案。习俗、爱好档案是客史档案中最重要的内容，包括宾客旅行的目的、爱好、生活习惯、宗教信仰和禁忌、住店期间要求的额外服务。掌握这些资料有助于为宾客提供有针对性的"个性化"服务。

（5）反馈信息档案。反馈信息档案主要包括宾客住店期间的意见、建议、表扬、投诉和处理结果等，以便加强沟通，做好针对性服务。

3. 客史档案的建立

传统的客史档案卡的建立是通过手工完成的，速度慢、工作量大，管理困难，调用不方便。计算机在饭店的应用、推广和普及，为客史档案卡的建立提供了极大的方便，它可以将众多的个人资料以最快的速度输入并储存起来，从而为饭店服务工作的细微化、个性化奠定了基础。用计算机建立和管理客史档案卡，不仅输入速度快、容量大，而且调用方便，从而可以极大地提高客史档案的使用效率。

客史档案（一般样式如表7-13）的有关资料主要来自于宾客的"订房单"、"住宿登记表"、"账单"、"投诉及处理结果记录"、"宾客意见书"及其他平时观察和收集的有关资料。由此可见，客史档案的建立不仅要依靠前厅员工的努力，而且也有赖于饭店其他有关部门和接待人员的大力支持和密切配合。

表7-13 客史档案卡

姓名			性别		国籍				
出生日期及地点					身份证号				
护照签发日期与地点					护照号				
职业					职务				
工作单位									
单位地址					电话				
家庭地址					电话				
其他									
住店序号	住宿期间	房号	房租	消费累计	习俗爱好特殊要求	表扬、投诉及处理	预订信息（渠道、方式、介绍人）	信用卡及账号	备注

（1）订房单。订房单可以显示宾客的抵离店日期、房间的种类、预订方式及预订渠道等。

（2）住宿登记表。住宿登记表可以显示宾客的基本情况。

（3）账单。根据账单可以了解宾客的消费及信用情况。

（4）客房内的"宾客意见书"及大堂副理的投诉及处理记录。饭店从中可了解宾客对饭店服务的评价，如表扬、投诉、特殊需要、意见等。

（5）其他部门的接待记录。主要指管家部、餐饮部对客服务记录，饭店从中可了解宾客对客房、餐饮等服务的要求。

4. 客史档案的运用

饭店可利用客史档案开展下列针对性服务：

（1）宾客再次抵店前的准备工作。

（2）对住店若干次的宾客寄感谢信。

（3）给住过店的宾客寄发饭店的各种宣传促销品。

（4）在中外重大传统节日前夕，给曾住店的宾客和贵宾寄上贺卡。

（5）为饭店市场调研工作收集资料。

（6）向饭店销售部提供有价值的统计资料和宾客信息，以供其进行市场调研。

（7）有利于饭店有目的、有组织、有针对性地实施各种促销活动。

（8）据此组成饭店老客户俱乐部和贵宾俱乐部等会员组织，向宾客颁发优惠卡及会员证，稳住一部分市场。

（9）利用客史档案资料建立起良好的宾客关系，及时了解宾客的需求，适时提供各种产品和服务，调整饭店经营策略，以扩大潜在的客源市场。

资料卡

常用告别语、祝愿语（中英对照）

告别语

（1）回头见。

See you. /See you later.

（2）晚安。

Good night.

（3）再见。

Good-bye. /Bye-bye. /So long.

（4）日安。

Have a good day/afternoon/evening.

（5）希望下次再见。

Hope to see you again.

（6）祝你愉快！

Best wishes!

（7）一路顺风！

Have a nice trip! /Happy landing! /Bonvoydge!

（8）旅途愉快！
Have a pleasant journey/nice trip!

（9）万事如意！
All the best!

（10）保重！
Take Care.

祝愿语

（1）祝你好运！
Good luck!

（2）生日快乐！
Happy Birthday!

（3）新年快乐！
Happy New Year's Day!

（4）圣诞快乐！
Merry Christmas!

（5）祝您事业有成，生意兴隆！
Wish you every success!

第二节 前厅内外沟通

前厅，是饭店的"神经中枢"，是饭店的信息枢纽，是饭店各部门与宾客联系的纽带。前厅不仅收集和产生大量的资料信息，还负有传递信息之责，以便协调饭店各部门的对客服务。

一、前厅内部沟通

前厅内部的信息沟通，是指前厅各所属环节间的相互沟通与协调。它主要包括：客房预订、入住登记、问讯、结账退房、礼宾服务、电话总机、商务中心等。上述服务部门既应按照各自的对客服务程序正常运转，又应密切配合、沟通协调，共同承担对客服务的任务。

（一）接待处与订房部的沟通

（1）接待处从订房部获得宾客的订房资料。订房部将宾客的订房资料输入电脑以后，在宾客到店的前一天晚上将"预抵店宾客"的订房单移交接待处。

（2）宾客如果指定客房预订，订房处须与接待处联系，查看该房的使用情况。

（3）接待处应将每天实际抵店、提前离店、延期离店的客房数、临时取消客房数和预订却未抵店的客房数以书面形式报告订房部，以便订房部根据以上数据修改预订总表，确保客房预订信息的准确性。

（二）接待处与问讯处的沟通

（1）接待处应及时将入住宾客情况通知问讯处，以便查询。信息沟通以手工操作为主的饭店通常以"入住单"的形式来沟通。

(2) 如住客要求保密，则接待处与订房部要互通信息。

（三）接待处与收银处的沟通

(1) 接待处应将已办理入住登记手续的住客账单交收银处，以便收银员及时建立账户，累计客账。

(2) 接待处在给宾客办理入住登记手续时，如果宾客以现金方式付款，现金应由收银处处理。

(3) 宾客在住宿过程中如换房或房价变更，接待处应该以书面的形式通知收银处。

(4) 在没有使用计算机管理系统的饭店，如宾客退房或提前退房，收银处应及时通知接待处，以便接待处更改房态。

(5) 宾客退房时，收银员应收回客房钥匙，并交回接待处，特别是磁卡钥匙。

(6) 每天晚上，双方都应将白天的收入认真细致地核对，确保正确显示当天的营业收入。

（四）接待处与礼宾部的沟通

(1) 在给宾客办理手续后，通知行李员运送行李，并带宾客进房间。

(2) 行李员替接待处传递"换房通知单"和"入住单"。

（五）接待处与总机的沟通

(1) 接待处将"入住单"由行李员传递给总机，方便总机住客电话转接。

(2) 如住客要求保密，接待处必须以书面形式通知总机。

(3) 如团体宾客要求叫醒服务，则以书面形式通知总机。

（六）订房部与收银处的沟通

如宾客以预付押金形式进行保证订房，现金则由收银处进行处理。

（七）订房部与礼宾部的沟通

订房部将接车名单交礼宾部，由礼宾部安排车辆，并通知饭店代表迎接。

（八）问讯处与礼宾部的沟通

住客的留言、邮件，都由礼宾部的行李员传递。

（九）商务中心与问讯处的沟通

商务中心接收到住客的电传、传真等，一般都交由问讯处处理。

二、前厅与其他部门沟通

（一）前厅与总经理室的信息沟通

由于前厅的前台与总经理室的工作联系较多，不少饭店的前台设在靠近总经理室处。前厅除了应向总经理请示汇报对客服务过程中的重大事件外，平时还应就其他各部门的工作与总经理室沟通。

（二）前厅与饭店总经理办公室之间的沟通

前厅与总经理办公室的工作联系较多，除了应向总经理请示汇报对客服务过程的重大事项外，平时，还应与总经理办公室沟通如下信息：

（1）定期呈报饭店客情预报表。

（2）通报每天的客情信息及客房营业情况。

（3）递交贵宾接待规格审批表及房租折扣申报表等，供总经理审阅批准。

（4）了解总经理的值班安排及去向，以便提供紧急寻呼服务。

（5）转交有关邮件及留言单等。

（6）与营销部配合，草拟饭店的客房销售政策，如信用政策、免费或折扣政策、定金预付款政策等，呈报总经理室批准，并就执行过程中存在的问题进行沟通协调。

（三）前厅与客房部之间的沟通

前厅与客房部的工作联系最为密切，被看作是不可分割的整体。这两个部门之间保持良好的沟通协调极为重要。

（1）做好与客房部核对客房状况信息的工作，确保客房状况信息显示准确无误。

（2）每天将必要的客情信息以书面形式通报给客房部，递交每周客情预报表、贵宾接待通知单、次日抵店宾客名单、团队会议接待单及预期离店宾客名单、住店宾客名单等表格。

（3）团队或会议宾客抵店前，递交团队会议用房分配表，以便对客房进行布置及控制。

（4）递交特殊要求通知单，以便客房提前作好准备，以满足宾客的要求。

（5）递交客房房租变更一览表，以通知客房部有关用房的变动情况。

（6）递交客房状况报告和客房状况差异表等，以协调好客房销售与客房管理的关系。

（7）应积极参与客房清扫、维修保养的检查。

（8）客房部应根据指令，派楼层服务员探视对叫醒无反应的宾客。

（9）客房部应及时将走客房内发现的住客遗失物品情况通知前厅，以便及时进行处理。

（10）客房部应及时向前厅通知客房的异常情况，如反锁客房、紧急维修房、在外过夜房等。

（11）客房部应安排楼层服务员，协助礼宾部行李员搞好团队行李的运送与收集服务。

（12）前厅与客房部员工互相接受交叉培训。

（四）前厅与营销部之间的沟通

前厅与销售部都对饭店的客房销售工作负有责任。销售部主要是针对团队会议的客房销售负责，而前厅则对零散宾客，尤其是当天的客房销售工作负有直接的责任。前厅与销售部之间必须加强信息沟通，才能圆满完成客房的销售任务。

（1）在进行来年客房销售预测前，双方磋商并研究决定饭店团队或会议宾客与散客的接待比例。

（2）讨论决定出现超额预订时，饭店应采取的补救措施。

（3）前厅以书面形式向营销部通报有关客情信息。如每周客情预报表、团队会议用房分配表、次日抵店宾客一览表等表格。

（4）营销部将已获准的各种订房合同副本，递交前厅，以落实执行。

（5）营销部应将团队会议宾客的详细订房情况，以书面形式报送前厅预订处，以做好预留客房。

（6）营销部应将团队会议的用房变动情况及其日程安排情况通报前厅，做出相应的变更并解答宾客的问询，以便提供所需的服务。

（五）前厅与餐饮部之间的沟通

食与住是宾客最基本的需求，也是饭店两大主要收入来源，因此前厅必须重视与餐饮部的沟通协调。

（1）每天以书面形式发送报表，以便通报客情信息。

（2）将订房宾客用餐的特殊要求，及房内鲜花、水果篮布置的要求，以书面形式通知餐饮部，做好准备工作。

（3）掌握餐饮部各营业点的服务项目、服务特色以及最新收费标准等。

（4）协助餐饮部进行促销。如获取宴会或会议活动安排表、解答宾客的问询、发放餐饮推销的宣传资料等。

（六）前厅与财务部之间的沟通

为了保证对客服务的质量以及客房销售的经营成果，前厅应加强与财务部之间的信息沟通。

（1）双方应就宾客的信用限额、预付款、超时房费收取以及结账后再次发生费用等情况进行有效的沟通协调。

（2）前厅应递交已制作的散客账单、登记表及压印好的信用卡签购单等，以便前厅收银处开立宾客账户、累计客账等。

（3）前厅应递交已制作的团队主账单，供前厅收银处签收并累计团队客账。

（4）有关住客更换房间的信息，尤其涉及房租变化时，前厅应以书面形式通报前厅收银处以便正确累计客账。

（5）双方就每天的客房营业情况进行仔细核对，尽量做到准确无误。

三、前厅与宾客的沟通

（一）了解宾客的需求

我们常说，在对客服务中要揣摩宾客心理。宾客的需求心理主要包括以下五个方面。

1. 安全需求

按照马斯洛的需要理论，安全需要是人类最基本的需要。如果人的生理和安全需要得不到满足，就不会产生更高级的需要。安全需要主要指人的人身安全及财产安全需要。因此，饭店必须在安全上给予宾客绝对的保证，除去在硬件设施方面提供的安全保障以外，在服务流程中的安全操作也是安全保障的重要内容。

2. 卫生需求

据美国康奈尔大学旅馆管理学院对 300000 名宾客进行调查的结果显示，60％的宾客将清洁卫生需要列为第一需求，这反映了宾客对卫生要求的重视程度。卫生清洁不仅是对饭店服务最基本的要求，同时也反映出社会文明发达的程度。

3. 便利需求

求方便是宾客最基本、最常见的心理需求。通常人们认为地理、交通位置的便利条件比较符合宾客的需求，实际上，"方便"二字有着更深层次的含义，它能够反映在前厅、客房、餐饮、娱乐等各个方面的服务是否都"方便"。因此，处处都方便是宾客最基本的心理需求。

4. 安静需求

饭店是宾客休息的特选场所。除客房、餐厅应为宾客提供安静、舒适的环境以外，宾客往来频繁的前厅区域同样也要保持安静的气氛。饭店一方面要加强对前厅客流的疏导及控制，另一方面服务人员在说话、走路和操作时要坚持"三轻——说话轻、走路轻、操作轻"，由此反映出员工的素质、职业道德水准和饭店管理水平。

5. 公平需求

追求公平是现代社会中人们的一种普遍心理。宾客在旅游、商务活动中存在消费档次高低之分，但求公平、求合理的心态是一致的；反之，宾客就会感到不公平，甚至产生不满和愤怒，以至进行投诉。这些将给饭店及旅游业带来巨大的毁誉和经济损失。我们平常分析投诉案例时常见到的现象，很多都是"因小失大"，冒犯了宾客，让宾客感受到自己受到不公平的待遇，这在前厅服务中尤其要注意避免。

（二）掌握与宾客沟通的技巧

前厅员工要与宾客建立良好的宾客关系，就应对宾客有个正确的认识，懂得理解饭店员工和宾客之间的"社会角色关系"和"心理角色关系"，以及掌握宾客的心理需求和与宾客的沟通技巧。

1. 尊重宾客

前厅员工在对客服务时，常常会有意无意地将宾客当"物"来摆布，让宾客难以接受。例如，时常看见前厅员工伸出食指，指着宾客讲话或指指点点地数宾客人头，宾客便不禁地问："你干吗？数桌椅板凳才这样，对人能如此吗？"

2. 谅解宾客

宾客作为人，也会有不对之处，前厅员工不应苛求宾客，更不应将宾客看成争理、斗气、比高低、争输赢的对象，把本该用来为宾客服务的时间，用去与宾客争理、斗气，其结果肯定是费力不讨好。因为即使前厅员工争"赢"了，却得罪了宾客，使宾客对服务和饭店不满意，实际上还是前厅员工输了。

3. 服务宾客

前厅员工每天接触的宾客中，什么样的人都有，前厅员工的职责是为宾客提供服务，而不是对其评头论足或进行"教训"、"改造"。同时，前厅员工应理解每个人在扮演不同的社会角色，虽不能平起平坐，但并不意味着扮演这些社会角色的人本来就有所谓高低贵贱之分。从心理角色关系来讲，人与人应该是平等的，前厅员工应正确加以区分，从心里将宾客看作是服务对象，真诚、热心地为宾客提供服务。

（三）正确处理宾客投诉

投诉是沟通饭店与宾客之间的桥梁。前厅对宾客的投诉应该正确认识。宾客投诉的基本原因，是饭店的某些设施和服务未能达到应有的标准，不能给宾客以"物有所值"的满足感，即宾客感觉到的服务与其所期望的服务有差异。

事实上，投诉产生后，引起宾客投诉的原因并不重要，关键是服务人员自己怎样看待宾客的投诉，采取怎样的态度来面对、解决宾客投诉。对于饭店来说，争取宾客不容易，留住宾客更难。如果对宾客投诉的态度及处理方式不当，导致宾客因不满而离去，真正受到损失的还是饭店。

因此，饭店对宾客的投诉应持积极、欢迎的态度。无论宾客出于何种原因、何种动机进行投诉，饭店方面都要理解宾客心理，都要给予充分重视，及时作出补救。只有这样才可能消除宾客的不满，重新赢得好感及信任，改善宾客关系。"闻过则喜"应该成为饭店对待宾客投诉的基本态度。

1. 分析宾客投诉的原因

宾客投诉的原因多种多样，但综合起来，主要有两个方面，一是饭店的问题，一是宾客自身的问题。

（1）饭店的问题

①产品质量或品质问题。如加工成熟度不够、品相有缺陷、食品不卫生、服务用品不够清洁、质量太差，甚至所出售的商品有假冒伪劣、以次充好等。

②服务人员问题。比如服务态度不好，服务速度太慢或太快，服务中操作不规范导致宾客不满，服务语言运用不当，服务人员的个人卫生差，服务顺序不当，服务中缺乏公平性，歧视宾客，等等。

③设备设施问题。不方便使用，设备设施老化，位置不当，服务设施不够宾客使用，供暖供冷不好，停电时间长并且应急灯不能使用，等等。

④安全问题。比如宾客丢失东西，食物中毒，在饭店受到其他宾客侵害，资料被张贴，寄存的物品被翻动甚至丢失，送洗的衣服丢失，等等。

⑤意外情况。如报警铃声突然响起，地滑摔倒，半夜的敲门或者电话铃声，宾客人数太多而拥挤甚至不能很好地享受服务全过程，等等。

（2）宾客的问题

①期望值太高。

②来饭店旅途中发生不愉快事件，把抱怨撒在饭店。

③欺诈心理。

④占便宜心理。

⑤独自享受心理。

2. 把握正确处理原则

（1）真心诚意帮助宾客

前厅服务人员要理解投诉宾客当时的心情，同情其处境，并满怀诚意地帮助宾客解决问题，满足其需求。

（2）绝不与宾客争辩

当宾客怒气冲冲、情绪激动地前来投诉时，前厅服务人员更应注意礼貌，耐心听取宾客意见，然后对其表示歉意等，绝不可争强好胜，与宾客发生争执，而应设法将"对"让给宾客。

（3）维护饭店应有的利益

前厅服务人员受理投诉时，要认真听取宾客意见并表示同情，同时注意不要损害饭店的利益，不可随意推卸责任，或者当宾客的面贬低饭店其他部门或服务人员。应当清楚，除非宾客物品因饭店原因遗失或损坏应给予相应的赔偿外，退款或减少收费等措施不是处理投诉的最佳方法。对于绝大多数的投诉，饭店应通过面对面的额外服务，给宾客更多体贴、关心、照顾来解决。

3. 掌握投诉处理的基本程序

（1）认真听取宾客的意见。可以通过提问的方式来弄清问题。集中注意听取宾客的意见能节约对话的时间。

（2）保持冷静。在投诉时，客人总是有理的。不要反驳客人的意见，不要与客人争辩。为了不影响其他客人，最好个别地听取客人的投诉，私下交谈容易使客人平静。

（3）表示同情。应设身处地考虑分析问题，对客人的感受要表示理解，用适当的语言给客人以安慰，如"谢谢您告诉我这件事"、"对于发生这类事件，我感到很遗憾"、"完全理解您的心情"等。因为此时，尚未核对客人的投诉，所以只能对客人表示理解与同情，不能肯定是饭店的过错。

（4）给予关心。不应该对客人的投诉采取"大事化小，小事化了"的态度，应该用"这件事情发生在您身上，我感到十分抱歉"如此之类的语言来表示对投诉客人的关心。在与客人交谈的过程中，注意不能用姓名来称呼客人。

（5）不转移目标。把注意力集中在客人提出的问题上，不随便引申，不嫁祸于人，不推卸责任，绝不能怪罪客人。

（6）记录要点。把客人投诉的要点记录下来，这样不但可以使客人讲话的速度放慢，缓和客人的情绪，还可以使客人确信饭店对他反映的问题是重视的。此外，记录的资料可以作为解决问题的依据。

（7）把将要采取的措施告诉客人，并征得客人的同意。如有可能，可请客人选择解决问题的方案或补救措施。绝对不能对客人表示，由于权力有限，无能为力，但千万不要向客人作不切实际的许诺。

（8）将解决问题所需要的时间告诉客人。要充分估计解决问题所需要的时间，最好能告诉客人具体的时间，不要含糊其词。切忌低估解决问题的时间。

（9）采取行动，解决问题。这是处理投诉的关键环节。为了不使问题进一步复杂化，为了节省时间，也为了不失信于客人，表示饭店的诚意，必须认真做好这一个环节的工作。如果是自己能够解决的，应迅速回复客人，告诉客人处理意见。如果真正是饭店服务工作的失误，应立即向客人致歉，在征得客人同意后，作出补偿性处理。客人投诉的处理若超出自己权限的，须及时向上级报告；的确暂时不能解决的投诉，要耐心向客人解释，取得谅解，并请客人留下地址和姓名，以便日后告诉客人最终的处理结果。

（10）检查落实。与客人联系，检查核实客人的投诉是否已圆满地解决。

（11）记录存档。将整个投诉处理过程写成报告，并记录存档，举一反三，以利于今后的工作完善。

（12）最后在处理客人投诉的全过程中，要坚持做到三个不放过：事实不清不放过；处理不当，客人不满意不放过；责任人员未接受教训不放过。

4. 统计分析投诉情况

处理完投诉后，前厅服务员，尤其是管理人员应对投诉产生的原因及后果进行反思和总结，并进行深入的、有针对性的分析，定期进行统计，从中发现典型问题产生的原因，以便尽快采取相应措施，不断改进服务并提高水平。

资料卡

饭店熟客、VIP 客人生日庆贺规范

每周周日，通宵班大堂副理负责从饭店熟客档案中挑选出下周过生日的客人名单，并详细写入交班本，提醒客人生日当天，当值的大堂副理应做好庆贺工作并每日交班。

（1）客人生日当天，当值大堂副理可根据客人的具体情况，以下列不同方式对客人进行生日祝贺。

①传真祝贺。对掌握传真号码的境内、境外及本地客人均可用此方式进行祝贺，在已准备好的印有精美庆贺生日图案及所有大堂副理签名的生日传真里写上对客人的祝福之语，并传真给客人。

②电话祝贺。对未掌握传真号码但知道电话号码的客人或与大堂副理比较相熟的客人，可用此方式进行祝贺。

③上门祝贺。对于本地熟客、VIP 客人，可采取以下庆贺方式。

a. 饭店签约公司客人：由早班大堂副理将客人生日信息知会营销部负责该公司的营销员，由营销员订制鲜花及蛋糕与大堂副理一起前往公司或客人家中致贺。

b. 未签约客人：由早班大堂副理下单预订蛋糕及鲜花，与前厅经理或其他管理人员登门致贺。

④电子邮件祝贺。

⑤手机短信祝贺。

以上几种祝贺方式可同时交叉使用。

（2）完成祝贺工作后，当值大堂副理应在交班本上作详细交班。

（3）各大堂副理应及时做好对熟客、VIP 客人档案的更新和增补工作，以保持档案的准确性和真实性。

（4）如大堂副理班组内部发生人员流动，应及时将生日传真样版进行修改。

（5）生日传真图案及排版，至少应一年更换一次。

思考与练习

一、思考题

（1）前厅沟通主要包括哪些层面？

（2）建立客史档案主要包括哪些内容？客史档案对饭店的价值何在？

（3）前厅服务员处理宾客投诉的基本程序有哪些？

二、案例解析

长包房宾客的押金不够了

P饭店是一家新开业的三星级饭店，地处市郊，但各线交通却较方便，周边同类同档次的饭店鳞次栉比，竞争相当激烈。饭店为了争取客源，特别允许一些常客、长住客进行信用消费，再加上营销人员的努力，饭店在开业之初，便生意兴旺，尤其是长包房宾客的入住率明显高于其他饭店。但几个月下来，麻烦事就来了……

金先生是一家集体所有制企业的总经理，公司效益不错，但其本人家在外地，杭州没有住房，因此长包饭店客房。金先生原来住在邻近的一家饭店，因不满意那里的服务和陈旧的设施，在本饭店营销人员的促销鼓动下，住到了P饭店。P饭店在宾客入住时与他签有一份长包房合同（注意：是合同，而不是协议），双方约定：宾客在入住时须缴纳一个月的房费押金，并于每月5日前结清上月一切费用，同时允许宾客在饭店各营业点签单挂账消费。第一个月过去了，金先生除了住宿，在饭店几乎没有什么消费，并在次月5日付清了上月的房费、长话费等。第二个月，金先生开始在饭店餐厅请客吃饭，每次消费都在千元以上。在当月的15日，总台收银发现金先生账上余额已出现负数，便打电话催他再付一个月房费的押金到总台，金先生表示会马上付。可是，三天以后，还是不见金先生来付押金。总台便通知营销部的小徐，要求他与其客户金先生取得联系，协助催缴押金。小徐见到金先生时，金先生依然爽快地表示近日一定付。又三天过去了，金先生仍然没有行动，而请客依旧、娱乐依旧，消费直线上升。前厅李经理只好亲自来到客户房间。这次，金先生的态度与前两次截然不同，他唉声叹气地说："唉，李经理，我公司最近资金周转有点麻烦，您看能不能宽限几天？你们饭店的设施和服务都不错，账我一定会付的。"

前厅李经理回到办公室，拿起总台打出的账单，看着透支的大笔金额，毅然决定采取行动。试分析李经理的行动方案。

参考分析：调查宾客公司的资金情况，若与宾客所说相符，则给宾客一个限定时间，要求其尽快支付欠款及不足押金。过了限定时间，饭店再根据双方签订的合同及宾客公司营业执照复印件向法院起诉宾客。这个办法既给了宾客一个回旋的余地，同时又使饭店得到了法律的最终保护。因此，此法最有利于本案例中问题的解决。

第八章　前厅质量管理

1. 了解前厅服务质量管理的基本内涵、管理特点、主要内容、评价方法等知识。
2. 把握前厅主要工作服务质量管理的内容和评价标准。

故事坊

把面子留给宾客

随着旅游旺季的到来，饭店的住客率大增，客房预订显得特别忙碌。这天小钱上早班，突然电话响起，他拿起听筒，电话那头传来前台收银员的声音："您是客房预订吗？有位宾客已经结账走了，他们单位的一位王先生又打电话来说发现饭店收的房费与原先预订不符，要投诉，请您向宾客解释一下。"

小钱一听要投诉，觉得问题可能比较严重，便放下手头的其他工作，耐心地倾听着这位远方宾客在电话中的叙述："小姐，是这么回事，我姓王，是日本帝国电器北京办事处的。我们办事处的一位日本宾客和一位中国雇员韩先生通过华飞公司向贵店预订了房间，可是他们回办事处来报销时，我们发现韩先生的房价却比协议价高得多。我们无法报销，你们必须把差价给我们寄来，否则我们就要直接向你们的总经理投诉。"小钱边听边查阅预订资料，弄清情况后礼貌地对客户说："你们的订房原件上中方宾客的姓名是一位姓郭的小姐，没有韩先生的名字。"对方说："郭小姐临时有事来不了，换成了韩先生，没有人通知你们吗？""郭小姐没有来，也没有任何通知，按照惯例我们还专门打电话去确认，他们也没提到改换韩先生的事呀！"听了小钱这番解释，王先生似乎明白了什么，说话的口气也缓和了许多："那可能是我们工作太忙，忘了通知。"但他还有一个问题："在韩先生登记时你们就应该仔细查问一下，现在给了韩先生这么高的房费，总公司知道了，我们也会受影响，以后就不敢再住你们饭店了。"

小钱一听宾客还是有意见，还需要做耐心细致的工作，便又解释道："日本宾客是上午进店，韩先生是晚上才到，既没问起先来的日本宾客的事，又没提起他是来替换郭小姐的，这就很难把他们联系在一起了。我们非常尊重贵公司的来客，主动将韩先生安排在我们新改造的豪华间，而华飞的协议是普通的标准间，房间的种类不一样，价格自然也就有了差别，您说对吗，王先生？"

"噢，原来是这样。"王先生再也不坚持要退差价了。为了不给宾客留下一点遗憾，小钱又追加了一句："王先生，您公司如果常有人来南京办事，不妨与我们饭店签个协议，这样我们今后的合作会更加愉快。"

至此，宾客终于很有面子地下了台阶，并对服务员耐心细致的工作态度和一流服务表示称赞。

第一节　前厅质量管理概述

"宾客是上帝，质量是生命"这句话已经成为饭店经营的一条真理。前厅作为销售饭店产品、组织接待、协调对客服务的综合型经营部门，其服务质量的优劣对饭店经营有着很大的影响。饭店前厅管理得成功与否主要取决于宾客对其服务质量的评价。对前厅这一饭店的主要部门来说，利用各种管理和控制手段提高服务质量已成为饭店日常管理工作中的重要任务。

一、前厅服务质量的基本内涵

前厅服务质量，是指饭店前厅服务活动满足规定的显性需要和潜在的隐性需要的能力的总和。前厅服务质量高低也就是指服务工作满足被服务者需要的程度。

饭店前厅为宾客所提供的服务，包括服务设施、服务态度、服务项目、服务方式等。能否满足宾客的共性需求和自我需求，能否得到宾客的表扬和赞赏，是衡量饭店前厅服务质量优劣的重要标志。宾客满足程度越高，前厅的服务质量就越好。因此，对服务的提供者而言，分析宾客的需求是一项十分重要的工作。在分析宾客的需求时，饭店前厅不仅要分析其明确的、规定的显性需求，还要分析其潜在的隐性需求。

二、前厅服务质量管理的特点

(一) 短暂性

前厅服务质量是由服务人员通过一次又一次的服务来完成的。每次服务所提供的使用价值就是一次具体的服务质量。从质量呈现的时间上看，每次都很短暂。这与物化了的客房、菜肴质量有很大的不同，那些物质形式的服务质量呈现的时间相对要长一些。前厅从迎宾员开门、接待员办理入住登记、礼宾部接拿行李起，到宾客结账离店，每一次具体服务都是直接的、短暂的。服务过程中基本没有物质产品参与，只能留给宾客一种印象和感受，这种印象与感受恰恰是宾客评价前厅质量的决定因素，它往往是一锤定音，事后很难弥补，因为事后的改进又是另一次具体的服务，所以服务质量管理中有着"$100-1=0$"这类特殊公式。

(二) 高度依赖员工素质

前厅的服务质量主要是以人员的劳动为主，这与客房部、餐饮部有很大的区别。客房部、餐饮部的服务质量虽离不开人员的劳动，但很大部分是在有形产品配合的基础上进行的。如客房服务质量主要取决于房内设施性能、整洁程度、舒适与否等，餐饮服务取决于餐厅环境、菜肴是否美味可口等。而前厅的服务质量则多取决于一次次面对面地瞬间的对客服务，因此前厅在服务质量管理上更多依赖于员工的素质。他们的态度、技能、服务水平、语言能力和知识程度的高低都直接影响服务的质量。一个有较高素质的前厅员工队伍是实现前厅优质服务的关键。

(三) 其他复杂因素的综合作用

前厅是饭店中提供服务类型最多、工种最全的部门。各工种之间的互代相通性很小，而所提供的服务又由设备设施、环境、服务人员等多方面构成，其中每一个方面又有许多具体因素。同时服务质量评价还在相当程度上取决于宾客的文化水平。有着不同文化程度、背景和经历的宾客，对同样的服务会有不同的感受和评价。对这一点，必须从宾客心理出发，提供针对性服务，在工作中能满足宾客需要的服务即是好的服务。在影响前厅服务质量的诸多因素中，有许多不是完全由服务人员所控制的，因此必须在抓质量管理的同时，注意抓好设施设备、环境、用品等有形服务，这样才能保持并提供高水准的服务质量。

三、前厅服务质量的主要内容

就前厅而言，服务质量主要包括服务程序、设施设备质量、服务水平和环境气氛四个方面。

（一）服务程序

服务程序是前厅各项基本服务（如客房预订、前厅接待、问询留言、行李服务、收发传真等）的正确操作规程和操作步骤。服务程序规范了服务人员的服务行为，确保了宾客无论何时入住饭店都能享受到同等的服务。

许多饭店根据客观实际情况不断调整服务程序，弥补原有程序中存在的缺陷和漏洞。比如，几乎所有饭店前厅接待程序中都要求接待员必须请宾客预先交纳一定的预付保证金并当面签署"住房卡"，这一程序要求就是为了避免出现宾客"逃账"的可能性，保证饭店的利益不损失。

（二）设施设备质量

饭店是利用设施设备为宾客提供服务的，设施设备是饭店的硬件部分，是服务质量的物质基础，也是宾客评价饭店服务质量的首要内容。

就前厅而言，不同的饭店，大堂的差别很大，设施设备的多少也不一样，因而所能提供的服务项目就不一样，所能满足宾客需要的程度也就会有差别。不同材料、不同设备装修的大堂，其功能、舒适程度差别也会很大，因而宾客的感受也就会有好有差。所以说，优良的服务质量，离不开高档豪华、保养完好、运转正常的设施设备。

（三）服务水平

饭店的服务是由饭店服务员为宾客提供的，服务员服务水平的高低是服务质量的主体，是衡量饭店服务质量好坏的重要内容。它包含以下三个方面。

1. 服务态度

良好的服务态度是做好服务的关键，它使宾客产生亲切感，有宾至如归的感觉。一名优秀的服务员对客服务一定要做到：主动、热情、耐心、细致、周到。

2. 礼貌礼节

礼貌礼节，是服务水平的最基本的要素。良好的礼貌礼节，能使宾客产生好的印象，也是饭店服务员文明的标志。

礼貌礼节包括服务员的仪容仪表和言行举止两个方面。端庄大方的仪容仪表、自然得体的言行举止是做好服务工作的基本要求。

3. 服务技能

服务技能，是服务质量的基础，它包括服务技术和服务技巧两方面。

服务技术如办理住、离店手续，接听电话，等等，往往都可以用速度标准、质量标准和数量标准来衡量。

服务技巧指的是在不同场合、不同时间，针对不同的服务对象而灵活做好服务接待工作、取得良好效果的能力。如针对宾客投诉问题，就应根据不同的对象，采取灵活的方式进行处理。

（四）环境氛围

环境气氛是前厅服务质量的重要组成部分。大堂的环境气氛是由建筑、装饰、陈设、设施、灯光、声音、颜色以及员工的仪表仪容等因素组成的。这种视觉、听觉印象对宾客的心情感受影响很大，宾客往往把这种感受作为评价饭店质量优劣的依据。因此大堂必须十分注意环境气氛的设计与布置，让宾客感到安静、舒适、愉快。

四、前厅服务质量的管理办法

（一）确立明确的质量管理目标

在进行前厅质量管理过程中，前厅应当依据饭店的经营管理方针、政策和饭店实际情况，参照国家有关标准和行业标准，制定出自己的质量管理目标，如饭店宾客满意率在95%以上，服务操作过程中无差错，等等。具体到各项服务，如接听电话时，拿起听筒之前不得超过 3 遍铃声，办理入住登记不超过 2 分钟，等等。只有确立了明确的目标，才能采取切实有效的措施进行管理，从而提高服务的质量。

（二）建立完善的服务质量管理体系

围绕质量管理的目标，依照服务的要求，建立起一整套完整的前厅服务质量管理体系，是提供前厅优质服务的保障。

（1）要求有完善的组织机构，人员分工明确、权责对等、落实责任。

（2）制定出具体的操作程序和标准，建立健全各项管理制度，使前厅工作标准化、程序化和规范化。

（3）在体系中应设有质量信息的收集、传递、反馈渠道，明确规定各类服务质量投诉的处理方法，以保证服务质量能不断得到改进和提高。

（三）有组织地开展一系列质量管理活动

服务工作主要由人去完成，有了标准、规范和制度，没有一支有对客服务精神和质量意识的员工队伍也不行。在日常的管理中，前厅管理人员要注意开展有关服务质量管理的教育，切实对员工实施质量标准、服务意识、工作技能的培训，坚持反复教育的原则，不断提高员工在职业道德、语言艺术、礼节礼貌等方面的素质，同时有计划、有针对性地开展一些群众性的质量管理活动，如服务技能大比武、设备和维修保养知识竞赛、小组案例分析等等。前厅管理人员要通过各种活动充分动员和培训广大员工，使他们在具体的接待服务过程中能为宾客提供良好的服务。

（四）认真分析和客观评价质量管理的效果

质量管理效果的评价必须以宾客是否满意为唯一的尺度，饭店管理人员据此对部门的各项具体事务进行总结和分析。饭店管理人员应当检查服务的程序、标准和操作方法是否符合宾客的需要及"服务第一，宾客至上"的服务宗旨是否深入人心，并在服务过程中得到具体的贯彻落实。有关前厅服务质量方面的投诉、质检部门反馈的宾客意见以及前厅的宾客满意率是检验前厅服务质量的具体依据。管理人员必须对这些情况作出认真的分析和总结，针对存在问题，查明原因，提出切实可行的改进措施，以确保服务质量达到标准。

（五）讲求部门服务质量的整体效果

宾客住店期间与前厅接触是多方面、多形式的，其对服务质量的评价也依据其对前厅服务质量的各有关因素的印象来决定。因此，在实施前厅质量管理时必须注意有形设施与无形服务构成的整体效果，重点解决好设施设备的配套与保养及环境美化，重视提高服务人员的素质，使质量效果的物质基础和人员力量得到保证。同时管理者应有全局观念，必须使前厅质量管理与饭店的要求相一致，并与其他部门保持良好的沟通与协作，切勿形成各人自扫门前雪的保守思想。饭店是个整体，任何一个部门的服务质量都会影响宾客对饭店的评价。

五、前厅服务质量的评价方法

当我们把宾客的满意度作为衡量服务质量的标准时，服务质量的度量对于饭店及其各部门来说都是一项挑战。因为宾客的满意度是由许多无形因素（如大堂的气氛）决定的。另外，服务质量的影响不仅限于服务人员与宾客的直接接触，宾客如果无法在饭店休息好，可能会影响一天的工作。

要想度量前厅服务质量，首先要获取宾客的意见。对现有宾客的调查至少要问及四个方面：他们已经接受的服务、他们期望得到的服务、他们期望将来得到的服务、他们从竞争对手那里获得的服务。

数据收集的方式多种多样，请宾客填写意见卡，邀请宾客参加讨论或宾客的投诉都可以被看作是收集数据的渠道。选用哪种方式收集数据以及用哪种方法能取得最好的效果需要根据调查的目标来确定。最后还要考虑用哪种方式记录所收集的资料，即用定性还是定量的方法。

（一）定性方法

1. 有准备的访谈

与填写几页纸的问卷相比，宾客更愿意直接回答饭店质量负责人口头提出的一些问题。这种方式由于需要耗费大量的时间，因而只有少数情况下才会使用。收集资料的准备工作非常浪费时间，将访谈的录音进行分析汇总也需要花费大量的时间和人力。在使用这种方法之前，需要做好充分的准备工作。首先要设计好访谈的框架，提前准备好要问的问题。

2. 宾客建议小组

宾客建议小组一般由一定数量的不同年龄段的饭店宾客组成，在一个阶段内，前厅可以经常召集小组座谈会，讨论部门服务质量和管理的问题以及一些新的想法或服务传递的变化等问题。采用这种方法，反馈比较及时和迅速。这是比较容易实施的方法之一。

3. 宾客投诉监控

监控宾客投诉能够发现足以引起管理者重视的质量问题。仅仅记录宾客投诉的内容是不够的，把大量的投诉进行分类并不是一件难事，但是针对个人投诉的处理却是非常复杂的。把监控宾客投诉作为服务质量度量的定性方法有其明显的局限性。研究已经证明，只有4%的宾客会投诉。有五种原因会导致宾客不愿投诉：害怕麻烦而不愿投诉，没有什么可投诉的，投诉也没有用，不知道去哪里投诉，把部分问题归因于自己。

前厅在进行投诉调查之前应采用一些措施来消除障碍，数据分析的结果应反馈到饭店的相关部门作为学习材料。

4. 外部监督

所有外部授权的质量管理系统，如 ISO9000：2000，都要求在初始认证中执行"检查"，然后进一步作定期检查。各地旅游饭店管理部门组织的星级评定工作以及行业的监督检查也是外部监督的一种。

5. 神秘购物者

这是一种参与观察的方法，经常被饭店采用。在此方法中，检查者装作普通宾客以便体验饭店提供的服务质量。前厅可以采用此种方法对本部门的服务质量进行度量。神秘购物者在体验完前厅的服务后，应在事先设计好的表格上详细、全面地记录下他们的评价。此法注重对过程而不是结果进行评定。这种方法除了确认劣质服务以外，还被用于奖励优质服务，同时也被用于检验服务设计问题，从而找出需要重新设计的服务程序。

由于方法简单和具有偶然性，神秘购物者方法存在着一定的局限，更科学的方法是使用大量的调查对服务进行深入评估。

（二）定量方法

蔡特哈姆尔等人在20世纪80年代中期设计了 SERVQUAL 服务质量差距模型，用来测量服务质量的五大要素：可靠性、响应性、保证性、移情性和有形性。这种测量工具赖以建立的基础是一个支撑性理论：顾客是依照一个公式，即"顾客体验应当等于或超过顾客预期得到所提供服务的满足程度"来判断服务传递。宾客感受以实际服务为基础，但是宾客的期望值是以过去的经验、口碑和个人需要为基础的。使一个宾客不满意的总体差距是期望和实际体验之间的差距，但不满意的根本原因通常可以追溯到更早的五个差距之一（如图8-1）。

图8-1 服务质量差距模型

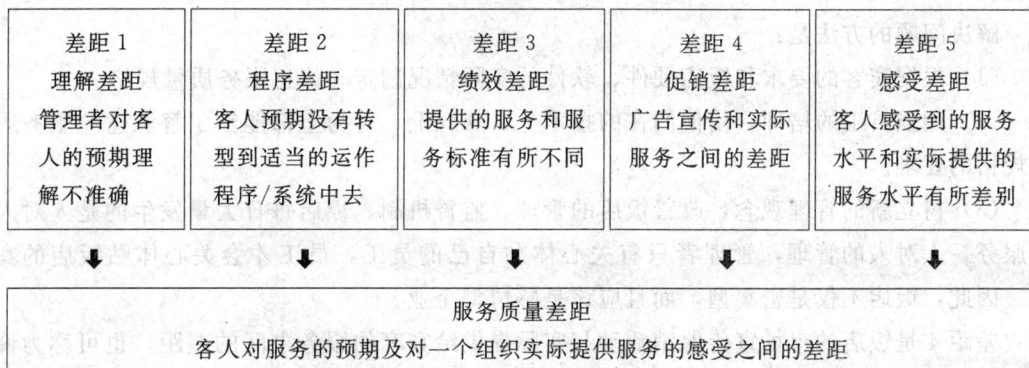

差距1 理解差距 管理者对客人的预期理解不准确	差距2 程序差距 客人预期没有转型到适当的运作程序/系统中去	差距3 绩效差距 提供的服务和服务标准有所不同	差距4 促销差距 广告宣传和实际服务之间的差距	差距5 感受差距 客人感受到的服务水平和实际提供的服务水平有所差别
↓	↓	↓	↓	↓

服务质量差距 客人对服务的预期及对一个组织实际提供服务的感受之间的差距

```
    ┌──────┐   ┌──────────┐   ┌──────────┐
    │ 口碑 │   │ 个人需求 │   │ 过去经验 │
    └──────┘   └──────────┘   └──────────┘
                    ↓
              ┌──────────┐
              │ 期望质量 │
客人因素        └──────────┘
              差距5
              ┌──────────┐
              │ 经验服务 │
              └──────────┘
- - - - - - - - - - - - - - - - - - - - - - - -
              差距4
              ┌──────────┐        ┌──────────┐
饭店因素       │ 提供服务 │        │ 市场宣传 │
              └──────────┘        └──────────┘
              差距3
              ┌──────────┐
              │ 质量规格 │
              └──────────┘
差距1           差距2
              ┌────────────────┐
              │ 管理者对客人期  │
              │ 望、需求的判断  │
              └────────────────┘
```

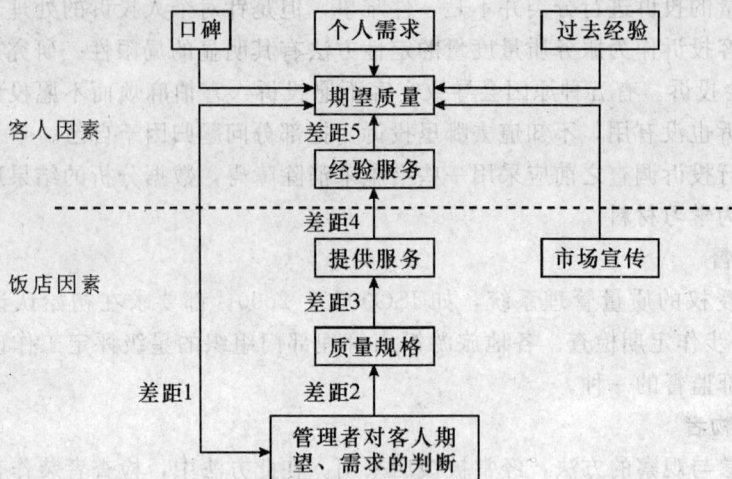

　　服务质量差距模型相当于一个质量问题"诊断仪"。可以说，饭店中发生的任何一个服务质量问题都可以在这个模型中找到根源。图8-1清楚地显示了服务质量差距模型的五个差距，具体内容如下：

　　差距1是宾客对饭店服务的需求和期望与饭店管理人员对宾客的需求和期望感知判断之间的差距。即饭店管理者不了解宾客需要什么、期望什么或对宾客的需求和期望错误地理解、缺乏理解。

　　差距2是饭店制定的服务规格标准与饭店管理者所判定的宾客需求、期望之间的差距。

　　差距3是饭店制定的服务质量规格标准与实际提供给宾客的服务之间的差距。这也是前厅常见的质量问题也是最难解决的问题。原因大体上可归为以下三种。

　　（1）制定的服务质量规格标准不切合实际，可操作性差，员工在实际岗位上难以执行、实施。

　　（2）设备、设施、技术支持系统不能达到服务质量规格的要求。

　　（3）管理、监督、激励系统不力，即使有了好的服务规范，员工也没有积极性去执行。

　　解决问题的方法是：

　　（1）根据宾客的要求和饭店硬件、软件的实际情况制定和修正服务质量规格。

　　（2）加强员工的培训，使他们在的技术上、观念上、行为上都能够了解和适应服务质量规格的要求。

　　（3）树立新的管理观念，改善饭店的管理、监督机制。饭店每日大量发生的是人对人的服务，人对人的管理，管理者只有关心体贴自己的员工，员工才会关心体贴饭店的宾客。因此，饭店不仅是密集型，而且应该是感情型企业。

　　差距4是饭店的市场宣传促销活动与实际提供给宾客的服务之间的差距，也可称为许诺与承诺之间的差距。

　　差距5是宾客期望的服务与经验服务之间的差距，即宾客的期望值与实际感受的服务不相等。

运用 SERVQUAL 测量服务质量差距，以差距 5 为例，首先要设计问卷，需要将问卷分为两个部分，第一部分用来评价宾客对某类服务的服务期望，第二部分反映宾客对某类服务的实际服务感知。服务质量的得分是通过计算问卷中宾客期望与宾客感知之差得到的。这个得分用来表示上图中的差距 5，其他 4 个差距的得分可用类似的方法得到。这种方法已在多种服务中得到验证。其最主要的功能是通过定期的宾客调查来追踪服务质量变化趋势。在前厅这样的多场所服务中，管理者可以用这种方法来判断有些部门的服务质量是否较差。如果是的话，前厅的管理者可以进一步探究造成宾客不良印象的根源，并提出改进措施。

> **资料卡**
>
> ### 人 工 叫 醒
>
> 不知道您有没有碰上过这样的情形，当清晨的叫醒电话录音把您从梦乡中唤醒时，您却依然睡意蒙眬，浓浓的倦意让您一转身又睡着了。这时，清脆的电话铃，甜美的声音，话务员亲切的称呼和提醒，帮您彻底赶走了迷迷糊糊的睡意，等您再次睁开眼睛时才发现仅差一点点就要迟到。这就是人工叫醒服务。
>
> 大部分饭店都在为住客提供叫醒服务，但基本上都是电脑叫醒服务。电脑叫醒服务的弊端在于：由于不能与宾客发生直接沟通，因此无法判断宾客是否已被成功叫醒，本次叫醒服务是否已成功完成。在很多饭店就曾经发生过由于电脑故障或是宾客被叫醒后又再次入睡以致误事的遗憾。发生这样的遗憾，宾客固然懊恼生气，店方也颇觉自责。即使宾客由于自身原因未向饭店发难，可未能让所有在店居住的宾客高兴而来满意而归，这仍然是饭店服务人员不愿看到的情况！尤其是在高星级饭店，宾客越来越高的服务需求已经让管理者们把目光投向了所有能凸显服务品质和内涵的方方面面。
>
> 人工叫醒服务正是在这样的要求下产生出来的一种能凸显个性和人性的服务项目。它用话务员在电脑叫醒后再次致电房间确认叫醒的方式向宾客传递这样一个信息："您看，我们很关注您，我们担心您还没醒来耽误事情，所以像您的家人一样再次叫您，我们想要带给您的就是这种家人般的温暖感受！"正是由于这项服务的温情内涵，才让所有感受过该项服务的宾客乐此不疲。

第二节　前厅主要工作质量管理

前厅主要工作的质量管理包括客房预订、前厅接待/问讯、大厅服务、商务中心/总机服务、前厅收银等项工作的质量管理。

一、客房预订的质量管理

（一）服务程序

（1）制定合理可行的客房预订程序和工作定额，通过系统扎实的培训确保预订处员工掌握过硬的业务技能和丰富的业务知识，熟悉各类预订方式和受理程序，具备良好的语言能力和礼貌的电话应答用语，掌握娴熟的电话推销技巧，科学分析统计资料，准确预测未来客情。

（2）以给予宾客最大满意和争取饭店最大效益为指导思想，在满足宾客需求的基础上灵活运用服务程序，受理各类预订，认真、正确、及时地填写、标注、更改有关预订表格和文件并及时正确存档。

（3）同客户进行沟通，了解宾客对预订服务的意见和建议，不断改进服务程序，提高服务质量。

（二）服务时限

（1）准确测定预订员工作效率，确定员工受理各类客房预订的标准时限，严格要求员工在规定时间内准确、礼貌、高效地受理各类客房预订。

（2）严格在标准服务时限内完成各类预订。

（3）及时同一般客户、定期同主要客户进行有效沟通。

（三）设施设备

（1）确保受理客房预订所需的各类设施设备，如电话机、传真机、计算机终端、打时机及档案文件柜的良好工作状态；保证充足的办公用品和各类预订表格文件。

（2）遵照操作规程正确使用有关预订设施设备。

（3）认真维护保养设备，及时补充办公用品和预订表格单据。

（四）服务态度

（1）具有良好的职业素质和职业道德，有为宾客提供优质服务的主观愿望。

（2）积极、主动、友好、礼貌、热情地受理各类客房预订，完成对客服务。时刻保持良好的工作状态和饱满的精神状态。

（3）主动、热情、友好、礼貌，表现出为宾客提供优质服务的主观愿望。

二、前厅接待/问讯的质量管理

（一）服务程序

（1）制定合理可行的前厅接待/问讯服务程序和工作定额，通过系统扎实的培训确保前厅接待处/问讯处员工掌握过硬的业务技能和丰富的业务知识，熟悉各类接待和问讯服务程序，具备良好的语言能力，掌握娴熟的推销技巧，正确显示客房实际状态，根据客情预测合理安排调配劳动力资源，充分做好完成对客服务所需的一切准备工作。

（2）以给予宾客最大满意和争取饭店最大效益为指导思想，在满足宾客需求的基础上灵活运用服务程序，完成前厅接待处/问讯处各项服务。及时发现服务程序中存在的问题和漏洞，防止出现任何有损于服务质量的情况。

（3）同客户进行沟通，了解宾客对前厅接待/问讯服务的意见和建议，不断改进服务程序，提高服务质量。

（二）服务时限

（1）准确测定员工工作效率，确定前厅接待处/问讯处各项服务的标准时限，严格要求员工在规定时间内准确、礼貌、高效地完成各类对客服务。

（2）严格在标准服务时限内完成前厅接待处/问讯处各项对客服务，为宾客提供快捷、优质的服务。

（3）及时同一般客户、定期同主要客户及相关岗位进行有效沟通。

（三）设施设备

（1）确保前厅接待/问讯服务所需的各类设施设备，如电话机、打字机、复印机、计算机终端、打时机、信用卡录卡机等的良好工作状态；保证充足的办公用品和各类表格文件存量；保证客房钥匙安全。

（2）遵照操作规程正确使用设施设备，认真、正确地填写前厅接待处/问讯处各类表格和文件。

（3）认真维护保养前厅接待处/问讯处工作设备，及时补充办公用品和有关表格单据。

（四）服务态度

（1）具有良好的职业素质和职业道德，有为宾客提供优质服务的主观愿望。

（2）积极、主动、友好、热情、礼貌地完成对客服务；注重仪容仪表和行为规范，时刻保持良好的工作状态和饱满的精神状态。

（3）积极、主动、友好、热情、礼貌，能体现为宾客提供优质服务的主观愿望。

三、大厅服务的质量管理

（一）服务程序

（1）制定合理可行的大厅服务程序和工作定额，通过系统扎实的培训确保大厅服务处员工掌握过硬的业务技能和丰富的业务知识，熟悉大厅服务处各类服务程序，根据客情预测合理安排调配劳动力资源，充分做好完成对客服务所需的一切准备工作。

（2）以给予宾客最大满意和争取饭店最大效益为指导思想，在满足宾客需求的基础上灵活运用服务程序，完成大厅服务处各项服务；及时发现服务程序中存在的问题和漏洞，防止出现任何有损于服务质量的情况。

（3）同客户进行沟通，了解宾客对大厅服务的意见和建议，不断改进服务程序，提高服务质量。

（二）服务时限

（1）准确测定员工工作效率，确定大厅服务处各项服务的标准时限，严格要求员工在规定时间内准确、礼貌、高效地完成各类对客服务。

（2）严格在标准服务时限内完成大厅服务处的各项对客服务，给宾客提供快捷、优质的服务。

（3）及时同一般客户、定期同主要客户及相关岗位进行有效沟通。

（三）设施设备

（1）确保大厅服务常用设施设备的良好工作状态，保证充足的行李标签存量，保证宾客行李和寄存物品的安全。

（2）遵照操作规程合理使用有关设施设备，认真、准确地填写大厅服务处各类相关表格和文件；确保行李房内行李的合理摆放秩序。

（3）认真维护保养大厅服务处工作设施设备，及时补充办公用品和有关表格单据。

（四）服务态度

（1）具有良好的职业素质和职业道德，有为宾客提供优质服务的主观愿望。

（2）注重仪容仪表和行为规范，时刻保持良好的工作状态和饱满的精神状态；积极、主动、友好、礼貌、热情地受理并完成对客服务。

（3）积极、主动、友好、热情、礼貌，有为宾客提供优质服务的主观愿望。

四、商务中心/总机服务的质量管理

（一）服务程序

（1）制定商务中心/总机服务标准服务程序和工作定额，通过系统扎实的培训确保商务中心/总机服务员工掌握过硬的业务技能和丰富的业务知识，熟悉各项商务服务/总机服务的标准程序，具备良好的语言能力，能熟练使用和操作商务中心和总机房的设施设备。

（2）以给予宾客最大满意和争取饭店最大效益为指导思想，在满足宾客需求的基础上灵活运用服务程序，完成商务中心/总机各项服务。及时发现服务程序中存在的问题和漏洞，防止出现任何有损于服务质量的情况。

（3）同客户进行沟通，了解宾客对商务中心/总机服务的意见和建议，不断改进服务程序，提高服务质量。

（二）服务时限

（1）准确测定员工工作效率，确定商务中心/总机各项服务的标准时限，严格要求员工在规定时间内准确、礼貌、高效地完成各类对客服务。

（2）严格在标准服务时限内完成商务中心/总机各项对客服务，向宾客提供准确、高效、快捷、优质的服务。

（3）及时同一般客户、定期同主要客户及相关岗位进行有效沟通。

（三）设施设备

（1）确保商务中心/总机所需的各类设施设备，如程控电话交换机、叫醒定时机、电话机、打字机、复印机、传真机、计算机、打时机及其他设施设备的良好工作状态；保证充足的办公用品和各类表格文件存量。

（2）遵照操作规程正确使用商务中心/总机设备，认真、正确地填写商务中心/总机各类表格和文件。

（3）认真维护保养商务中心/总机所有设施设备，及时补充办公用品和有关表格单据。

（四）服务态度

（1）具有良好的职业素质和职业道德，有为宾客提供优质服务的主观愿望。

（2）注重仪容仪表和行为规范，时刻保持良好的工作状态和饱满的精神状态。积极、主动、友好、礼貌、热情地受理并完成对客服务。

（3）积极、主动、友好、热情、礼貌，有为宾客提供优质服务的主观愿望。

五、前厅收银的质量管理

（一）服务程序

（1）制定前厅收银处标准服务程序和工作定额，通过系统扎实的培训确保前厅收银处员工掌握过硬的业务技能和丰富的业务知识，熟悉结账及兑换服务的标准程序，具备良好的语言能力和财务知识，能熟练使用前厅收银处相关设备。

（2）以给予宾客最大满意和争取饭店最大效益为指导思想，尽量满足宾客需求，严格遵循服务程序和财务制度，保证所有账目的清晰准确，高效地完成前厅收银处各项服务；及时发现服务程序中存在的问题和漏洞，防止出现任何有损于服务质量和饭店利益的情况。

（3）同客户进行沟通，了解宾客对前厅收银服务的意见和建议，不断改进服务程序，提高服务质量。

（二）服务时限

（1）准确测定员工工作效率，确定前厅收银处各项服务的标准时限，严格要求员工在规定时间内准确、礼貌、高效地完成各类对客服务。

（2）严格在标准服务时限内完成前厅收银处各项对客服务，为宾客提供快捷、优质的服务。

（3）定期同主要客户及银行进行有效沟通。

（三）设施设备

（1）确保前厅收银服务所需的各类设施设备，如电话机、计算机终端、打时机、计算器、信用卡POS终端的良好工作状态；保证充足的办公用品和各类表格文件存量。

（2）遵照操作规程正确使用前厅收银处设备，认真、正确地填写前厅收银处各类表格、文件和账册。

（3）认真维护保养前厅收银处有关设施设备，及时补充办公用品和有关表格单据。

（四）服务态度

（1）具有良好的职业素质和职业道德，有为宾客提供优质服务的主观愿望。

（2）注重仪容仪表和行为规范，时刻保持良好的工作状态和饱满的精神状态。积极、主动、友好、礼貌、热情地受理并完成对客服务。

（3）积极、主动、友好、热情、礼貌，有为宾客提供优质服务的主观愿望。

资料卡

常用征询语、应答语（英汉对照）

征询语

（1）先生，您想预订哪几天的？

Could you tell me for which dates you want to book the room, Sir?

（2）女士，请问住几个晚上？

May I know how many nights you will stay, Madam？

（3）查尔斯先生，您想订哪种房间？

What kind of rooms do you prefer, Mr. Charles?

（4）您准备住多久？

How long do you intend to stay?

（5）请问您贵姓？

May I know your name, please?

（6）您能再重复一遍吗？

Would you please say it again?

（7）您打算怎样结账呢？

How would you make your payment sir? /How could you settle your account?

（8）您还有什么别的事需要我做吗？

Is there anything else I can do for you?

（9）请问您有没有订房？

Have you made room reservation , please?

（10）请问您是以谁的名字订的房？

Do you know by which name the booking was made?

（11）请填写入住登记表。

Please fill out the registration form.

（12）请您出示证件。

Would you please show me your ID card/passport?

（13）我能看一看您的护照吗？

May I have your passport please?

（14）请在这里签名。

Please sign here.

（15）请您留下姓名和电话，我会通知客人给您回电的。

Would you please leave your name and telephone number? I will inform the guest to call back.

应答语

（1）不用谢。

That's all right. /You are welcome. /My pleasure.

（2）没关系

Never mind. /Don't mention it.

（3）好的，先生。我可以给您打个九折。

All right，sir. I can offer you a 10% discount.

（4）李先生，您可以享受公司价格，但需要传真确认。

Mr. Li，you could book the room by company rate，but you have to confirm it by fax.

（5）没问题，我可以给您安排在无烟楼层。

Certainly，I will arrange you a Non-Smoking Room.

（6）是的，小姐，我们提供班车服务。

Yes，Miss，we offer shuttle-bus service.

（7）好的，陈太太，我会通知陈先生您来过电话。

Well，Mrs. Chen，I will tell Mr. Chen that you have called.

（8）是的，女士，您可以用运通卡结账。

Yes，Madam，you could pay by American Express Card.

（9）好的，我们马上给您换一间房。

All right，we will change you into another room at once.

（10）鲍勃先生，您可以直接通过闭路电视查询您的账单。

Mr. Bob，you could check your bill by the circus television in the room directly.

思考与练习

一、思考题

（1）从定性、定量两个方面谈谈前厅服务质量的评价方法。

（2）从服务程序、服务时限、设施设备、服务态度四个方面谈谈如何搞好前厅接待/问讯服务质量管理。

二、案例解析

传真未及时收到

某五星级饭店一位经商的宾客弗兰克先生，某日下午2：45来到商务中心，告诉早班服务员陈小姐："过一会儿，在3：15将有一份发给我的加急传真，请收到后立即派人送到我的房间或通知我到商务中心来取。"3：15，这份传真准时发到了商务中心。

3：10，早班陈小姐与中班小张开始交接班。陈小姐向小张交代了刚收到的一份紧急文件及其打印要求，并告诉小张有一份传真须立即给宾客送去，然后就按时下班了。此时，又有一位商务宾客手持一份急用的重要资料要求打印，并向接班的张小姐交代了打印要求；恰巧这时又有一位早上来打印过资料的宾客，因对打印质量不满意又来向小张交代修改要求。忙中出乱，直到3：40小张才通知行李员把传真给弗兰克先生送去。

弗兰克先生对商务中心延迟25分钟送达传真非常气愤，拒绝接收。他手指传真件向大堂副理吴先生投诉说："你们工作人员的延误送达，致使我损失了一大笔生意。"大堂副理看到发来的传真内容是："如果下午3：30未收到弗兰克先生回复的传真，就视为弗兰克不同意双方上次谈妥的条件而中止这次交易，另找买主。"弗兰克先生自称为此损失了3万美元的利润，要求饭店商务中心或赔偿其损失，或开除责任人。

试分析，大堂副理吴先生遇到这样的事情应该怎样处理。

参考分析：由饭店总经理或副总经理出面向宾客道歉，承认饭店的过错，酌情对宾客住店费用予以部分减免，并送上鲜花、水果及其他一些礼品，同时耐心解释：两位员工虽然责任很大，但不至于开除，请求宾客同意给予她们留店察看的处分，要求她们对弗兰克先生承担部分经济赔偿（如半年的工资），同时当面向弗兰克先生道歉请求原谅。这一方法勉强可行，如果宾客不是太不通情达理，应该能够接受。当然如果还能想出其他可能让宾客满意的方法，也不妨一试。

第九章 前厅资源管理

重点提示

1. 了解前厅员工的素质要求及招聘办法。
2. 懂得前厅员工培训的目标、内容、培训方法及必要程序。
3. 了解前厅员工的激励、考评及违规处分办法。

故事坊

还要让我等多久

小王是市中心一家四星级饭店的大堂经理。今日她上中班，正准备下班时桌上的电话铃响了。这是客房318房间陈先生打来的电话。陈先生语气很急，劈头一句话问得小王不知所措："你们还要让我等多久？我现在就退房，你通知总台准备好。"小王还来不及跟宾客打招呼，陈先生已经把电话挂断了。小王一边用手机给宾客打电话，一边迅速朝宾客房间走去。她要弄明白宾客到底发生了什么事儿，可电话一直占线打不进去。

快到318房之前，小王碰到了快步也去318房的工程部陆师傅。他一边走一边抱怨，今晚他们两个人忙也忙不过来。小王一问才明白，原来大概几分钟前，总台打电话给值班工程师，通知他们赶快去318房。该房间电路跳闸了，宾客正在房间里等维修。两个维修人员手头都还有活没干完，却不得不放下手头工作，急匆匆赶来。小王一下子就明白了。她想，一定是宾客通知了总台，而工程部接到总台电话后未能及时赶到，宾客在房间里等久了，才会发这么大脾气的。小王想了想，敲开了318房间的门。

小王解决问题的设想是：经宾客同意，可给宾客调换一间高一级档次的客房而房价不变，并给该客房内送上水果、点心，给宾客以VIP待遇；若宾客不愿意换房，可征求宾客意见，问宾客在维修期间是否愿意到大堂吧去坐坐，喝些饮料，待房间电路修好后再回房，并给宾客房内送上水果、点心以示歉意，争取得到宾客的谅解。

第一节 前厅员工的挑选

对饭店前厅管理人员而言，其日常管理的中心工作主要是对人员的管理。因为人才是经营之本，没有高素质的员工队伍，管理者的一切管理行为就无法得到切实的贯彻落实，而成为空洞的说辞，所以前厅日常管理的中心工作主要是对人力资源的管理。

一、前厅人员的素质要求

前厅接待服务工作繁杂，与宾客接触面广。前厅的任务能否完成，主要取决于前厅员工的素质能否达到工作要求。前厅员工素质的高低，是饭店经营成败的一个重要的因素。

（一）职业道德

前厅员工首先必须品行端正、诚实且具有较高的修养以及职业道德水平。前厅的工作会涉及价格、现金及饭店营业机密，如果员工品行不正，就很容易利用饭店管理中的漏洞为个人牟取私利；如果员工修养不好，也很难提供高水平的服务。

1. 品德素质

品德素质是对一个合格的前厅工作者的基本要求。前厅员工必须品行端正，有良好的职业道德，能始终如一地履行自己的岗位职责。

2. 服从意识

服从意识，是指员工一进入工作环境，便能自然地产生一种自觉遵守组织纪律和自觉接受任务的想法。这种意识能产生积极的行动，它与服务意识并重。

3. 宾客至上意识

前厅员工在处理对客关系时，要时时处处地为宾客着想，始终把宾客的需求放在第一位，做到"宾客至上"，把顾客的满意看作是自己在工作中最大的满足。特别是大堂副理在处理宾客投诉时，要始终坚持这一点，真心诚意为宾客解决问题，把"对"让给宾客。

4. 服务意识

前厅员工应具有良好的服务意识，随时为宾客服务，同时要通过自己的细心观察，及时发现宾客尚未提出的服务要求，并予以满足，以达到优质服务的水平。

（二）职业规范

1. 仪表要整洁，仪容要大方

前厅员工的仪容仪表不仅是员工的个人素质象征，更是饭店员工精神风貌、饭店服务水准的体现。具体要求如下：

（1）仪表要整洁。

①制服：制服要体现层次感，干净整洁；纽扣要齐全；衫袖、裤腿不可卷起。

②工号牌：统一置于左胸前第二、三粒纽扣之间。

③鞋、袜：上岗着饭店统一规定的鞋袜，男员工着黑色袜子，女员工着肉色的长筒袜或裤袜；鞋子一般为黑色的皮鞋或者布鞋，特殊岗位除外，如康乐部、健身房等。

④饰物：不可戴夸张和显眼的饰物，一般的饰物，也应尽量不戴。

（2）仪容要大方。

①头发：要常洗、常梳理，保持清洁。男员工要留短发（即头发长度前不过眉，侧不过耳，后不过领）；女员工要束起头发，并不可用抢眼的头饰。

②面部：男员工要经常修面，不可留胡须；女员工要求化淡妆，不可浓妆艳抹。

③手部：不可留长指甲；女员工不可涂指甲油。

（3）个人卫生要清洁，要勤洗澡，勤换制服，勤刷牙漱口，上班前不吃带有异味的食物。

2. 礼节礼貌要得当

（1）见到宾客要问好，并使用适当的称呼语，最好熟记宾客的姓名。

（2）与宾客讲话时要与宾客保持一定的距离。

(3) 接待宾客要热情,要与宾客有目光接触,目光接触要自然。

(4) 讲究服务次序,遵循"排队原则",即先来先服务,后来后服务。

(5) 待客一视同仁,做到"接一看二招呼三"。

3. 言谈要规范

(1) 使用礼貌语言。

(2) 多使用敬语和服从性语言。

(3) 要注意语言艺术。

(4) 声调要柔和。

(5) 三人以上讲话,要使用大家都能听懂的语言。

(6) 不开过分的玩笑。

(7) 任何时候不可说"不知道"及"喂"。

(8) 谈话内容不可涉及宾客的隐私和饭店的商业机密及第三者的隐私。

(9) 接听电话,应先报自己的岗位和姓名,然后表达为对方服务的愿望。

4. 仪态要规范

(1) 坚持站立服务,站如松(像青松一样挺拔)。

(2) 走路要轻而稳,上身正直,抬头,双目平视,行如风(像风一样轻盈)。

(3) 手势运用要规范,手指自然并拢,手与前臂成一条直线,肘关节自然弯曲,手掌倾斜成45度角,上身向前倾,幅度不宜过大,动作不宜过多。切忌用一只手或其他东西指人。

(4) 微笑服务。

(5) 对客服务不能有不雅动作,如交头接耳、拉拉扯扯、打呵欠、挖耳掏鼻、修指甲、双手胸前交叉、当众整理衣服等。

5. 幽默感适度

前厅员工应具有一定的幽默感,必要时应能够用幽默的语言活跃气氛、打破僵局,但要注意幽默适度,不要变成油嘴滑舌,引起宾客反感。

(三) 能力要求

1. 语言能力

前台员工应该有良好的语言沟通能力。首先普通话发音应准确;其次必须熟练掌握一至三门以上的外语,如英语、法语、日语等,并且在听、说、写方面,尤其在说方面达到相当的水平;最后还要掌握一些地方方言,如粤语、闽南话、潮州话等,以便与港澳台宾客沟通。

2. 销售能力

前厅的工作重点是销售客房,前厅的员工必须掌握顾客的消费心理,把握客房产品的特点,并运用一些推销技巧,来提高客房出租率。

3. 人际关系能力

前厅是饭店的信息中心,是饭店服务的神经枢纽,统筹整个饭店的对客服务。为充分发挥以上职能,前厅员工必须与宾客、上级及其他部门搞好关系,做到互相理解,互相配合。

4. 身体素质

饭店从业人员必须身体健康，精力充沛，前厅员工还应达到一定的身高要求和视力要求。

5. 自我控制能力

前厅员工必须要有良好的心理素质，有较强的自我控制能力，善于控制自己的情绪和调节自己的心理，并善于判断和引导宾客的心理和情绪。

6. 应变能力

由于饭店的宾客多种多样，宾客的需求也多种多样，因此，前厅在对客服务的过程中，遇到的问题也可能多种多样，这就要求前厅员工具备较强的应变能力，临难不乱，沉着应对。

7. 专业技能

（1）较强的文字处理能力。

（2）娴熟的电脑应用能力，如英汉文字输入能力、网络运用能力等。

（3）快速准确的计算能力等。

8. 记忆能力

前厅员工应有较强的记忆能力，特别是对时间、人名、人的个性特征等，能迅速、准确地记牢，以提供令宾客满意的服务。

9. 理解及表达能力

前厅员工应有较强的正确理解的能力，能迅速、准确地理解他人的言行，同时还应该善于用准确、简单的方式，表达自己的意图。

10. 心算及判断能力

前厅员工掌握熟练的心算能力有助于缩短宾客办理入住手续的时间，提高服务效率，同时通过对宾客"察言观色"，准确揣摩和判断宾客心理，并根据宾客身份、来由等特点，予以接待，使宾客感到饭店接待热情、有礼，服务流畅、方便。

总之，饭店对前厅员工的素质要求极高，一位前厅员工应可以担当下列重要角色：饭店管理机构的代表，饭店的推销员，信息的提供者，资料的记录、保存者，钱款的处理者，宾客问题的解决者，饭店对外交往的代表，饭店各部门的协调者，饭店的友善大使，饭店服务质量与规格的展示者。

二、前厅员工招募

员工招募是一个寻找并筛选合格的申请人填补岗位空缺的过程。人力资源部门常常协助前厅经理寻找并聘用合格的人选。招募的途径主要有两种，即内部招募和外部招募。

（一）内部招募

1. 内部招募的好处

饭店现有的员工常常是组织最大的招募来源。

（1）用内部候选人填补职位空缺，可以鼓舞员工士气，改善员工工作绩效，而且内部候选人对前厅组织目标认同感较强，不易辞职。

（2）内部提升还可激发员工的献身精神，促使他们从饭店的根本利益出发，用长期的眼光进行管理决策和对客服务。

（3）内部提升的员工已经受到长期观察，对饭店及前厅的工作要求、企业文化都比较熟悉，并掌握一定的相关技能，人力资源部门对其工作表现的评价也较为准确，因而定位过程更短，培训更少，招聘成本也更低。

2. 内部招募的不足

（1）有的员工会把晋升看成是与前厅经理、主管的私人关系。

（2）最大的弊端在于"近亲繁殖"，如果前厅所有的管理层成员都是通过内部层级晋升上来的，面对创新和提出新指示，管理人员就很可能会出现一种"照章办事"和维持现状的倾向。

（3）没有提升的员工会有士气低落情况发生。

（二）外部招募

1. 外部招募的利弊

外部招募可以把新鲜的血液和新的思想带进前厅。外来新成员往往能够提供新的思想、新的观点以及创新性的办事方法，还能带来竞争对手的商业信息。不仅如此，外来者对饭店的褒扬通常会强化现有员工的工作满意度。外部招募也是饭店广告的一种形式。

不过，外部招募也使得内部员工感到在前厅没有升迁机会了，容易产生员工士气低落问题。此外，外部新手比内部人员往往需要较长的入职培训时间。

2. 外部招募的良好资源——中老年员工

在中国饭店业，中老年人在员工人数中的比例较小。但无论从社会责任的角度，还是从服务质量、饭店利益的角度考虑，前厅雇用一定数量的中老年人都有较多的益处。

（1）除了体力要求较高的工作外，与年龄有关的某些变化如生理能力、认知效果以及个性等，对员工的产出水平并无太大的影响。

（2）创造力和智力水平也并不会随着年龄而下降。

（3）中老年员工缺勤率通常会降低，而且往往比年轻员工表现出更成熟和稳定的心态，更加丰富的工作、生活经验和更高的忠诚度。

（4）中老年员工对于工作往往还表现出较高的满意度。

（5）中老年员工可以像其他年轻员工一样有效地接受培训或重新培训。

（6）前厅工作中的接待、问讯、预订、收银总机等工作要求员工善于为宾客着想，细致周到，善解人意，耐心，稳重，处乱不惊，有较为灵活且成熟的处理问题的技巧和能力。这些素质和能力恰恰是中老年人的优势。

因此，除了行李员等对体力要求较高的岗位外，将一部分问讯、预订、接待等工作安排给中老年人，有可能为前厅服务增添更多的亲和力和温情，而这些正是前厅要带给住店宾客的重要的服务价值。

（三）挑选方法

招募前厅员工，无论采取哪种方法，都应着重考察应聘者是否具备"换位思考，设身处地为宾客着想，交际能力强，开朗外向，冷静，耐心，表达能力强，应变能力强，灵活，有团队协作精神"等方面的基本素质。面试挑选的方法有很多，这里主要介绍在大量的服务岗位面试中作用较为突出的三种方法：抽象提问、情景小品、角色扮演。

1. 面试中的抽象提问（见表9-1）

表9-1   抽象提问调查表

问题	目的
你为什么要申请这份工作？	了解她/他应聘此份工作的原因
你认为前厅服务员最重要的责任是什么？	了解他/她对工作的态度
你认为前厅部经理的责任大还是服务员的责任大？	考察他/她对前厅部工作的认识
前厅服务员工作失败的主要原因是什么？	看他/她是否清楚对前厅工作容易出问题的环节
你认为一位合格前厅服务员的最重要的条件是什么？	考察他/她是否理解该工作的职责
你的家人是如何看待你应聘这份工作的？	了解他/她是否存在家庭困难
你感到同事之间是否能平等相处？	了解他/她与其他同事是否相处融洽，考察其人际关系
为什么那么多服务员看不起自己的工作？	考察他/她对前厅服务员的认识与看法，是否看不起自己的工作
如果一位VIP向你提出了不合理的服务要求，你怎么办？	考察他/她如何处理棘手问题
如果客人对你说了侮辱性的话，你怎么做？	考察他/她是否冷静，应变能力是否强
如果你的经理坚持让你按照某种方法完成某项工作，而你认为有更好的方法，你将怎么办？	考察他/她对管理者和权威的态度，是否固执
你如何看待经常调换工作的服务员？	考察他/她是否是爱跳槽的工作热情不稳定的人
如果有客人总是向你抱怨某件事情，你怎么处理？	考察他/她是否耐心，是否为客人着想，协调能力如何
如果你怀疑经理在排房和定价方面有亲疏，你怎么办？	考察他/她是否多疑
如果领班当着同事和客人的面痛骂你，你怎么办？	考察他/她是否容易被激怒，是否能在极度愤怒的心境下保持冷静

抽象提问所涉及的问题是开放式的，如表9-1可以用来评价应聘者将当前的服务情形与以往的经验相联系的能力，还可以用来解释一个人的意愿和态度。一般而言，能对周围事件进行考虑并体会其中意义的人会更快地学到更多东西，一个理想的员工会注意到他的个人生活和工作的细节。

在抽象提问中，一些应聘者会海阔天空地谈论他们过去的经验，为降低被"吹牛者"欺骗的可能，面试官应在提问前熟知每一项抽象提问的目的，仔细倾听应聘者的回答，探查其答案的实质。

在"目的"一栏给出的每个问题之后，接着可以提出诸如"为什么这么想"、"这样做有什么目的"之类的问题。其实回答本身并不重要，提问者感兴趣的只是他表现出来的个性和态度。在倾听回答的同时，招募者须作一个记录，或者填写面试评估表格。

表9-2给出的面试招聘评估样表中列出了前厅员工的一些重要品质，前厅经理可以运用这个表来评价申请人的强项和弱项。与应聘者面谈之后，前厅经理可以用此表给出一个得分。如果没有面试，情景小品和角色扮演等项目，也可用此表进行评估。

表 9 - 2   招聘评估表

应聘者姓名：					
应聘岗位：					
日期：					
相关工作背景：					
	-3	-1	0	+1	+3
一般背景					
工作经历					
同样的公司					
工作兴趣					
工资要求					
出勤					
领导经验					
教育/智力					
正规学校教育					
智力能力					
其他培训					
社交技能					
语言表达和聆听能力					
文字能力					
身体因素					
健康状况					
体力状况					
体能水平					
清洁、服饰和姿势					
个性、素质					
第一印象					
人际交往能力					
团队协作精神					
激励					
眼界、幽默、乐观					
耐心					
换位思考					

设身处地为客人着想				
开朗外向				
冷静				
耐心				
表达能力强				
应变能力强				
灵活				
创造性				
压力承受能力				
展示技能				
服务态度				
独立性				
成熟性				
决断能力				
计划组织能力				
自我了解				
工作标准				
共计得分				

说明：

(1) 达到给定领域技能的可接受水平，或技能不直接与工作有关，则打 0 分。

(2) 在应聘工作领域，若他们超出可接受的技能水平的程度，加 1 分或 3 分。

(3) 在与工作相关的技能方面，按他们低于可接受的水平的程度，可减 1 分或 3 分。

2. 情景小品

情景小品式的面试要求求职者回答有关特定情景的问题。例如，考虑如下情形：午夜，行政客房的宾客突然打电话到前台，投诉浴室淋浴喷头坏了，要求服务员马上到客房察看，并马上修理或者换房，此时工程维修部已经下班了，你该怎么办？提供这样的情景可以揭示出应聘者的个性、本能、人际交流能力、常识及判断力方面的信息。为了得到更多关于应聘者能力方面的信息，招聘人可以进一步提出问题，如"如果他突然变得很恼火和固执，你应该如何对待宾客？你会采取何种方法补救？"情景小品方式也提供了考察应聘者"换位思考"的机会。招聘者须在提问过程中注意应聘者反应的本能及其方式。

3. 角色扮演

角色扮演要求应聘者参与到一个模拟情景中，并表现出这种服务环境的真实性。角色扮演这个面试技术通常在招聘的最终阶段使用，需要前厅中的其他人合作，作为情景中的"演员"。这种方法考虑到了比抽象提问或情景小品面试更多的现实的反应。面对此时的情景，求职者不仅仅是描述情景，还必须用自己的行为和语言作出反应。因此，角色扮演为招聘者提供了一个机会来观察应聘者在现实对客服务中表现的优点或弱点。当然，有效的角色扮演需要精心策划以及"演员"的彩排。

资料卡

饭店接机两问

（一）宾客来电要求派车到机场接机时怎么办

（1）向宾客了解飞机的航班号、预计落地时间，宾客的姓名、人数和行李数量，留宾客的联系电话。

（2）将派车接机的费用报予宾客。

（3）在宾客接受报价后，准备接机牌，并将了解到的信息传递给车务部司机，由车务部准时出车至机场接宾客。

（4）通知总台宾客抵店的时间，由总台准备好《住宿登记表》、房卡、钥匙等，为向宾客提供快速入住服务作好准备。

（5）于大堂等候，欢迎宾客入住。

（二）在机场接到没有预订房间的宾客时怎么处理

（1）专业、详细地向宾客推介饭店，如饭店的历史、星级标准、地理位置、服务设施、配套服务、房间状况等。

（2）向宾客报出饭店的房价，作为饭店的形象代表，应尽量通过个人修养和职业素质等影响宾客，使宾客对你、对饭店产生好感，从而选择饭店。

（3）沿途向宾客介绍当地概貌、旅游景点、特色产品等，与宾客保持顺畅的沟通。

（4）到达饭店后将宾客介绍给总台人员，待宾客办理入住手续后，做好带房服务，并祝宾客入住愉快。

第二节 员工培训

一家饭店经营成功的关键在于人才，在于一批忠诚、稳定的高素质服务人员和管理人员。所以拥有了合格的员工仅仅是保证饭店良好运转的第一步，饭店还应该通过系统持续的培训，培养具备高素质、高水平、高技能的稳定的服务和管理人员。这样既可以培养饭店自己的管理人员，又可以激励员工积极工作，不断进取，促进饭店的良性发展。

一、培训的目标

由于饭店业是劳动密集型的服务性行业，人员素质对饭店经营和运转的意义尤其重要。顾客满意才能给饭店带来客源和效益，而经过良好培训的高素质员工意味着高度的顾客满意度，也就意味着更大的效益。同时，由于人员工资的支出在饭店经营费用中的比重越来越大，培养自己的业务骨干远比招聘外来人员更经济。另外，饭店自己培养的人才对饭店有较强的归属感，而外来人员往往有较大的流动性。国内许多饭店近年来都发现这样一个现象：直接引进高学历有经验的专门人员花费巨大而收效甚微，往往是饭店经过很大投入对其进行培养，而这些人员却很快就流失了。很多饭店管理者解决这一矛盾的办法就是招收中等学历、没有工作经验的员工，从中选择优秀者进行系统的培训，培养饭店自己的稳定的业务骨干。

（一）提高员工技能

培训的首要目的是保证员工具备胜任岗位工作所需的服务技能。由于大部分新招聘的初级员工对饭店工作的特点、性质、方法和技能、技巧缺乏必要的了解，因此饭店人事部门和前厅首要对其进行岗前培训，保证员工掌握基本的工作技能。同时，前厅还应针对服务工作中出现的各种新问题，进行各类培训，以提高员工的服务技能和技巧，保证对客服务工作的顺利完成。

饭店对员工的礼节礼貌方面有较高要求，员工上岗前都必须通过相应培训，直至熟练掌握服务用语才能正式上岗。前厅各岗位如接待、预订、问讯、总机员工必须经过相关服务程序的培训，掌握基本服务技能，如语言表达、电脑操作、办公设备使用等。

（二）培养业务骨干

饭店和各部门管理人员对工作表现出色、工作踏实勤恳的优秀员工进行有针对性的系统培训，采取长期外派、短期集中培训等多种方法将这些员工培养成为饭店的业务骨干和后备管理力量。

国内很多饭店都采取这一方式，鼓励员工参加继续教育，并积极创造条件，给予勤奋上进的优秀员工各种机会，让他们接受各种形式的培训：外出学习、参观、进修，有些饭店甚至花费大量资金派遣员工出国接受培训。

（三）提高服务质量

培训的最终目的就是提高服务质量。前厅根据宾客对饭店产品不断变化的需求及整个行业的发展，不断对员工进行培训，促使员工掌握更多更高的服务技能和手段，提高服务质量。

近年来，德、法、意等国游客来华旅游的数量不断增加，很多涉外饭店都开始对员工进行语言培训，要求员工掌握多种外语，以提高对客服务质量。如南京的金陵饭店就要求员工掌握十句各小语种的礼貌用语，同时实行挂牌上岗，将员工的语言能力在员工名牌上直接显示出来，方便宾客选择自己方便的语言同员工进行交流。有的员工甚至可熟练使用两至三门外语对客服务。

（四）降低经营成本

从表面上看，培训增加了饭店的营业支出，而事实上，培训从一定程度上对降低饭店的经营成本起了重要作用。因为培训对经营费用的影响是间接的，表面上不能直接反映出来。但如果仔细观察就会发现这样一个现象：没有经过培训的新员工同经过良好培训的熟练员工相比，工作效率较低，差错率较高。低效率、高差错率对饭店业，尤其对前厅就意味着宾客的高度不满和大量投诉，直接后果就是高额的"纠错"成本，间接损失是宾客的不断流失。这些都将使饭店的经营成本不断上升。反之，对员工进行系统全面的培训，提高员工的工作效率，降低工作差错率，就能减少饭店的"纠错"成本，稳定并吸引饭店宾客，为饭店创造理想的经营业绩。

（五）激励员工

系统的培训不但可以帮助前厅员工掌握多种工作技能，同时也是对前厅员工的有效激励。不断接触新事物，学习新知识，掌握新技能，这些本身就是对员工的挑战。人们总是希望从工作中获得，而不仅仅是付出。员工通过培训获得了知识、技能，同时也获得了成就感和满足感。许多人选择在大型、高档饭店或饭店集团、联号工作的重要原因之一就是可以有良好的培训机会，能够为自身长期发展掌握、积累必要的知识、技能和经验。

二、培训内容

（一）知识技能培训

知识技能培训是根据前厅各岗位的工作说明书、工作规范以及服务设计对受训人进行有针对性的培训，可采用多种方式如角色扮演、情景教学、对话训练等使员工积极充分地参与到培训中，并对常规的工作职责有较为深入的认识。

（二）职业道德培训

前厅服务的特点决定了员工职业道德的特殊性，即在频繁、直接的对客服务中，员工的行为规范更加直接地影响到宾客的心理感受和宾客对饭店形象的评价。职业道德培训是员工培训的重要项目，是前厅服务质量的保证，也是员工和饭店健康发展的前提。

饭店职业道德培训有着思想意识性强、受环境影响大、波动大的特点。员工的世界观和意识形态是否正确是影响其能否自觉遵守职业规范的重要因素。另外，由于前厅员工每天都接触各式各样的宾客，受社会风气、同行业工作状况以及饭店自身工作环境的影响很大，员工很容易随波逐流、追求享受、自由散漫，其道德意识容易被削弱。现代饭店前厅的从业人员大都是青年人，年轻气盛的青年人对情绪的控制能力较年长者弱些，服务质量水平容易产生较大波动。因此，基于以上特点，前厅应着重职业道德建设，开设以此为专题的培训科目。

从根本上提高员工的职业道德素质需要三个阶段。

（1）前厅服务人员要对职业道德规范有一定的理解，逐步树立道德认识、道德情感、道德意识和道德信念。

（2）服务人员须将职业义务和责任变为内在的责任感，能够随时调整自己的行为，实现自我反思、自我教育，创造自我价值。

（3）前厅服务员在对客服务中要有高度的道德自觉性，言行一致。

概括起来，就是通过主体形成、主体反思、主体自觉三个阶段培养和提高员工的职业道德。

在实际培训中，不能只拘泥于单独的职业道德教育（比如献身精神、遵纪守法、一视同仁、诚挚待客等），以免流于形式。前厅培训人员应该把职业道德与员工本职工作、技术素质的提高以及奖惩制度有机地结合起来，从本职工作中挖掘职业道德问题，通过刚性的奖惩制度促使道德水平与技术能力同步提高。

（三）价值观培训

饭店的企业文化是所有成员共同遵循的信仰或共同持有的理想，能够产生凝聚力并赋予组织鲜明的个性，形成有力的约束饭店中每个人或群体行动的准则。要想使员工达到最佳工作状态，饭店就要形成一种积极的文化、情感和心理环境，以其特有的价值观积极地影响员工的工作生活。饭店的价值理念可赋予员工很大的自主权，因为他们的判断根植于共有的价值观。前厅培训人员同样需要把饭店的核心价值观注入每位员工的头脑，将企业文化和价值观的教育纳入培训计划，促使员工接受并认同这些价值观，才能在对客服务中渗透出饭店的文化、气质和特色。

价值观的培训，一般可以从讲述饭店企业文化以及价值观入手，培养员工诸如"尊重宾客"、"团队精神"、"为他人着想"等价值观，说明每个观念的意义。在此过程中可以做些练习，如"如果遇到团队的一位同事在……你会做些什么?"

在对普通员工的培训中，培训人员可以利用讲座和练习来说明饭店的每一个价值观念，尤其要说明饭店和前厅的核心价值观，比如"设身处地为宾客着想"、"团队协作精神"等，目的在于运用生动的事例说明这些价值观的内涵。

对于主管人员，价值观培训的基本目的在于让他们熟悉饭店的核心价值观念，说明如何将这些观念从语言演变成行动，通过做事而不是张贴宣传品，使员工们真正了解前厅的价值观。换言之，价值观需要通过一些行为或者载体（例如制度、服务设计等）体现出来，使员工能够亲自感受到价值观念真实存在，从而强化认同感。只有如此，才能有效地促使员工将价值观念转化为各种服务表现形式，成为饭店企业文化的传承者。

（四）参与意识培养

许多饭店推崇"员工参与计划"。"员工参与计划"旨在通过让员工参与有关其本职工作的设计、组织和综合管理来提高组织效益。前厅服务产品全部依靠员工即时生产，若一线生产者的角色仅仅限于执行，则极易处于被动的位置，容易导致员工生硬地履行工作职责，而并没有准确地领会服务设计的内在精神，致使偷巧、敷衍了事的情况时常发生，扭曲了服务的柔性特质，违背了服务设计最初的精神。因而在设计服务产品过程中，前厅应该邀请员工参与，一方面有利于管理层了解宾客的实际需求，另一方面有助于一线员工反映对服务设计和工作职责的看法和建议。另外，在组织执行、管理工作中，给予员工适度的权力和职责，有助于提高工作积极性和创造性，提高服务质量。

"员工参与计划"的实施需要制度保证，更需要通过培训开掘员工的自主性和主人翁精神。当然，员工的参与意识不会说有就有，必须对员工进行相应的培训，使参与意识渗透到每个服务环节。

（五）团队精神培训与授权培训

前厅每项功能的发挥都有赖于员工环环相扣的紧密合作，这就决定了"团队协作精神"在前厅服务质量和工作效率中的重要位置。现在，越来越多的企业通过协作和授权来提高效率，他们把"团队精神"作为一种价值观，围绕紧密结合的工作班子来安排工作，并授予这些班子分内工作的自主权。前厅服务员每天面对各式各样的宾客，需要解决的问题五花八门，如果每件事情都需要向上级汇报，不仅降低了工作效率，而且干扰了管理层的正常工作。所以，授予员工适度的权力有利于发挥员工的主动参与的积极性，提高工作效率和服务质量。

培养员工的"团队精神"不是通过张贴宣传资料、开办讲座就可以做到的。有些饭店花费可观的经费将新员工训练为合格的团队成员。比如通过简短的练习描述好的和不良的工作范例，在员工头脑里构建良好的团队精神意识。再比如用数小时训练新员工互相倾听与合作的技能。也有的饭店利用户外培训等方法来建设团队精神。

给员工授权也需要进行大量的培训。仅仅对员工说他有权力自行处理宾客投诉及紧急情况是不够的，必须进行多方面的培训以保证他们具备灵活机智处理问题的能力。前厅可以组织员工参加关于典型案例的讨论，培养他们找出关键问题、分析问题和解决问题的能力。

三、培训方法

培训方法是指在确定培训内容的基础上，根据其内容特点所选取的相适应的训练方法，以求获得较好的培训效果。常用的培训方法有以下七种。

（一）示范讲座和直观教学法

示范讲座和直观教学法包括讲座、电影、幻灯片和参观。这个方法的应用较为广泛，可用于绝大多数的培训计划，如介绍前厅的岗位职责、工作规范、企业文化等。

（二）专人指导法

顾名思义，专人指导法就是给员工个别指导。这种方法适用于知识、技能方面的培训。

（三）角色扮演法

角色扮演是一种趣味性很强的培训方法。培训人员将员工服务中存在的代表性问题总结提炼，编排成剧目，让若干名员工扮演宾客与服务员，其他人提意见或讨论，让受训人深入认识和牢固掌握正确的工作方法。角色扮演法产生实效的关键在于角色互换和员工讨论。这种方法适用于团队精神的培养、分析和解决问题能力的训练。

（四）情景教学法

情景教学法是培训人员提出若干有代表性的情景假设，并提出几种解决问题的方法，让受训者一起分析、讨论和选择正确答案，并申述理由，最后由培训人员作出综合分析。

（五）对话训练法

对话训练法与情景训练有些相似，就是把服务员与宾客的对话录下来，将其中缺乏礼貌、态度粗暴、不懂业务的对话在培训课上放映出来，让受训者讨论。这种方法适用于服务技能、价值观等方面的培训。

（六）程序式教学法

程序式教学法是将复杂的教学内容分解成各个部分，通过剖析论证，使学员掌握整个概念或服务操作。受训者可学会各项内容，所以学习效果较好，但也有较繁琐和令人厌倦的缺点。这种方法适用于服务设计等知识技能方面的培训。

（七）自学指导

自学指导指员工根据自学指导材料（比如工作说明书或其他培训教材）自行学习。这个方法节约了时间和培训成本，但是缺乏面对面教学所具有的交流以及员工间的激励，因而使得职工的学习兴趣和培训效果受到一定影响。

当然，培训方法并不限于以上七种，而且各种方法并不是孤立存在的。在实际操作中，培训人员可以根据实际需要交叉配合使用各种培训方法。

四、培训的程序

前厅的员工培训必须具有高度的计划性，按照正确处理的程序按部就班地实施。一次完整成功的培训必须经过计划、组织、实施、评估四个阶段。

（一）确定培训主题

前厅经理和各岗位主管应加强同宾客的沟通，加强对员工的管理和对客服务流程的控制，及时发现员工工作中存在的缺陷和不足，了解宾客不断变化的需求和饭店服务程序中的漏洞，并以此作为培训员工的契机。一般在饭店开业试运转，前厅投入使用新的设备，采用新的工作程序和管理制度，员工岗位调整、晋升之前应组织相应培训。而当出现诸如对客服务效率低下、工作差错率升高、宾客的投诉增加、前厅各岗位间沟通不畅等问题时，培训工作就已经迫在眉睫了。前厅各级管理人员应根据上述问题确定各岗位培训的主题，有针对性地着手培训准备。培训的主题应该明确，易于员工理解，用词切忌晦涩。

（二）制订培训计划

在确定了培训主题之后，前厅各级管理人员就必须开始制订切实可行的培训计划，确定培训的目标。培训计划应包括培训负责人员、参加培训对象、培训主题及其主要内容、培训计划时间、培训目标和考核办法等内容。

1. 培训目标

培训目标是指让受训者应该达到的要求，应着眼于提高员工的实际工作能力，难度应当适中，既要具有可行性，同时也要具有挑战性，确保员工经过一定努力才能达到。目标过低不能充分发挥员工的能力，过高会影响员工的信心。确定培训目标应考虑员工短期、中期、长期的不同发展，循序渐进，逐步实现，而不能"一步到位"、"一步登天"。

2. 培训时间

培训时间应以不影响或少影响正常工作为原则，尽量安排在淡季或员工交接班间隙进行。同时，应明确说明培训的开始日期、结束日期和每日培训的准确时间，以便让各班组据此作好工作安排。

3. 培训地点

培训地点应选择在不受干扰的场所进行，可以在店内、店外或培训教室或受训者的实际工作现场。

4. 培训内容

应视培训需求的具体情况，结合前厅工作实际需要、员工的自身能力特点来确定。培训内容应紧密结合培训主题和实际需要，保证实用、实际、实在，相关资料应全面翔实、条理分明、通俗易懂。

5. 培训者

应视培训对象、培训内容等实际情况来确定，可由本部门或饭店的管理人员或优秀员工担任，也可聘请店外专业人士担任。

6. 培训对象

应说明受培训的对象以及对受训者在培训期间的要求，以确保培训工作有效。

7. 设备和器材

应视培训内容方式等，事先将培训过程中所需的设备器材等（如计算机、录像机、投影仪、幻灯机、白板、笔等）在培训计划中详细列出，以便让有关部门做好培训准备工作，确保培训顺利进行。

8. 培训方式

应视上述内容来确定，可考虑采取部门自我培训或委托培训，岗位培训或脱产培训等多种方式，利用课堂讲授或操作示范等多种培训形式，"请进来"、"送出去"，对员工实施全方位多层面的培训。

9. 培训的组织

应详细说明负责实施培训计划的机构和具体人员。

（三）　实施有效培训

培训实施人员根据拟定的培训计划，通知召集参加培训人员，对其实施培训。开始培训前应向参加培训的员工充分说明培训的必要性和对员工个人发展的益处，提高员工参加培训的积极性和主动性。培训方法应直观、简单，易于理解和掌握，注意避免过分死板生硬。培训材料应以文字材料为主，结合其他多种形式，由培训实施人员讲解、说明、辅导，帮助被培训员工在计划时间之内完成培训计划，达到培训目标。

实践工作中，能否成功实施培训计划，达到预期的培训效果，往往有赖于下列三个方面。

1. 饭店上下能否正确认识培训的重要意义

要搞好培训，包括饭店高层领导、部门管理人员以及参加培训人员在内，都必须对培训工作的必要性有清醒的认识，充分重视培训工作，为做好培训工作打下坚实的思想基础。

2. 做好培训的组织和管理工作

培训的组织和管理者应认真制订培训计划，选择最佳的培训时间、不受干扰的地点和素质高、业务强的培训者，确定合适的培训方式和满足实际需要的培训内容。这是培训取得实效的有力保证。

3. 灵活运用培训艺术

培训者除具备较高的专业素质和培训技能外，还应注意运用培训的艺术，注意培养调动受训者的学习兴趣，增强其自信。例如，人的各种感觉在学习时所能起到的作用是有差异的。据研究资料表明：不同的信息传播媒介对个体所能接受的信息量有着很大影响，个体记忆某项知识的相对可能性也有相当差异。因此，培训者应尽可能多地使用足以调动受训者感觉作用的教学用具来辅助其教学，并鼓励受训者多动手，以提高兴趣，加深印象，增加学习效果。

（四）　检验培训结果

在受训者完成其培训计划后或者在培训期间，应对该培训效果进行评价，看计划目标完成得如何。一般可以从以下四个方面衡量培训效果。

1. 反应

评价受训者对培训计划的反应如何，他们是否喜欢这个培训计划，他们认为这个计划是否对工作有价值。

2. 知识

通过对受训者的测试，培训者可以判定他们是否学到了预期应学到的知识、技能。

3. 行为

观察和了解这个培训计划是否使受训者的工作行为发生了有益的变化。比如，面对宾客投诉，前厅接待员是否比过去更冷静和友善了。

4. 成效

前厅员工受训后的一段时间内，人们最关心的是根据预先设定的培训目标衡量所取得的最终成果。比如，投诉是否减少了，投诉的处理速度和结果是否令更多的宾客满意了，人员流动是否减少了，客房销售量是否比同期有所增加。

培训者根据受训者的反应、知识的增长以及工作行为变化，可以判定这个培训计划可能是成功的。但是如果没有取得这种成效，则说明该培训计划没有实现预期目标。若真是这样，问题可能就在培训计划上，不过这种成效也可能有其他不可控因素的影响，不是培训本身能够解决的。

资料卡

宾客要求帮其取回被提款机吞吃的信用卡时，如何处理

（1）安抚宾客。

（2）向宾客解释大堂的 ATM 机由银行负责管理。

（3）请宾客保存好 ATM 机打印的"客户取款通知书"，同时持本人有效证件到银行办理领取被吞吃的信用卡手续。

（4）如宾客为外宾或有进一步帮助需求时，可在不影响工作的前提下，主动陪同宾客一同前往银行办理。

第三节　员工激励与考核

一、员工激励

激励是充分调动员工的积极性和创造性，发挥员工潜能的过程。激励是现代管理学的核心，它在人力资源管理中具有特殊意义。饭店前厅的管理者必须懂得激发员工的积极性和创造性，努力创建一个能鼓励员工专业发展和成长的工作氛围。

前厅激励员工的方法包括员工安全与健康保障、双向沟通、工作认可、公平对待、职业生涯发展规划。

（一）员工安全与健康保障

员工是饭店产品的生产者，是饭店的最大财富。没有安全和健康的员工，饭店的服务也就无从谈起。所以，员工的安全健康关系到饭店服务产品的质量和经营的成败，也影响着员工的积极性。与此同时，减少或消除事故和人员伤害、保障员工的安全与健康体现了饭店对员工的人文关怀和以人为本的管理思想。

保障员工安全健康的做法主要有：

（1）消除不安全工作环境，即通过检查和消除设备设施存在的安全隐患来减少不安全环境因素。

（2）制定安全操作规程，将安全操作纳入岗位培训。

（3）加强事故总结和事故报告，应当调查清楚每个事故发生的原因并制定防止此类事故再次发生的措施。

（4）制定应付紧急情况的措施，强调前厅将作出一切可行的努力以消除或减少事故和伤害。

（5）鼓励并培养员工的安全意识，对员工进行定期的安全教育指导。

（6）建立安全检查制度，定期进行安全检查，并对员工进行定期的健康检查。

（二）双向沟通

前厅经理必须清楚，员工归属感的培养和积极性、创造性的激发要建立在信赖的基础上，而信赖需要双向沟通交流。一方面，让员工对前厅的工作保持消息灵通；另一方面，前厅管理层要倾听员工的声音，使双方能够及时有效地进行沟通。因此，沟通方面的工作不能仅仅停留在员工愿意听和说，还要建立保证双向对话交流的制度。这种制度大概有四类。

1. 自上而下的信息沟通

自上而下的信息沟通旨在不断使饭店前厅有机会让所有员工了解有关饭店及前厅重大问题及其新动态的沟通活动。可以通过经常性的讨论会、新闻简报、告示牌向员工公布有关工作岗位空缺公告、工作安排、备忘录、抵店或在店的重要宾客、日常培训、特别表扬、生日、结婚、订婚和出生通告等。告示牌的位置要在前厅全体员工都能到达且易引起注意的地方。讨论会要保证大部分员工都能够参加。简报也要有效送达每位前厅员工手中，使员工对前厅的工作保持消息的灵通，对增强员工归属感和价值感有积极的效果。

2. "说出心里话"计划

员工在长期的工作中常常对本职工作、制度、上级等存在自己的看法。一些担心、怨言或是意见长期积累起来是十分危险的，不仅会降低员工满意度，还会威胁到员工的忠诚度，造成更多员工的流失。"说出心里话"计划采取匿名的方式设计表格，员工可以提出问题或者发表意见。在若干个工作日后，该计划的管理者必须给予书面答复，回信必须有前厅经理的亲笔签名。除了该计划的管理者没有任何人知道填写表格员工的身份与姓名。该计划的目的是为员工提供说出心里话的可靠渠道。它为员工提供了表达想法的渠道，使前厅经理不断掌握员工的情绪和想法，并及时给予协调和解决，防止"冰山"堆积，避免问题进一步恶化。

若要保证此计划有效执行，必须确保每位员工都能够十分方便容易地拿到表格，且自身的姓名、身份受到严密的保护。

3. 员工意见的定期调查

前厅进行定期的、匿名的意见调查，将调查结果汇集起来，由部门经理主持反馈报告讨论会，以便让大家都知道调查结果并找出解决问题的办法。这种方法也是饭店用来了解员工对所在部门、管理人员以及工作生活看法的沟通手段。

4. 申诉归档和申诉渠道

申诉渠道是指员工通过提供正式的、文件完备的、高度公开化的手段对任何问题提出申诉的途径。员工有可能对工资、排班、工作条件、纪律处分、晋升、调动、休假、奖励方案等问题产生抱怨，前厅应为这些员工提供渠道。发泄怨气——申诉的程序有助于保证每个员工的不满都能得到申诉和公平对待，及时消除员工的抱怨和不满情绪。

（三）工作认可

宾客的肯定、管理人员以及同事们的表扬对员工都是强大的激励。当宾客把饭店作为再次光顾的对象时，或者对前厅员工作肯定的评价时，宾客的满意度一般是比较高的。前厅经理应把肯定的反馈意见转告给员工，作为对他们工作的认可。公示营业收入、客房出租率和宾客满意度的图表或曲线图也是对员工有效的激励方式。另一种表扬形式是评选月度/年度优秀员工。前厅月度优秀员工可由管理人员、宾客、员工选出。一般而言，能获此殊荣的员工要表现出对前厅及其标准、目标的非凡忠诚。获得认可的表现形式不能仅仅停留在精神上，还应体现在薪酬上。

（四）公平对待

这里指对员工奖惩的公平对待，一视同仁。奖励是表彰工作中表现突出的员工的最有效的方法之一，好的奖励计划应该能挑战员工，并且能创建一种竞争气氛。惩处的目的是促使员工们在工作中遵守规章制度。实施的奖惩应该是公平、无差别的，这样才能获得员工的信赖，并发挥奖惩制度应有的作用。

（五）职业生涯发展规划

国际品牌饭店吸引人才的根本原因之一就是员工职业生涯发展规划。这是一种有效的、人性化的激励机制，它的核心就是鼓励成长，彼此关怀。职业生涯规划是饭店从业人员最需要的，也是前厅人力资源开发的核心内容。

前厅经理或者人力资源部门可以按工作表现和发展潜力遴选出若干人选，确定为人才梯队培养对象，明确列出预期晋升时间和所晋升的岗位，在充分沟通的基础上，为其制定出合理的培养计划，以帮助其顺利实现培养目标。饭店通过共同制定核心员工职业生涯发展计划，将饭店的战略发展目标和员工个人的职业生涯发展目标结合起来，将极大地激励员工为实现目标而努力。

总之，有效的激励政策应以保障员工的安全、健康为前提，以科学的薪酬制度为基础，以透明畅通的双向沟通为保障，并及时肯定员工的工作成绩，公平地对待每一位员工的成绩与过失，为其个人发展前景作出规划，并以此为驱动力，鼓励成长，彼此关怀，以优质的工作生活质量激励员工，发挥其最大限度的工作能量，使之与饭店及前厅共同成长与发展。

二、前厅员工的考评

（一）考评的目的

（1）有利于激励员工更好地工作。通过对工作表现考评，能充分肯定员工已取得的成绩和良好表现，激发起员工的进取心。

（2）有助于发现员工工作中的不足，以采取相应的管理措施。通过工作考评可总结员工工作的不足，有针对性地帮助员工；也可作为进一步培训的需求，而纳入下一步的培训计划。

（3）为员工的再使用安排提供依据。通过考评可发现表现突出并具发展潜力的员工，可针对性地为其制定培训发展计划，提出更高的要求，为今后提升职务或担任责任更重的岗位工作打好基础。同时，也可以发现不称职的员工；为确保工作质量，应调动或解聘其工作或职务。

（4）有助于改善员工与管理者的关系。考评本身为员工与管理者提供了双向沟通的机会，能促进双方的了解。管理者应充分把握住沟通机会，开展认真、客观、公正的考评。任何带有偏见的、不够客观公正的考评，将会恶化员工和其上级管理者间的关系，对日后工作的开展将造成不利的影响。

（二）考评的依据

前厅对员工考评的依据是饭店"岗位责任书"和"工作说明书"中对该岗位员工的基本要求（包括工作职责、标准、任务等）以及员工对岗位职责的履行情况等。工作考评的内容主要包括被考评者的综合素质、工作态度、工作业绩等，具体为：专业知识、语言能力、进取精神、工作责任感与自觉性、工作准确程度、与同事关系、工作业绩（数量与质量）、个人品质、考勤与守时性、合作性与服从性、信赖程度、组织能力和领导才干等。

针对上述内容，在评估考核时，可视其重要程度，给予不同的权数，进行打分，以全面客观地反映员工的整体素质与工作实际表现。

（三）考评的程序

1. 作好观察与考核记录

前厅各级管理人员平时应作好对其员工工作表现的观察与考核记录，以保证工作考评的客观和公正。考核记录内容包括员工的出勤情况、服务态度、工作差错率、合作程度、服从意识、责任心、投诉情况等。

2. 填写"工作考评表"

通常，饭店每年对员工考评一次，其表格一般由饭店统一设计和印制。为确保年度考评准确，前厅应对员工进行月度或季度考评或视具体情况及时沟通。为使考评更加准确、客观，可以采用定性和定量相结合的方法。

3. 进行考评面谈

客观、公正地填写"工作考评表"后，前厅经理或主管应与被考评对象见面，就考评表上的各个项目及评分情况逐条向员工解释说明。为此，前厅管理者应努力创造轻松、和谐的面谈气氛，选择好面谈的用词，强调其长处，对表现欠佳的员工在结束其面谈时应使用积极的话语加以鼓励；对其不足之处应明确指出，应对事不对人，不应进行人身攻击以求报复。"秋后算总账"是难以实现考评目的的，更难发挥激励的作用。

三、前厅员工的过失与纪律处分

饭店针对前厅员工工作中的过失，给予一定的纪律处分，以对员工进行"副激励"，消除或减少工作中的各种过失。通常，根据过失的严重程度和所造成的危害，可细分为"轻微过失"和"严重过失"，并分别给予"口头警告"、"书面警告"和"辞退或开除"等不同的纪律处分。

1. 轻微过失，口头警告

凡犯有下列过失者，可给予口头警告。若员工出现第二次轻微过失，则由前厅主管或领班向过失员工签发"过失单"，并记录在案。

(1) 上班迟到或早退。

(2) 上下班不打卡。

(3) 未按规定佩戴服务工号牌。

(4) 当班时，不保持仪表的整洁与制服的整齐。

(5) 工作时间听收音机、看报纸、吸烟、吃东西。

(6) 工作期间扎堆闲聊、打闹、高声喧哗，发出不必要的声响。

(7) 不使用饭店规定的员工通道。

(8) 搭乘客用电梯（非工作需要）。

(9) 下班后，无故逗留在饭店内。

(10) 不遵守更衣室或值班宿舍的规定。

(11) 当班时，办理私人事务，打私人电话。

(12) 散漫、粗心大意，对宾客无礼。

(13) 随地吐痰或乱丢杂物。

(14) 违反店规携带私人物品上岗。

(15) 偷带饭店物品出店。

(16) 拒绝饭店授权的有关人员检查手袋等。

(17) 因疏忽或过失损坏饭店财物程度较轻。

(18) 挑拨打架事件，情节较轻。

(19) 提供假情报、假资料或隐瞒事实，情节较轻。

(20) 擅自粘贴、涂改、乱画饭店各类通告与指示。

(21) 未经许可，擅自将饭店物品搬往别处。

(22) 酒后当班，带有醉态。

(23) 擅取饭店物品自用。

(24) 散布虚假式诽谤言论，影响饭店、宾客或其他员工声誉。

2. 严重过失，书面警告

凡犯有下列过失之一者，可由前厅经理向过失员工签发"警告通知书"，如再次出现严重过失，则向其发出"最后警告"。对于犯有严重过失的员工（三次以上的轻微过失，将视作严重过失），可视情节轻重程度分别给予降职、降薪、记过、留店察看、临时停职、劝退或辞退处理。前厅员工的严重过失由前厅经理签批后，报饭店人事部备案。

(1) 旷工。

(2) 擅自脱岗。

(3) 当班时打瞌睡。

(4) 因疏忽损坏饭店或宾客财物，罚款1～10倍。

(5) 对宾客粗暴或不礼貌，与宾客争辩。

(6) 向宾客索要小费或其他报酬。

（7）偷吃饭店或宾客的食物。

（8）在饭店内利用工作之便售卖私人物品。

（9）委托他人或代他人打钟卡。

（10）私自配制饭店钥匙。

（11）拾遗不报。

（12）在饭店内赌博或变相赌博。

（13）未经许可，进入客房。

3. 极端过失，即时辞退或开除

若员工犯有下列过失，饭店应立即将其辞退或开除。若员工被"最后警告"后，再次出现严重过失，也被视为极端过失。对饭店员工的辞退、除名由饭店人事部签批后，报总经理批准。开除则由总经理批准后报职代会通过。

（1）贪污、盗窃、索贿、受贿、行贿。

（2）侮辱、谩骂、恐吓、威胁他人，与宾客吵架。

（3）私换外汇。

（4）组织、参加或煽动罢工，聚众闹事。

（5）使用毒品、麻醉剂或兴奋剂，招接嫖客，介绍暗娼。

（6）蓄意损坏饭店和宾客财物。

（7）玩忽职守，违反操作规程，造成严重损失。

（8）连续旷工三天或一个月内累计旷工两次。

（9）经常违反饭店规定，屡教不改。

（10）触犯国家法律，造成刑事犯罪。

资料卡

发现宾客醉酒后要回房间时如何处理

（1）主动上前提供协助，根据实际情况提供轮椅、小胶袋（以便宾客回房途中呕吐使用）。

（2）到房间后安置宾客休息，为宾客递送热毛巾、热浓茶，把垃圾桶放在床前，以备宾客呕吐时使用。

（3）联系宾客的亲戚朋友，以便看护。

（4）将情况反馈给服务中心或大堂副理，及时观察，以防意外。

宾客在大堂呕吐时如何处理

（1）守护或隔离现场，以免其他宾客踩到滑倒。

（2）马上通知公管部进行清理。

（3）开大门通风，驱除异味。

思考与练习

一、思考题

（1）招聘前厅员工的渠道和常用方法有哪些？

（2）前厅员工培训内容的重点在哪几个方面？

（3）前厅员工的下列行为，分别应受到怎样的处分？

① 当班时，办理私人事务，打私人电话。

② 偷带饭店物品出店。

③ 偷吃饭店或宾客的食物。

④ 私换外汇。

二、案例解析

宠 物 寄 存

巴德先生和巴德太太是来自英国的一对老年夫妇，两人已近花甲之年，都是十足的"中国迷"。退休以后，这对夫妇就来到了中国，准备访遍名胜古迹，游遍名山大川。在 5 月一个春光明媚的日子，巴德夫妇来到了著名旅游城市杭州，并选择了同样著名的国际连锁饭店——杭州 H 饭店作为他们临时的"家"。巴德先生通过上一站南京 H 连锁饭店的预订网络预订了杭州 H 饭店的一间套房。他们将于 5 月 8 日下午 2：00 左右到达，预计在 H 饭店入住半个月。饭店营销部总监对巴德夫妇的到来非常重视，亲自检查了为他们准备的房间，并在房内以总经理的名义赠送了一盘水果。

5 月 8 日下午 2：20，一辆出租车停在了 H 饭店的大门口。行李员立即上前为宾客开门，从车上下来一男一女两位银发外宾。行李员根据刚刚从例会上得知的信息，猜到这两位外宾很有可能就是从英国来的巴德夫妇。因此，他热情地招呼宾客："你们好！想必两位就是来自英国的巴德先生和巴德太太吧，我们已经恭候多时了，欢迎光临！"巴德太太非常高兴行李员猜到了自己的身份，笑眯眯地对丈夫说："你看，中国人就是好客。"此时，行李员已在忙着为宾客搬运行李了。巴德夫妇的行装可真庞大，占满了整个后车厢。正当他们搬完行李准备关上车门时，巴德太太喊了起来："哦，等等，还有我的'小雪球'呢，它还没睡醒吗？"说着，转身又从车内抱出了一条浑身雪白的小狗。行李员一看这情景就犯愁了，心想：这下可麻烦了，按饭店的规章制度，宠物是不允许入内的。可眼前这位巴德太太抚摩小狗的喜爱之情，又让他感到很为难，于是只好与大堂经理商量。最后决定由大堂经理出面婉言告知宾客宠物不得入内的规定，但考虑到巴德夫妇来自外国的特殊情况，特别允许他将小狗暂时寄存在行李房。巴德太太得知这个消息，认同地点点头，因为她在南京已遇到过类似的麻烦，最后放在一个朋友的家中，但在杭州，她没有任何朋友，一路上，她也正在为这事担心呢。现在饭店为她解决了这个后顾之忧，她非常感激地握了握大堂经理的手，高兴地把小狗抱给行李员，自己则和巴德先生一起来到总台登记入住。

没想到，第二天麻烦就来了：小狗因不适应行李房的环境，不断地挣扎，结果把自己

158

绕进绑在脖子上的狗链里去了，一条腿被铁链磨出了血。行李员发现这个情况，立即汇报给了大堂经理。大堂经理提起电话，准备打电话告知巴德太太，但又一想，巴德太太听到这个消息后会有什么反应呢……此事还得三思而后行。

大堂经理会采取怎样的妥善措施呢？

参考解析：立即通知巴德太太小狗受伤的消息，向她表示歉意，并表示饭店愿意协助她给小狗治疗并照顾小狗。巴德太太有权知道小狗的全部真实状况，饭店也有义务如实向宾客报告有关其爱犬的任何消息，因此，应当立即通知宾客。事已至此，关键是设法做好善后、弥补失误，这样往往能使宾客反怒为喜，并且能感受到饭店为他所做的超常服务。因此，这样处理较为妥当。

第十章　前厅管理自动化系统

🎯 **重点提示**

1. 了解饭店计算机管理系统的构成、使用及其在国际饭店业的应用。
2. 明确前厅计算机管理系统的意义和功能。

📖 **故事坊**

客人的钱包忘在房间了

某天上午，大堂经理小高正在值班，一位女客人急匆匆地跑过来说："小姐，我的钱包落在了 1055 房间。我是今天早上退的房，现在才想起我昨天将钱包随手放在了写字台上，晚上出去跳舞时抽了一叠钱，钱包里只剩一张 100 元的钞票了。钱虽不多，但我的身份证等都在里面，丢了很麻烦，所以请您务必帮我找到。""请放心，如果钱包确实在我们饭店的客房，那么一定会找到，请放心。"小高说完，立即打电话通知客房中心。

5 分钟后，客房部楼层主管小梁打电话下来说，这个房间已经打扫过卫生了，他询问了打扫卫生的两名服务员，都说没有看到过有钱包。小梁建议大堂经理陪同客人一起到房间再次查寻。客人也希望能再到房间里看一看。小高便陪同客人去了房间。楼层主管和两名服务员都在现场。因为刚搞完卫生，因此，工作车也还在门口。5 人一起仔细翻遍了角角落落，又查看了工作车的垃圾袋，都没有找到钱包。小高请客人再仔细回忆一下，会不会放在别的地方或带走了，但客人仍然肯定地说，她的钱包就是放在了写字台上。客人说毕，怀疑地看了看两位客房服务员，但他们脸上显然没有一丝心虚的表情。整个房间里都没有钱包，客人自己也看到了，于是只好心灰意冷地回去了。小高请客人留下了联系电话，并在工作日记上详细记录了这件事。她觉得此事不能就此了之……

首先，小高通知饭店保安部及所有营业场所，请他们共同协助查找，希望能在别的场所发现客人的钱包。其次，小高安排有关部门建立"失物招领"档案，不管在任何时间内找到钱包，都应立即通知客人。这种做法非常妥当，因为它体现了饭店员工认真的工作态度及饭店良好的声誉。

第一节　饭店计算机管理系统概述

前厅操作系统是从手工操作不断发展过来的。1920 年前，前厅的操作管理全部依赖于手工作业，这使得本来就十分烦琐的事务变得更加复杂，不仅效率不高而且无法保证操作的准确性。20 世纪 70 年代，随着计算机技术的逐渐普及，半自动操作开始取代基础工作。到了20世纪70年代后期半自动操作系统逐步发展成自动操作系统，许多饭店将计算机技术作为饭店实现科学化管理的主要工具，并在技术应用上不断地加以完善和发展。

一、饭店手工操作系统回顾

（一）宾客抵店前

预订员把订房要求记录在活页本或者索引卡片上。使用手工操作系统的饭店通常不受理6个月以后的预订，不保留6个月以后的用房。收到预订后，前厅经理或助理经理亲自回复，并按预订要求进行人工分类，将其储存在文件档案或预订图表、预订密度表中。预订图表或者预订密度表反映未来可出租房的数量，以供经理们了解客房需求量的高低波动时段。密度表是一张反映饭店客房预订情况的总图，横向表示一个月中的每一天，竖向反映可出租房的数量。已订出或已预留的房间数量和住店日期用颜色在图表上标出，以反映预订房的密度。

（二）宾客抵店

在店服务阶段中，宾客抵店时需要宾客填写一张完整的登记卡，前厅接待员核对后，打上进店时间然后放入客房状态显示架里。宾客入住登记卡条一式多联，上面记录着住客的个人资料，一联插在客房状态显示架，其他几联分送总机、楼层服务处。接下来的分房工作则通过使用一张手工填写的小卡条放入显示架，用不同颜色区分客房的不同状态。这些客房状态卡条按房号顺序排列在槽口里，以反映住客的信息和客房的状态。

与此同时，接待员还须建立一张宾客账单，用于记录宾客在店期间的各项消费。宾客在饭店的各项消费单据由专人送到前厅过账，各个营业点也保留一份所有消费单的记录表。这样，前厅客账登入工作就可由夜审员来交叉检查。收银处每天要处理各种凭证、账单和有关辅助日报表，部门收入要进行分类，列出每个住店宾客所发生的消费和当天非住店宾客应收账分类账。夜审员负责每天各部门送来的部门日报表和记账凭证的双重核查，采用手工登账，每晚要完成所有的过账工作，包括所有房费和本地电话费过账等，最后核对客房房态显示架上的状况，确保与实际情况相吻合。若凭证上手写的数额和机器打印出的数额之间有差额，部门日报表上的总数与手工操作得出的总数不一致，夜审员就必须重新核定并改正过来。

（三）宾客离店

售后工作中，宾客结账离店需要收银员事先进行手工运算，准备好宾客账单。结账完成后，收银员要尽快把客房状态显示架上的住客资料拿掉，并打上离店时间，插入离店标记，同时通知客房部清扫房间。客房部打扫完毕后将消息回馈到前厅，前厅接待员就可以在房态显示架上用不同颜色的标示牌显示为空房。最后，前厅人员须收集离店宾客的所有资料，总结记录，在此基础上建立客史档案。

那一时期的前厅操作管理完全依赖手工操作处理前厅各项事务，前厅人员必须随时不断地处理各种文件报表及进行部门间的交流。这使得对客服务的运作体系运行节奏缓慢，容易出现差错。随着计算机技术的广泛应用，计算机系统成本低、效率快、精度高、功能全的特性为饭店企业节约了大量人力和操作时间，带来可观的经济效益。饭店计算机管理系统越来越受到众多饭店的欢迎，逐步替代原来的手工操作方式。

二、饭店计算机管理系统的构成

(一)软件系统

1. 前台系统

前台系统是指对客服务部门的职能系统。其根据饭店不同的管理对象一般可以划分为：客房管理、前厅管理、餐饮管理、娱乐管理、销售管理、商场管理、商务中心管理等子系统。前台系统包括了对客服务的所有内容，是饭店管理系统中最为重要的组成部分。

2. 后台系统

后台系统是指所有为前台有关部门提供支持和服务的系统。它包括财务管理、采购及仓库管理、人事管理、工资管理、公用设备管理和办公自动化等子系统。

3. 接口系统

接口系统是指可以挂在饭店管理系统上的独立的软件包（应用程序）。有多种独立的应用软件可以与饭店管理系统连接在一起，并且其数量还在不断地增长。常用的接口系统包括：销售点终端系统（POS）、电话计费系统、电子门锁系统、能源管理系统、宾客自助服务系统等。独立的软件包与饭店管理系统连接可以创造新的价值。新价值是指通过连接给每个计算机系统而带来的增加价值。通过连接创建的多处理器环境，使各系统之间能够共享数据、程序和外设，从而取得比各个单独的系统简单相加更大的价值。例如，在销售点终端系统（POS）没有与管理系统连接之前，宾客在饭店餐厅的消费凭单首先必须派专人交送前厅，前厅员工再以手工方式将住客的餐厅费用录入住客的总账户。这个过程需要前厅员工搜索消费凭单、查找相关账户、登账、结算账户余额等。当接口之后，住客在餐厅的账单将以电子传送的方式从 POS 终端直接传入饭店管理系统的宾客账务管理子系统，并自动登记相关账户。

(二)硬件系统

饭店计算机管理系统的硬件要求是多用户、大储存量、稳定性强、运行速度快等。一般来说，饭店计算机管理系统的终端用户有几个至几十个，它们分布在饭店前厅预订、接待、问询、收银、外币兑换、商务中心、总机、餐饮、销售、娱乐、财务、人事、库房、计算机房等处。计算机硬件主要应考虑其各用户的连接方式。饭店计算机系统的硬件连接方式一般有两种。

1. 多用户操作系统

多用户操作系统的基本思路是多个用户分时共用一台主机，各个用户在各自的终端上输入自己的数据并运行结果，主机可以连几台至几十台终端，通过通信控制接口接收和发送信息。

2. 微机联网方式

微机联网方式是把多台处在不同位置上的计算机应用通信线路连在一起，形成计算机网络系统。目前比较流行的是客户机/服务器结构，在这种结构中，通常用小型机做服务器，而其他微机作为工作站使用。工作站进行事务处理，向服务器请求信息和执行一项任务，服务器提供文件、打印、数据库等服务。

这两种方式各有利弊。前者速度快、效率高、数据可共享，但若主机发生故障，系统则全部瘫痪；后者开发容易、价格便宜，局部故障不会影响整个网络。目前由于微机性能提高，客户机服务器的结构日益显现出其优越性。

三、饭店计算机管理系统的作用

（一）保证饭店提供及时、有效的服务信息和协调整体对客服务

现代饭店面临着客源市场客流量的增加和服务范围的扩大，使饭店要处理的信息量日趋庞大，信息内容也日益复杂。因此，以大量宾客信息所维系的饭店的日常运转，无法依赖传统的手工处理信息方式。另外饭店是集住、餐、饮、娱、购、通讯、商务等服务为一体的综合型服务行业，宾客消费点多面广，营业时间长，只有依赖于及时而准确有效的信息处理，才能更好地为宾客提供有效的服务，有机地把饭店的服务连接成为一个整体。饭店计算机管理系统是专门针对饭店业务运转和管理所开发的，对各种服务过程的信息提供和及时处理，保证了信息的有效性和及时性，不仅能使饭店各部门协调有序地运转，而且有助于大大提高服务质量。

（二）提高饭店经营者的管理水平

应用饭店计算机管理系统，可以使饭店管理者从日常繁杂、冗长乏味的重复劳动中解放出来，用更多的精力和时间来研究、改进饭店管理方法和市场营销策略，提高服务水平。同时，计算机管理系统还可以为饭店管理人员提供动态的、及时的经营管理数据，如客房出租率、各营业点及时收入报表，供饭店管理人员分析与决策之用，并有效地对饭店的运转实行监督、控制，减少各种可能出现的漏洞。

（三）有利于降低经营成本，提高饭店的经济效益

采用饭店计算机管理系统，可以提高设备的利用率，更好地对设备进行维护保养，也能够有效地控制饭店能源和其他各项成本支出。例如电话计费系统，可以实现电话计费的自动化，并可根据需要，自动依不同费率计费，实现多种方式的话费查询。这样既可减少饭店因漏记话费造成的损失，也可鼓励宾客多用电话而赢利。采用计算机管理系统，还可以加强饭店的审计工作。例如预审可以对每个收银员的报表进行审计，可升级到每一笔账，在某种程度上能杜绝许多漏洞。从饭店经营角度看，饭店计算机管理系统可以更好地实现客户管理，适时地为各营业部门提供客史档案、回头客情况、客户信用、客源结构分析、市场预测、客户回访等服务功能，以便于更好地把握市场，并尽量地降低饭店的运转成本和设备损耗，提高饭店效益。

（四）减轻前厅员工劳动强度，提高服务效率

采用计算机管理系统，可以大大减轻饭店员工的劳动强度，尤其是脑力劳动强度。例如前台的收银管理，如果采用手工方式，需要对每一位宾客的账务每天进行汇总，计算余额，夜间还要对饭店的收入进行手工复核。这些工作对一家有几十间客房的饭店来说就是一项不轻松的工作，对一家有几百间客房以及具备各类餐饮、购物、娱乐以及其他设施的大型饭店来说，其工作量可想而知。利用饭店计算机管理系统，查询、结账、转账等功能均可在数秒内得到解决，这样大大减轻了员工的工作强度，减少了差错率，又为宾客提供了更为完善、快捷的服务。

（五）有助于树立良好的市场形象和增强员工的凝聚力

计算机管理系统的应用无疑会大大提高服务的效率和准确性，而服务质量的提高非常有助于提高客源市场对饭店的良好评价。计算机系统的高度自动化和便利，使饭店员工只要在终端前使用键盘和鼠标，就可以实现房态的自动转换、模糊查询，自动按宾客要求分房等服务。饭店的自动化程度越高，越能增强员工的自信心和自豪感，提高员工的凝聚力。

四、计算机技术在国际饭店业的应用历程

（一）电算化阶段

规模化经营的饭店宾馆作为集客房、餐饮、通讯、娱乐商务文化及其他各种服务与设施为一体化的消费场所，组织庞大，服务项目多，信息量大，要想提高工作效率，降低成本，提高服务质量和管理水平，必须借助计算机来对饭店运行过程中的人流、物流、资金流和信息流进行计算机化的输入、存储、处理和输出。

早期的国外饭店业信息化应用正是为此而设计的，以替代手工操作为主而引入计算机电算系统，使员工可以利用系统来处理简单、琐碎、重复性的工作。如财务管理，可进行收银、总账、出纳管理、银行对账等；客房管理，可进行可用房查询、客房统计报表等，包括顾客入住饭店后，饭店计算机管理系统可执行入住登记、收银、查询、结账、报表生成等多种功能。这些应用对饭店实现局部科学管理、提高工作效率、改善服务质量等起到了一定的作用。

但是这一阶段的信息化应用并没有从深层次上改变传统饭店业的内部管理流程，还只停留于表层，仅仅是替代手工操作或对现有流程的计算机模拟，远未达到彻底改变竞争方式和经营管理模式的要求，与目前国内许多饭店业的实施应用现状类似。

（二）自动化阶段

随着计算机在智能楼宇控制自动化和饭店设施设备管理监控的应用，饭店宾馆的设备运行管理的自动化逐步走向高层次信息化应用，如暖通系统的监控、给排水系统监控、供配电与照明系统监控、火灾报警与消防联动控制、电梯运行管制、出入口控制及门禁系统等，发展成由中央管理站、各种DDC控制器及各类传感器、执行机构组成的能够完成多种控制及管理功能的智能化自动化控制系统。同时饭店信息化在这一阶段应用的另一方向是饭店办公业务自动化，通过覆盖饭店管理主要业务部门的办公自动化系统，实现文档信息方便、快捷、准确地传递和管理。

（三）网络化阶段

以因特网（Internet）和数字化经济为主要特征的信息化冲击，使网络化建设也已成为饭店业整个信息化建设应用中的重要组成部分，于是以宽带高速数据网络为核心的"数字化饭店"（Cyber Hotel）也应运而生。"数字化饭店"的含义不仅仅是饭店有宽带接入线路，方便客人在饭店内域高速上网，还包含以下内容：在网上创建公司网站可供客户浏览，进行互动式的数据查询和客户自助服务功能；有市场销售、宣传推广、订房管理的功能；运行突破业务电算化功能的饭店管理MIS系统；以因特网为基础，方便员工的移动办公系统和面向社会的电子商务系统雏形。

这一阶段的应用重点是网络营销和网上适时订房业务，正所谓"网络点击，无限商机"，饭店通过网络宣传企业形象和服务，开展网上预订客房，让客人了解饭店设施，选择所需要的服务进行远程预订。而饭店与顾客通过网上互动式交流，为顾客提供更为个性化的服务，这比打价格战要高明得多。客人无论身处何处，只要上网就可以选择自己中意的饭店。所有这些都是基于因特网的网络化，无怪乎因特网接入集团副总经理 Larry Birenbaum 宣称，高速互联网接入将是未来饭店基本的设施，"明日"的饭店将要以宽带网络化为特色。

（四）集成化阶段

随着饭店信息化管理系统的深入运用，为充分实现信息共享和持续上进的行业最佳业务规范（Best Practice），饭店业信息化步入了饭店流程再造的全新的集成化应用阶段。

国际上领先的应用经验是：三分软件七分实施。软件功能主要包括宴会与销售管理、财务管理、人力资源、前台管理、餐饮和成本控制管理、工程设备管理、采购和仓库、客房服务、商业智能分析、远程数据库交换几大模块。各个模块之间无缝集成，同时还与多种饭店智能自动化系统如门锁管理系统等有接口，包括与在线电子交易系统集成。而七分实施主要是强调运用最佳行业业务规范进行饭店业务流程再造（BPR），将传统的组织结构向顾客导向的组织结构转变。饭店流程的再造不仅是为使用电脑系统而使用电脑系统，更重要的是在于相应地转变和理顺饭店的组织结构，使信息技术架构同饭店的新业务流程及组织的管理目标相互适应协调，形成饭店在信息时代的新竞争优势。

（五）协同化阶段

进入互联网新经济时代，饭店业信息化的新追求境界是在集成化基础上的协同化应用。饭店通过互联网搭建统一的信息应用平台，将客户、饭店、员工、供应商、合作伙伴等各方联为一个整体以实现纵览全局的跨行业、跨组织、跨地区业务，实施在线的、端对端数据无缝交换的业务协同运作。协同化应用的重点在于各方联为一体直接面向顾客提供个性化服务。

随着信息时代的到来，企业的竞争方式也发生了新的变化。企业的竞争市场环境有如商业生态系统是由一群共同生存和发展的企业组成的，它们既相互竞争资源，又必须保持生态平衡。互相竞争的各个企业之间，出现了新型的共生竞争关系——竞合。竞合关系迫使饭店业内相关的企业都要重新审视自身在市场中的定位，调整竞争战略，以相互协同运作进而达到共赢。典型的案例是 UTELL、STERLLNG、SUMMIT 三个国际著名订房中心合并，一举成为名为 SUMMIT 的全球最大的销售订房中心之一。

加盟的饭店和企业接入 SUMMIT 网络进行协同化运作。SUMMIT 网络具有六大特点。

（1）它的客人层次较高。

（2）它的客源多。它代理了全球所有主要航空公司、旅行社和跨国商务公司的预订系统。

（3）它的网络分布广。它拥有遍布世界的 92 家成员饭店、52 个订房中心。

（4）加入网络的成员饭店层次较高。

（5）订房渠道畅通。SUMMIT 可以通过 GDS（全球销售系统）、INTERNET 和

TRAVELWEB 网络订房。

（6）它有较强的销售组织保证。SUMMIT 有分布全球的专职销售人员为成员推广。

资料卡

自动化时代的前厅图景

经过业务流程再造的饭店信息化应用的典型情景是：针对饭店经营管理全过程中的各个环节，电脑管理系统都有相应的功能模块来方便、快捷和规范地运转。饭店在网上宣传饭店设施、服务项目、餐饮特色、旅游景点、购物指南等卖点，客人在网上可选择预订饭店客房和服务项目。当顾客完成预订后，系统就生成了一项预订记录。

当顾客到达饭店，系统开始自动提示预订项目并在顾客确认后执行。顾客只要经过简单的手续就可以领取电子卡入住客房和消费项目。在住店过程中，顾客可以凭电子卡在饭店的其他部门签单消费。各种消费项目将通过系统迅速、准确地汇总到客人账上。楼层服务员通过运用自动化智能技术，不用频频敲门，便可根据客房内安装的红外线安全消防监控系统，感应客人是否在房内。客房小酒吧的自动化管理，可实现自动记账和监控，提示服务员及时补充。

当客人结账离店后，饭店管理者通过系统生成的报表汇总了解顾客的各种信息，包括顾客来源、消费项目、消费次数、需求偏好和特殊要求等等。这些数据经过集成化处理后将为经营管理者制定决策提供准确且及时的信息，使饭店管理方法逐渐由经验管理转向科学管理。良好的饭店集成化应用可以保证饭店一体化的规范、精简，并加速内部的业务流程，降低运作成本和提高效率，通过实时的信息来支持精确管理运作和战略决策。相反，如果饭店的各个业务流程环节管理还孤立运作，企业内部连一个各部门相互联通的信息平台都没有，必然导致工作效率低下、人工成本上升、企业决策失误、市场反应速度缓慢等。

第二节　计算机管理系统在饭店前厅的应用

在饭店前厅管理工作中，计算机管理系统在客户预订、登记、问讯、收银、结账离店和日常行政事务管理等方面得到广泛的应用，有着重要的意义。

一、计算机技术对前厅管理的意义

随着市场的变化、时代的进步，饭店实现计算机管理是大势所趋。前厅作为饭店前台业务管理中心、信息中心和协调中心，使用计算机技术进行管理意义重大。

（一）减少手工操作，提高工作效率

前厅每天要处理大量有关客房预订、入住登记、户籍管理、问讯、结账等业务，手工操作速度慢、效率低、易出差错，数据处理手段滞后，不适应经营管理发展和服务的需求。运用计算机技术则可以克服这些障碍，极大地提高前厅服务的工作效率。

（二）避免发生差错，提高服务质量

前厅服务种类繁多，宾客需求变化随机性强，常常因发生信息错误、传递失误等而影响服务质量。计算机技术则由于其信息存量大、处理速度快以及实时性控制等，显示了更大的优越性，从而为提高服务质量、服务水平提供了可靠的技术保障。

（三）提高出租率，增加企业收益

采用计算机技术不仅可以节省人力、物力，提高工作效率，而且还可以提高企业整体管理水平，增强市场竞争力，提高客房出租率，从而使饭店最终达到增收、节支、成本控制、物流控制的目的。据统计，使用电脑的饭店出租率要比不使用电脑的同类饭店高出10个百分点，而出租率每增加一个百分点所带来的经济效益是很大的。

（四）规范饭店管理行为

饭店计算机管理系统及应用软件本身就是完整的管理模式。它集中反映了经营者的宗旨、组织、计划、控制及经营目的。因此，恰当地、不失时机地引进并很好地使用计算机管理，对加强前台和后台管理、完善功能、保持管理风格，提高企业管理规范化水平都具有重要意义。

（五）提供管理层全面经营信息

前厅咨询系统能提供有关市场、财务的一些情况，更能综合地整体分析饭店的经营情况，及时提供给管理者使用。而手工统计远远达不到计算机的及时性与完整性。计算机系统可以帮助管理者根据具体情况的变化及时调整饭店的经营策略，树立饭店的良好形象，为饭店带来更大的经济和社会效益。

二、前厅计算机管理系统的功能

一般说来，前厅计算机管理系统是根据对客服务过程的几个环节设计的。一套好的前厅计算机管理系统，其功能应该是完备且符合实际需要的，一般具有预订、总台接待、问讯、客房状况控制、账务管理、客史档案以及经营统计等功能。

（一）预订功能

利用计算机管理系统进行客房预订业务是指运用系统中专门的预订功能接受和处理预订员输入的订房信息，并对客房预订状况进行有效控制。计算机的预订功能不仅取代了以往手工预订的大量文字、图表工作，而且可自动进行相关统计计算和预测，使管理人员和预订员能轻松地对宾客进行预订管理，及时获取各类信息，又能有效控制饭店客房预订的状况。

通常，预订功能具有以下内容：

（1）输入和接受任意一天的宾客订房要求。

（2）预先为宾客排房。

（3）输入新的预订信息时，系统自动建立一个不重复的账号，该账号可提供给宾客作预订号。

（4）所有预订记录可以通过姓名、账号、抵离日期、公司名称等方式查询。

（5）可更改或取消预订记录，并对更改和取消进行存档记录。

（6）设有超额订房的提示信息，同时也具备接受强制超额预订。

（7）设有专门处理团队订房的功能，为团队宾客建立总账单。

（8）设有接受和提示宾客特殊要求的功能。

（9）可自动将宾客按国籍、订房方式、抵店日期等分类统计。

（10）设有饭店与旅行社、代理商的协议价格的查询提示。

除以上功能外，前厅管理人员和预订员还可以在预订系统中得到下列有用的信息和报告：

（1）预期抵离店宾客报告。

（2）房态报告。

（3）取消预订报告。

（4）订房预测分析。

（5）客源地理分布报告。

（6）超额预订报告。

（7）房价及预订情况分析。

（8）旅行社、代理商等订房量的统计。

（9）宾客结构比例分析。

（二）接待功能

前厅接待员利用计算机可以在宾客抵店时，以最少的时间提供优质的服务，减少宾客在前厅办理入住登记手续的时间，尽快让宾客进房休息。计算机的接待功能不仅取代以往复杂、烦琐的客房控制系统，还有利于接待员及时得到相关信息和各种有用的报告。通常，前厅计算机系统的接待功能应包括下列内容：

（1）为预订宾客在抵店前打印好订房登记单，并预先排房。

（2）预订宾客抵店时，接待员可按预订号、姓名、公司查到信息，并进行接待。

（3）在电脑中为宾客办理登记手续，一般包括输入宾客详细个人资料、住宿时间、房号、房价、自动为宾客建立账单。

（4）在接待无预订的散客时，计算机可提供现实空房表。

（5）设有可调用的及时显示的客史档案，以简化接待无预订回头客的手续。对于初次抵店的散客，可自动为其建立客史档案。

（6）设有专门的团队宾客入住登记功能。

（7）对登记入住的宾客按房价自动计算服务费。

（8）当宾客提出换房、更改房费、变更住宿时间和付款方式等要求时，可随时修改电脑中相应的内容，并对每次变更保留记录，以备核查。

（9）随时显示客房状况，包括出租率、房态、可售房、住店人数、当日预计抵店房数、当日预计离店房数等。

（10）对于宾客当日预计离店而尚未离店的客房有专门的提示，并可自动在设立的离店时间（一般为中午12点）将这些房号打印出来。

（三）问询功能

根据前厅管理上的要求和对客服务的需要，前厅计算机系统中的问询功能应做到高效、快速和准确，同时应有多种查询途径。当有宾客在问讯处查询时，无论白天和夜晚，不论是按字母顺序还是抵离店日期，问讯员都应能随时便捷地从电脑中得到每位宾客的资料。

计算机系统的问讯功能主要通过姓氏查询、日期查询、客房占用情况查询、宾客账单查询、公司名称查询、团队查询几项内容来提供有关信息。

前厅通过计算机系统的问讯功能无疑极大地提高了问讯的速度，减轻了问讯员的工作量，使问讯员不再从事传统上的问询架的查找工作，从而使前厅问讯工作的质量得到保证和提高。

（四）房态控制功能

计算机管理系统中的房态控制功能是前厅接待工作和客房管理工作是否成功的关键。这一功能如不完善，或是在操作中不仔细，则不仅会影响客房的服务质量，而且会损害前厅的客房销售。计算机房态控制功能主要表现在：

（1）显示可售客房状况。

（2）反映和改变每间客房的状况（空房、待修房、住客房等）。

（3）制作客房占用情况报告。

（4）反映客房维修情况。

（5）按楼房、房间种类、房号等方式显示客房状况。

计算机房态控制功能可以使前厅迅速、准确地了解哪些房间可以使用，哪些房间正在维修，哪些房间已被预订，与客房部之间的信息沟通更快、更准。另外，它还能使前厅员工及时地掌握客房状况，更好地为宾客服务，提高整个饭店的客房出租率。

（五）客账管理功能

客账管理是一项保证饭店经济利益和保证宾客在店期间各种消费数额准确可靠的工作。以往进行手工操作时，收银员要处理一叠叠账单，容易出现由于疏忽而产生的各种差错，特别是在宾客结账离店时速度很慢，常常使宾客感到不耐烦。运用计算机管理系统进行客账管理可以随时、直接地将每位宾客的消费情况以各种方式输入各自的客账，并自动累积和显示当前消费状况。这样既节省了时间，减轻了收银员的工作量，又避免了重账和出现漏账的可能性。宾客在离店结账时，只需在电脑键盘上打上宾客的房号和姓名，宾客的账单就会自动打印出来。

计算机系统的客账管理功能主要表现在以下几个方面：

（1）自动为宾客建立电子账单。

（2）设有营业点交易额自动转账功能。

（3）打印出宾客账单并制作标准结账账单。

（4）设有自动化夜审以及打印相关报告功能。

（5）自动制作账目汇总表。

（6）自动打印客房超额消费报告。

有了计算机客账管理功能，前厅接待员在为宾客办理入住登记时只要把向宾客提供的服务项目记录到电脑中，电脑就能自动地将收入列入营业报告和审计报告中，并打印出来。不过，电脑虽然可以进行账务管理，提高服务效率，但并不能完全代替人的劳动。要确保电脑客账无差错，必须建立起完善的操作程序和制度，否则依然会带来服务上的问题。

（六）建档功能

宾客初次入住饭店，接待员把宾客的各种资料输入电脑后，计算机系统中的建档功能就会自动地为宾客建立客史档案。随着宾客消费的不断增加，电脑就会不断记录宾客在店时的各种有用信息（如宾客的特殊要求、消费金额、住宿次数与时间、信用情况、饭店的优惠政策等），作为饭店今后为宾客提供针对性服务的参考。饭店可以依据客史资料，一方面给不同的宾客、不同的单位以不同的优惠政策，另一方面对那些不守信用的宾客给予适当的处理并追回不必要的损失。

建档功能主要有下列内容：

（1）接受预订时可按宾客姓名查询有无客史档案，以往客史档案在作新预订时可直接调用。

（2）对电脑客史进行修改和输入新的内容。

（3）按宾客姓名自动累积各次的资料。

（4）打印客史档案细目表。

（5）修改宾客住店细目表。

（6）及时打印宾客的客史记录。

（7）前厅接待为宾客办理入住手续时由客史提示栏目。

计算机管理系统在前厅的运用给前厅管理者带来了极大的方便，它能随时显示当前及未来客房经营情况，并向管理者提供每日的营业额、平均房价、抵达饭店的宾客情况等信息，使管理者能迅速掌握可靠的信息资料，改善经营管理。同时，计算机管理系统在前厅服务过程中的运用，使前厅节省了大量人力，而将员工更多的精力和时间投入对客服务中去。当然计算机只是一种工具，它绝不可能代替服务人员的全部劳动。计算机管理效能的发挥要靠饭店员工正确地使用及输入准确的信息，这也是前厅计算机管理的基础。

资料卡

中国饭店业自动化方向

纵观国外饭店业信息化发展的轨迹和趋势，我们不难看出，随着饭店业竞争的加剧，饭店之间客源的争夺越来越激烈，客房销售的利润空间越来越小，饭店需要使用更有效的信息化手段，拓展经营空间，降低运营成本，提高管理和决策效率。高层次的饭店业信息化不是仅仅追求计算机辅助管理，而是追求建立在集成化基础上的协同化应用。

我国饭店业利用计算机管理系统来加强管理、提高服务水平，虽然至今已有了20多年的历史，但起步发展较晚，只是一些浅层次应用，大多数还停留于七拼八凑的MIS系统水平，甚至还仅限于简单的电算化和信息发布阶段，与国际饭店业先进的信息化应用的差距非常明显。

信息化程度不高导致企业决策失误、市场反应速度慢等，已经成为制约我国饭店业进一步发展的重要瓶颈。中国信息化推进联盟副理事长张献军曾说，随着饭店业信息化的发展，饭店将改变以往的经营理念和竞争模式，店内装潢、客房数量、房间设施等质量竞争和价格竞争将退居其次，取而代之的是饭店信息化竞争，信息化正改变着饭店业竞争模式。我国将于今年12月出台的新的星级评定标准，将把饭店管理的软件指标及服务方面作为主要测评手段。

中国要在20年内成为世界旅游强国，中国饭店信息化就不能按部就班地发展，必须树立前瞻性、超前意识，走跨越式、超常规发展之路。一般来说，直接借鉴、应用国外先进成熟的信息化模式，应遵循以下五点。

第一，要更新观念、转变态度，不能因为有畏难情绪而将国外先进信息化应用模式拒之门外，也不能在对企业现状没有清醒认识的前提下，就盲目地投入巨资，带来变革风险。

第二，先进信息化应用不能只是对现有流程的简单模拟或仅仅实现了有关数据的局部共享，而忽略了导入先进信息化应用的初衷是引进新的管理思想，改变传统管理模式，提升企业国际竞争力。

第三，三分软件七分实施，导入先进信息化应用无异于缔造一个全新的经营管理模式，要重视优化饭店价值链，对饭店业务流程和组织结构再造。从饭店内部看，解决信息沟通迟缓、决策速度慢、不适应市场变化等问题；从饭店外部看，解决企业间缺乏明确和真正密切的协作关系、互动及时性难以得到保证等问题。

第四，要善于学习、移植和引进最佳行业业务规范（Best Practice）和经验做法，并结合企业情况进行创新。

第五，要善于利用专家咨询队伍。在选择专家咨询队伍时，除了考虑常规的因素如实施顾问的能力和经验外，还应重点考察是否有前瞻性、超前意识。

思考与练习

一、思考题

（1）国际饭店业自动化管理技术应用经历了哪几个阶段？

（2）饭店前厅计算机管理系统具有哪几项主要功能？

二、案例解析

你是来解决问题的吗

前台某主管去见一位因饭店叫醒服务失误而延误了飞机的宾客。

主管："您好，先生，请告诉我发生了什么事？"

宾客："什么事你自然知道，我延误了飞机，你们要赔偿我的损失。"

主管："您不要着急，请坐下慢慢说。"

　　宾客："你别站着说话不腰疼，换上你试试。"

　　主管："如果这件事发生在我身上，我肯定会冷静的，我希望您也冷静。"

　　宾客："我没你修养好。你也不用教训我。我们没什么好说的，去叫你们经理来。"

　　主管："您可以叫经理来，但您应对我有起码的尊重，我是来解决问题的，可不是来受气的。"

　　宾客："你不受气，难道让我这花钱的宾客受气？真是岂有此理！"

　　主管：……

　　本案例中，主管之所以解决不了宾客的投诉，关键原因在哪里？如果你是主管，你会怎样妥善解决这一难题？

　　参考解析：首先主管应向宾客表示歉意，征询宾客意见是否可为他联系下一班机票，以尽量减轻宾客的损失，并告诉宾客饭店会认真研究他的赔偿要求，同时会对有过失的员工给予必要的处罚。尔后请宾客到咖啡厅稍坐，马上解决宾客的机票事宜并请示如何给予该宾客以经济赔偿。

客房篇

第十一章　客房产品概述

![重点提示]

重点提示

1. 客房产品的概念及特点。
2. 了解客房的种类及各星级饭店的客房要求。
3. 掌握客房功能设计的基本原则、要求、艺术技巧及相关用品设备的配置。

故事坊

要让客人感到像在家一样的安全和方便

史密斯先生是英国一家著名投资公司的项目经理，此次来华与中方洽谈一个大型投资项目。由于大量的商务活动谈判及时差原因，每天需要与伦敦总部进行联系，他只好在凌晨开始休息，中午以后起床工作。遗憾的是，客人这一起居习惯并未得到饭店有关方面的充分重视。每天上午，客房服务员时而清扫房间，时而收取客衣，信使时而派送留言、传真，等等，使他不能得到良好的休息。也许是因为语言沟通的障碍，虽多次向员工交代，但收效甚微。他曾尝试使用"请勿打扰"牌来提醒，但由于房内行李及资料很多，未能找到该牌。尤其在周末，打扰更加频繁，使他忍无可忍，甚至认为服务人员要与他作对。他原打算住宿一个月，但到第15天时，便给饭店总经理写了长达五页的投诉信，尔后毅然搬到了另一家饭店入住，使这家饭店失去了应得的收益。

第一节　客房产品的概念

一、客房产品

客房是饭店的主体部门，是饭店向客人提供的住宿、休息、工作和进行社交活动的基本设施，是以出租和劳务获得经济收入的特殊产品。

（一）消费者对饭店产品的基本要求

在现代饭店创立之前，清洁、舒适、方便、安全四个方面就是饭店经营者的追求目标。至今，这四个方面仍是消费者选择、衡量饭店最基本的要求。

1. 清洁

清洁，是每一个饭店消费者十分关切和重视的基本需求，它是现代文明的标志。清洁、卫生不仅对人类具有生理上的意义，而且关系到人的精神面貌，具有精神、审美的意义。饭店作为一种服务于公众的社会设施，更需要从清洁卫生入手，满足旅游者和社会文明建设的需要。美国康奈尔大学饭店管理学院对30000名旅游者的调查获悉，60%的人把清洁列为第一需求。消费者要求清洁，不仅仅是对中高档饭店的要求，而是对所有饭店的基本要求。有些饭店由于环境不洁、虫鼠骚扰、用具脏等，使客人产生厌恶、愤怒的情绪，严重损害饭店的声誉。

清洁主要体现在：环境整洁；设施设备清洁卫生，无破损；用品、用具清洁卫生，无污渍，无破损；饭店食品清洁卫生；操作间清洁卫生；饭店装饰、地面洁净；无虫鼠，等等。

2. 舒适

作为旅游者的家外之"家"的饭店，是一个休息场所，应营造舒适、安静的环境和氛围。舒适并不等于高档，而是满足客人休息和心理上消费的需要。因此，饭店应注意店址的选择、隔音设施的采用、装饰材料色彩的协调以及服务工作的轻声化。

3. 方便

方便是客人选择饭店时考虑的一个重要因素。如饭店的地理位置是否便于活动，饭店的设施设备是否适合自己的需要，饭店的服务项目是否能满足生活和工作需要，等等。当然，随着社会的发展，客人对"方便"的要求会越来越多，涉及的面也会越来越广。比如，可预订服务的程度、结算的速度、特殊要求的满足程度和现代化的服务手段等等。客人在饭店内生活方便，心理上就会产生舒适和愉快的感觉，从而消除种种不安和烦躁情绪。饭店应不断预测客人的需求变化，为客人提供更多的便利服务。

4. 安全

保障客人的安全是饭店一项非常重要的任务，也是客人对饭店的最基本要求之一。客人的安全要求体现在人身安全、财产安全以及健康的安全上。为保障客人的人身安全、财产安全，饭店应有严格的防火、防盗措施和设施设备，有一批训练有素的消防、保安人员，还应有一批技术精湛的工程人员和必要的监控设备，以防发生意外人身事故。为保障客人的健康安全，饭店应有严格的食品卫生措施和高质量、高标准的饮食卫生环境，让客人看着舒心，吃着放心。

（二）客房产品的基本要求

客房产品必须符合一定的标准才能具备与客人进行产品交换的基本条件，客人才能得到最低限度的满足，客房产品价值才能实现。客房作为产品出售，应有以下几个方面的基本要求。

1. 客房空间

客房必须具备一定的空间。不同类型和不同档次的客房，其空间面积差别较大。按国际标准，中低档饭店每个标准间建筑面积为 $25m^2$，中档偏上的饭店每个标准间建筑面积为 $36m^2$；豪华饭店每个标准间建筑面积为 $48m^2$。我国旅游涉外饭店星级标准规定：标准间客房净面积（不含卫生间）不能小于 $12m^2$，卫生间面积不能小于 $4m^2$；标准间的高度不能低于 $2.7m$。

2. 客房的设备

客房设备是满足客人在客房中生活需要的物质基础，又是提高客房对客服务、达到饭店质量标准的重要依托。客房设备要达到应有的规格和质量要求，保证运转正常。设备有了故障，如家具损坏、马桶漏水、电视无法使用等，要及时修理，以保证客房处于完好的状态。

3. 客房供应物品

客房供应物品是指满足客人消费要求的各种消耗物品。饭店等级不同，客房种类不同，其供应物品是有差别的，要根据饭店的等级、规格进行配备摆设，否则影响客人的生活起居，客房商品的价值就难以实现。

4. 绿色客房

环保、整洁的客房是其使用价值的重要标志，无论何种档次的饭店，客房的卫生标准都不能降低。一家饭店的客房是否环保、无污染，已成为中外客人选择的首要条件。

二、客房产品的特点

正确认识客房产品的特点，对搞好客房服务、加强客房管理有着重要意义。客房是饭店出售的特殊产品，其特点主要体现在以下几个方面。

（一）所有权的相对稳定性

客房是以出租和提供劳务来获得经济收入的商品，这是客房商品最突出的特点。客房商品与一般商品不同，一般商品随着买卖双方商品交换的实现，所有权即发生转移，商品完成了自己的历史使命，即退出流通领域。客房商品却不同，饭店将客房出租给客人，它并不出卖所有权，客人付出房租买到的仅仅是房间暂时的使用权。商品交换不发生实物转移，房间的所有权仍然归饭店，因此，客房商品的所有权是相对稳定的。

（二）生存因素、享受因素和发展因素的共存性

现代饭店的客房商品是一种高级消费品，它具有同时满足客人生存、享受和发展需求的功能。客房是客人到异国他乡进行商务贸易或旅游参观的栖身之地，这是生存的最基本条件。客人住宿期间，客房设施清洁、舒适、安全，服务主动、热情、周到，这对客人来说是一种物质和精神的享受。客人要在客房进行业务洽谈、学术交流、访朋会友活动，因此客房又是发展才能必不可少的条件，同时必须指出，客房享受因素和发展因素先于生存因素是现代饭店发展的必然结果，是旅游饭店客房的特殊性所在。

（三）客房商品的不可贮藏性

一般商品的价值具有贮藏性，一时卖不出去，可以贮存起来以后再销售。客房商品则不同，只有当客人住进饭店，客房商品的价值才能实现。如果某间客房当天出租不出去，绝对不能贮存起来，凡是未出租的客房，那一天的客房商品的价值就无法实现。因此饭店业的行家将客房比喻为易坏性最大的商品，是只有 24 小时寿命的商品。某些饭店在经营时，有时甚至以低于成本的价格销售客房，也不愿意让客房闲置，就是由客房商品价值不可贮存的性质所决定的。

（四）以"暗"的服务为主

在饭店里，客人看得见的服务为"明"，看不见的服务为"暗"。

客房作为客人休息、睡眠的区域，饭店必须为客人创造一个安静的环境；同时客房作为客人的私人区域，客人们是不愿让别人干扰自己的私生活的。客人住店期间，喜欢按自己的习惯安排起居，出于无奈才求助饭店的服务员。因此，客房服务不能像餐饮服务那样，注重场面的渲染，服务于客人眼前，忙碌于客人左右，而是应该将服务工作完成在客人到来之前或不在房内期间，让客人感到饭店处处都在为自己服务却又看不见服务（即"暗"的服务）的场面，如同在自己家里一样方便、称心。

（五）随机性与复杂性

客房业务工作的内容是零星琐碎的，从客房的整理、物品补充、设备维修到客人的进店、离店，都是一些具体琐碎的事务性工作，具有很强的随机性。客人在何时何地，在什么情况下，需要哪些服务，客房服务人员事先都难以掌握；再加上客人来自世界各地，风俗和兴趣爱好不一，从而增加了客房业务的复杂性。客房工作的随机性与复杂性，需要客房服务人员既要主动，又要善于揣摩客人心理，进行规范化和个性化相结合的服务。客房服务的好坏，取决于服务人员的素质和经验。

三、客房的种类

客房是饭店的重要设施。饭店要满足不同类型和档次客人的需求，同时要考虑饭店的类型和所处的地理位置，因此要设计和布置相应类型和档次的客房。随着市场需求的变化，客房的种类也日趋多样化。

（一）单人房

这种客房放置一张单人床，是宾馆酒店中最小的客房。国外宾馆酒店通常在单人房中配置两用沙发床，以此来增加白天起居活动的面积。

单人房适合于不愿与别人分享一间客房的经济档客人。由于这种客房的隐私性强，近年来颇受独自旅行者的青睐，在不少宾馆酒店中此类房间的数量逐步增加，在装饰布置及用品配备上也逐渐讲究，摆脱了传统上经济档的概念。

（二）双人房

这种房间配备一张双人床，主要适合夫妇旅行者居住，也有的单身旅行者选择此类房间居住。

（三）标准间

这类房间配备两张单人床，称为"标准间"，一般用来安排旅游团体或会议客人，可供二人居住。当然，也可一人居住。如配备单双两便床，则出租时更灵活便利。在大床间供不应求时，可将两床合为一个大床，作为大床间出租。

（四）三人间

三人间是指可以供 3 位客人同时住宿的房间，房内放 3 张单人床，属经济型房间。这类客房在饭店，特别是高档饭店很少见。当客人需要 3 人同住一个房间时，往往采用在双人间中加一张折叠床的方式来解决。

此外，还有同时供 3 人以上居住的房间，房内放置多张单人床。此类房间多见于一般的旅馆或招待所，我国旅游涉外饭店不设置这类客房。

（五）普通套间

普通套间通常为两房套间，一间为卧室，另一间为起居室。卧室中配备一张大床，与卫生间相连。起居室也设有盥洗室，内有便器与洗面盆，可不设浴缸。

双套间可用固定的隔墙隔离，也可用活动隔墙隔离。双层楼套间，是起居室在下，卧室在上，两者用小楼连接。连接套房是指两个独立的双床间，中间的双扇门相通时，一间布置为卧室，一间布置为起居室，可作为套间出租。需要时，仍可作为两间独立的双床间出租。这样接连套房中间的双扇门上均需安装门锁，关闭时应具有良好的隔音性能。

（六）豪华套间

这类套间十分注重装饰布置、房间气氛及用品配备，以呈现豪华的气派，可以是双套间，也可以是三套间。三套间中除卧室、起居室外，还有一间餐室或会议室（也可兼作）。卧室中配备大号双人床或特大号双人床。

（七）总统套间

总统套间一般由五间以上的房间组成，设有男主人房、女主人房、书房、餐室、起居室等，有的还设有随从房。这类套间装饰布置极为讲究，造价昂贵，但出租率很低。三星级及其以下的宾馆酒店不必设置。

（八）特殊客房

这是为某一类人特别设计和布置的客房。如我国旅游涉外饭店规定的专为残疾人服务的客房，房间内配置有能满足残疾人生活起居一般要求的特殊设备和用品。

四、各星级饭店对客房设备设施的基本要求

中华人民共和国国家标准《旅游星级饭店的划分与评定》（CB/T14308－2003）中的星级划分条件部分规定了各星级饭店客房必备的物质条件。

（一）一星级饭店客房

（1）至少有 15 间（套）可供出租的客房。

（2）门锁为暗锁，有防盗装置，显著位置张贴应急疏散图及相关说明。

（3）装修良好，有软垫床、桌、椅、床头柜等配套家具。

（4）至少 75％的客房有卫生间，装有抽水马桶、面盆、淋浴或浴缸（配有浴帘）。客房中没有卫生间的楼层设有男女分设、间隔式公用卫生间以及专供客人使用的男女分设、间隔式公共浴室，配有浴帘，采取有效的防滑措施，24 小时供应冷水，16 小时供应热水。

（5）照明充足，有遮光窗帘。

（6）备有饭店服务指南、价目表、住宿须知。

（7）16 小时提供冷热饮用水。

（二）二星级饭店客房

（1）至少有 20 间（套）可供出租的客房。

（2）门锁为暗锁，有防盗装置，显著位置张贴应急疏散图及相关说明。

（3）装修良好，有软垫床、桌、椅、床头柜等配套家具，照明良好。

（4）至少 75％的客房有卫生间，装有抽水马桶、面盆、淋浴或浴缸（配有浴帘）。客房中没有卫生间的楼层设有男女分设、间隔式公用卫生间以及专供客人使用的男女分设、间隔式公共浴室，配有浴帘，采取有效的防滑措施，24 小时供应冷水，18 小时供应热水。

（5）照明充足，有遮光窗帘。

（6）有方便使用的电话机，可以拨通或使用预付费电信卡拨打国际、国内长途电话，并配有使用说明。

（7）有彩色电视机，画面音质清晰。

（8）具备防噪音及隔音措施。

（9）备有饭店服务指南、价目表、宾客须知。

（10）设有至少两种规格的电源插座。

（11）24 小时提供冷热饮用水。

（三）三星级饭店客房

（1）至少有 30 间（套）可供出租的客房。

（2）有门窥镜和防盗装置，在显著位置张贴应急疏散图及相关说明。

（3）装修良好、美观，有软垫床、梳妆台或写字台、衣橱及衣架、座椅或简易沙发、床头柜、床头灯及行李架等配套家具。室内满铺地毯、木地板或其他较高档材料，采用区域照明且目的物照明度良好。

（4）有卫生间，装有抽水马桶、梳妆台（配备面盆、梳妆镜和必要的盥洗用品）、浴缸或淋浴间。浴缸配有浴帘、淋浴喷头（另有单独淋浴间的可以不带淋浴喷头）。采取有效的防滑措施。采用较高级建筑材料装修地面、墙面和天花板，色调柔和，目的物照明度良好。有良好的排风系统或排风器，温湿度与客房适宜。有 110/220V 不间断电源插座。24 小时供应冷、热水。

（5）有方便使用的电话机，可以直接拨通或使用预付费电信卡拨打国际、国内长途，并配有使用说明。

（6）可以提供国际互联网接入服务，并有使用说明。

（7）有彩色电视机，播放频道不少于 16 个，画面和音质清晰，备有频道指示说明，播放内容应符合中国政府规定。

（8）具备有效的防噪音及隔音措施。

（9）有至少两种规格的电源插座，并提供插座转换器。

（10）有遮光窗帘。

（11）有单人间。

（12）有套房。

（13）有与本星级相适应的文具用品。有服务指南、价目表、住宿须知、所在地旅游景点介绍和旅游交通图。应客人要求提供相应的报刊。

（14）床上棉织品（床单、枕心、枕套、棉被及被单等）及卫生间针织用品（浴衣、浴巾、毛巾等）材质良好、工艺讲究、柔软舒适。

（15）24 小时提供冷热饮用水，免费提供茶叶或咖啡。

（16）70％的客房有小冰箱，提供适量的酒和饮料，备有饮用器具和价目单。

（四）四星级饭店客房

（1）至少有 40 间（套）可供出租的客房。

（2）70％客房的面积（不含卫生间）不小于 20m²。

（3）装修豪华，有高档软垫床、写字台、衣橱及衣架、茶几、座椅或沙发、床头柜、床头灯、台灯、落地灯、全身镜、行李架等高级配套家具。室内铺高级地毯或优质木地板或其他高档地面材料。采用区域照明且目的物照明度良好。

（4）客房门能自动闭合，有门窥镜、门铃及防盗装置。显著位置张贴应急疏散图及相关说明。

（5）有卫生间，装有高级抽水马桶、梳妆台（配备面盆、梳妆镜和必要的盥洗用品）、浴缸并带淋浴喷头（有单独淋浴间的可以不带淋浴喷头），配有浴帘。水龙头冷热标志清晰。采取有效的防滑措施。采用高档建筑材料装修地面、墙面和天花板，色调高雅柔和。采用分区照明且目的物照明度良好。有良好的低噪音排风系统，温湿度与客房适宜。有110/220V不间断电源插座、电话副机。配有吹风机。24小时供应冷、热水。

（6）有方便使用的电话机，可以直接拨通或使用预付费电信卡拨打国际、国内长途电话。并备有电话使用说明和所在地主要电话指南。

（7）提供国际互联网接入服务，并有使用说明。

（8）有彩色电视机，播放频道不少于16个，画面和音质良好，备有频道指示说明，播放内容应符合中国政府规定。

（9）有客人可以调控且音质良好的音响装置。

（10）有防噪音及隔音措施，效果良好。

（11）有至少两种规格的电源插座，方便客人使用，并提供插座转换器。

（12）有内窗帘及外层遮光窗帘。

（13）有单人间。

（14）有套房。

（15）有至少3个开间的豪华套房。

（16）有与本星级相适应的文具用品。有服务指南、价目表、住宿须知、所在地旅游景点介绍和旅游交通图、与住店客人相适应的报刊。

（17）床上棉织品（床单、枕心、枕套、棉被及被衬等）及卫生间针织用品（浴巾、浴衣、毛巾等）材质良好、工艺讲究、柔软舒适。

（18）24小时提供冷热饮用水及冰块，并免费提供茶叶或咖啡。

（19）客房内设微型酒吧（包括小冰箱），提供适量酒和饮料，备有饮用器具和价目单。

（五）五星级饭店客房

（1）至少有40间（套）可供出租的客房。

（2）70%客房的面积（不含卫生间和门廊）不小于20m²。

（3）装修豪华，具有文化氛围，有舒适的床垫、写字台、衣橱及衣架、茶几、座椅或沙发、床头柜、床头灯、台灯、落地灯、全身镜、行李架等高级配套家具。室内铺高级地毯，或用优质木地板或其他高档材料装饰。采用区域照明且目的物照明度良好。

（4）客房门能自动闭合，有门窥镜、门铃及防盗装置。显著位置张贴应急疏散图及相关说明。

（5）有面积宽敞的卫生间，装有高级抽水马桶、梳妆台（配备面盆、梳妆镜和必要的盥洗用品）、浴缸并带淋浴喷头（另有单独淋浴间的可以不带淋浴喷头），配有浴帘。采取有效的防滑措施。采用豪华建筑材料装修地面、墙面和天花板，色调高雅柔和，采用分区照明且目的物照明度良好。有良好的无明显噪音的排风系统，温度与客房无明显差异。有110/220V不间断电源插座、电话副机。配有吹风机。24小时供应冷、热水。

（6）有方便使用的电话机，可以直接拨通或使用预付费电信卡拨打国际、国内长途电话，并备有电话使用说明和所在地主要电话指南。

（7）提供互联网接入服务，并备有使用说明。

（8）有彩色电视机，播放频道不少于16个，画面和音质优良，备有频道指示说明，播放内容应符合中国政府规定。

（9）有可由客人调控且音质良好的音响装置。

（10）有防噪音及隔音措施，效果良好。

（11）有至少两种规格的电源插座，方便客人使用，并提供插座转换器。

（12）有纱帘及遮光窗帘。

（13）有单人间。

（14）有套房。

（15）有至少 4 个开间的豪华套房。

（16）有与本星级相适应的文具用品。有服务指南、价目表、住宿须知、所在地旅游景区（点）介绍和旅游交通图、与住店客人相适应的报刊。

（17）床上棉织品（床单、枕心、枕套、棉被及被衬等）及卫生间针织用品（浴巾、浴衣、毛巾等）材质良好、工艺讲究、柔软舒适。

（18）24 小时提供冷热饮用水及冰块，并免费提供茶叶或咖啡。

（19）客房内设微型酒吧（包括小冰箱），提供适量酒和饮料，备有饮用器具和价目单。

资料卡

客房设施及设计的发展趋势

（1）尽可能为客人提供宽敞的活动空间

随着工作和生活节奏的加快，越来越多的客人希望客房的空间更加宽敞。为满足客人的这种需求，大多数饭店现在开始改变房间的结构。例如：传统的客房走道设计把衣橱放在卫生间的对面，如果将衣橱设计到卫生间一侧，衣橱、走廊及卫生间的空间安排则会更灵活；套房采用通间的形式，可扩大视觉空间，增加客房的装潢效果；有的酒店通过改变家具式样，扩大客房的活动空间，比如采用可组合的家具、挂墙家具、家具玻璃化等。

（2）客房内设施更趋完善

消防越来越被人们所重视，国家有关部门在该方面的法规将越来越严格，客房普遍使用烟感、喷淋装置，使其安全性大大提高。

通信条件逐步改善，宽带正逐步进入客房，部分饭店还在客房内配置电脑，一些厂商也开发出专为饭店服务的集电视、电脑功能为一体的新型电视，并已在一些饭店投入使用。

（3）卫生间更舒适和方便

卫生间内环境更加轻松，环保用品使用较多，有的酒店淋浴逐步代替了浴缸，并且在酒店的浴室的卫生间内配备化妆镜、吹风机和小电视。

（4）绿色客房逐步代替了传统意义上的客房

21 世纪的社会将会更加重视对环境的保护，服务业更是注重绿色服务。绿色并非单指颜色，而主要指人类生存的环境要通过有效的措施，达到生态环境保护标准。而绿色饭店指那些对旅客提供的产品与服务，符合充分利用资源保护生态环境和对人体无害要求的饭店。绿色客房要求建筑使用绿色材料，提供绿色用品及绿色服务。

绿色客房正逐步代替传统意义上的客房而成为酒店的一个新服务产品。

第二节 客房的功能及设备用品配置

由于房间的形状和面积不同，客房的设计也要有所不同。合理的客房设计布局可满足顾客的生活需求。客房设计是否美观、方便，不仅标志着饭店的档次，还对饭店的出租率和经济效益起着十分重要的作用。

一、客房设计的基本原则

（一）实用性

客房设计首先考虑的是客房的功能，客房功能的实用性就是最大限度地为客人提供方便、实用的休息环境。饭店在设计装饰时，客房不管装饰得如何富丽堂皇，设施用品如何华贵高档，如果某一环节设计失误，就会使饭店信誉和经济受损。如客房某处的通道过窄、设施家具边角锐利使客人通行不便或磕碰受伤；灯光太强或太弱使客人在休息时感到灯光刺眼，或在学习和工作时感到光源不够；隔音效果不好导致客房的相互影响；空调、冰箱、时钟、席梦思、床架、上下水管的声响妨碍客人休息；通风不好及卫生间湿气导致的空气不好、湿气太大；用具用品不洁净或蚊虫的出现导致客人心情不好；被子太薄或太厚导致客人在休息时太冷或太热；电视、音响、电话、充电插座、电水器、遥控板、卫生间内的设施不能使用或不好使用等各种因素引起的客人心情不好或无法休息，等等。实用性就是在使用客房内的设施、用具、用品时方便、好用，不出现蹩手蹩脚、不好使用甚至不能使用的设施、用具和用品。客房的实用性设计是为了方便客人，但也不能只讲实用性而忽视了其他方面。

（二）整体感和超前性

家具的设计、设置要根据建筑的形状来策划，要做到与建筑的统一协调。家具的放置要实用美观兼顾，不应为了实用而破坏了客房的整体感。另外客房在装修时要有远见即超前性，要了解社会的发展趋势，对预见得到的因素都要加以考虑，如色彩的流行、家具和家电的发展趋势等。在设计时要把闭路线、网络线、国际标准电源插座等考虑进去，避免今后反复装修。

（三）舒适耐用

客房是客人在饭店逗留期间的生活场所，客房家具用品的尺寸、质量好坏会影响客人的生活。如家具尺寸过大或过小、沙发床垫过软或过硬、灯光过暗或过亮等都会直接影响客人的生活和休息。这些家具用品在设计制作或购买时一定要注重质量。

（四）美观、典雅、时尚

客房内的家具、床上用品及其他用品、装饰品应与客房的装修风格相协调，如家具的造型、色彩，床上用品等大件的色彩应与客房装修的风格和色彩协调或近似。小的用品如电水器（热水器）、茶具、台灯、装饰品（绘画、雕塑、手工艺品）等，可以用临近色、对比色，甚至可以用互补色等一些色彩对比比较强烈的色彩来装饰和点缀房间，使统一的装饰有局部的对比，典雅中不乏活跃。客房的装修要具有时代气息。不同时代会流行不同的审美观，除少数人会一直追求着自己的、或民族的、或宗教的、或古典的、或超现实的审美观，一般大众的审美观都是与时代同步的。所以客房的装修、装饰应注重时尚，引导时尚。

（五）环保、安全

环保在客房中有两个方面。一方面是指客房中所用的油漆、涂料、复合板材中的苯、甲醛是否超标，墙砖、地砖中的放射性物质是否超标；客房中的塑料用品，如牙刷、饮料瓶、矿泉水瓶是否对人体无毒无害。这些对客人的健康都很重要。另一方面是指客房内的一次性用品是否可回收、可再生，如洗衣袋、牙刷、饮料瓶、纸张等。这些不仅关系到环境保护的问题，也是衡量饭店管理水平的指标。另外还要设计一些节能卡，提醒客人节水、节电、节能。

安全指防火、防电、防盗、防碰撞、防滑等方面。防火是指客房的装修材料、家具用品应有防火阻燃性，客房内应安装有烟火报警器、灭火喷淋装置及其他安全器材；防电是指客房中所有电器应有自动断电保护装置，防止客人触电，电器的安装使用应按国家有关标准执行并有必要的使用说明和安全标志；防盗是指楼层通道内应有防盗监视系统，客房门锁应使用电子防盗锁，使盗窃者无法配制门钥匙；防碰撞是指门、通道各个地方的高度和宽度应符合人体学，使人和行李与室内设施不会发生碰撞而受伤和损坏；防滑主要是指地面使用的材料在客人走动时不会产生滑倒的情况，客房地面如果使用石材或地砖，应有防滑性能，卫生间一般应使用防滑地砖，浴缸底部也应具有防滑功能。

二、客房的功能设计要求

客房空间的大小、室内设备用品配置的档次是不同星级饭店、不同种类的客房根据要求而定的。由于客房空间的不同，设计家具时要因地制宜。摆放家具时要根据客人的活动规律，使客人在使用时实用、方便、安全。以标准间为例，通常根据客人的活动规律把标准间划分为五大功能区（见图11-1）。

（一）起居活动区

客人在客房逗留期间起居活动的区域。客人可以在该区休息、喝茶、会客、看电视，还可以到阳台或透过窗看外景。靠近窗前区，由沙发、茶几等家具组成。

（二）睡眠休息区

客人有三分之一或更多时间在此度过。洁净舒适的床可供客人睡眠，床头柜上的各个开关旋钮可供客人控制电视机、音响、空调和房内的灯。

1. 床

睡眠空间是客房最基本的空间，其中最主要的家具是床。我国旅游涉外饭店所用的床都是由床架、床垫和床头软板组合成的。床的质量要求是重量轻、牢固度好，弹簧床垫（席梦思）软硬度适宜，床架底部有轮子和定向轮，这样既可以方便移动，又有优美的造型。有的饭店为增加床的美观还专门配置了床裙。

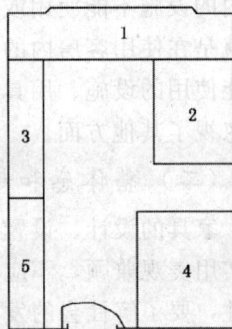

图11-1　标准间功能区
1. 起居活动区　2. 睡眠休息区
3. 书写梳妆区　4. 盥洗区
5. 贮存区

2. 床头柜

床头柜是客房中必不可少的家具之一。床头柜可分为单人用床头柜和两人共用床头柜。传统的床头柜只是作为客人摆放书籍及小物品的家具，而现代饭店的床头柜的功能则可满足客人在睡眠期间的各种基本需要。上面放有一部电话、便纸条和一支削好的铅笔，为客人通信联络提供便利。有的饭店还在床头柜上放上晚安卡和常用电话号码卡。

床头柜配有音响设备，供客人收听有关节目及欣赏音乐；还带有各种开关和按钮，如电视机、地灯、床头灯、房间灯、中央空调、请勿打扰的开关、时钟以及唤服务员的按钮等。不过有的西方客人，特别是老年人，感到在晚间对床头柜繁多的开关和按钮识别困难。为了解决这个问题，不少饭店已开始采用分区照明控制和在床头设置总开关控制的电气设备，既显示了客房的豪华程度，又给客人带来了方便。

床头柜的长度为60cm左右。过小，会使两床之间的距离过短，给客人的活动带来不便。床头柜的高度必须与床的高度相匹配，通常为50～70cm，以便人躺在床上，眼睛能平视床头柜的上平面。床头柜的宽度，单人用的为37～45cm，双床间两人用的床头柜为60cm。

（三）书写梳妆区

这里的书写梳妆共用台可供客人写作，也可供客人梳妆。客人工作、学习、生活常在该区。

1. 行李架

所有客房都应设有行李架或行李台。它可以设计成写字台、化妆台的延展部分或者作为单独的一件家具。行李架一般高45cm、宽65cm、长75～90cm。大房间的行李架可大于此，以方便客人放下行李箱和拿取衣物为准。行李架的表面一般都有木条，按一定间距固定在表层，以防止皮箱的金属饰钉损伤行李架，同时不能有任何尖锐东西突出以免损坏客人的皮箱。有的饭店还在行李架上附设软垫或靠背，当箱件收藏好后，便可以作为座位来使用。

2. 写字、化妆台

客房使用的写字台和化妆台一般为全木制品。标准间的写字台和化妆台可分开配置或兼作两用，并装有抽屉，可放置文具。它的宽度应与其他家具宽度统一（40～50cm），高度为70～75cm。相应的梳妆凳高度为43～45cm，膝盖上净空最小为19cm。

写字化妆合用台所靠的墙面应设有梳妆镜，梳妆镜的高度应能使客人站在写字台前照全头部。为了达到好的化妆效果，上方应装有照明灯以提高亮度。

3. 电视机柜

电视机柜（架）是每个房间的必备物品，有木制、金属和金属与木料混合结构三种类型。电视机柜上方放电视机，下方柜内往往是放置各种饮料的小冰箱。电视机台上配有可转动的47cm或51cm电视机的托盘，一般为圆形或方形，底托的重量越大，其稳定性越强。

电视机柜的高度一般为45～47cm或65～70cm，正好是人坐在沙发或椅子上时，视线低于或平视电视屏幕的高度，以减轻看电视时眼睛的疲劳，起到保护视力的作用。

（四）盥洗区

该区提供卫生间所有设备，有浴缸、淋浴喷头、马桶、洗脸台及各种清洁用品和化妆用品供客人个人卫生所用。

1. 浴缸

浴缸应带有冷、热水龙头，并装有既能固定也可手拿的淋浴喷头。浴缸底部为光面和毛面相间的防滑结构。浴帘杆应固定在浴缸上方两头，与浴缸外上沿平行，浴巾架固定在浴缸水龙头对面的墙上。另外，还有活动的晒衣绳供客人晾衣物用。

豪华房间还可在浴缸内装上能产生旋涡的装置，也可以在卫生间装上带有小型电动蒸汽发生器的桑拿浴和蒸汽浴装置。这些装置的作用是通过水流、水蒸气对皮肤的作用，增加人体血液循环，具有较好的解乏、保健作用。

2. 便器

便器分坐式和蹲式两种。一般房间只装坐式便器，但高级套房两种都装，并在坐式便器旁设有下身冲洗器。

3. 洗脸盆与云台（洗脸台）

洗脸盆一般镶嵌在由大理石面、人造大理石面或塑料板面等铺设而成的云台里，上装冷、热水龙头各一个，还可装有专供客人冷饮的凉水龙头一个。在墙面配一面大玻璃镜，大镜面里或大镜面侧装有放大镜，以供客人剃须或化妆使用。为了解决因客人沐浴而使镜面蒙上水蒸气的问题，有的饭店还在镜子的背面装有除水雾装置。

云台上可放置各种梳洗、化妆及卫生用品。在云台侧面墙上，设有国际标准型（扁形和圆形）的 110/220V50Hz 交流电的电源插座，供客人使用电动剃须刀，有的饭店还装有吹风机头和电话分机。

云台的大小一般无统一的规格，但其高度一般为 76cm，这对于标准身高的人来说为最佳高度。

此外，卫生间应有通风换气设备，地面还应有泄水的地漏口。

（五）贮存区

该区提供衣柜给客人存放衣服，行李柜供客人放行李，小酒柜供客人饮酒饮水（饮水机一般设置在此），小冰箱供客人放食品和饮料。

客房的每个区域都有不同的功能，相应地把起居区、睡眠区、书写梳妆区、贮存区、盥洗区分开，合理配置设备及用品，使客人在每个区域都方便舒适。在以上前提下要把家具用品放置在房间的最佳位置，尽量使家具用品与建筑融为一体，使建筑的每个空间都具有更好的实用功能，形成最佳的家具用品与建筑空间格局的相互协调关系。

1. 壁橱

壁橱设在客房入口的小过道内侧，便于客人在离开饭店时检查橱内东西是否取完。壁橱的宽度应不小于 100cm，橱门至墙壁的距离不小于 50cm。为了方便挂衣，同时又保证长衣服不致触地，挂衣杆高度应为 170cm，杆上部应留有 7.5cm 的空间，以便衣架的移动取挂。橱门可以采用推拉门，也可用折叠门。壁橱内应有照明灯，采用随门开启而亮的照明灯是节约用电、方便客人的一种举措。有的橱内还设有鞋箱、私人保险箱等。

2. 酒柜

酒柜上层摆放烈性酒、酒具、茶水具以及小吃食品，下层为贮存饮料的小冰箱，以便客人饮用。同时还可留出一定的面积，供客人摆放自己的物品。

（六）客房内的其他设备

1. 房门安全装置

客房门上装窥视镜（警眼）和安全链（安全扣）以及双锁。门后张贴安全指示图，标明客人现在所在的位置及安全通道的方向。

2. 消防装置

房内天花板上设有烟感报警器（烟感）和温感喷淋头（花洒），供报警和自动灭火之用。

3. 空调

中央空调系统或房间空调器，可调节房内的温度和湿度，并有提供新鲜空气的出风口。

饭店标准间客房必须具备以上功能，才能满足客人住宿的基本要求。而套房则是分别用专设的房间来各司其职，或具有某主要功能同时兼顾其他功能，如标准套间是一间做卧室，另一间做起居室。在五间以上的套房里，可分别各司一主要功能，如卧室、卫生间、起居室、书房、餐室等。

三、客房设计的艺术技巧

（一）通过色彩与家具来体现饭店主题

1. 色彩

宾客进入客房，首先映入眼帘的是色彩，其次才是家具用品的设置，也就是说色彩是第一感觉。

（1）色彩常识

对客房进行色彩设计，首先要掌握色彩的基本知识。

①色彩的种类

色彩分为三大系列，一是冷色调，二是暖色调，三是中性色调。冷色调是指带有蓝、绿色的色彩系列，暖色调是指带有红、黄色的色彩系列，中性色是指金、银、黑、白和无冷暖色彩的灰色系列。在冷暖色调相遇时，它们的色彩越纯，对比度会越强烈。但加入中性色和其他色彩后会减弱它们的对比度，加入其他色彩越多，它们的对比度会越弱，会更趋向协调。

②色彩感情

色彩本身是不带感情的，但是，由于人们对事物的了解和感受，产生了联想，这种联想在人的思想感受中加入了浪漫因素，再把这种浪漫带入生活，就将自然色彩人格化了。这就是人的色彩感情。色彩感情有个性，但也有共性。比如在生活中人们对色彩有以下感受：红色，象征着热血、太阳、勇敢、火焰、热情、温暖、喜庆、紧张、恐怖；黄色，象征着光明、高贵、豪华、背叛、猜忌、病态；绿色，象征着生命、青春、舒适、新生、温柔、和平、希望；紫色，象征着高贵、优越、优雅、爱情、忧郁、不安、消极；白色，象征着纯洁、高雅、朴素、光明、高尚、和平、真实；黑色，象征着权力、威严、尊贵、严肃、悲哀、不幸、死亡、灰暗。

当然，人们喜欢的色彩也不尽相同。人生活在色彩的世界中，不同年龄、不同种族、不同时期对色彩的理解和需要都不同。如少儿喜欢鲜艳的色彩，成年人喜欢对比适中的色彩，老年人喜欢对比弱的色彩。不同民族由于宗教信仰不同，对色彩的喜爱也不同。

③色彩的作用

色彩是由物体的表面物理特点所决定的。不同的色彩产生不同的波长，对人的视觉刺激程度不同。色彩会舒缓人的情绪、放松人的心情、保护人的眼睛，也会激化人的情绪、加重紧张的心情、损害人的眼睛。科学实践证明，红色会引起人的心跳、血压升高、情绪激动、肌肉紧张等一系列生理反应；相反，绿色会使人感到舒爽、宁静。

任何色彩都有它的两面性，如以上谈到的绿色，它虽然能缓解人的情绪、保护人的眼睛，但客房大面积使用纯绿也会使人感到冷清、消极、压抑、暗淡、无生气等。因此，客房的色彩设计应从客人的心理需求考虑。

（2）客房色彩的选择

客人住店大多数是因为出门工作、旅游或路过，在经过长时间的旅途颠簸、逛了一天的旅游景点或跑了整天的工作后，他们回到客房最希望得到的是什么样的房间？不会是阴森暗淡的蓝绿等冷色系列，也不会是让人心跳血压升高的红黄等暖色系列，更不会是让人眼花缭乱无所适从的无格调的花房间。那么，他们需要什么样的房间呢？答案其实大家都知道，要回家的感觉。

①临近色或同类色

据调查，在我国98%的家庭装潢色均为白色或加入了少许冷暖色系的以白色为主的系列色，也就是说绝大多数人还是喜欢白色或有一点冷暖倾向的白色。因此，饭店在色彩的选择方面，应尽量使用临近色或同类色。即围绕一个整体的主色调，客房内壁纸、窗帘、地毯、床罩、家具及用品的色调应协调一致。

有些物品不易配置相同的色彩也不要紧，因为小面积的色彩变化不但不会损坏色彩组合关系，还会点缀和活跃色彩关系（但大面积的色彩对比会使人感到目眩和杂乱无章）；相反，太过一致的色彩组合会使人感到呆板、单调、没有生气。

②白色为主，彩色为辅

客房的色彩设计还需体现饭店的文化特点，使客人感到住饭店的温馨、舒适、浪漫、高雅。客房的色彩设计应以明亮的白色为基色，辅以各类冷暖色。具体用冷色还是暖色应根据当地的文化、气候、民族爱好等各种因素来定。比如在北方多数时间比较寒冷，夏天和秋天也不是很热，这样的地区应以暖色调为主；又如在南方多数时间比较炎热，这样的地区应以冷色调为主。但在用色时一定要适度，不要把客房装饰得大红大绿。

③花色墙饰

客房墙面的装饰也可以用墙纸、墙布、墙毯等材料，这类材料色彩甚多，风格各异。客房所选材料的花色应清新、高雅、花纹和底色比较淡一些。此外，客房的装饰材料还有一些喷塑类的，这种带有平面肌理或触觉肌理的喷塑材料也很美观，特别是带触觉肌理的材料还有吸音的功能。

总之，色彩所带有的感情是人们在生活经验的基础上所赋予的。色彩的功能虽重要，但它是与客房及其用具功能相互依存的，它们之间既可统一也能相互削弱，因此对客房、家具、用品的设计也同样重要。

2. 家具

家具是房间功能的标志，是客人在房间生活的主要用品，同时又是室内陈设中最重要的实用性装饰品，在室内装饰艺术中起主导作用，其风格往往代表整个房间的装饰风格，影响着室内的气氛。所以，家具一定要精心设计、慎重选择、妥善布置。饭店要通过对家具的质地、色彩、造型及布置的安排来体现其主题，使之既能最大限度地发挥效用，又能创造理想的美学境界。

首先，家具的风格是传统家具和现代家具、中式家具和西式家具的区别，饭店在配置时应根据饭店主题有所选择。而且，一般浅色家具能创造宁静、明快、淡雅的情趣，而深色家具能渲染凝重、古朴、庄严的气氛。另外，从实用的角度看，公寓性饭店在家具配备上应明显区别于一般的商务或度假饭店。

其次，家具的种类应根据房间功能、饭店档次、面积、接待对象的审美特点进行选择。首先要按房间的不同用途来决定家具的种类、数量和规格，而家具的档次则要与饭店及客房的档次相匹配。房间的面积和空间尺度决定着家具的体积和数量，应注意既要避免产生拥塞窒息的感觉，又要避免过于空荡，使客人倍增寂寞之情。

再次，注意家具材料的质感产生的不同心理效应。不同质感的材料会唤起人的不同感受，从而创造出不同的室内气氛。木质家具细腻、亲切、质朴，使人愿意接近；金属家具轻巧、冷漠而华丽，可使人产生距离感；而廉价的塑胶和聚乙烯家具在高档饭店中已不多见。

最后，家具的布置既要讲究造型法则，体现美学特征，又要符合工效学的基本要求，方便客人使用。各种家具因其功能不同而有不同的尺寸、形状，由此便决定了它的摆放位置以及与其他家具的连接方式。但在对室内家具进行整体布置时，又要充分注意家具摆放所能产生的美学效果，尽可能使大小家具有序配合，疏密有致，有韵律，有寓意，形成一定的节奏感，使人在静态中感受到美的流动，获得美的享受。

（二）通过装饰品来体现饭店档次

饭店客房装饰的风格和意境是否让人欣赏，直接影响着饭店的经济效益。好的装饰效果会给客人带来赏心悦目的意境，从色彩效果、照明设计、室内绿化到陈设物品，都要围绕内容和形式来设计组合，做到新雅别致，不落俗套，给人想象的空间，使人心情愉快。客房可以通过室内布帏、绿化、灯光、照明、壁挂、字画等的精心设计，使居室环境得到充分体现，使室内环境、光、色彩和谐，使其所蕴含的意境，既能满足客人的要求，又能体现饭店的档次。其中客房内的装饰织物，如窗帘、床上用品、套垫、台套、家具装饰布以及地毯等，在室内装饰中占有十分重要的地位，并因其质感适中、温馨、柔和而成为柔化房间性格的重要因素。这些织物以其丰富的质感、纹样的色彩，通过点、面、平铺和竖挂等方式，改变室内的格调，掩饰某些环节的缺陷，增加室内柔婉、富丽、娴雅等各种令人惬意的艺术气氛。因此，各个现代饭店都精心选择这些织物。

（三）注重创新

客房的设计必须创造出自己的特色，才能使饭店在激烈的竞争中立足，并满足客人多变的需求。客房的创新包括很多方面。

1. 客房种类增多

有一些饭店设有不同的特色房，如残疾人客房，为方便残疾人所设；工作客房，为公司或办事处工作所设；民族特色房，为少数民族或喜爱民族风格的人所设；女士客房，为寻求安全、隐秘的女性或需要女用衣柜、化妆品、日用品等的女士所设；还有无烟客房等。

2. 设施设备的配置打破常规

如一些饭店将写字台或小茶几变为正方形，以便喜欢打牌的客人可以随时起牌局；客房休息区的地毯换成硬质地面；等等。

3. 客房用品更新换代

更多地从客人角度考虑问题，不断寻求最能让客人舒适的用品。如香皂，原来是两块一样大，现在的做法是一大一小，分别放在浴缸边和面盆水龙头旁的皂碟内以方便客人使用。形状从片状改为腰果状以便客人拿取。包装也从环保角度考虑，有简装的趋势。

随着饭店业的发展，客房设计会更加多姿多彩。

四、客房设备与用品的配备

客房是饭店最重要的设施，不同星级、不同类型饭店的客房设备及用品在数量和质量上有较大的差别。但不管何种配置都要本着实用、美观、舒适、安全的宗旨。设备用品配置的优劣不仅直接影响着饭店的服务水平，还影响着客房的出租率和饭店的经济效益。

（一）客房用品配置的基本要求

客房布置的内容有两大类：一类是客房在生活功能上所必需的家具、设备、用品的布置，兼有装饰客房的作用；另一类是单纯起装饰作用的，如字画、工艺品、鲜花、古玩或复制品等。这两类客房用品的配置应遵循以下几项原则。

1. 体现客房的礼遇规格

不同饭店的各类客房由于等级、规格、风格不同，房间用品在配置上可根据各自的经营方针及实际需要而增减，但不能违背经营原则和降低客房规定的标准。饭店要从满足客人需要出发，使客房用品的"价"与"值"相符。高档房间应配置高档的用品，低档房间配备相应的用品，这样就能让客人感到饭店对其生活的关心和礼遇规格，还能使客人容易接受饭店的房价，有"物有所值"之感。

2. 广告推销作用

客房用品不仅是供客人使用的，而且还是很好的宣传品。客人既是饭店服务的对象，也是义务推销员。饭店应在客房用品上印制饭店的名称、标志及地址、电话等，以加深客人对饭店的印象和了解，从而起到广告宣传作用。通过他们的广泛传递，饭店可招徕更多的客人。

3. 客房设施设备的配套性

客房设施设备的配套性有两层含义：一是设施设备、用品的外观配套，包括外观、色彩、造型、质地的统一，否则会给人一种东拼西凑之感；二是某一用途的设备用品要自身配套，例如，使用地毯的房间，就必须配备浴帘和地巾等物品。

一个饭店的设施设备要做到配套，有专门的代表标志，便可以在总体上给客人一个清楚明白的暗示作用，有利于保持客房本身独特的品味和档次。

4. 摆放的协调性

客房的服务设施设备和用品大多是可以移动和变更的。摆放的协调性是指各种设备和用品配套齐全后，应形成一个协调的整体，给客人以舒适和方便感。同一等级、面积和布局的客房的各种设备、用品必须位置固定，同时保持适当的距离和通道，既照顾客人的活动空间，又方便客人取用和服务员的工作。

（二）客房用品配备规格

1. 家具

（1）床

床是饭店为客人提供休息的主要设备。床的大小是由客房的类型而定的，由床头板、床架和床垫组合而成。床最重要的部分是床垫，床垫质量的好坏，决定着客人对客房的印象好坏。客房的床垫要求软硬适中，无凹凸，客人在使用时不会发出响声。床垫在使用过程中要经常调换正反面和前后方向，以最大限度延长床垫的使用寿命。床的类型是根据客房的类型来配置的，最基本的有两种：一是单人床，二是双人床。

饭店使用的床一般为西式床，常用的尺寸有以下几种。

①单人床　　　　　　长：190～200cm　　宽：90～120cm
②双人床　　　　　　长：200cm　　　　　宽：140～160cm
③折叠床　　　　　　长：190～200cm　　宽：80～100cm
④婴儿床　　　　　　长：120cm　　　　　宽：60cm

床的高度一般为40～60cm之间。我国星级饭店客用床的行业标准规定：单人床一、二星级不低于90cm×190cm，三星级不低于100cm×200cm，四、五星级不低于110×200cm。各饭店的用床在以上范围内，可根据各自的房间条件和经济条件进行调整，行业没有作硬性规定。在市场经济条件下，更多的饭店为提高质量，都把床设置成宽而大的舒适床，给顾客有超值享受的感觉。

（2）床头柜

床头柜是与床相配套的，规格为60cm×48cm×55cm。传统的床头柜是为方便客人摆放物品的，而现代床头柜则有更多的功能，除了供客人摆放小物件外，床头柜立面设有各种控制开关，如床头灯、地灯、音响、电视、中央空调、请勿打扰等开关和控制按钮。

（3）衣柜

衣柜一般设在客房入口处的侧面，便于客人出门时加减衣物。衣柜的高度一般与客房入口通道一样高，这样的设计主要是考虑衣柜与客房的整体性和充分利用空间。衣柜的长度为110～130cm，深度为45～55cm，衣柜2m以上的空间用来摆放换季棉被和其他备用品，一般客人不用。2m以下至地面踢脚线以上为客人用衣柜，衣柜上段为挂衣处，下段为放衣处，衣柜中间可不用上下隔板，让客人各种长度的衣、裤、裙都能不触地。

（4）行李柜

行李柜通常有靠背，可防止行李箱损伤墙壁；柜面和靠背面镶软垫，对行李起缓冲和保护作用。

（5）写字台（梳妆台）

写字台、梳妆台在一般饭店是共用的，尺寸为120cm×55cm×80cm。写字台上有梳妆镜一块，供客人梳妆使用。

（6）写字凳（梳妆凳）

写字凳也称梳妆凳，是提供写字时或梳妆时用的，尺寸为50cm×40cm×（40～45）cm。写字凳摆放在写字台下面，在使用时拉出。

（7）电视机柜

电视机柜一般与写字台相连，尺寸为100cm×55cm×（45～70）cm。电视机柜上还有转台，使用者可从不同方向观看电视。电视机柜下放有小冰箱，冰箱内放有免费、收费的饮料和食品。也有的饭店把电视机柜设计成摆放备用棉被的地方。

（8）沙发和茶几（咖啡桌）

部分饭店使用的是沙发，也有一些饭店使用木椅，多数饭店是用带扶手的圆椅，主要是节省空间。沙发或宽或窄，要看客房的使用空间和饭店经济情况。茶几尺寸为60cm×60cm×48cm。

以上家具是一般标准间必备的设备（图11-2，图11-3），不同空间的饭店也可根据经济情况酌情增加，如保险箱、棋牌桌等。

2. 电器

（1）门铃

安装在客房门外侧面的门铃，是供来访人员使用的。来访者可通过门铃告知住客有人来访。

（2）"请勿打扰"指示灯

安装在床头柜上的"请勿打扰"指示灯开关，可控制安装在客房门外门铃下方的"请勿打扰"指示灯。

（3）取电器

一般饭店钥匙圈上都挂有取电牌，上面标有楼层及房间号。当客人用钥匙开门进房后，必须将取电牌插入进门后紧靠门边的取电器插孔中，此时客房内的所有电器电源才能接通。客人出门取钥匙时，拔出取电牌，此时客房内所有电器断开电源。

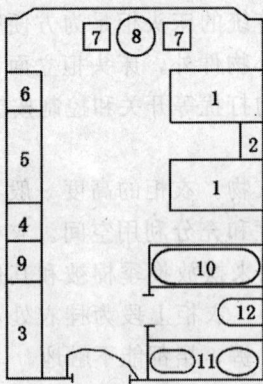

图11-2 标准间家具布置（平面图）

1.床 2.床头柜 3.衣柜 4.行李柜
5.写字台 6.电视机柜 7.沙发 8.茶几
9.微型酒吧 10.浴缸 11.洗脸台 12.马桶

图11-3 标准间家具布局（实景图）

(4) 灯具

因客房空间大小不一，灯具的设置也不尽相同。一般标准间设置有主灯（可设置在房间中央上方，也可设置在写字台化妆镜上方），此灯是主体照明灯。局部照明灯有：廊灯，近房门处天花板中央，用于照亮入口过道；台灯，放置在写字台上，供写字时使用；落地灯，一般放置在茶几附近，供客人谈话喝茶时使用；壁灯，也叫床头灯，设置于床头上方，供客人休息前使用，可左右移动，客人可按需要调整；地灯，也叫脚灯，一般设置在床与卫生间之间，供客人起夜时使用，地灯光源很弱，主要是在夜晚不打扰他人；另外，在卫生间内设有顶灯，是卫生间的主照明，在洗脸台梳妆镜上方还有化妆灯，供梳妆使用。

(5) 电视机

电视机放置在电视柜上，尺寸根据饭店档次而定，一般为 53~64cm 彩色电视机。

(6) 空调

空调是保证春夏秋冬客房温度通风协调的重要电器。部分饭店安装有中央空调，这类空调的调控器装在客房进门通道与客房的交界处。部分饭店安装的是独立空调，用遥控板控制。

(7) 电冰箱

一般饭店选用小冰箱，容量在 50 升左右，放在电视柜下。为方便客人，冰箱内放有小食品及饮料。

(8) 音响

音响设置在床头柜上半部，供客人收听节目或欣赏音乐。

(9) 电话

电话一般放置于床头柜上，既可拨打内线拨叫各种服务，也可拨打外线。有很多高档次饭店在卫生间内设有电话分机，方便客人接听电话。

(10) 充电插座

充电插座一般设置在写字台下方和卫生间开关旁。现代人旅行，身边都带有手提电脑、摄像机、手机、剃须刀等需经常充电的用具。卫生间的充电插座应是防水型的，安装的位置也应在水达不到的高度，确保客人的安全。

(11) 换气扇

换气扇安装在卫生间顶部，它可以抽出有味气体和湿气，也可增加客房内的空气流通。

(12) 吹风机

吹风机有两种：一种是供客人洗手后吹手用的挂箱式自动吹风机，它安装在卫生间洗脸池侧面，靠近门边；另一种是放置在卫生间洗脸池上的梳妆柜里，用来吹干头发用的手提式吹风机。

3. 卫生间设备

(1) 浴盆

浴盆尺寸为（180~200）cm×（70~85）cm，浴盆带有冷热水龙头和淋浴喷头，淋浴喷头既可固定在距浴盆底180~195cm处的墙面上，也可手持使用。

(2) 浴帘杆

浴帘与浴帘杆安装在紧靠浴盆外侧处，客人洗浴时防止水溅到外面。

（3）浴巾架

浴巾架是摆放浴巾的双层不锈钢架，摆放有大小浴巾，供客人在洗浴时使用。浴巾架也可供客人在洗浴时摆放衣物。

（4）皂台

皂台设置在浴盆侧面的墙上，放有香皂，客人在洗浴时也可将浴液、洗发液等物品放置在皂台内，方便使用。

（5）便器

便器有蹲式和坐式两种。一般标准间用坐式。坐式便器旁装有纸巾架，放有垃圾桶，方便客人使用。

（6）洗脸盆与云石台

洗脸盆上装有冷热水龙头，供客人洗脸、洗手、刷牙和洗衣物用，洗脸盆尺寸为标准面盆。云石台用来托置面盆，尺寸面积可视卫生间而定，云石台正上方配有与云石台面积相称的洗浴镜一面，供客人梳妆。另外，云石台上洗浴镜侧还有一面巾架，上面挂有面巾两块、方巾两块，供客人洗脸、擦手用。

4. 用品

客房用品分为一次性用品和多次性用品。一次性用品是指供客人日常所用的低值消耗品，如香皂、浴液、牙刷、卫生纸等，这部分用品可免费使用也可馈赠给客人带走。多次性用品是指经饭店清洗消毒后可多次使用的消耗品，如床单、被子、口杯、毛巾等。

以标准间为例，客房用品的一般配置如下（见表11-1和表11-2）。此外，饭店还可以赠送或摆放一些宣传当地景点的明信片、小册子、环保节能卡、日历卡、节日卡、祝福卡等，给客人一些温馨感。

表 11-1   普通标准间卧室用品配置一览表

放置位置	物品名称	数　量	类　　别
床上（按单床配用量计）	床罩	1条	多次性用品
	毛毯	1条	多次性用品
	枕芯	2只	多次性用品
	枕套	2条	多次性用品
	床单	2条	多次性用品
	褥垫	1条	多次性用品
床头柜	便笺	5张	一次性用品
	笔	1支	一次性用品
	"请勿卧床吸烟"晚安卡	1份	多次性用品
	一次性拖鞋	2双	一次性用品
	擦鞋器（纸）	2个	一次性用品
写字台上	服务夹	1本	多次性用品
	烟灰缸	1只	多次性用品
	火柴	1盒	一次性用品
写字台抽屉内	洗衣袋	2只	一次性用品
	洗衣单	2套	一次性用品
	购物袋	2只	一次性用品

放置位置	物品名称	数 量	类 别
房门后	"请勿打扰"卡	1份	多次性用品
	"请整理房间"卡	1份	多次性用品
	早餐卡	1份	多次性用品
服务夹内	针线包	2份	一次性用品
	饭店介绍册	1份	多次性用品
	服务指南	1份	多次性用品
	电话使用说明	1份	多次性用品
	征求意见表	2份	一次性用品
	房间用餐菜单	1份	一次性用品
	市内交通与游览图	1份	一次性用品
	客房价目表	2份	一次性用品
	普通信封	5张	一次性用品
	航空信封	5张	一次性用品
	明信片	2张	一次性用品
	信纸	5张	一次性用品
	电报纸	2张	一次性用品
	电传纸	2张	一次性用品
	便笺	5张	一次性用品
	圆珠笔	1支	一次性用品
	安全须知	1本	多次性用品
电视机上	电视节目单	1份	多次性用品
	遥控器	1只	多次性用品
茶几	保温瓶	1只	多次性用品
	茶杯	2只	多次性用品
	茶叶	2包	一次性用品
	烟灰缸	1只	多次性用品
	火柴	1盒	一次性用品
小吧台	酒杯	若干	多次性用品
	开瓶器	1个	多次性用品
	调酒棒	1只	多次性用品
	酒篮或酒盘	1个	多次性用品
	酒水	若干	一次性用品
	小酒吧立卡	1个	多次性用品
	小酒吧账单	1套	一次性用品
	杯垫	若干	一次性用品
	餐巾纸	1包	一次性用品
	冰桶	1只	多次性用品
	水杯	2只	多次性用品
衣柜内	西服衣架	4只	多次性用品
	裙架	4只	多次性用品
	裤架	4只	多次性用品
	鞋篮	1只	多次性用品
	鞋拔	1只	多次性用品
	衣刷	1把	多次性用品
	保险箱	1个	多次性用品
	棉被	2床	多次性用品

表 11-2　　　　　　　　　　普通标准间卫生间用品配置一览表

放置位置	物品名称	数　量	类　别
洗脸台上	漱口杯	2只	多次性用品
	烟灰缸	1只	多次性用品
	小方巾	2条	多次性用品
	牙刷、牙膏	2套	一次性用品
	香皂	4块	一次性用品
	浴液	2瓶	一次性用品
	洗发液	2瓶	一次性用品
	浴帽	2只	一次性用品
	梳子	2把	一次性用品
	化妆棉签	2盒	一次性用品
	面巾纸	1盒	一次性用品
	剃须刀	2把	一次性用品
	指甲刀	2把	一次性用品
	花瓶	1只	多次性用品
	用品托盘	1只	多次性用品
洗脸台下	体重秤	1只	多次性用品
	垃圾桶	1只	多次性用品
洗脸台旁毛巾架	面巾	2条	多次性用品
马桶水箱上	卫生袋	2只	一次性用品
卫生纸架	卫生纸	1卷	一次性用品
浴缸边沿	脚巾	1条	多次性用品
墙上的毛巾架	小浴巾	2条	多次性用品
	大浴巾	2条	多次性用品
浴帘杆	浴帘	1条	多次性用品
浴帘杆旁	活动晾衣绳	1个	多次性用品

五、现代化客房设施设备的发展趋势

现代饭店为适应客人日益增长的需求，设施设备更趋完善，目前有如下几个趋势。

（一）房间

21世纪，世界范围内（包括中国）市场经济将日趋成熟，竞争也将更加激烈，竞争的层次将不断提高，饭店的竞争将从低层次的价格竞争逐渐转向高层次的文化和品牌竞争。有文化品味、鲜明的个性和特色的饭店将受到客人的青睐。因此，饭店客房在装修、布置和服务方面，将注重文化、艺术品味，追求个性和特色。那种千篇一律、毫无个性和特色的饭店客房终将被市场所抛弃。

1. 客房面积增大

为了尽可能为客人提供宽敞的活动空间，客房面积由原来的 $20m^2$ 向更大的面积发展，现在有不少高档饭店的商务单人客房已达 $50m^2$。有些饭店在客房设计了可伸缩的写字台；有些饭店将桌子制成有折板或抽屉夹层的式样，需要时可变成会议桌，亦可拉展成供亲朋聚餐的餐桌。另外的变化还有：减少抽屉的数量，取消客房中的梳妆台，这样既可增大空间，也可与房内的商务等气氛相协调；一些高星级饭店减小、甚至取消大壁橱，把节约的面积还给客房，与之相适应的是客房中装置大挂钩，供客人挂行李袋，或是行李架台面放大，以便客人放置轮箱。

2. 客房的绿色装修

"绿色客房"不仅表现在客房的日常经营管理中，还体现在饭店客房的外装修方面，比如 21 世纪的饭店将在其建设和装修中有可能采用一种能够将太阳能转变为电能的能源生产型幕墙，即光电幕墙。

与普通能源相比，光电幕墙产生的电能不会排放二氧化碳等会产生温室效应的有害气体，不会产生污染，也不会过度消耗地球上有限的自然资源。因此，进入 21 世纪，随着人们环保观念的增强，光电幕墙将在饭店业及建筑行业得到广泛地推广应用，出现越来越多的"绿色饭店"、"绿色建筑"。

3. 房间设施设备现代化

（1）客房内通信电缆、传真机、与电话连接的打印机、因特网的接口等都逐步开始安装。

（2）房间内的小冰箱向没有噪音的吸收式冰箱过渡。

（3）客房内消防设施设备更趋完善。防火疏散图用荧光涂料处理，即使发生火灾断电时，也不影响诱导疏散。不少饭店的房间增加防烟防毒面具，供火灾发生时客人使用。

（4）客房内增加二氧化碳自动探测器，配合客房通风系统，以解决房间的空气质量问题。

（5）客房内增设私人保险柜、电热煲和电咖啡壶，以方便客人的使用。

（6）客房内采用电视计算机系统〔交互式视频点播电视（VOD）〕，客人可通过电视计算机直接使用饭店的各种服务和了解自己消费的账单。

（7）客房的传统三联柜（行李架、梳妆兼写字台、电视柜）将被淘汰，新式家具布置正在向多样化发展。床头柜的开关设计正向简单化发展。

（8）房间内地面装饰也有改变为不满铺地毯的趋势。

（二）卫生间

随着社会的进步，人们生活质量的提高，卫生间的功能开始走向多样化，已不仅是传统满足人们生理需求的地方，日益成为人们化妆、健身和享受生活、追求美的场所。

（1）卫生间面积扩大，由原先的三大件（浴缸、脸盆、便器）向四大件（浴缸、脸盆、便器、净身盆）和五大件（浴缸、脸盆、便器、净身盆和淋浴）发展，并分室布置设计。其布局分为三个区域：第一区是梳妆台和可容客人进入的壁橱；第二区是封闭的淋浴、浴缸和便器桶；第三区是洗脸池、大小镜子，并配以明亮的灯光。有的卫生间还把便器单独隔离，这样做既保护了客人的隐私，又提高了卫生间的利用效率——一位客人在使用便器时，另一位可以洗澡、洗脸或化妆，互不干扰。这对标准间的客房来说，更显实用。

（2）在卫生间内，除有电话分机外，还增设了小电视和音响，使客人能随时了解经济行情和重要新闻及体育比赛。

（3）增加美发设备和体重计。

（4）增加紧急呼人按钮，防止客人发生意外。

（5）地面及墙面装饰向大理石装饰过渡，或改用大块单色调的瓷砖，以增强客人视觉的清洁感。另外为了克服卫生间的冰凉感，还有地面铺地毯的趋势。

（6）喷淋头的水量可以从喷细雾到冲力按摩，客人通过计算机可自由调节喷淋头的高度，而且计算机将"记忆"客人的选择。

（7）为降低噪音，撤除排气扇，采用管井集中排风。

（8）家具小五金件更趋高级（螺丝钉不外露）。

（9）开始使用无触摸感式自动洗浴盆，通过红外自动感应机构控制水龙头，既可防止交叉污染，又节约水源。

（10）模糊控制自动冲洗小便器。在小便器上方安装微计算机芯片，通过感应器感知小便器使用频率和使用时间，自动冲洗和控制水量。

（三）新型睡床

睡床是饭店设备中变化最小的一种。近年来，随着科学技术的发展，饭店开始把一些新的技术引进到睡床的变革之中，使床的用途除了睡眠休息之外，还具有消除疲劳、保健身体、促进睡眠，甚至治疗某些疾病的功能，使床这个人们每天要在上面度过三分之一时间的重要家具发挥更广泛更重要的作用。

1. 按摩床

在按摩床的内部，对应人体的背、腰、腿等部位装有自动按摩器。这些自动按摩器可以模拟人工按摩的手法，对这些易于产生疲劳的部位进行自动按摩。通过控制盘，人们可以选择不同部位、不同手法、不同强度和不同时间的按摩，在床上休息的同时，就能得到很好的按摩治疗。按摩床除了模仿人工按摩手法，还可进行每秒数十次的高速震荡按摩，使用自动定时的微微震动的高速震荡按摩对放松催眠具有较好的效果。

2. 磁疗床

磁疗床的床垫中安装有许多磁性体。它根据中国传统医学的理论，按人体经络的分布和方向将若干磁性体按一定的规律和不同的极性排列分布。当人在床上休息时，磁性体所形成的磁场将对人体的各个部位发生一定的保健作用。实践证明，磁疗床还能针对某些人的某些疾病进行有效的治疗。磁疗床还可与磁疗被配合使用，以达到更好的治疗效果。

3. 远红外床

远红外床的床体中安装有红外线发生和辐射装置，可发出一定强度的远红外光谱。人睡在这种床上会有微微发热的感觉。适当的远红外光可以治疗人体的某些疾病，如对皮肤病、血液循环疾病、关节炎、外科创伤、肌肉损伤等均有显著疗效。

4. 水床

水床是利用水的流动性，制成具有若干独立水室的床垫。由于水的流动性，人躺在这种床垫上时人体全身与床垫能得到最充分的接触调整，床垫根据人体的形态和重量能起到最好的支持作用，避免了在普通床上各部位受力不均现象，使人体的肌肉得到充分的放松。而且在睡眠姿态调整时，床的支持面也随之调整，时刻保持最充分的支持面，使人得到较好的休息效果。

5. 摆床

摆床是通过床内的电动机和传动机构，带动床体做一定方向和一定强度的有规律的微微摆动。它在某种程度上模仿了摇篮的效果，以求达到放松和促进人快速进入睡眠。摆动的方向、频率、强度可以控制，还可以有前后、左右、转圈等多种摆式。

6. 冷床

这种床具有局部降温散热装置，通过半导体制冷方式在人体的头部、腰背部和腿部形成一个温度低于周围环境的相对低温区，在短时间内使用可起到使人头脑清醒、神经松弛的作用。由于使用了半导体制冷方式，这种装置在工作时没有丝毫噪音且体积非常小。

现代化客房设施设备的发展，取决于科学技术整体水平的提高。有的可以把现有的先进技术用于客房设施设备的创新上，有的则有待于新技术的出现。重要的是客房装备的设施设备要符合社会的发展趋势，被饭店和客人所接受。

⬭ **资料卡**

客房装饰的美学流派

（1）平淡派

平淡派的特点是注重空间的分隔和联系，重视材料的质感与本色，配色淡雅统一，反对功能之外的不必要装饰。它接近于现代工业设计的观念，给人以稳定、平静、优雅、和谐、一致的感觉，在欧美、日本以及全世界都很流行。

（2）烦琐派

又称新"洛可可"派。它与18世纪风行于法国和欧洲的"洛可可"建筑风格相似，竭力追求一种丰富、夸张、富于戏剧性的装饰效果。但不同的是，它们不强调附加东西，而强调利用现代科技提供的可能性，反映现代工业生产的特点，即用新手段达到"洛可可"派要达到的目的。比如，大量表面光滑和反光性强的材料如不锈钢、铝合金、镜面玻璃、磨光花岗岩和大理石等的使用，并重视灯光效果，喜欢采用灯槽和反射板，还有鲜艳色彩的地毯和新颖款式的家具，从而制造出光彩夺目、豪华绚丽、人动景移、交相辉映的气氛。这也是常见的一种设计手法。

（3）超现实派

又称非现实派。它追求一种所谓超现实的纯艺术效果。在室内设计中，力图在有限的空间内，造出一个"无限空间"感，并利用多种设计手段，竭力制造出现实中并不存在的世界。例如，采用奇形怪状令人难以捉摸的空间形式，五光十色、跳跃变化的灯光，浓重的色彩、流动的线条和抽象的图案，造型奇特的家具和设施等手法，并借用现代绘画、雕塑等渲染气氛。这一流派只是利用一种虚幻的空间环境来满足人们的猎奇心而已。

（4）重技派

与建筑设计中的重技派相似，其倾向是着重反映工业技术的成就，崇尚所谓"机械美"。其特点是把梁板结构、空间网架、各种设备和管道暴露在外面，并在设备和管道上涂上红、绿、黄、蓝等颜色。

（5）历史主义派

带有一种怀旧情绪的流派，主张到历史中去寻找灵感。其特点是具有"大杂烩"的势态。历史主义派表现为新材料和旧形式相并存，一方面采用现代空调设备，一方面又保留着大壁炉；一方面采用磨光大理石，一方面又保留着古典的柱式。更进一步讲，历史主义派则是在新的历史年代采用许多世纪之前的手法和形式，甚至照搬那个时候的设施和家具。

（6）乡土主义派

该流派在第二次世界大战之后盛行于北欧，追求与自然和谐的乡土气息，吸取地方乡土艺术的文化特点及表现手法进行室内设计装饰，强调使用地方材料，注重"人情化"和"地方特点"。这种装饰风格渐渐流行扩展，对许多国家和地区都有较大影响。

(7) 波普主义派

也称波普艺术、视幻艺术，在 20 世纪 60 年代比较流行，喜欢应用对比色彩，追求新鲜、奇异。该流派常应用几何图案、剪贴、拼贴艺术进行装饰，受大众艺术（如广告招贴、霓虹灯）的影响，在装饰设计中出现了一种超级图案的风格。比如，在室内墙壁上使用大胆的视幻图案和特大的香烟广告的壁纸等进行装饰。

现代饭店的装饰设计，讲求经济效益。虽然装饰流派繁多，装修风格各异，但要适应现代社会的发展趋势，追求的是经济效益的最大化和生产成本的最小化，使得装饰设计的总体倾向于舒适、温馨、简洁、明亮、宽敞，既有实用性、时尚性，又富有装饰意义。

思考与练习

一、思考题

(1) 什么是客房产品？消费者对客房产品的基本要求是什么？

(2) 客房产品的特点是什么？

(3) 客房设计的基本原则是什么？有哪些艺术技巧？

(4) 客房的功能设计分哪几大功能区？简要阐述各功能区的设备要求。

(5) 为什么说客房服务是以"暗"服务为主？

(6) 有人说客房服务最主要的是让客人感到安全，有人说客房服务最主要的是让客人感到舒服，试谈谈你对客房服务的理解。

二、案例解析

独具匠心的客房设施

广州白天鹅宾馆的客房设施有两个非常显著的特点。

其一，非常注重品牌效应。烟灰缸是以白天鹅的店徽为图案，用黄铜制成。房内的电话，是为白天鹅宾馆特制的。在电话机的平面上，上部印有中英文对照的宾馆总机、传真、国际、国内长途及饭店接线生的号码；中部为数字键；下部设有 10 个专用按键，并分别用中、英文和国际通用标志予以说明。这 10 个专用按键分别是：接待、行李、委托代办、客房中心、留言、送行、汽车服务、洗衣、结账处和大堂副理。有了这 10 个专用按键，客人省掉了查询电话指南的麻烦。接待 VIP 用的水果篮，做成两只白天鹅造型，用白瓷烧制而成，果篮中有一片芭蕉叶作为点缀。晚上 9 时前，服务生已为住店客人开好了夜床，并在床头柜上放有一橘红色带黑盖的小圆盒，里面放有两块巧克力，圆盒外面缠一月白色的纸带。纸带上写有如下字样："白天鹅矗立于广州沙面，该地原是珠江边的一片沙滩，面对白鹅潭，清代咸丰年间，才被建成一个前面临江、后靠市区、中隔一条河流的小岛。"短短几句话，不仅向客人交代了白天鹅的地理位置，连它的变迁过程都深深地印在了顾客心中。房间内的垃圾桶，也用与家具同样的木料进行了外包装，这就解决了很多酒店都存在的垃圾桶与房间格调不协调的问题。

其二，为客人想得周到。在床头控制柜上除放有广州市的电话号码簿和白天鹅宾馆纪念册外，还放有一个特制的电筒。作为一个五星级酒店，停电的概率绝对是很小很小的，但还是采取了以防万一的防范措施。卫生间洗脸台左边的墙壁上装有 4 个可选频道，并有音量控制开关的收音系统，客人在洗漱的同时，听听轻柔的音乐，真可谓心旷神怡。在灯光照明上，除按星级标准配置之外，行李架上方和坐便器顶部各设有一盏灯，如果行李架没有灯，客人开密码箱，一般都要把箱子搬到写字台或床头柜上去开；坐便器上方的这盏灯，对于那些习惯坐在坐便器上阅读当天要闻的人来说，无疑是一个极大的满足。酒店多装了一盏灯，客人就多了一分方便。

（1）你认为白天鹅宾馆在客房设施的设计布置方面做得如何？

（2）结合自己的亲身体会，思考一下传统的客房设施还可以做哪些方面的改进。

第十二章　清洁器具和清洁剂

重点提示

1. 清洁器具的分类及介绍。
2. 清洁器具的管理及使用和保养。
3. 清洁剂的种类及其管理。

故事坊

一 根 头 发 丝

晚上 10 点左右，某大公司高级职员李先生在行李员的引领下走进某三星级宾馆酒店的 408 房间。在行李员离开后，李先生很快洗了一个澡，然后掀开已经开好的夜床准备休息，却突然发现床单上有一根长长的头发丝，接着又发现床单似乎有些皱。

于是，李先生打电话到大堂副理处投诉说："我房间里的床单皱皱巴巴，而且上面还有一根头发丝，肯定没有换过，我要求宾馆酒店立即更换床单。还有，你们宾馆酒店给我提供的是一间'次品房'，因此，我要求房价打折。"大堂副理迅速赶到 408 房，果然发现李先生的陈述属实，便对他说："先生，真是对不起，我马上让服务员更换床单，并给您的房价打八折，您看可以吗？"李先生表示接受大堂副理的处理。

第一节　清洁器具

清洁设备及工具既是文明操作的标志，也是质量和效率的保证。

一、清洁器具的分类

客房部所使用的清洁器具种类很多，从广义上讲，是指从事清洁工作时所使用的任何器具，既有手工操作的简单的工具，也有电动机驱动的能完成某项特定清洁保养工作的机器。为了便于清洁设备的使用和管理，可把清洁设备分为两大类：一般清洁器具和清洁设备。

（一）一般清洁器具

一般清洁器具，包括手工操作和不需要电动机驱动的清洁设备，如抹布、扫帚、拖把、房务工作车、玻璃清洁器等。

（二）清洁设备

清洁设备一般指需要经过电动机驱动的机械，如吸尘器、吸水机、洗地机、洗地毯机、打蜡机等。在饭店的清洁过程中，使用的大部分机械都是电动机械，这是因为电动机械不污染环境，使用灵便，效率高。

二、一般清洁器具

一般清洁器具包括手工操作和不需要电动机驱动的清洁设备和工具，主要有以下几种。

1. 扫帚

主要用于清扫客房室外或后台区域的地面。

2. 簸箕

用于撮起集中的垃圾，然后再将垃圾倒入垃圾容器的清洁工具。

3. 拖把

主要用于清洁干燥平滑地面，拖把头最好可以拆卸，以便换洗。拖把使用过后要洗净晾干，挂放起来，以防霉变和滋生细菌。与拖把配套使用的器具主要有挤水器（拧拖布器）、地拖桶和地拖车。

4. 尘推

亦称万向地推，主要用于光滑地面的清洁保养工作。尘推由尘推头、尘推架两个部分构成。一个尘推架可以配备多个尘推头，尘推头应根据所使用地面的情况选用相应的规格。

5. 抹布

抹布是清洁家具设备及其他物品表面卫生的主要用具。根据清洁用途的不同，抹布应选择不同尺寸、质地和颜色的布料。比如客房除尘和清洁卫生间的抹布应分开，清洁不同卫生洁具的抹布也应严格加以区别；擦拭玻璃、镜子不能用毛巾类的抹布，要用平纹布；擦拭电视机屏幕应选择柔软的干布如绒布等。这样既可防止抹布的交叉污染，又便于操作和提高清洁质量。

6. 玻璃清洁器

主要由长杆、T形手柄、橡皮刮、刷子和其他配件构成，用于清洁大面积镜面与玻璃。

7. 油灰刀

用于去除黏固在地面上或其他地方的口香糖胶等难以清洁的污垢。

8. 房务工作车

房务工作车是客房服务员清扫客房时用来运载物品的工具车，可以减轻劳动强度，提高工作效率。而且，当房务工作车停在客房门口时，也可以成为"正在清扫房间"的标志。

9. 揣子

用于疏通便具的简易工具。

10. 喷雾器

单手操作，用于喷射清洁剂及蜡水等。

11. 鸡毛掸子

用鸡毛制成，用于去除灰尘，特别是高处的尘埃。一般为室外使用。

12. 刷子

刷子的用途很多，其种类也很多，诸如脸盆刷、浴缸刷、便器刷、窗沟刷、地毯刷等等。工作中可根据需要配备，并区别使用，用后要洗净放好。

13. 警示牌

警示牌主要用于提醒警示，防止发生伤害事故。它有多种不同的设计，如"工作区域，小心地滑"等。

14. 接线插盘

在某些区域进行清洁保养时，需要用电器设备。为了解决离电源插座远的问题，需要配备接线插盘。

三、吸尘设备

客房的吸尘设备主要是指吸尘器。吸尘器不但可以吸除其他清洁工具难以清除的灰尘，如缝隙、凹凸不平处、墙角及形状各异的各种摆设上的尘埃，而且不会使灰尘扩散和飞扬，清洁程度和效果都比较理想。吸尘器是客房日常清扫中不可缺少的清洁工具。

（一）吸尘器的结构和原理

吸尘器可分为主体和附件两部分。主体包括电动机、风机和吸尘部分（由过滤器、储尘筒组成），附件包括软管、接头弯管、塑接管（接长管）、刷头和扁吸嘴等。

1. 吸尘原理

吸尘器的风机叶轮在电动机高速驱动下，将叶轮中的空气高速排出风机，同时使吸尘部分内的空气不断地补充进风机，这样，在吸尘部分与外界之间形成了相当高的压力差。吸嘴的尘埃、脏物随空气被吸入吸尘部分，并经过滤器过滤，将尘埃、脏物收集于储尘筒（箱）内。空气经过滤成为清洁空气，经过风机、冷却电动机，再经排气管、出风口重新排入室内。储尘筒内的尘埃和垃圾积累到一定程度必须进行清除，然后继续使用。

2. 吸尘器的附件

所有吸尘器都配有一个组装刷头，供清理地板及地毯时使用。吸力式吸尘器还会配备一系列的清洁刷及吸嘴，以便清扫角落、窗帘、沙发和缝隙用。吸尘器的主要附件如下：

（1）喉管。所有吸力式的吸尘器都会装备硬喉管，用来连接清洁用的软喉管及附件。也有的将硬喉管和软喉管组合在一起，成为组装软管。

（2）圆刷头。也叫小吸嘴，可做360°回转，方便清洗家具、帷幕、精细网织物、穗状饰物和呢绒服装等。

（3）扁吸嘴。又称缝隙吸嘴，是一支细长扁平的硬吸嘴，特别适合于清洁墙边、辐射式暖片、角落及浅窄地方。

（4）电动刷。类似直立式吸尘器的清洁头，是混合式吸尘器特有的配件。

（5）扫尘刷。用长而软的鬃毛制成，适用于清洁窗帘、墙壁、灯罩、百叶帘和窗台等。

（二）吸尘器的种类

客房中常用的吸尘器有直立式、筒式、混合式等。

1. 直立式吸尘器

直立式吸尘器是利用装在吸嘴内的电动旋转震动刷，将地毯的绒毛拨开，使深藏其中的尘土、污垢、砂粒等从绒毛中松脱出来，然后再把它吸走，吸尘效果较好。另外，用直立式吸尘器吸尘，使用者不用弯腰曲背，非常方便。但直立式吸尘器的吸嘴通常较为高阔，在清洁"矮脚"家具底下或楼梯部分时，不如筒式吸尘器方便。

2. 筒式吸尘器

筒式吸尘器是完全靠吸力去完成工作的。由于没有电动旋转刷的辅助，筒式吸尘器清理地毯的效果不如直立式吸尘器显著，适合于清理不太脏的地毯。但通常备有一些特别的配件，用于清理地板、家具、帘帐以及织物垫套等，效果不错。

3. 混合式吸尘器

混合式吸尘器在外形方面与筒式吸尘器大致相同，多采用圆筒形的设计。这类吸尘器在构造上集合了筒式和直立式的优点，除具有强劲的吸引力外，还备有电动的震动清洁刷，可随时装上备用。因此，在清洁效能方面，能够同时发挥二者的长处。

四、洗地设备

主要指客房进行地面清洁保养工作的清洁设备。

（一）洗地毯机

洗地毯机工作效率高，省时省力，节水节电。其机身及配件用塑料玻璃钢和不锈钢制成。洗地毯机一般采用真空抽吸法，脱水率在70%左右，地毯清洗后会很快干燥。洗地毯机可清洗纯羊毛、化纤、尼龙、植物纤维等地毯。

1. 洗地毯机的构造和原理（以喷气抽吸式为例）

洗地毯机主要部分由两个吸力泵、污水箱、强力喷射水泵、电动机等构成，采用真空抽吸原理。真空抽吸、水泵喷射系统都配置过滤网纹，以保证电动机的正常工作。

洗地毯机在操作时有强力喷射、震荡刷洗、真空抽吸三个动作同时进行。

（1）强力喷射。压力水泵将热水及清洁液制成柱雾状喷入地毯，迅速将污渍溶解。

（2）震荡刷洗。同一时间，高速摆刷为2300次/分，前后摆动，将地毯底层的污渍、泥沙彻底清洗出来。

（3）真空抽吸。特强的吸水系统立即将所有污泥浊水完全彻底地吸入本机污水箱内。随机附带手提式吸嘴，其喉管长约6m，能清洁楼梯、转角及任何隐蔽的地方，也可清洗沙发、椅套等。

2. 洗地毯机的种类

洗地毯机的种类很多，最常用的有两种。

（1）喷气抽吸式洗地毯机。这种洗地毯机在操作时喷液、擦地与吸水同步进行，洗涤力特别强，去污效果也好，但操作起来较笨重，而且对地毯破坏性较大，所以不宜多用。

（2）干泡洗地毯机。干泡洗地毯机有滚刷式和转刷式两种，操作比较简便，对不太脏的地毯和纯羊毛地毯清洗效果较好，对地毯损伤较小。

（二）吸水机

吸水机外形有筒形和车厢形两种，机身由塑料或不锈钢材料制成，分为固定型和活动型两种。吸水机机身下有4个转轮，操作时省时省力。固定型吸水机吸水量为9～65L，活动型为27～73L。吸水机主要部件是真空泵、蓄水桶和吸水刷。吸水机通常采用旁路冷却系统，该系统可确保在吸水时，不会因水分透过电器部分而导致器件烧毁。

用洗毯机洗刷后，地毯表面比较干净，但洗刷后的污水及残渣易深藏在地毯根部，容易形成脏污并使地毯失去弹性。如果用吸水机对洗刷后地毯进行抽吸，任何顽固的残渣都能被彻底抽除。因为吸水机一般均装有两个真空泵，吸力特别强大。吸水机的配件根据喉管直径的大小配备。例如，喉管直径为 40mm 的配件有：胶接管、高空吸嘴、扁平吸嘴、圆吸嘴、收窄嘴、软喉管、地毯吸嘴、吸水嘴、吸尘嘴、电镀接管、有轮吸尘嘴、推动型吸水扒和吸尘主扒。

另外，还有吸尘吸水两用机，又称干湿两用吸尘器。此类机器既可用来吸尘，清理地板、家具和帘帐，又可以用来吸水。

这类两用机的外形为圆筒形，电动机同样采用旁路冷却系统。主要配件除软硬喉管外，还包括尘隔、吸水嘴、吸水刷、缝隙吸嘴、扫尘刷和家具吸嘴。

（三）洗地机

洗地机又称擦地吸水机，它具有擦洗机和吸水机的功能。洗地机装有双电动机，集喷、擦、吸于一身，可将擦洗地面的工作一步完成，适用于饭店的大厅、走廊、停车场等面积大的地方，是提高饭店清洁卫生水平不可缺少的工具之一。

洗地机主要由控制杆和机身两大部分组成。控制杆上有电动机安全控制开关、清洁剂活门、手柄调节控制杆、橡皮拖把控制杆。机身主要有剩余清洁剂吸嘴、吸管接头、吸管、吸嘴、支座、污水箱、自动关闭系统、刷子和垫子、防撞轮、清洁箱、清洁液调节器、方向调节旋钮、吸水机、吸水机开关等部件。

洗地机的活动手柄有多个角度可供选择，适合不同身高的人操作，而且方便机身的转动和在窄通道工作。机内设有两个功率强劲的电动机，采用旁路冷却系统。考虑到室外供电问题，还设计有使用蓄电池的机种。

使用洗地机前要先检查各个部件是否完好；当打开吸水机开关时，应注意污水箱是否保持密封，以防污水外溢；清洗工作完毕，要将吸水系统剩余清洁液抽至污水箱内，便于倾倒；每次使用后，应把各种配件清洗干净，晾干后妥善保存起来。

（四）高压喷水机

这种机器往往有冷热水两种设计，给水压力可高达 $20\sim70\text{kg/cm}^2$。一般用于垃圾房、外墙、停车场、游泳池等处的冲洗，也可加入清洁剂使用。附有加热器的喷水机水温可高达沸点，故更适合于清除油污的场合。

（五）打蜡抛光机

主要用于客房大理石、花岗石以及木质地面的打蜡、喷磨和抛光工作。根据其转速不同，大致可以分为四种：低速机、中速机、高速机和超高速机。通常，洗地时要求转速较低，底刷（刷盘）较硬；打蜡抛光时，要求转速高，底刷（刷盘）应细软。因此，前两种较适合于洗擦地板用，后两种多用于打蜡及喷磨工作。为节约资金及储存空间，也有些客房选用多用途的打蜡机，但这种机器对保养维护要求较高。

五、客房常用清洁器具的使用与保养

（一）抹布的使用

（1）抹布应折叠起来，可多面使用，以提高工作效率，保证清洁质量。

（2）抹布最好由洗衣场负责洗涤与消毒，以确保抹布的清洁质量。

（3）抹布的使用、周转和淘汰率都很高，应多准备一些，以保证员工都能使用上符合标准的各类抹布。

（二）房务工作车的使用

（1）房务工作车的布置应按宾馆的规定进行，不能在车上随便堆放杂物。

（2）推拉工作车时应注意万向轮在前，定向轮靠后，避免由于硬拉而损坏工作车。

（3）房务工作车应装有缓冲器或其他弹性防护装置，推拉时应掌握行进方向，以免撞伤墙面或其他物件。

（4）房务工作车应经常擦拭，以保持清洁。

（5）定期对房务工作车车轮加油，进行润滑消声。

（三）吸尘器的使用与保养

（1）首次使用前，应阅读使用说明书，按说明书所述方法将吸尘器安装好备用。

（2）每次使用前必须检查电线有无破损，插头有无破裂或松动，以免引起触电事故。

（3）检查吸尘器能否正常运转。检查机体和附件是否损坏，螺钉有无松动。如有损坏要及时报修，对松动螺钉应立即紧固。

（4）拉吸尘器时要一手拿吸尘器吸管，一手拉着吸尘器的把手，这样可方便拉动，避免碰撞其他物体。

（5）吸尘时发现地毯上有体积较大的或尖利物体如纸团、针尖、图钉等，应及时捡起，以免损坏内部机件或造成吸管堵塞。吸尘器堵塞时，不要继续使用，以免增加吸尘器的真空负荷。吸尘器的轮子若积聚杂物，应及时清理。

（6）如果不是干湿两用吸尘器，不能用来吸液体、黏性物、金属粉末等。

（7）有集尘指示器的吸尘器，不要在满点时继续工作，如果发现指示游标接近满点，应立即停机清理。

（8）吸尘器在使用过程中应随时将刷子上的毛发及绒线头清理干净，如果发现刷头磨损偏大，应及时更换，否则将影响吸尘效果。

（9）吸尘器若有漏电或电动机温度过高以及异常响声，应立即停机检查。

（10）吸尘器使用完毕后，应先切断电源，整理好电线，然后清理尘袋，抹净机身，把配件清理干净收好，并对吸过滤网进行清理。

（四）洗地设备的使用与保养

在使用洗地设备时，应特别注意以下几点。

（1）使用前先检查各个部件是否完好。

（2）打开机器时，应注意水箱是否保持密封，以防污水或清洁液外流。

（3）清洗工作完毕，要将剩余清洁液抽至污水箱内，然后倾倒干净。

（4）使用完毕后，应把各种配件清洗干净，晾干后妥善保存。

六、清洁设备的管理

（一）清洁设备的选择

清洁设备的管理是客房管理的一个重要组成部分。它不仅关系到客房的经济效益，而且是保证客房部的清洁卫生工作顺利进行的一个基本条件。

清洁设备选择的重要性，一是因为不少清洁设备的投资比较大，使用的周期长；二是清洁设备的选择是否得当对于客房部的清洁保养能力和效果具有不可忽视的制约作用。每一家饭店都应根据自己饭店的等级和规模以及清洁保养要求和经费预算等，作出购买设备或转让承包的决策。一旦需要购买，客房部管理者必须参与采购，对设备作出分析并提出购买的基本准则。

1. 方便性与安全性

清洁设备属于饭店生产性和服务性的设备，因此，要以提高工作效率和服务质量，有利于职工的操作为主。清洁设备操作方法要简单明了，易于掌握，同时具有一定的机动性，便于清洁卫生死角和最大限度地减少职工的体力消耗。

安全是设备操作的基本要求。设备的选择和购买要考虑是否装有防止事故发生的装置。例如，电压是否相符，绝缘性怎样，是否有相应级数的过滤装置，旋转设备的偏转力矩有多大，有无缓冲防撞装置，等等。

2. 尺寸和重量

设备的尺寸和重量会比较大地影响到工作的效率和机动性，因此，设备的选择要综合考虑场所等相关因素，如吸尘器在房间使用以选择吸力式为佳。

3. 使用寿命和设备保养要求

清洁设备的设计应便于清洁保养和配有易损件，这样会相应地延长其使用寿命。设备应坚固耐用，设计上要考虑偶尔使用不当时的保护措施。电动机的功率足以适应机器的连续运转并有超负荷运转的保护装置。

4. 动力源与噪音控制

客房部要负责饭店公共区域的清扫工作，因此在选择清洁设备时应考虑用电是否方便，据此确定是否选用带电瓶或燃油机的设备。同时，由于机械电动机的选择和转动方式的不同，其噪音大小有所不同，针对客房区域的环境要求，应尽可能地选用低噪音设备。

5. 单一功能与多功能

单一功能的清洁设备具有耐用和返修率低的特点，但会增加存放空间和资金的占用。如果要减少机器件数，可选用多功能设备和相应的配件。但是多功能的设备由于使用率高，返修率和修理难度也高，就需要解决好保养和维修等问题。

6. 售后服务与商家信誉

采购设备不仅要看产品的价格和性能，还应考虑售后服务的价格和零部件修配的可靠性等。质量上乘的产品往往来自一流的厂家和供应商，所以在购买前应对他们的信誉作充分的了解。另外，机器设备的调试与试用等，也是选择清洁设备时应考虑的因素。

（二）清洁设备的日常管理

1. 建立设备档案

不管是客房设备还是清洁机器，一旦划归客房部管理和使用，就必须登记、建立档案。这是做好客房清洁设备管理的基础。

（1）清洁设备的分类编号。建立设备档案的第一步工作是对清洁设备进行分类编号。饭店通常采用的是三节编码法，即第一节表示设备种类，第二节表示设备使用说明，第三节表示设备编号。例如，客房的吸尘器可写成 B4－2－19。其中，B＝电器类，4＝吸尘器组，2＝客房部门，19＝设备编号。这样有利于分清责任，也便于清产核资和检查，为管好用好设备提供基础数据。

（2）清洁设备档案。清洁设备档案（表 12-1）应按要求逐项填写，其主要作用是：

①说明设备的使用寿命。

②强调对设备进行保养的重要性。

③指示管理者何时应计划购买新的设备。

④确定该种商标的设备是否适用。

表 12-1　　　　　　　　　　　　　　清洁设备档案卡

项目	购买日期	供应商	价格

型号：_____

编号：_____　　　　　　　　电压：_____

电流：_____　　　　　　　　电频：_____

维修记录

日期	价格	修理方式	摘要

2. 分级归口，制定操作和维修保养规程

建立设备档案后，客房部应按业务单元分级、划片包干、按种类归口，将清洁设备的管理和使用层层落实，谁使用谁保管。其主要措施有以下几条。

（1）所有使用人员都必须经过操作培训，按操作规程去合理使用。

①何时使用设备。

②使用哪种设备。

③如何使用设备。

④何处存放设备。

⑤如何得到帮助。

⑥如何发现问题。

（2）大型清洁设备必须由责任心强的人员负责操作，任何设备绝不允许随意当作玩具取乐。

（3）所有清洁设备在使用后都应进行全面的维护和保养，如加油、更换零件等。

（4）设备使用前后都应检查其性能是否完好，发现问题要及时处理。

（5）设备必须安置在安全的场所并按要求摆放，不能随便停放在走廊或其他空地，以免受损或被窃。大型设备如洗地毯机、擦地吸水机等的存放区还应上锁。

①每一种设备都有其规定的空间位置。

②有供存放所有附件的货架挂钩及其他设施设备。

③有供进行设备清洁保养的工作台、冷热水池和其他电源设施等。

（6）所有需要出门维修的设备，即使从客房拿到工程部，也必须记录，以建立保养卡片（表12-2）。

表12-2　　　　　　　　　　　　　　出　门　维　修　单

维修单 No.	维修单附卡 No.	维修单附卡 No.
日期_____	物件名称_____	物件名称_____
物件名称_____	收件部门（人）_____	收件部门（人）_____
取自____收归____	收件日期_____	收件日期_____
维修内容：	送修部门（人）_____	送修部门（人）_____
_____	送修日期_____	送修日期_____
_____	备注_____	备注_____
_____	_____	_____
_____	_____	_____
_____	_____	_____

资料卡

工作车使用注意事项

（1）推工作车时要注意不要碰坏墙纸、墙角以及其他设备。因工作不小心造成损坏，当事人要负责赔偿损失。

（2）不能把撤出的布件和杯具放在易耗品上，如工作车首层的位置不够摆放，撤出的杯具可放在最底层。工作车内不能存放私人物品。

（3）规定的物品摆放规格及数量应从轻便、美观、实用角度考虑，一次补充太多备用品不仅会增加工作车的负荷，使客房服务员难以控制行走方向，容易发生碰撞现象，而且会过多地消耗客房服务员的体力。

（4）要保证每天清理一次工作车，做到车上无杂物、灰尘、污渍，并且每月打一次蜡，不得在工作车上张贴商标、不干胶等。

（5）工作车在使用的过程中，如发现螺钉松脱、车轮绕有杂物、缺油等问题时，能自行解决的要及时处理，自己不能解决的要通知工程部进行维修。

第二节　清洁剂

清洁剂是做好饭店清洁保养工作的不可缺少的要素之一，合理使用安全有效的清洁剂，既能提高清洁工作的效率，又能保证清洁工作的质量。因此，学习和掌握有关清洁剂的知识和使用方法，对于做好清洁保养工作有着十分重要的作用。

一、"脏"的存在形态与性质

饭店清洁保养工作的任务之一是除"脏"。要除"脏"就必须了解"脏"的存在形态与性质。

（一）尘土

尘土可以认为是"脏"的初级阶段。尘土可漂浮于空气之中，并逐渐停留在空气中的所有物体表面。若不经常清除，则会在物体表面上积存，使得物体表面变得灰暗和粗糙，而且会发出霉味，滋生害虫，等等。尘土中主要含有灰尘、毛发、肤屑、绒毛、沙砾和细菌等。

清除尘土比较容易。如果使用某些喷剂，就能有助于减少某些物体表面上的静电，降低尘土的附着力。尘土一旦失去水分就会漂移，与液体、蒸气或油脂结合就会附着在物体表面上，增加清除的难度。因此，饭店有灰尘的地方就需及时清除。

（二）污垢

污垢有油污和水污之分，其清除的难度比尘土大，主要方法有机械法和化学法。机械法就是使用合适的器具进行清除，通常能使用的器具很多，如抹布、拖把、百洁布、刷子、机器等。化学法就是要借助清洁剂的化学作用有效地清除污垢。将化学法和机械法结合起来清除污垢效果更佳。

（三）渍迹

渍迹通常是由于蛋白质、酸碱、染料等相互吸附而造成的污染，过量的污垢滞留时间过长而渗透到物体表面组织之中也能成为渍迹。渍迹与污垢不同，污垢通过一系列的方法终会被清除，而渍迹的清除难度很大，残留时间较长的渍迹往往不易除掉。在清除渍迹时还需非常小心，否则，容易破坏被污染物。渍迹要及时清除，对于刚发生的渍迹可用下列方法清除：

（1）利用颗粒粉末吸收渍迹。

（2）用溶剂溶解渍迹。

（3）使用酸、碱或溶剂中和，清除渍迹。

（四）锈蚀

锈蚀是金属与水分、食物、化学液剂或气体相遇发生化学反应而引起的污染。锈蚀会使金属表面失去光泽、变得粗糙，最终被腐蚀。酸是最有效的除锈剂，它常与磨蚀剂混合使用。热的苏打或矾溶液也可以清除锈蚀。

二、清洁剂的种类及用途

（一）清洁剂使用注意事项

在饭店的清洁保养工作中，清洁剂的使用非常广泛。合理地使用清洁剂，能够有效清除或减少尘垢，延长物品使用寿命，美化物品外观，并能减轻清洁工作的难度。但如果不能合理地使用清洁剂，则会造成不良后果。所以，在清洁剂的使用过程中，应注意以下几点。

（1）对于浓缩型液体清洁剂，使用前必须严格按照使用说明书进行稀释。如果清洁剂溶液浓度过高，不但浪费，而且会对清洁对象产生损伤；而浓度过低，则达不到清洁效果，无法保证饭店清洁卫生质量。

（2）慎重选用粉状清洁剂。粉状清洁剂多由非常细小的颗粒组成，对清洁对象表面尤其是卫生洁具表面有一定的摩擦作用；此外，粉状清洁剂在溶解过程中易于沉淀，难以达到最佳清洁效果。

（3）根据清洁对象的化学性质、用途和清洁保养要求选择合适的清洁剂。

（4）清洁剂在首次使用前，应先在小范围内进行试用，效果良好则在大范围内推广使用。

（5）做好清洁剂的管理工作，减少不必要的浪费。

（6）注意清洁剂使用过程中的规范性和安全性，注重劳动保护，防止危险性清洁剂对人体造成伤害。

（二）饭店常用的清洁剂

1. 洗涤剂

（1）洗涤剂的作用

①湿润能力。能有效地降低水的表面张力而使洗涤物湿透并减小其与污垢的结合力。

②乳化能力。能将不溶于水的油污变成可溶于水的乳状液而被除去。

③增溶能力。对一些本来不溶于水的液体或固体物质都能不同程度地增加其溶解度。

④分散能力。能使一些不溶于水的固体污粒悬浮于水中而不下沉，并不会再次附着于洗涤物上面。

⑤易漂洗、无损伤性。

（2）洗涤剂的主要成分

洗涤剂有皂类、有机合成类和混合类。不同类别的洗涤剂虽有不同的特性，但都是由多种成分组成的，其中主要成分有：

①表面活性剂。它是一种能在低浓度下降低溶剂表面张力的物质。清洁剂去污效果的好坏主要取决于它的表面活性剂的含量多少和质量高低。

②磷酸盐或合成氟石。它能将水中的金属离子整合而使硬水软化等。

③硅酸钠。它能使清洁剂保持一定的碱性而提高其除油能力，并可减轻对金属的腐蚀。

④纯碱（碳酸钠）。它的主要作用是增强清洁剂的清除油污的能力。

⑤过氧化物。它的作用是氧化漂白。

⑥羧甲基纤维素钠盐。它能增强清洁剂的分散悬浮能力并防止织物变黄发灰。

⑦泡沫稳定剂。对于有泡沫的溶剂来说，泡沫量的多少往往是其洗涤能力强弱的标志。

⑧荧光增白剂。它能使织物白度增强，使有色织物更加鲜艳悦目。

⑨酶制剂。它能对蛋白质、淀粉、脂肪性污垢起分解作用。最佳工作温度为30℃～50℃。30℃以下不活跃，50℃以上活跃，但对毛、丝、纤维有损害作用。

⑩芳香剂。用以掩盖洗涤剂的难闻气味，具有改善嗅觉效果。

⑪染料。通常是蓝色和绿色，用以改善洗涤剂的视觉效果。

洗涤剂可分为中性、碱性和酸性，有皂基洗涤剂和合成洗涤剂之分（表12-3）。其形态有粉状、块状和液状等。洗涤剂产品从洗衣粉、肥皂到地毯香波、除蜡水等有着一个庞大的系列，在选择时可向厂商咨询。

表 12-3 皂基洗涤剂与合成洗涤剂的比较

皂基洗涤剂（pH 为 8.5）	合成洗涤剂（pH 为 6~7）
硬水中产生皂垢	不受硬水影响乳化油
脂化油脂好	与肥皂相同
除非油脂污垢作用好	除非油脂污垢力不强
悬浮力强	悬浮力相当强
在强冷水中不溶解	溶于任何温度的水中
在软水中自然产生泡沫	除非加入稳定剂，通常少泡沫
去渍力不强	与肥皂相同
在旧纺织品上不中和、黄化	与肥皂相同

2. 酸性清洁剂

酸性清洁剂通常为液体，也有少数为粉状。酸具有一定的杀菌除臭功能，主要用于卫生间的清洁；酸能中和尿碱、水泥等顽固斑垢；同时，酸具有腐蚀性。所以，有些物品的清洁禁止使用酸性清洁剂，如地毯、木器和金属器皿等。

饭店常用的酸性清洁剂主要有：

（1）盐酸（pH=1）。主要用于清除基建时留下的污垢，如水泥、石灰等，效果明显。

（2）草酸（pH=2）。用途与盐酸、硫酸钠相同，但清洁效果更强于硫酸钠，使用时要特别注意。

（3）硫酸钠（pH=5）。硫酸钠能够与尿碱起中和反应，可用于卫生间马桶的清洁，但不能长期、大量使用。

（4）马桶清洁剂（1<pH<5）。含有合成抗酸剂，有特殊的洗涤除臭和杀菌功能，主要用于清洁卫生间马桶、便器、洗手盆等器具。使用时按说明书稀释，且必须倾倒在马桶和便池内的清水中，而不能直接倒在被清洁物表面，刷洗后用清水冲净。

（5）消毒剂（5<pH<9）。主要呈酸性，可用于卫生间消毒，也可用于杯具消毒，注意使用后用清水冲净。

3. 碱性清洁剂

碱性清洁剂既有液体、乳状，又有粉状、膏状。对于清除油脂类脏垢和酸性污垢效果较好，但在使用前要稀释，使用后要用清水冲净。在碱性清洁剂中也可增加一些其他化合物，如漂白剂、泡沫稳定性剂、香精等。

饭店常用的碱性清洁剂主要有：

（1）玻璃清洁剂（7<pH<10）。玻璃清洁剂一般呈中性或碱性，有桶装和高压喷灌装两种。前者类似多功能清洁剂，主要功能为除污斑，使用时不可用抹布沾清洁剂直接擦拭，以免造成玻璃面发花，正确的使用方法是对准污迹喷一下，然后用干布立即擦拭。后者内含挥发性溶剂、芳香剂等，可去除油垢，用后留有余香，同时还可在玻璃表面上留下透明保护膜，更有利于以后的清洁工作。

（2）家具蜡（8<pH<9）。家具蜡有乳液、喷雾型、膏状等几种，具有清洁和上光双重功能，既可除去家具表面的油垢，又可形成透明保护膜，防静电、防霉。使用方法：倒适量家具蜡在干布或家具表面，擦拭一遍，15 分钟后，用同样的方法再擦拭一次。

（3）起蜡水（10<pH<14）。呈强碱性，主要用于需再次打蜡的大理石和花岗岩等石

质地面。可使陈蜡及脏垢浮起，发挥除污功效。由于碱性较强，起蜡后的地面一定要经反复清洗，才能再次上蜡。

4. 中性清洁剂

中性清洁剂有液体、粉状和膏状等类型。其配方温和，对物品的腐蚀、损伤很小，有时还可起到保护被清洁对象的作用。但中性清洁剂很难清除积聚严重的污垢，所以，为增强除污效果，生产厂家往往在中性清洁剂中增加一些其他化合物，其中最常用的就是表面活性剂。表面活性剂是一种能有效减少溶剂表面张力，使污垢与被清洁物结合力降低的一种物质。

饭店常用的中性清洁剂主要有：

（1）多功能清洁剂（7＜pH＜8）。略呈碱性，含有表面活性剂。性质温和，对物体表面很少有损伤，可防止家具生霉，适用于日常清洁卫生，但不用于洗涤地毯，因其难于去除特殊污垢。

（2）洗地毯剂。一种专门用于地毯洗涤的中性清洁剂，根据其所含泡沫稳定剂的量，可分为高泡和低泡两种。前者用于干洗地毯，后者一般用于湿洗地毯。采用低泡洗地毯剂洗地毯时，如用温水稀释，去污效果更好。

5. 上光剂

（1）擦铜水。多呈糊状，主要作用是氧化掉铜制品表面的铜锈，使铜制品光亮如新。应该注意的是擦铜水只能用于纯铜制品，不能用于镀铜制品，否则会将镀层氧化掉。

（2）金属上光剂。金属上光剂含轻微腐蚀剂、脂肪酸、溶剂和水。主要用于纯金属制品的除锈、去污和上光。

（3）地面蜡。有固态、膏状和液体三种，又分为封蜡和面蜡。封蜡主要用于第一层底蜡，内含填充物，可堵塞地面表层的细孔，起到光滑作用。面蜡主要是打磨上光，增加地面的光洁度和反光强度，使之更为美观。地面蜡还可分为水基蜡和油基蜡，水基蜡主要用于大理石地面，油基蜡主要用于木板地面。

6. 溶剂

溶剂为挥发性液体，常常用于清除油污，又能使怕水的清洁对象避免浸湿。饭店常用的溶剂主要有：

（1）地毯除渍剂。专门用于清除地毯上的特殊斑渍，对怕水的羊毛地毯尤为适合。一般有两种类型，一种是专门用于清除油脂类脏斑，另一种是专门用于清除果汁类色斑。使用时，用毛巾蘸上除渍剂，在脏迹处擦拭即可。

（2）药用酒精。主要用于电话消毒。

（3）除尘剂。用于浸泡尘拖，对大理石、木板等免水拖地面的日常清洁和维护，除尘功效显著。

（4）杀虫剂。通常为喷罐装，喷洒时，注意切勿射向食物。

（5）空气清洁剂。空气清洁剂中含有杀菌化学成分和香料，不但可以杀菌，喷洒后还香气四溢。使用时，要注意适量。

7. 消毒剂

消毒剂专门用于杀菌消毒。

（1）消毒剂的种类及用途

①卤素类（次氯酸钠等）。可以加到阴离子清洁剂中使用，可用于一般性消毒。

②苯酸类（滴露等）。高浓缩才有效。

③松脂类。不太有效，易于淡化，但气味宜人。

（2）消毒剂的使用要点

①消毒前要把清洁剂溶液冲洗干净。

②清洁和消毒后要把所有的设备水洗、清洁并晾干（细菌在干燥的环境下不能繁殖）。

③在消毒前要将所有的有机物消除掉。

④使用软水配制。

⑤要消毒的地方不使用钝化物质（如浓硫酸），否则会把物质表面钝化封死。

⑥要根据细菌的类型选用消毒剂。

⑦要正确稀释消毒剂才能有效。

⑧消毒剂起作用需要一定的时间，时间长短要看细菌的类型和溶液的强度。

⑨切勿积存消毒溶液。微生物会在消毒液效力减弱的消毒剂溶液中生存下来，如果积存用过的消毒溶液并加以再利用，不但不能杀灭细菌，反而会扩散传播细菌。

（3）消毒剂对外部条件非常敏感，在下列情况下会无效：

①有机物品（血液、呕吐物、尿、粪便等）。

②某些食品（牛奶等）。

③硬水。

④软木、木、棉、纸、橡胶和某些塑料。

8. 空气清新剂

空气清新剂是用来掩盖臭味的雾剂，兼具杀菌、去除异味、芳香空气的作用。空气清新剂有强烈的香味，但有很多人对这种香味不适应，甚至很反感。辨别空气清新剂质量优劣的最简单方法是查其留香时间的长短，留香时间长的好。香型选择要考虑适合大众习惯。无特殊情况要尽量不用或少用，要利用良好的通风条件来改善气味，既经济又有效。

三、清洁剂的管理

（一）清洁剂的选购

清洁剂的选购关系到能否有安全高效的清洁剂可用，能否有效地控制清洁剂的费用，等等。因此，选购清洁剂时必须考虑以下几个方面的问题。

（1）尽可能购买有利于环境保护的绿色产品，避免选购含氯、氟、烃的产品。

（2）需要哪些品种，它们将分别用于何种去污。

（3）需要多少数量，一次购进多少，可用多长时间。

（4）有无存放处，谁来负责保管、分发和消耗统计。

（5）买哪些生产厂家或供应商的产品，其售后服务如何。

（6）同质比价，同价比质。

（二）清洁剂的储存

清洁剂要定点储存、专人保管。饭店或客房部要有专门存放清洁剂的地方，以便集中储存购进的各类清洁剂。清洁剂要专门分类，要有识别标志，特别是散装清洁剂，不能混淆、错发错用。保管人员要尽心尽责，要熟悉各类清洁剂的性能、用途，要能按照要求稀释和配制，要能告知使用者如何使用，还要了解清洁剂领发和控制制度，能有效地控制清洁剂的使用和消耗。

（三）清洁剂的分配与控制

合理分配各种清洁剂，既能满足清洁保养工作的实际需要，又能减少浪费、控制消耗、降低费用。这项工作通常由一名主管或领班负责，其主要职责是：

（1）根据各部门或人员清洁保养工作的任务及标准，制定各种清洁剂的配发标准。

（2）按时配发和补充各部门或人员所需的清洁剂。

（2）了解各部门或人员清洁剂的使用情况，并统计消耗量。

（4）定期盘点，并制作清洁剂的消耗统计表和分析报告。

（5）制定申购计划。在清洁剂的配发中，尤其要加强浓缩液和罐装清洁剂的控制。浓缩液必须按要求和规定稀释后才能分发和使用。罐装清洁剂价格较高，要采取特别措施加以控制，要规定用量、以旧换新等，防止浪费和流失。

（四）清洁剂的安全管理

清洁剂如果使用不当、管理不好，都存在着安全问题，甚至会造成严重事故。其中主要有下面几个方面的问题：一是可能会对使用者造成伤害，二是可能会对清洁保养的对象造成损坏，三是可能会造成火灾和爆炸事故。因此，对清洁剂的安全管理尤为重要。

（1）制定专门的安全操作规程。

（2）加强人员培训，使每个人都能了解有关规定和要求，掌握各种清洁剂的使用方法。

（3）使用强酸和强碱清洁剂时，要先作稀释处理，并尽量装在专用的喷瓶内再进行领发。

（4）加强防护，配备使用相应的防护用具，如手套等。

（5）明确责任、加强检查。

（五）清洁剂的使用和管理中的误区

（1）在清洁保养工作中，清洁剂的用量越多越好。

任何清洁剂，如果一次性使用过多，都未必能够达到所期望的效率和效果，甚至可能产生严重的副作用，如损坏清洁保养的对象，造成环境污染，等等。应该有这样的意识：即每天、定期去做好有计划的清洁工作，使用适当和适量的清洁剂，不仅省时、省力和节约成本，而且会增加被清洁物的寿命和价值。

（2）只注重清洁保养，忽视环境保护。

清洁剂是化学制品，如果只注重清洁对象的清洁和保养效果，往往会忽视对环境的保护。因此，要严格选择和管理使用化学清洁剂，尽量选用环保制品；同时要注意对污物泄散进行处理，避免污染环境。

（3）与固定厂商签订长期合同，以期获得价格优惠。

与固定的生产厂家或供应商签订长期合约能够获得价格上的优惠，但可能会因此而影响产品的质量保证。如果产品的质量得不到保证，所造成的损失可能要比价格上的优惠大得多，其结果是得不偿失的。

资料卡

漂　白　粉

漂白粉又称含氯石灰，呈灰白色粉末状，有氯气臭味，含有效氯25％～35％，部分溶于水。漂白粉的消毒作用在于它能在水中分解出次亚明酸，次亚明酸能渗入细菌体，使其蛋白质变性，从而达到杀菌作用。

(1) 配置方法。配置浓度为3％的漂白粉，搅拌均匀后即可使用，注意事项同氯亚明。

(2) 用途。使用范围较广，用于客房餐、茶、酒具以及棉织品和房间的消毒。

高 锰 酸 钾

高锰酸钾又称灰锰氧，为紫色针状晶体，可溶于水，水溶液为紫红色。

(1) 配制方法。高锰酸钾消毒液浓度为1：2000水溶液。

(2) 用途。对餐、茶、酒具和水果进行消毒，浸泡时间不少于5分钟。

"84" 肝炎消毒液

"84"肝炎消毒液是一种高效、速效、无毒、去污力强的消毒液，能快速杀灭甲、乙型肝炎，艾滋病，脊髓炎病毒和细菌芽孢等各类病菌，适用于旅游宾馆，饭店餐、茶、酒具的清洗消毒。

(1) 配制方法。"84"肝炎消毒液配制浓度为0.2％～0.5％（1：500～1：200）水溶液。

(2) 用途。用于茶具、酒具、蔬菜、水果、家具、玻璃、塑料制品以及白色衣物等的消毒。

思考与练习

一、思考题

(1) 一般清洁器具有哪几种？

(2) 洗地设备有哪些？

(3) 如何保养房务工作车？

(4) 饭店常用的清洁剂有哪几种？如何选购？

(5) 脏就是不干净，对吗？请谈谈脏有哪些形态。

(6) 请与同学们讨论一下，如果你是清洁设备的管理员，你该如何做。

二、案例解析

褥垫上的污渍

北京某三星级宾馆酒店的客房部，这几天接待一个洽谈会团体，客人非常多，所以客房服务员清理房间的任务很重。某实习生在一间客房内做床的时候，发现褥垫上有块污渍。这时还有许多间房要做，顾不得那么多了，于是他就把褥垫翻转过来，把干净床单往上一铺，包好了事。没想到这间房正好是宾馆酒店接待重要客人的特用房。客房部经理亲自来检查房间，发现褥垫上有污渍，十分生气。他说："不管是什么样的客人住这间房，如果发现床单下铺着有污渍的褥垫，都会影响情绪，休息也不会安心，并很可能使他在北京的整个旅程不愉快，甚至会拒付房费。失去客人，宾馆酒店还要蒙受损失，这后果是很严重的。"于是立即责成楼层领班、主管派人撤换褥垫，追查责任人，要求该责任人必须作出深刻检查，认真反省此事，并给予处罚。

(1) 通过阅读上则材料，请你分析一下客房部经理为什么要责任人作出深刻检查。

(2) 假若你是客房部经理，现安排一场你与某实习生的谈话，你该怎样做？

第十三章　饭店公共区域及面层材料的清洁保养

重点提示

1. 饭店公共区域保养工作的特点、任务及要求、制度与标准。
2. 饭店各种地面材料的清洁保养。
3. 饭店各种墙面材料的清洁保养。
4. 几种特殊器具的清洁保养。

故事坊

味 道 杀 手

某公司一行三人前往一家四星级饭店，准备考察该饭店的会议场所，因为该公司下月将举办为期三天的新产品演示会。

一行人在饭店营销部经理的陪同下前往会议厅参观。会议厅的布局、设施设备及面积均符合此次会议的要求，营销部经理也胸有成竹地准备接下这个任务。不过，一行人在会议厅呆了一阵后总觉得有点不对劲的地方。原来会议厅内不时散发出阵阵轻微的怪气味，像是霉味。后来发现，怪味来自地毯。

来人对营销部经理说："谢谢带我们参观，我们会认真考虑。"自此以后，该公司再也没有与营销部联络，后来得知，此次会议放在了另外一家四星级饭店。

第一节　饭店公共区域的清洁保养

饭店公共区域是饭店的重要组成部分。饭店公共区域的清洁保养水准直接影响或代表了整个饭店的水准。客人往往根据他们对饭店公共区域的感受来评判饭店的管理水平和服务质量。另外，饭店公共区域的设施设备很多，投资较大，其清洁保养工作直接影响到饭店的日常运营以及设施设备的使用寿命。因此，做好饭店公共区域的清洁保养工作有着特别重要的意义。

一、饭店公共区域清洁保养工作的特点

饭店公共区域是指饭店公众共有、共享的区域和场所。根据饭店公共区域的功能和使用者的类别来分，可分为客用部分和服务员使用部分；根据其所处的位置，又可分前台部分、后台部分或室外部分和室内部分。客用部分主要包括停车场和营业场所及客人临时休息场所、洗手间等；服务员使用部分主要包括服务员更衣室、服务员食堂、倒班宿舍、培

训教室、阅览室、活动室等。

饭店公共区域清洁保养工作主要有以下三个特点。

（一）众人瞩目，要求高，影响大

饭店公共区域是人流过往频繁的地方，只要到饭店来，任何人都能接触饭店的公共区域。可以说，饭店公共区域是饭店的门面。很多人对饭店的第一印象都是从饭店公共区域获得的，这种印象往往影响着他们对饭店的选择。例如，有的人原计划来店住宿或用餐，但如果他们进入饭店后看到大厅不清洁、不卫生，设备用品不完好，在这种情况下，除非因为某种原因而迫不得已、别无选择，客人是不会在此住宿、用餐或进行其他活动的。因此，饭店必须高度重视饭店公共区域的清洁保养工作，并以此为饭店添光加彩，增强饭店对公众的吸引力。

（二）范围广，情况多变，任务繁杂

饭店公共区域范围大，场所多，活动频繁，情况多变，因此，清洁保养工作的任务也就非常繁杂，而且有些工作是难以计划和预见的。人数多少、活动安排、天气变化等多种情况都可能带来额外的任务。

（三）专业性较强，技术含量较高

饭店公共区域的清洁保养工作，尤其是其中的一些专门性工作与其他清洁保养工作相比，专业性较强，技术含量较高。因为工作中所需使用的设备、工具、用品和所清洁保养的设施设备和材料等种类繁多，服务员必须掌握比较全面的专业知识和熟练的操作技能才能胜任这些工作。

二、公共区域的清洁任务及要求

一般来说，客房部负责除厨房以外的所有公共区域的清洁保养。这可以节省一些人力，还有利于统一控制和保证整个宾馆酒店的清洁质量与标准。但也有些宾馆酒店为了缩短战线，保证前台质量，往往将后台区域划归其他部门负责。

（一）饭店公共区域的业务范围

（1）饭店室内和室外的清洁卫生（厨房除外）。

（2）饭店所有下水道、排水、排污等管道系统、沟渠、河井、化粪池的清疏工作。

（3）饭店卫生防疫、喷杀"六害"的工作。

饭店公共区域的业务范围，是根据饭店的档次和习惯而定的。例如，有的饭店是将饭店公共区域的卫生分别划分给餐厅、前厅、工程和客房部管理，而有的饭店则将前台区域划归客房部负责，将后台区域划归工程部或行政事务部负责。

（二）饭店公共区域清洁保养的任务及要求

饭店公共区域的各个部分由于所处的位置不同、功能不同、设备材料及装饰布置不同等多种原因，其清洁保养工作的任务和要求就不可能完全一样。下面简单地介绍部分主要场地的清洁保养工作的任务及具体要求。

1. 大厅

大厅几乎没有休息的时候，需要得到日夜不停的清洁保养。大量的过往客人和短暂停留者不断地带来尘土、足迹、烟灰烟蒂以及糖果纸屑等，同时每一位新来的客人又都在这里得到至关重要的第一印象。而最重要的是，这里是宾馆酒店的门面。

通常，负责大厅清洁的服务员所做的有三件事：倒烟灰、整理座位和除尘。如果厅内有水池，服务员还应用夹子清除池中的垃圾与杂物。在活动频繁的白天，服务员要能及时并不易被察觉地不断重复着以上的工作。遇上雨雪天，不仅要在门口放上存伞架，还应在大门内外铺上踏垫和小地毯，服务员则需更为频繁地清除地面上的泥沙和水迹，并在必要时更换地上的踏垫或小地毯。

有些在营业高峰期间不便做的工作，通常都安排在客人活动较少的夜晚或清晨。如：吸尘、洗地、抛光打磨、清洁烟灰筒、彻底清洁家具、墙面去渍、设备维修等。

2. 电梯和自动扶梯

与大厅一样，这些也都不断有客人在使用。通常，宾馆酒店所用的自动电梯比起由电梯员操作的老式电梯清洁保养的难度要大一些。电梯里的地毯特别容易脏，四壁也会留下指印和磕碰的痕迹，这些在封闭的环境里特别惹人注目。因此，服务员应对电梯进行定时清洁，管理人员对此更要多加注意。

电梯的全面清洁是在夜班进行的。电梯地毯应多备几块，以便定期或临时清洁与更换。有些宾馆酒店还定做了精致的星期地毯。这对于有条件的宾馆酒店来说，确实是个值得仿效的做法。

自动扶梯一般也在晚间作彻底清洁。玻璃护板要擦亮，金属要除渍保养，踏板槽里往往有一些脏物嵌在上面，一定要细心地清除掉。只有清洁保养得法，才能显示出设施本身的魅力。

3. 餐厅、舞厅和多功能厅

这些地方需要仔细地清洁。客人落座之后，难免会左顾右盼，他们对于座椅和地面的清洁有时是很挑剔的。因而，在开餐之前要仔细检查。

鉴于餐厅营业时间长短不一，客房部要妥善安排好各餐厅的清扫时间并主动争取餐厅员工的积极配合。在餐厅营业时间内有清理需要时，必须及时地给予处理，否则，不仅有碍观瞻，而且可能造成硬地打滑或地毯上的污迹不易清除。不少宾馆酒店考虑到工作的迅捷和方便，往往要求在营业期间的清洁卫生由餐厅自行解决。对此，客房部应积极配合，如工作用品的配备和清洁方法的指导等。

餐厅的全面清洁保养通常在夜晚停业之后至次日开餐之前进行。由于餐厅的陈设布置差别很大，因此难以一一详述其清洁项目。不过，通常的工作内容有：

（1）清除餐椅上的食物碎屑及污渍。

（2）清洁桌椅腿、窗沿及通风口等。

（3）清洁吧台、账台及电话机等。

（4）擦亮金属器件。

（5）地面吸尘或磨光。

（6）有计划地为家具、灯具等清洁打蜡。

（7）有计划地分批进行座椅和墙面的清洗。

舞厅和多功能厅的清洁任务和要求基本上与餐厅相同，只是舞厅常安排在上午清扫，而多功能厅的清洁工作往往在活动前后进行。

4. 洗手间

在一些高级宾馆酒店中，洗手间有专职服务员负责随时进行清洁并为客人放洗手水、递毛巾及开门等，这无疑是一种高规格的服务模式。实际上，客人对于洗手间的清洁卫生要求一向都很高，如果有异味或不洁会带来坏的影响，以至最后失去客人，但在大多数宾馆酒店里要安排专职服务员显然很困难。

通常，宾馆酒店要根据自己的档次、客流量和洗手间的设备状况确定清扫频率，以保证最基本的规格水准。这个频率可根据一天中使用情况的不同而有所不同。一般的清扫无非是抹抹水迹、擦擦镀铬件和镜子以及补充一些用品，基本无妨客人的行动。如果需进行全面彻底的清洁，必须在洗手间门外竖立一块牌子，说明关闭原因并指出临近洗手间的所在位置。为了保证洗手间的清洁卫生，这种大清洁除在夜班安排一次外，至少还应在白天客人活动低峰期进行一次，如下午三四点钟左右。需要说明的是，即使一些宾馆酒店平时并不安排专人在洗手间服务，但遇重大活动时也可作临时的安排和调度。

5. 吊灯

吊灯在宾馆酒店里的位置往往是十分显要的，几乎成了宾馆酒店豪华程度的象征。但大型吊灯的清洁保养却是一件令人头痛的事情。许多大厅的吊灯有成百上千件饰物，拆洗起来既麻烦又不安全。因此，如果不是明显看出脏的话，一般很少去清洗它。不过，现在有些宾馆酒店在灯饰的设计选用上已经注意到其清洁保养问题，如安装了滑轮组以便可进行升降等。对大多数宾馆酒店而言，升降梯或升降平台是进行高空作业所必不可少的工作设备。

吊灯的清洁工作既苦又累还费时，造成损坏又很难修配。为此，美国一家宾馆酒店的员工想出一条妙计：他把配制好的清洁剂溶液装入一只压力喷壶，用它在高梯上对吊灯饰件进行喷雾清洗，吊灯下面的地上用雨布张起一个如漏斗状的积水容器。这样，整个工作过程比原先就快了好多倍，而且还安全省力。

6. 不锈钢和铜器

不锈钢和铜器在星级宾馆酒店里被普遍采用，它给宾馆酒店增添了色彩。通常，这些器件都必须每天清洁，否则就会失去光泽或沾上污迹。如果保养不当，表面还可能变色或出现细微的划痕，从而破坏了原设计的效果。

擦洗不锈钢和铜器都有专门的清洁剂，如果用别的清洁剂取代是比较危险的。即使用同一品牌的清洁剂，其品质、功用也不尽相同，此外不锈钢或铜制品的品质等也有差异，因此清洁剂的选用很关键。对于那些镀铬、镀铜件，通常只需用抹布擦净即可。

7. 康乐场所

饭店的康乐场所较多，各个康乐场所的营业时间、设施设备的配置及活动内容各有不同。因此，对这些场所的清洁保养工作的安排必须考虑其具体情况，并与相关部门协调配合，既要保证其清洁保养的质量，又不能影响其正常经营活动。

8. 后台区域

各个饭店都有后台区域，即服务员活动区域，包括服务员走道、电梯、更衣室、服务员卫生间、服务员食堂、办公室、倒班宿舍等。后台区域的使用频率高、区域范围广、清洁保养难度大。饭店后台清洁保养工作做得好坏，能够直接反应饭店的管理水平，影响服务员的工作环境质量和员工的士气。后台的清洁保养工作应根据各个场所的功能用途、使用频率等具体情况，进行合理安排。

（1）员工通道。员工通道通常都是混凝土或砖石地面，日常的清洁保养主要是清除地面的垃圾杂物及污迹，但要注意防滑。定期清洁保养主要是洗刷地面，清除墙面的污迹。

（2）服务员电梯。服务员电梯的清洁保养工作与客用电梯的清洁保养工作基本相同。

（3）服务员更衣室。服务员更衣室通常安排专人照看，其清洁保养工作的内容和要求有保持地面清洁、清除垃圾杂物、收拾衣架并送布件房、整理长条凳、清洁浴室卫生间、补充卫生用品、家具设备的除尘除迹等。

（4）办公室。办公室的清洁保养工作一般在上班前或下班后进行，中间方便的时候整理一次，倾倒垃圾。在对办公室进行清洁保养时要特别小心，防止文件丢失。有些办公室由于保密和安全的原因，清洁保养需作特别的安排，通常要与有关人员或部门协调安排。

9. 饭店垃圾的处理

（1）饭店里所有的垃圾，包括定期从垃圾管道里清除的垃圾，都要集中到垃圾房，统一处理。

（2）将垃圾中的有用物品，如餐具、用具、设备零件等分拣出来，作好登记，移交给有关部门处理。移交时要办好登记和签收手续。有严重问题的要调查处理，追究责任。

（3）清理垃圾时，若发现客人遗弃的黄色书刊不得私自拿走，必须交保安部处理。

（4）将经过清理的垃圾喷洒药物后装进垃圾桶加盖，以便杀灭虫害和细菌。

（5）定时将垃圾运往垃圾工厂或垃圾处理场。若饭店有焚烧垃圾的设施设备，可先将垃圾焚烧后，再运往垃圾场处理，一定要在当天处理完。

（6）保持垃圾房的清洁卫生。垃圾桶要排放整齐，配备垃圾桶盖子，保证地面无遗留垃圾，尽量减少异味。

（7）垃圾房是处理垃圾的场所，无关人员不得进入。

三、公共区域清洁保养制度与标准

（一）重视清洁服务员的选择与培训

饭店公共区域的清洁保养工作具有要求高、任务繁杂、技术性强、劳动强度大等特点，因此并非一般人能够胜任。饭店要确保做好这项工作，首先必须选择合适的清洁服务员，加强对他们的培训，使他们具备应有的素质。饭店公共区域清洁服务员必须符合下列要求：

（1）热爱饭店公共区域的清洁工作，具有高度的自觉性和责任感。

（2）能吃苦耐劳。

（3）有丰富的清洁保养知识和熟练的操作技能。

（4）熟悉饭店的情况，能回答客人的有关问题。

（5）有良好的服务态度和较强的应变能力。

（6）身体健康，形象较好。

（二）制定清洁保养制度及标准

根据饭店公共区域清洁卫生繁杂琐碎、人员变动大的特点，必须制定清洁保养制度及标准，以保证饭店公共区域清洁卫生质量的稳定性。饭店公共区域的清洁保养制度和标准一般包括日常的清洁保养制度和分期清洁保养计划。

1. 日常清洁保养

根据各区域的活动特点和保洁要求，列出所有责任区域的日常清洁基本标准，以便进行工作安排和检查对照。其一般形式与主要内容如下：

（1）大厅及走廊。随时保持清洁，早中班每小时进行一遍地面推尘、倒烟灰、座位整理、扶手与平台抹尘、清除地毯及水中垃圾，夜班作全面清洁。

（2）客用电梯。早中班每 4 小时清扫一次，夜班作全面清洁。

（3）客用洗手间。早中班每一两小时进行一次清理，下午及后半夜各作一次全面清洁。

（4）餐厅和舞厅。每日营业结束后进行全面清洁维护。

（5）多功能厅。每日清洁一次，需要时可随时清洁。

（6）行政办公室。每日下班后清洁一次。

（7）员工更衣室。每日早中班各清洁一次。

（8）员工通道与电梯。每班清洁一次。

（9）外围。每日早晚清扫两遍，其他时间由外围服务员随时保持其清洁。

2. 分期清洁保养计划

公共区域范围广、项目多，不少宾馆酒店从节约成本和控制质量的角度出发，把客房地毯及沙发的洗涤工作包给了公共事务部。这样，如果没有一个分期分批逐级保养的计划，日常工作便会显得手忙脚乱和无从着手。

制订分期清洁保养计划类似于客房的计划卫生，但公共区域分块多，各处的使用情况有别，环境要求也不同，因此这一计划以各区分列为宜。下面以某宾馆酒店的大厅清洁保养计划为例加以说明。

（1）每天进行。抹尘、吸尘、拖地、抛光，擦亮不锈钢扶手、面板与标牌等，擦洗大门、台面玻璃，清除地面、墙面、座椅污迹，更换踏脚垫，花卉浇水与更换等例行事务。

（2）每周进行。台面打蜡，电话机消毒及电话间墙面清洗，门窗的框、沟、闭门器和地脚线清洁，百叶门、窗清洁打蜡，天花板通风口清洁，硬地用喷洁蜡清洁保养。

（3）每月进行。软家具、软墙体与门、帷帘的清洁除尘，壁灯、台灯座等装饰物件的清洁打蜡，走廊吊灯和吸顶灯的清洁，金属、石料或木质家具及墙面的清洁打蜡，所有透明玻璃制品的彻底清洁，地面起蜡和打蜡，用干泡法清洗休息处的地毯。

（4）每季进行。座椅的坐垫、靠背与扶手的清洗，帷帘与软墙体的清洗，大洗地毯。

（三）服务员的分工负责

根据日常清洁标准，将各项工作落实到早、中、夜三个班次，再根据工作量多少确定各班次所需要的人员并为服务员划分责任区。为了保证工作的实施并便于检查效果，须制定出早、中班各责任区服务员的工作流程和时间分配方法，而夜班通常只需列出其工作内容即可。

（四）配备齐全的设备用品

饭店公共区域的清洁保养工作需要一些专门的设备工具和用品，这是做好饭店公共区域清洁保养工作的基本条件之一。饭店要根据具体的任务和要求配齐、配全、配好设备工具和用品，并加强管理。

（五）公共区域清洁保养工作的检查督导

与楼层工作一样，检查督导是保证工作水准的一项必要措施。尽管所有工作区域的规定项目都要检查，但也要注意重点与次序。通常，公共区域的检查以客人活动区域为重点，其顺序可以是从前往后、自下而上地进行。客房检查中所采用的顺时针或逆时针式的检查路线在此同样适用。

负责公共区域的主管和领班不仅仅是工作检查者，更应该是工作的协调和组织指导者。他们除了检查日常工作的完成情况外，还要更多地了解员工的工作状态和操作细节，其中能不能正确使用清洁剂和清洁工具就是一项重要内容。如果这一环没抓好，不仅浪费清洁剂和降低工作效率，而且往往达不到应有的清洁保养效果，甚至还会带来额外的麻烦。如：洗地打蜡而不立警示牌或拉隔离线，擦玻璃时不带抹布，清洁洗手间脸盆时也用坐厕清洁剂，等等。

为了考察控制公共区域的工作质量，往往要求有书面检查记录和成绩评估。这些将作为奖金分配或培训要求的分析依据。

资料卡

表13-1　　　　　　　厅堂组、洗手间卫生检查记分表　　　　　　年　　月　　日

项目 ＼ 得分＼地点	—M A	—M P	—L A	—L P	=M A	=M P	=L A	=L P	=M A	=M P	=L A	=L P
地面、墙角无积灰、无杂物、无污渍　15												
马桶、小便池内外干净无污迹　15												
四壁瓷砖无污迹、无积灰　10												
大、小各扇门无灰尘、无污渍　5												
间隔墙顶无积灰、无杂物　5												
马桶底座及胶边无积灰、无污渍　5												
脸盆四周及水龙头清洁无水迹　5												
脸盆下水口、溢水口无污迹　5												
各小垃圾箱或烟缸内外清洁　5												
托盘无污渍、皂盘无水迹　3												
水池下弯管无积灰、无污渍　3												
镜面无水迹、镜框无锈迹　3												
大理石台面无灰尘　2												
踢脚板、缓冲器无积灰　2												
镜框顶无杂物、无积灰　2												
水箱内无大沉淀物、外无污渍　2												
风口无积灰　2												
壁画、卷纸架无积灰　2												
梳子、衣刷上无头发、无污渍　3												
工作间、物品归位整洁　5												
总分												

AM　　　　　　PM

领班检查：_____　　　　主　管：_____

第二节　地面材料的清洁保养

饭店地面涉及的材料有大理石、花岗岩、地砖、木质地板、地毯、水磨石、混凝土等。由于地面材料不同，对其清洁保养也有所差异。

一、大理石地面的清洁保养

大理石有天然大理石和人造大理石之分。天然大理石是石灰岩经过地壳内高温高压作用形成的，主要成分为碳酸钙，往往用于饭店大厅地面、墙面的装饰和豪华客房卫生间地面的铺设，因其含有杂质，容易风化和溶蚀，导致表面光泽渐失，所以不宜作室外装饰材料。人造大理石又分为水泥型人造大理石、聚酯型人造大理石、复合型人造大理石和烧结型人造大理石，尽管不同的人造大理石各具特点，但总体而言，人造大理石表面光洁度很高，其花色可模仿天然大理石或花岗岩进行设计，不但美观大方、富于变化，而且还具有较好的耐久性、可加工性、表面抗油污性，并且较易进行清洁保养，价格也比天然大理石便宜，故大多数饭店普遍以人造大理石代替天然大理石。

对大理石地面的清洁保养，饭店可采用以下方法和程序：

（一）日常清洁

先扫除地面脏屑，然后用经过牵尘剂浸泡处理的拖把或尘推进一步除尘，保持地面光亮无灰尘。

但日常清洁一般很难彻底除去地面的顽固污迹，且不能使地面恢复光滑的状态，因此，必须进行定期彻底清洁和周期性打蜡。

（二）定期清洁

定期清洁通常安排在深夜进行。清洁前，将所有物件撤离，准备好合适的清洁器具和清洁剂，并标出警示线或树立警示牌，提醒行人注意安全。

将稀释好的清洗液倒入洗地机内，按直线从后向前推进。同时，打开吸水机开关，边擦洗边吸除污水。对洗地机无法清洗到的角落，可用拖把浸泡清洁液拧干后擦洗或用海绵人工擦洗。

（三）打蜡

打蜡是保养大理石地面的最佳方法，既可恢复大理石地面的光滑明亮，又可延长使用寿命。

打蜡前，将所有的物件搬离，并除去地面浮尘，同时，树立警告牌提醒客人，直至打蜡全部完成约 24 小时后才能撤掉标志。打蜡时，用拖把将起蜡水均匀涂于地面，除去旧蜡，然后一边用洗地机擦洗，一边用吸水机或拖把迅速将蜡溶液吸走，用清水漂清地面。待地面完全干透，用拖把或喷蜡器由前往后退的方法，将第一层蜡（封蜡）均匀涂于地面，且蜡要喷涂得薄而均匀。待蜡层风干（一般约需 30 分钟），用抛光机轻度打磨抛光，使蜡面平滑牢固。待第一层蜡干透（约需 4 个小时），再上第二层蜡（通常为面蜡）并抛光。等第二层蜡干透后（约需 4～8 小时），可上第三层蜡（面蜡）并抛光即成。

大理石地面打蜡应注意：起蜡操作时，要带湿吸除，不能等溶液变干；起蜡水起蜡后，必须用清水漂清；上多少层蜡要看情况而定，通常是一层封蜡、一层面蜡；刚打完蜡的地面要做明显标志，提醒行人注意。

（四）晶面处理

打蜡对于大理石等石质地面有较好的保护作用，但对于沙砾、硬质鞋底等难以抵挡，蜡层亦会因日常周而复始的清洁和磨损而渐渐消失。所以，在大理石地面未被磨损之前对其进行晶面处理是一种较好的保养方法，此法可弥补打蜡的不足，使地面抵御坚硬物质的磨损，防止酸碱物质的侵蚀。

所谓晶面处理即通过机械将化学剂加热浓缩并压缩成结晶膜铺在地面上。具体处理程序为：先清除地面旧蜡并清洗干净，待地面完全干透，将选择好的晶面处理剂倒入处理机，开启机器，使处理剂均匀喷涂在地面上，同时，用高速转动的钢丝垫迅速进行抛光，很快就会有一层透明薄膜牢固地附着在地面上。晶面处理要过两个小时后才能在上面行走。

进行晶面处理应注意：晶面处理前要保持地面干净，必须防止灰尘、沙砾进入工作现场；晶面处理剂在使用前要摇匀，如不小心撒在地面上，应迅速擦干净；生锈的钢丝垫不能使用；地面表层凸凹不平时，应先用特殊的钻石垫对不平的地方进行研磨和砂磨，待地面恢复平滑后再进行晶面处理。

二、地毯、地面的清洁保养

地毯具有美观、安全、舒适、清洁、保温、吸音等特点，因而被广泛用于客房、餐厅、会议室等重要场所。根据地毯纺织纤维材料的不同，饭店常用的地毯有化纤地毯、羊毛地毯和混纺地毯三种。除了一些易积水的公共区域外，饭店一般不铺设低档化纤地毯，大都选用羊毛地毯或混纺地毯。

羊毛地毯华贵、柔软、装饰性强、保温效果好、低静电，但吸潮、易霉烂、易生虫、易缩水、难于保养、价格昂贵。化纤地毯防潮、耐磨、不生虫、不缩水、易清洗、价格低廉，但质地较硬、弹性差、洗后易返污，有的化纤地毯在湿度较低时会产生很强的静电。混纺地毯有效弥补了羊毛地毯和化纤地毯的一些缺陷，不仅可以防虫蛀、防潮湿、防静电等，而且更具观赏性和实用性，并且价格低于羊毛地毯。

地毯的清洁保养方法主要如下：

（一）吸尘

吸尘是清洁保养地毯的最基本方法。经常吸尘一方面可以除去地毯表层及藏匿在纤维中的尘土，而且可以减少地毯清洗次数，从而保持地毯的弹性和柔软度，延长其使用寿命。地毯每日吸尘的次数视区域而定，客房区域要求每日吸尘一次，人流量大的公共区域（如大厅、餐厅、商场等），每日不少于三次。日常吸尘可用普通吸尘器，但应定期使用直立式吸尘器彻底吸除地毯根部的杂质、沙砾等。吸尘应注意：

（1）吸尘前，先清除区域内大的垃圾和尖利物品。

（2）吸尘时，角落、墙边等处应选用合适的吸尘器配件。

（3）吸尘应由里向外，并按一定顺序，以免遗漏；采用推拉方式，推时应逆毛，拉时应顺毛，以保证吸过尘的地毯纤维倒向一致，脚踩过后地毯不会出现阴阳面。

（二）除渍

在日常清洁工作中，如发现地毯上有污迹，应立即加以清除。不同的污渍应采用不同的方法进行清除。

（1）油脂。用海绵蘸上干洗剂揩拭，然后吸干。如有必要，可反复进行。

（2）一般食物。用海绵蘸上清洁剂溶液揩拭，吸干水分，再用清水揩拭，再吸干水分。如果还是难以除去，可用海绵蘸上干洗剂擦拭，并用纱布吸干。

（3）咖啡、可乐、果汁、茶水。用纸巾、抹布彻底吸干，用海绵蘸清水擦拭，然后吸干水分。

（4）呕吐物。发现地毯上有呕吐物时，应立即刮去并吸干脏物，用海绵蘸上清洁剂溶液擦拭，然后用抹布或纸巾把溶液吸干，再用海绵蘸上清水擦拭并吸干。

（5）番茄酱。彻底刮去番茄酱，用海绵蘸上清洁剂溶液擦拭并吸干，然后用海绵蘸上清水再次擦拭并吸干。如果仍难消除色斑，可用海绵蘸上漂白剂溶液揩拭，吸干后，再用海绵蘸上清水揩拭，最后吸干水分。

（6）口香糖。用口香糖除迹剂喷在口香糖上，待其硬化后，用硬物将其敲碎，然后剔除。

（7）血迹。吸干血液，用冷水浸泡，用干布吸干，然后用海绵蘸上清洁剂擦拭，吸干溶液，用清水洗干净，最后吸干水分。

（8）口红、指甲油。用海绵蘸上醋酸戊脂或专用清洁剂擦拭，吸干，然后用清水清洗干净，并吸干水分。

（9）烧伤。如果地毯只是轻度烧伤，可用软刷刷擦，将烧焦的纤维清除，或用剪刀将烧焦的一端剪去，然后再用海绵蘸上清洁剂擦拭，用清水清洗，并吸干，最后用软刷将周围的纤维梳理好。如果地毯被烧痕迹明显，则将烧坏部分割除，再用同样大小的地毯块补上。补法有胶贴、织补等，要尽量不留痕迹。

地毯清洁保养过程中可能遇到的污迹类型很多，难以一一列举，在对这些污迹进行局部个别处理时，应注意以下几个方面：

（1）清除小块污迹时，先用清水湿润污迹周边地毯，以防止污迹潮湿后向周边蔓延。

（2）污迹严重时，可用软刷进行刷擦，为减轻对地毯纤维的损伤，刷擦要采用旋刷的方法。

（3）用温水调兑清洁剂，效果更显著。

（4）使用清洁剂后，要用清水洗干净，以减轻清洁剂对地毯的损伤。

（三）定期清洗

饭店应根据实际情况，每隔一定时期，对地毯进行彻底清洗。一般说来，地毯彻底清洗周期可为半年或一年。地毯清洗的方法主要有以下几种：

（1）干粉除污法。将专用干粉撒在地毯上，用机器碾压，使之渗透进地毯中。让干粉在地毯中滞留一段时间后，用吸尘器将干粉及污垢吸除。此法清洁速度快，融合力好，不褪色，无残留物，不发霉，无污点，但仅适用于污物较少的地毯。

（2）干泡擦洗法。用干泡机将干泡洗涤剂压缩打泡后喷洒在地毯上，机器底部的擦盘同时擦洗地毯，使干泡渗入地毯纤维中，可将污物与纤维分离。分离后的污物与干泡结成晶体，约半小时后，用吸尘器吸除，地毯即清洗完毕。

（3）喷吸法。用高压将经温水稀释的清洁液喷射到地毯上，在高压和清洁剂的双重作用下，将污垢与地毯纤维分离，并用吸口将污物及溶液从地毯纤维中吸出。此法操作方便，对地毯的直接伤害较小，清洗后，地毯湿度较大，干燥时间长，一般用于清洗化纤地毯。

（4）旋转湿洗法。将大量稀释后的清洁剂溶液输入地毯，由机器带动刷盘在地毯上旋转擦洗，然后利用真空吸尘器将污物和溶液一起吸走。湿旋法是最传统而又最普通的地毯清洗法，此法对地毯的伤害最大，清洗后的地毯纤维易被拉断，残留的清洁剂和污物较多，易使地毯受潮、缩水、褪色、霉烂，故一般情况下不采用此法。

三、地砖地面的清洁保养

地面砖材料种类很多，可分为陶、瓷两大类，又有施釉和不施釉两种。其表面光滑、不吸湿、不透气，主要用于饭店卫生间地面的铺设。但地面砖具有易破碎、热胀冷缩的特点，拼接缝较宽，故不利于清洁保养工作的进行。

地面砖的清洁保养可采用如下方法：

（一）初始保养

（1）铺设地面砖之前，先用水浸泡适量时间。

（2）地面砖铺好两天内不要沾水，必须等混凝土凝固。

（3）可打蜡保养。

（二）日常清洁保养

（1）每日用刷子、抹布或除尘拖把清扫地面，根据地面卫生情况，决定是否使用清洁剂。

（2）间隔一定周期后进行彻底清洁，可用清洁剂湿拖或用洗地机清洗，并用拖把或吸水机吸去溶液，然后用清水洗净地面并擦干。

（3）用牙刷蘸清洁剂擦洗接缝。

四、木质地板的清洁保养

木质地板有契口地板和拼花地板之分，其具有一定的使用耐久性、自重轻、导热性能低、有弹性、舒适度好，但耐火性差，且容易随空气中温度、湿度的变化或长期用水清洁而导致裂缝、翘曲、破损、腐朽。此外，因木材纤维易破裂，故木质地板较易被磨损。

木质地板的清洁保养可从以下方面入手：

（一）初始保养

（1）新的木质地板在使用前应先进行砂擦、吸尘、打蜡抛光。

（2）木质地板打蜡，一般需要上三层，且每层都要进行抛光。

（二）日常清洁保养

（1）用喷上静电除尘水的拖把除尘或尘推推尘，亦可使用吸尘器吸尘，以保持地面光亮无灰尘。

（2）用油灰刀、细砂纸、抹布等除去地面上的小斑迹，并根据情况补蜡。

（3）蜡面局部有污迹，可用抛光机喷蜡，进行局部擦洗，待其干后，再补蜡及抛光。

（4）客人活动频繁区域，如多功能厅、舞厅、咖啡厅等地，应每天抛光。

（5）在入口处铺上地毯垫，每日进行清理及更换，以减少客人出入时带进的沙砾。

（三）定期清洁保养

木质地板的定期彻底清洁保养方法与大理石地面基本相同，只是木质地板的保养要更精细一些，故要求还是有所差别。

（1）清洗木质地板上的污垢时，不宜用洗地机，而应用拖把和稀释过的中性清洁剂。

（2）对木质地板再次打蜡前去除陈蜡的方法是：用磨砂机干磨，然后用吸尘器吸去陈蜡。对于磨砂机磨不到的地方，应用手工砂擦。

（3）木质地板表面有气孔，需上封蜡渗透填充来增加光洁度，且最好上两层封蜡。

（4）木质地板上的封蜡和面蜡应为油基蜡。

五、水磨石地面的清洁保养

水磨石地面以水泥和彩色石屑拌和，经成型、养护、研磨、抛光等工艺制成，具有强度高、美观、花纹耐久、抗风化、耐火、防潮、施工简便等特点，一般用于员工通道、员工食堂、厨房等后台区域。

（一）初始保养

（1）使用前应彻底打蜡，一般可先施以丙烯酸酯涂料起保护作用，再打上水性蜡以便日常清洁与防滑。

（2）最初的几个月里，要求每天拖地以清除地面上的矿物质。

（二）日常清洁保养

（1）每天用尘推推尘或用吸尘器吸尘，保持地面的整洁。

（2）每隔一天对水磨石地面用合成抛光剂抛光。抛光时，不能使用钢丝绒，因钢丝绒屑会损坏地面，并使地面褪色，而要使用合成纤维垫。

（三）定期清洁保养

（1）根据地面状况，确定水磨石地面的彻底清洁周期，一般每两个月大清洗一次。清洗前先将地面清扫干净，再用清水将地面浇湿，然后使用柔性清洁剂洗刷，用拖把或真空吸水机将地面的水吸净，最后用清水将地面的清洁剂漂洗干净并擦干。

（2）水磨石地面对碱较敏感，故要避免使用碱性清洁剂，较合适的清洁剂是含碘硅酸盐、磷酸盐成分的清洁剂和合成洗涤剂。

六、混凝土地面的清洁保养

混凝土地面具有坚硬、牢固、平整、不易损坏、造价便宜的特点，但无光泽、色彩单一，适用于饭店外围、地下室、车库、仓库等处的地面。

混凝土地面的清洁保养方法主要如下：

（一）初始保养

（1）混凝土地面铺设完毕后，严禁踩踏；待地面干透后，要除去垃圾、杂物及地面上的各种污渍。

（2）混凝土地面启用前应用聚氨酯、环氧树脂涂料或酚醛清漆进行预先处理。

（二）日常清洁保养

（1）视地面清洁状况，每日适时清扫、除尘。

（2）地面的污渍可用抹布、纸巾等擦拭，较顽固的污垢可用小灰刀轻轻刮去。

（三）定期清洁保养

（1）根据地面状况，确定混凝土地面的彻底清洁周期，彻底清洁可用拖把或机器进行。

（2）对上过油漆的混凝土地面的清洁与保养，平时应注意清扫、吸尘；湿拖、油拖后要确保地面干燥；清洗时可用经过稀释的清洁剂擦洗，然后漂洗干净并擦干。

（3）对未上油漆的混凝土地面，为避免引起化学反应，在清洗之前要先预湿地面。对油污较重的地面要用碱性清洁剂，清洗时先用硬刷除去积存的油垢，然后用清洁剂擦洗，再用清水漂清。切忌使用挥发性溶剂擦拭油垢。

资料卡

花岗岩地面的清洁保养

花岗岩是一种火成岩，经过研磨抛光后成为装饰石板。花岗岩表面平整光滑，颜色多为粉红底黑点、白底黑点、花皮、灰白、纯黑等，不易风化变质，外观色泽可保持百年不变，并且坚硬耐磨。所以，花岗岩不但可用作饭店大厅的地面装饰，还可作为饭店外墙等部位的装饰材料。

花岗岩地面的保养可参考大理石地面的清洁保养。

第三节　墙面材料的清洁保养

饭店墙面面层涉及的材料有硬质墙面、墙纸、软墙面、木质墙面、涂料墙面等类型，墙面面层的材料不同，其清洁保养也有所差别。

一、硬质墙面的清洁保养

饭店常见的硬质墙面有瓷砖墙面和大理石墙面。前者多为厨房和卫生间墙面的装饰材料，一般经过施釉，且花形图案较多。后者多为大厅墙面的装饰材料，一般经过抛光处理。硬质墙面具有防水、防污、防火及一定的装饰性能。

硬质墙面与硬质地面的物理性能十分相似，但由于装饰的部位不一样，故清洁保养方法也不尽相同。与地面相比，墙面装饰物受到的摩擦少，主要污染为灰尘、水珠等。如果是大厅墙面，则主要为灰尘，故在日常的清洁保养中，每天要掸去表面浮尘，且要定期安排计划卫生，用喷雾蜡水进行清洁保养。此种蜡水不但具有清洁功效，而且会在表面形成透明保护膜，使墙面更耐灰尘等污物浸染，且日常清洁工作更加方便。如果是卫生间的墙面，除注重每天的日常清洁外，还应定期用碱性清洁剂清洗，洗后必须用清水把清洁剂漂净。

二、墙纸墙面的清洁保养

墙纸是饭店最常见的墙面装饰材料，通常用于客房、会议室和餐厅等场所。墙纸的类型较多，有纸基深塑墙纸、纸基织物墙纸、聚氯乙烯塑料墙纸、玻璃纤维印花墙布、无纺贴墙布、化纤装饰贴墙布、麻草壁纸等。

对墙纸墙面的清洁和保养要注意定期吸尘，吸尘时将吸尘器换上专用吸头即可。发现污垢要及时处理，否则时间一长就会在墙纸上留下永久性斑迹。处理时应根据墙纸材料的不同而采用不同的方法：对耐水墙纸可用中、弱碱性清洁剂，并借助毛巾和牙刷进行擦洗，然后用干毛巾吸干水分；对不耐水的墙纸可用干擦法，如用橡皮等进行擦拭，或用毛巾蘸上少量清洁剂并拧干后轻轻揩擦。

三、软墙面的清洁保养

软墙面是用锦缎等覆盖墙面，内衬海绵等物。此种墙面高雅、华贵、温暖、立体感强、吸音效果好，是一种高级墙面装饰方式。

软墙面的清洁保养也要注意定期吸尘。因为软墙面内衬海绵等填充物，用水擦后难以干透，处理不好还会留下明显的水印，故软墙面不能经常用清洁剂擦拭。为了便于清洁保养，但又不影响装饰效果，所以，在进行室内装潢时，应在距地面一米以下的地方用木板贴面，一米以上处再用软墙面装饰。

四、木质墙面的清洁保养

木质墙面一般用于大厅、会议室、餐厅和客房等处。木质墙面有不同的质地、颜色和光泽度，并且还有质朴、雅致、保温性好、清洁保养方便的特点。

在日常的清洁保养中，木质墙面可用干布擦拭除尘，发现污渍时，可用拧干的抹布进行擦拭。注意定期上家具蜡，一方面可以加强保养，另一方面更便于日常清洁。要防止硬物或尖锐物刮坏墙面，如有破损，应请维修人员及时修复并上漆弥补。

五、涂料墙面的清洁保养

涂料墙面色彩丰富，易与家具色彩搭配，价格低廉、无毒无气味、不易燃、透气性较好、施工简单，但在潮湿环境中或天气过分潮湿时会发霉。

对涂料墙面的日常清洁保养任务主要是除尘掸灰，若墙面出现霉点，可以用橡皮擦拭，也可用干毛巾揩擦，但要注意力度和技巧，否则会留下擦痕。

六、油漆墙面

油漆墙面色彩丰富多样，易与家具等的色彩搭配，使得整体协调。油漆墙面易清洗，寿命长，但空气湿度大时容易脱落，故适用于干燥的场所。在清洁保养时，可用潮布擦拭，以清除灰尘污垢，但忌用溶剂。

墙面材料清洁保养小技巧

（1）墙面上的污渍应及时清除，否则时间太久形成垢很难去除，在墙面上会留下永久的斑痕。

（2）擦洗时水分不能过多，尤其是不耐水墙面和软面墙面，因其擦水后不易风干，易留下明显的水斑。

（3）从外到里进行擦洗，防止污渍扩散。

（4）必要时可用吹风机快速风干。

第四节　特殊器具的清洁保养

在饭店装潢中，为增强装饰和使用效果而采用一些特殊材料，这也给清洁保养工作带来了很大的难度。因为不同的材料需要不同的清洁剂和不同的清洁保养程序。本节主要介绍对金属、塑料和玻璃的清洁保养方法。

一、金属器具的清洁保养

在饭店中常用的金属主要包括：铝、铜、锡、金、银、不锈钢等。上述金属在作为装饰材料或设备时，若不经过特殊保护和清洁保养，表面便会变得晦暗、划伤和生锈，从而失去金属应有的光泽。

（一）铝制品的清洁保养

铝制品主要用作灯具、家具、门窗以及一些家具附件。它的特点是怕碱、怕酸，易产生划痕。一般铝制品表面均有一层氧化膜保护层，因此，清洁时不能使用含磨砂成分的清洁剂及器械，宜用中性清洁剂擦拭。对于像灯具等装饰性强的铝制品应定期使用液体蜡进行擦拭抛光。

（二）铜制品的清洁保养

铜制品一般采用黄铜、红铜。黄铜多用于客房装饰，红铜多用于餐厅厨具装饰。铜制品以其特有的金属光泽和华贵气质而被广泛使用。但铜制品易氧化而产生铜锈，从而影响观赏效果。因此，对铜制品必须定期用专门的清洁剂进行擦拭和抛光，也可用醋、面粉进行调和来擦拭，其主要原理是腐蚀铜制品表面的氧化物（铜锈）。这种方法只适用于纯铜制品，而不能用于镀铜制品。铜制品的擦拭程序如下：

（1）准备擦铜器器材，擦铜油瓶，质地较软、表面平整的抹布数块。

（2）将抹布叠成四折（大小视所擦铜器而定）。

（3）将擦铜油均匀地涂在叠好的抹布上，均匀并用力擦拭铜器。

（4）用干净抹布将铜器上的铜油擦掉。

（5）用干净抹布快速反复用力擦拭铜器，直到光亮为止。

（三）锡制品的清洁保养

锡主要被用作饰物和餐厅用具等。其特有的可表现民族风情的装饰效果不仅运用在饭店装饰中，而且大量运用在旅游纪念品中。锡制品一旦沾上油污或脏污便很难清除，因此使用中要特别注意，清洗前可先用酒精擦除污渍，再在中温的合成洗涤溶液中洗涤，清洗干净后再用抛光剂进行抛光。

（四）金银制品的清洁保养

饭店装饰或使用的大多为镀金制品和纯银制品。两者均为贵金属，也是软金属，易于划伤，或受不良物质侵蚀即失去光泽。定期使用专门的银器擦亮剂进行擦拭，尽可能将纯银制品置于干燥环境较好的地方。镀金制品的保养须更加小心，不能使用含磨砂成分的擦亮剂，否则易使镀层受损，应使用专门的上光剂用柔软的布料擦拭。

（五）不锈钢制品的清洁保养

不锈钢以其特有的强度而被大量用在家具和厨具中。不锈钢遇酸、碱均会受损，怕潮湿，清洁时可用稀释过的中性清洁剂进行擦洗，用清水洗净后必须立即用柔软的干布擦拭干净。若表面有擦痕，则可用专业的金属抛光剂去除划痕，再用抛光剂磨光即可。

金属制品在展现其实用和装饰价值的同时，也给客房部的清洁保养工作带来许多问题。因其特殊的金属特性，致使清洁保养的技术要求高，保养成本高。清洁保养的目的是要使金属制品能够处于常新状态。因此，了解金属制品的特性，选择相应的清洁保养剂，采用适当的清洁保养方法，不仅可以延长金属制品的使用寿命，还可降低清洁保养成本，减少环境污染。

二、塑料制品的清洁保养

在饭店建筑装饰及设备配置上通常使用两类塑料，即热固塑料和热溶塑料。热固塑料坚固，遇热不会熔化，主要做餐具、电话、门把手、恭桶座板、电器设备和层压板等。热溶塑料则对热较敏感，多作为餐具、刷子、灯具和灯罩、窗帘附件、毯垫等。

（一）塑料制品在使用中的注意事项

（1）要避开直接的热或明火，如烟头、热盘或热管等。

（2）避免用粗糙物直接摩擦，否则会在表面产生划痕。

（3）避免与强酸、强碱直接接触而造成腐蚀。

（4）不宜在塑料件上进行切削或拖拽重物。

大多数的塑料物品有易伤、褪色和在某种情况下会融化和开裂（即塑料老化）的弱点，所以，应有针对性地选择塑料的适用场所并加以维护，以便达到使用和装饰效果。

（二）塑料制品的清洁保养

塑料制品的清洁保养工作较之金属制品要方便一些。通常，饭店应配置专门的塑料清洁剂。这种清洁剂应针对性强，除污方便，操作简单。若无专门的塑料清洁剂，可采用中温合成洗涤剂溶液擦拭，再用清水漂清擦干即可。常与食品接触的塑料，如冰箱内壳，用18毫升的碳酸钠加入600毫升水稀释后擦拭。这样既可清洗冰箱，又不会造成异味污染食品。

三、玻璃的清洁保养

玻璃因其晶莹剔透而倍受装潢设计者和饭店管理者的青睐。饭店内随处可见玻璃制品，从窗户到镜面、酒杯、碗、瓶以及形态各异的玻璃灯具和玻璃装饰品等无处不在。但玻璃属易碎品，因此，清洁保养玻璃制品便是一项难度很大的工作。

玻璃的日常保养要用不会起毛的布或纸擦拭，报纸上的油墨为溶剂，对清除玻璃表面的污垢很有效，并且不会在玻璃表面留下纤维物质，是一种既省钱又高效的清洁物品。用等量的醋和水溶液擦拭玻璃表面也很有效。对于有条件的饭店可配备高压罐装的玻璃清洁剂，虽价格高，但高效，清洁后还会在玻璃表面留下一层透明的保护层，使玻璃不易沾染污物。所以，定期使用玻璃清洁剂可达到清洁保养的功效。

对于磨砂玻璃或花纹玻璃，清洁保养的方法只能是用柔软的干抹布擦拭，若有油污等用牙膏擦拭即可。

资料卡

外窗玻璃清洁程序

（1）检查并准备擦玻璃所需器材，如玻璃刮、玻璃涂水器、铲刀等，也可准备玻璃清洁器。高空作业还必须检查升降机、吊篮的运转情况，安全带的接头是否牢固等（一般白天进行高空作业）。

（2）准备玻璃清洁剂，按规定配制溶液（如玻璃受污程度轻亦可用清水）。

（3）擦拭方法。

①用玻璃涂水器蘸洗涤溶液均匀擦洗玻璃表面。

②用玻璃刮子将玻璃上的溶液刮净。

③用玻璃涂水器蘸清水洗涤玻璃表面。

④用玻璃刮子将玻璃上的水刮净。

⑤用抹布将玻璃表面未刮净的水迹和边框上的水迹抹净。

⑥如仍有斑迹可在局部用清洁剂或铲刀去除（铲刀要锋利，但不可将刀刃正对玻璃操作）。

思考与练习

一、思考题

（1）饭店公共区域清洁保养工作的特点有哪些？

（2）公共区域日常清洁保养的标准是什么？

（3）地面材料的清洁保养涉及哪几方面？

（4）墙面材料的清洁保养与地面材料的清洁保养有何不同？

（5）如何做好金属器具的清洁保养？

（6）洗手间在清洁服务时，必须在门口竖封厕牌，对吗？

（7）金属器具的清洁保养就是要永留光泽，对吗？

二、案例解析

洗手间里翻花样

在上海浦江饭店二楼海霸金阁酒家用餐的 3 位福建来客中，有一位细长个子的英俊小伙子。他看起来喝得多了点，讲起话来口齿已不大清楚。经不住朋友的怂恿，他又喝空了一杯，然后便蹒跚地朝洗手间走去。

客人还未走到门口，洗手间的门便"自动"打开，服务员小匡随即问好致意。客人便后洗手，小匡主动打开水龙头，先后滴上两种不同功效的洗手液，旋即又送上毛巾，这些动作衔接自然，配上诙谐的语言，福建客人的醉意已去一半。

"先生今天用餐一定很愉快。"小匡打开另一条毛巾，"请让我为先生在这块洁白如雪的毛巾上滴上四滴神奇的清凉液，保先生事事（'四'是'事'的谐音）如意。"话音未落，毛巾已经轻轻送到客人的手上。就在客人擦脸的瞬间，小匡已一转身到了客人的身后，右手握着小巧玲珑的健身锤，不无幽默地说："请允许我在先生左右两边用这把功效特好的小锤子轻轻敲上几下，把您一天的辛劳统统敲光。"一忽儿又抽出健身球，在客人的背部、腿部上下滚动，亲切地对客人说："先生现在一定有一种神仙般的飘飘然感觉吧。"几乎就在同时，小匡又出现在客人面前，取出一瓶清脑神液。"请再允许我在您的太阳穴上搽上这种妙不可言的药水，包您万分舒适。好，先生，让我再在您的额头正中央也滴上一滴，效果将会更好。最后一滴我要搽到您神经系统高度集中的人中处。"所有这些动作都是环环相扣，一气呵成。

说时迟，那时快，小匡又迅速选出一把适合福建客人使用的木梳，再用刷子刷去衣服上的屑物，然后用电剃刀为客人刮胡子，用剪刀剪去伸出的鼻毛，接着是五花八门的化妆用品……福建客人正待举步要走时，小匡又从一溜儿鞋油中取出一支，蹲下给客人擦鞋。

"你在洗手间工作，何以这般卖力？"客人感到不解。

"孔子曰：'有朋自远方来，不亦乐乎？'来客都是我的朋友，我当然要为朋友热情周到地服务喽！"小匡笑着说。

（1）你对小匡的服务作何评价？

（2）你认为酒店公共洗手间的清洁和服务应该达到何种标准？

第十四章　布件的洗熨和特殊污渍的清除

重点提示

1. 洗衣房的特点、组织结构及主要岗位职责。
2. 洗衣房的设备及洗涤剂。
3. 棉织品的洗涤过程、干洗洗涤程序、客衣及制服的洗涤。
4. 服装和布件的熨烫及布件的去渍。

故事坊

设立内部洗衣房的必要性

美国加利福尼亚贝克布草公司董事长杰克·E. 斯哥特认为，如果在宾馆酒店外洗衣的费用每月超过900美元，就应考虑配备内部洗衣房。斯哥特引证并更新了美国宾馆酒店与汽车旅馆协会最近公布的一份调查报告，该报告发布了一家标准的、拥有120间客房的宾馆酒店的内部洗衣服务、宾馆酒店外洗衣服务和租赁洗衣服务三者耗费成本的比较数据：

内部洗衣房一周的成本	324.00 美元
布件使用一周的折旧费	133.91 美元
内部洗衣房一周总的费用	457.91 美元
宾馆酒店外洗衣一周的费用 （以 26 美分/kg 的价格计算，共洗 3286.75kg）	880.60 美元
布件使用一周的折旧费	133.91 美元
宾馆酒店外洗衣总的费用	1014.51 美元
租赁服务一周的费用	1782.17 美元

布件质量的维护过去一直是内部洗衣房难以克服的问题，而今已经得到解决。现代的免烫布件经历了一个双重完善的过程，聚酯纤维的分子结构得到了改善，这使得布件终身具有免烫的性质。这种精加工的合成纤维床单的使用寿命是原来棉质床单的 3 倍。实际上，新一代的免烫合成纤维使用起来感觉更舒适，更富有弹性。

免烫布件同时也改进了布件的洗涤设备。洗涤循环时间设定，温度控制，自动添加洗涤剂、漂白剂和软化剂，这些功能已消除了人为过失引起的问题，同时也解决了原来培训大量员工和机器无人照料的问题。

第一节 洗衣房及洗涤设备和洗涤剂

一、洗衣房

（一）洗衣房的特点

洗衣房一般隶属于饭店客房部，主要承担宾客衣物、员工制服和饭店各类布巾的洗涤和熨烫。有一些饭店洗衣房单独成部，与客房部等其他部门并列；也有一些饭店洗衣房对外开放，在洗涤饭店布巾、制服和住客衣物的同时，也接收店外客人和当地各类顾客的衣物洗涤；还有一些饭店不设洗衣房，而是利用外部的洗衣店进行布巾、制服洗涤。通常，饭店洗衣房工作有三个特点。

1. 业务内容广泛，衣物类型复杂

洗衣房以客衣、布衣和员工制服为工作内容。客衣种类成百上千，各种衣服的面料、质地、颜色不同，洗涤方法和要求也不同，布巾包括客房、餐厅和公共场所的床单、毛巾、台布和窗帘等，种类很多，洗涤方法和要求也不相同。必须根据业务内容和衣物种类，合理洗涤，才能保证质量。

2. 业务工作量大，时间要求快

客衣、布巾和制服，特别是客房、餐厅的布巾，三星级以上的饭店，必须每天换洗，各种衣物又分干洗、水洗、熨烫三种，因此，洗衣房每天的工作十分繁忙、琐碎。从时间要求上来看，大多数衣物和布巾始终处于周转过程中，每天必须定时完成，才能保证客人和前台业务活动需要。

3. 要求高

客衣洗涤主要是由客人填写洗衣单，按要求洗涤，不直接同客人见面，每项洗涤业务都有很高的质量要求。布巾和制服洗涤则要求尽量配合其他部门的需要，在技术、时间安排等方面都有较高要求。

（二）洗衣房的组织结构及主要岗位职责

1. 组织结构

洗衣房负责对客衣、布巾和制服进行洗涤，必须根据洗涤业务量的大小，合理组织人力，安排好工种职责，充分发挥人力资源的作用。饭店洗衣房的组织结构图如14-1所示。

2. 岗位职责

饭店洗衣房各岗位的具体职责分别是：

（1）布巾收发员。主要担负饭店各类布巾的收发、清点，并对洗好的布巾按不同规格进行分类整理打捆；同时负责布巾的搬运、储存及处理报废工作。

（2）制服收发员。主要担负饭店员工制服的收发保管、修补工作。

（3）缝纫工。负责布巾制服的缝补和客衣的小修补，将报废的布巾、制服改制成其他有用之物。

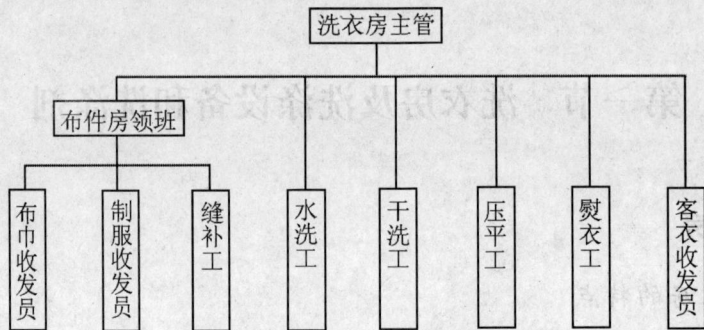

图 14-1　饭店洗衣房组织结构图

注：通常在洗衣房下设布巾房（如图 14-1），负责员工制服和布巾洗涤后的交换业务，也有些饭店的布巾房与洗衣房平级。

（4）水洗工。主要负责水洗衣物的洗涤和烘干、挂干。洗涤时要根据衣物的颜色和面料分类。水洗方法分手洗、刷洗和机器洗。同时负责洗衣机的保养。

（5）干洗工。主要负责不能用水洗的全部干洗衣物。对特别脏的衣物或有各种污渍不易洗掉的衣物，必须先作去渍处理，然后再干洗。同时负责干洗机的保养。

（6）压平工。主要负责对洗好的床单、台布、口布、枕套等不需手工熨烫的布巾进行压平、整理打捆。

（7）熨衣工。主要负责熨烫干、水洗的客衣，员工制服和其他需要熨烫的布巾，熨平方法分用电熨斗和熨烫机两种。同时负责机器设备的保养。

（8）客衣收发员。主要负责收送客人的衣物，对收来的客人衣物进行分类、检查、清点件数、负责打号，标明衣物的房号，对洗烫好的衣物整理核对及包装。

二、洗衣房设备及专用洗涤剂

（一）洗衣房设备

1. 湿洗机

湿洗机主要用于洗涤布巾，有全自动、半自动、机械操作三种。容量大小有 50～140kg 不等。由于每日的洗涤量随住客率升降，洗衣房最好能同时配备大小两台湿洗机，这样可按需使用，节省能源。大小容量比例的选择应根据饭店客房量和其他情况决定，原则是既不使机器经常处于超负荷运转状态，又不让它经常闲置。

2. 烘干机

经湿洗机洗净甩干后的布巾和衣服仍含有较多水分，若直接整烫耗能耗时，因此，配置容量不等的烘干机是非常必要的。烘干机分电和蒸气两种，视饭店能源供应情况而定。

3. 布巾熨平机

它专门用于熨烫床单、枕套、台布等大面积的布巾。其原理是通过蒸汽高温杠杆液压，达到平整和干燥布巾的目的。新一代的熨平机只需人工将甩干后的布巾平整送入传送带，机器便自动熨平、熨干，自动折叠。有些机器还能在折叠时辨别织物的洗净度和破损情况，不合要求会自动被剔除。

238

4. 干洗机

对一些会缩水、变形和褪色的织物来说,水洗的伤害是最严重的。洗涤的关键是要解决洗涤液问题。干洗机就是用干洗液对衣物进行洗涤的机器,工作原理同于湿洗机。所不同的是除有主洗机外,还增加了回收干洗液的装置。另外,现在普遍使用的干洗液为有毒溶剂,洗涤回收过程中应注意安全保护,所以还附设有安全防范装置。

5. 熨烫机

手工熨烫服装虽效果很好,但耗时费力,利用机器熨烫省却了很多时间和人力。对于除领、袖等处的其他大面积的地方来说,熨烫机确能提高工效。该机器是利用蒸汽和压力共同作用来达到平整、定型衣物的效果。压力是通过垫板和盖板相合而产生的。垫板可根据衣服形状设计,所以分别有适合熨烫上衣、裤子等的各型机器。为了熨烫造型复杂的服装,还有专门的人形整熨机提供熨烫服务。但为了保证定型效果,肩、袖、领等处,仍用手工熨烫比较好。

6. 打码机

这是专为洗涤客衣而设置的。原先的洗衣房都用布条写上号码钉在衣服上,以防止衣服搞混,但比较麻烦。打码机可将不干胶片打在衣服的领、袖、腰等处,同时打印出数字,无论干洗水洗都不会脱落,方便快捷。

(二)洗衣房专用洗涤剂

洗涤效果除机器条件外,洗涤剂是至关重要的。选择和使用不当,非但不能去污除垢,相反会使织物泛黄、使用寿命缩短。洗衣房常用的洗涤剂有:

1. 布巾主洗剂

pH 为 10,现通用的主洗剂除含碱(碳酸钠)外,还含有表面活性剂(见清洁剂一节)、过氧化氢(起氧漂作用)、增白剂(起增白和漂白作用)、泡沫稳定剂(控制泡沫量高低)、酶制剂(分解蛋白质、淀粉、脂肪性污垢)和香精(织物被洗涤后带有清香气味)等。主洗剂有液态和粉状两种,前者含有机成分多,后者除垢效果好(因含碱量高),但缺点是不能完全溶化和均匀分布。

2. 化油剂

pH 为 13~14,这是专门为洗涤餐巾和台布而配置的,与主洗剂同时使用。

3. 酸粉

一般为柠檬酸和醋酸,pH 为 3,有粉状或液态,用于中和碱。在最后一次过水时,加入适量酸粉去中和碱,能使织物的 pH 降至 6~6.7,与人体皮肤相等。

4. 氧漂剂

过氧化氢漂白剂,pH 为 3~4,是专用于彩色织物的,主洗时加入,可避免碱对色彩的作用,从而保持织物的原有光泽。虽然主洗剂中含有微量氧漂剂,但彩色布巾易褪色,所以还须另加大剂量才行。

5. 氯漂剂

有次氯化钠和过硼酸钠两种。前者 pH 为 8~9,用于丝、毛织物较好;后者 pH 为 10,用于除需增白外,还要能去除浅色斑渍的织物。

6. 还原漂白剂

还原漂白剂主要为低亚硫酸钠。低亚硫酸钠在碱性溶液内有剥色和漂白的作用。低亚硫酸钠在洗衣房只是小范围、小规模的应用。例如，对毛织物漂白，对某些白色的棉纱或棉织物在洗涤中被还原染料的织物污染的处理，就可用低亚硫酸钠。

7. 上浆粉

可用生粉等替代，主要用于台布和餐巾。

8. 柔软剂

对洗涤后的毛巾织物恢复和保持柔软度效果甚佳。

9. 干洗剂

这里的干洗剂为四氯乙烯，是用于干洗织物的专门洗涤剂，不仅效果好，而且可以长时间循环使用，成本较低，但必须每天下午蒸馏一次，方可有效。同时四氯乙烯对纽扣的腐蚀相当严重。这种洗涤剂主要靠进口。因国产四氯乙烯还属工业用料，并非专门为服装洗涤而研制生产，故含杂质较多，不利于蒸馏回收。

10. 衣领净

用于清洗客衣污渍，洗前使用，可洗去油斑、色斑和其他脏斑，不影响色泽。

资料卡

洗衣房设立的条件

（一）比较分析

饭店自设洗衣房或不设洗衣房而利用外部洗衣店进行洗涤各有利弊。

1. 自设洗衣房

饭店自设洗衣房主要基于两方面的考虑：一是满足饭店客人衣物洗涤的需要，提高服务质量，二是降低饭店成本。因为饭店各种布巾很多，每天洗涤业务量很大。如果没有洗衣房，送外洗涤，其成本开支很大。

（1）优势：洗涤及时，容易协调，布巾和制服存货数量可以减至最低。

（2）不足：开支大。明显的开支如购置各类洗涤、熨烫设备的费用，人工费用，洗涤用品消耗的费用，等等。此外还有不明显的开支，如增加了人员之后，人事管理费用、制服费用、福利费用的增加，洗衣房所占用地点的租金及对场地的清洁费用，等等。

2. 不设洗衣房

（1）优势：初期投入小，使得建设饭店的开支减少，甚至还可租用布巾，使开支降至最低。

（2）不足：布巾不耐用。据统计，与自设洗衣房相比，利用外部洗衣店进行布巾、制服洗涤，其洗涤寿命减少了50%，更换率提高了15%。这是由于外部洗衣店不对布巾进行分拣以及和其他饭店布巾混淆所导致的。

（二）设立洗衣房的条件

在最好的条件下，自设洗衣房比洗衣店减少10%左右的费用。这些条件包括：

（1）持续性的高客房出租率。

（2）管理良好，在人事管理和能源管理方面有良好的管理基础和经验，内部耗费低。

（3）有适合的场地，要求设备布局良好，不易发生机械故障。

（4）拥有足够的相关设备，如干洗机、各类熨烫机、防火设备等。

以上条件一旦满足，饭店可设立自己的洗衣房。相反，如果上述条件中有一项不具备，洗衣房一旦成立，损失也就接踵而至。

第二节　布件的洗涤与熨烫

洗衣房的业务属于生产性质，虽然不直接创造新的价值和产品，但它以追加劳动的形式延长棉织品、制服和客衣的使用寿命，恢复其使用价值。

大多数饭店的洗衣房是属于客房部管理的。其原因是洗衣房所洗衣物大多来自客房部和客人。把洗衣房归入客房部管理，可以减少管理环节，保证客房所需棉织品的正常供应。但有一些饭店的洗衣房独立成一个与客房部平级的部门，这种情况主要出现在具有先进洗熨设备的饭店。这种类型的洗衣房，除可完成店内任务外，还可承接店外洗熨业务，在经济上，一般实行独立核算。这两种类型的洗衣房虽然是两种不同的管理体制，但其业务范围是基本一致的。

一、洗涤方式

洗衣服务可分为水洗、干洗、熨烫三种。时间上分正常洗和快洗两种。正常洗多为上午交洗，晚上送回，或者下午交洗，次日送回。快洗不超过 4 小时便可送回，但要加收 50％的加急费。送洗客衣工作由楼面台班服务员承担。

最常见的送洗方式是客人将要洗的衣物和填好的洗衣单放进洗衣袋，留在床上或挂在门把手上，也有客人嫌麻烦请服务员代填，但要由客人过目签名。洗衣单一式三联，一联留在楼面，另两联随衣物送到洗衣房。为了防止洗涤和递送过程中出差错，有的饭店规定，客人未填洗衣单的不予送洗，并在洗衣单上醒目注明。

送洗客衣是一件十分细致的工作。按国际惯例，由饭店方面原因造成的衣物缺损，赔偿金额一般以洗涤费用的 10 倍为限。我国由于洗涤费用便宜，按 10 倍赔偿客人也不满意，所以要求经手员工认真负责，不能出一点差错，否则会遭致投诉，给饭店造成经济损失和名誉影响。

二、棉织品的洗涤过程

对饭店棉织品的洗涤是洗衣房最重要也是最主要的工作内容，洗涤效率的高低和洗涤效果的好坏，直接影响着前台的服务。

（一）织品的划分

我们在这儿所讨论的对棉织品的洗涤，是指使用水洗设备进行的洗涤，一些需要干洗的，如幕、帘、床罩等则不包括在内。这样，饭店所使用的棉织品大致包括客用日常棉织品和餐厅日用棉织品等类型。

将棉织品如此划分，主要原因是，它们虽同属棉织品，但因其织造方法上的差异，使用区域的不同，而形成了不完全相同的洗涤要求和洗涤方法。

1. 床单、枕套的洗涤过程（如表 14 - 1）

表 14 - 1 床单、枕套洗涤程序

程序	原理	注意事项
将适量布件放入机内	洗衣机有其固定的承受洗涤的重量，也可用数量来换算	检查床单、枕套内有无夹裹客人物品等
预洗		清水浸润
主洗水温约60℃、低水位	用碱性清洁剂（适量）除垢洗涤（较强碱）	手工操作的机器可用粉状洗涤剂，全自动机器最好用液体剂
漂洗水温约50℃、高水位	加入适量漂白粉（次氯化钠）对床单、枕套增白并去除浅斑渍	水位不得低，否则不起漂白作用
过水（Ⅰ）	第一次过水，注入高温高水位清水，减少碱度	高水温效果好
过水（Ⅱ）	第二次过水，注入中温高水位清水，再减少碱度，结束时 pH 约为 8	慢慢使床单等冷却
过水（Ⅲ）加适量酸粉或醋	注入常温、高水位清水，同时加入酸粉，使 pH 达到 6～6.7，与人体皮肤 pH 接近	酸粉通指醋酸
脱水	高速脱水，将床单甩到六成干左右，便于熨烫	洗衣机本身的功率不够时，可用专门的脱水机
整烫、折叠	一般使用蒸汽滚压熨烫方式，这也是一个高温过程	调整蒸汽压力至适当位置，边角处要熨平熨干，按使用标准折叠

床单、枕套的洗涤标准是：洁白、无污点、无破损、杀菌消毒、平整、舒适度好。

如果床单、枕套要增加洁白度，可在漂洗时加次氯化钠，既具漂白效果，又可杀菌。但不一定每洗一次都要加，因为有些主洗涤剂本身就有一定的漂白功能。

2. 毛巾的洗涤过程

对毛巾的洗涤标准是：洁净、无细菌、柔软、无破损、无污点、色泽明亮。

与床单、枕套的洗涤所不同的是，毛巾分为彩色和白色两种情况。若是白色毛巾，洗涤时要加漂白粉，若是彩色毛巾，则要使用过氧化氢漂白剂，以保证色彩的鲜艳，方法同氯漂。另外，在最后一次过水时除加入酸粉外，还要加入柔软剂，以恢复毛巾的柔软度。

将毛巾甩至六成干后放入烘干机内烘干，烘干时注意调节好时间与温度，避免时间过长或过短所造成的损伤和浪费。

3. 餐巾、台布的洗涤过程

餐巾和台布的洗涤要求相当高，除要求洁净、卫生、无破损、无污点外，还特别要求平整、挺括。由于餐巾和台布的特殊使用性，洗涤的难度也较之其他棉织品大。

（1）主洗前的浸泡——清水洗涤，洗掉一些残渣剩饭等。

（2）预洗——加入少量的洗涤剂，以减小主洗的难度。

（3）主洗——除加入适量的主洗涤剂外，还应特别加入化油剂，以彻底除污。

其他程序与洗涤床单相同。因餐巾、台布需具有挺括性，为增加其硬度，在最后一次过水时，也就是在第三次过水时，除加入酸粉，还应加入适量上浆粉，使其在经过高温熨烫后能保证硬度。

（二）窗帘的洗涤程序

饭店窗帘有厚窗帘和纱窗帘之分，通常均为化纤面料。

1. 纱窗帘的洗涤程序（表 14-2）

表 14-2　　　　　　　　　　　纱窗帘洗涤程序表

步骤	时间/分	水位	热水	冷水	温度/℃	用料要求
主洗	4～7	中		√		洗衣粉
过水	2	高		√	40	
过水	2	高		√	35	
过水	2	高		√	30	
脱水	0.75～1.5					

注：可根据纱窗帘的具体情况延长主洗时间

2. 厚窗帘的洗涤程序（表 14-3）

表 14-3　　　　　　　　　　　厚窗帘洗涤程序表

步骤	时间/分钟	水位	热水	冷水	温度/℃	用料要求
冲洗	2	高		√	37	
主洗	8～10	中		√	40	洗衣粉
过水	2	高		√	40	
过水	2	高		√	35	
过水	2	高		√	30	
脱水	3～6					

注：可根据厚窗帘的具体情况延长主洗及脱水时间

3. 毛毯的洗涤程序

饭店客房使用的毛毯，质地有全羊毛、混纺及化纤等，通常毛毯洗涤采用干洗的方法(表14-4)。

表14-4　　　　　　　　　　　　　毛毯洗涤程序表

步骤	做法及要求
分类	根据被洗毛毯的质地、颜色进行分类
检查	对毛毯进行检查，如有污迹，应用相应的去污剂作特别预去污处理
准备溶剂	将适量的清洁溶剂抽到筒体，根据毛毯状况加入大于毛毯质量0.25%的水和大于毛毯质量0.4%的干洗洗涤剂；开启小循环30秒，再将溶剂抽回工作缸内备用
装机	将毛毯放入干洗机（严禁超载）；开启泵，将准备好的溶剂抽进筒体达高液位
洗涤	正反转洗涤，洗液经过滤器循环，时间6～8分钟；将洗液抽进蒸馏缸，并高速脱液2分钟；将清洁溶剂抽进筒体达高液位；正反转洗涤，洗液经过滤器循环，时间3～4分钟；将洗液抽进工作溶剂缸
脱液	高速脱液3～4分钟
烘干	烘干温度60～65℃，时间为25～35分钟
冷却（排臭）	冷却时间为3～5分钟

4. 洗涤棉织品的注意事项

（1）餐厅与客房的棉织品不能放在一起洗，因为脏污特性不同，洗涤使用的洗涤剂也就不一样。

（2）对色彩不同的棉织品必须分开洗涤，以免混在一起进水后互相染色。

（3）特别要留意棉织品里有无夹杂遗留物品。

（4）分类处理后，要根据机器的承载能力放入允许重量或数量的棉织品。

一般饭店洗衣房的湿洗衣机都比较大，机器一开动，水、电消耗都比较大，应规定最低的开机洗涤量。例如，机器定量较大的，可规定80～100kg为最低开机量。

（5）客房的床单的洗涤要在甩至五六成干后直接送入整熨机整熨。其效果较之烘干再熨要好的多，这样可提高工效，又可节约用电。

（6）卫生间棉织品不熨烫，所以必须完全烘干。卫生间棉织品要求洗涤后要柔软如新，但棉织品使用一段时间后，洗涤易变硬，像脸巾、浴巾等，所以最后漂洗时，加一些柔软剂会达到预期的效果。毛巾、枕套和枕巾等洗涤后，必须送入风干机，然后吹冷风15分钟左右。这样洗出来的东西比较柔软、手感好、不发硬，使用时有舒适感。

（7）白色台布、口布必须使用碱水、漂白粉洗涤，然后上浆风干、烫干，使之有挺括感。有颜色的台布和口布必须选用化学油剂洗涤剂或碱粉高温水洗。

（8）干洗选用四氯铜烯洗涤为佳。这种洗涤剂不仅效果好，而且可以长时间循环使用，成本较低，但必须每天下午蒸馏一次，方可有效。

（9）各类棉织品所需烘干的时间要严格控制，装烘干机的棉织品不能超载。

（10）有折纹、未熨平的或未干的棉织品要返工。

三、干洗洗涤程序

干洗的对象主要是一些丝绸缎类、毛料、做工精细结构紧密的服装、不宜水洗的衣物等。对于不同的被洗物应根据其特点采取相应的洗涤方法，才能获得良好的洗涤效果。

（一）丝织品和棉、麻织物干洗洗涤

对丝织品和棉、麻织物的干洗，有以下两种情况：

第一，春夏季穿着的丝织品和棉麻织物，衣物上有比较多的残存汗液，如果只用普通的洗涤方法，只经过一次或两次的洗涤，对于衣物上的属于水溶性汗液物质并一定能去除，明显的表现是衣物洗后会有一股味道。采用加料干洗法洗涤会有好的效果，具体流程如下：

（1）准备溶剂。把刚好够筒体里高液位的干洗溶剂用液体泵抽进筒体，根据衣物的情况加入不大于衣物重量的0.25%~0.3%的水和1%~4%的干洗洗涤剂，然后开启小循环系统30秒，再把准备好的干洗溶剂泵回工作溶剂缸里备用。

（2）把经过预处理的衣物放入干洗机的筒体，关好门。

（3）控制液体泵把已准备好的干洗溶剂泵进筒体至高液位。

（4）开启正反转洗涤，开启液体泵对洗液进行过滤器循环，这个过程4~6分钟。

（5）把洗液泵回工作溶剂缸（或蒸馏缸），再从清洁溶剂缸里泵溶剂进筒体高液位作漂洗处理，时间约2分钟。

（6）把洗液泵至工作溶剂缸。

（7）高速脱液约30~50秒（视衣物多少而定）。

（8）在45℃温度下烘干衣物15~25分钟（视衣物量而定）。

（9）对衣物进行冷却（排臭）处理，时间约5分钟。

第二，对秋冬季节穿着的丝织物和棉麻织物采用二次干洗法，可获得满意的效果，具体流程可参照上述（2）~（9）步骤，并不需要准备溶剂，直接抽取清洁溶剂清洗并加入1%的干洗洗涤剂即可。

（二）普通衣物干洗洗涤

普通衣物是指一般的西服、裤子、裙子、短外套等，一般可根据其污垢情况，选用二次干洗法或加料干洗法进行处理。

1. 二次干洗法

（1）根据被洗物颜色、质料、厚薄进行分类，作去污预处理。

（2）同一类的被洗物放进干洗机中，开启液体泵，把清洁溶剂泵到筒体至低液位，在纽扣收集器中加入干洗洗涤剂（衣物质量的1%）。

（3）正反转洗涤，用泵把洗液经过滤器循环，洗涤时间5~6分钟。

（4）把洗液泵至蒸馏缸，高速脱液1分钟（视衣物情况而定）。

（5）再往筒体泵入清洁溶剂至低液位，用泵把洗液经过滤器循环，洗涤时间2~3分钟。

（6）高速脱液1.5~4分钟（视衣物情况而定）。

（7）在55℃下烘干，时间20~35分钟（视衣物情况而定）。

（8）冷却（排臭），时间 2～4 分钟。

2. 加料干洗法

（1）准备溶剂，把刚好够筒体低液位的清洁溶剂泵进筒体，根据衣物状况加入不大于衣物重量的 0.25%～4% 的水和 1%～5% 的干洗洗涤剂，然后开启小循环 30 秒，再把准备好的溶剂泵至工作溶剂缸备用。

（2）把经过预处理的同一类衣物放进干洗机，把准备好的干洗溶剂泵进筒体。

（3）正反转洗涤，洗涤液经过滤器循环，洗涤时间 4 到 5 分钟。

（4）把洗液泵至蒸馏缸，高速脱液 1 分钟（视衣物情况而定）。

（5）再把清洁溶剂泵进筒体至低液位。

（6）正反转洗涤，洗液小循环，洗涤时间约 3 分钟。

（7）高速脱液 1.5～4 分钟（视衣物情况而定）。

（8）在 55℃ 下烘干，时间 20～35 分钟（视衣物情况而定）。

（9）冷却（排臭），时间 2～4 分钟。

（三）厚毛料、大衣类衣物干洗洗涤

厚实毛料、大衣类衣物多在冬天穿着，颜色以深色居多，一般穿着一段时间才洗涤一次，污垢程度相对比较严重。由于是作为外衣穿着，污垢也比较复杂。因此，对这类衣物一般采用加料干洗法洗涤，可取得较好的效果，具体流程如下：

（1）根据被洗物的质料、颜色进行分类，并对衣物进行检查，对其袖口、领子、口袋边、前胸部等，以相应的去污剂作特别去污预处理。

（2）准备溶剂，把刚好够筒体位的清洁溶剂泵进筒体，根据衣物加入干洗洗涤剂，然后开启小循环 30 秒，再把溶剂泵回工作溶剂缸高液位。

（3）同一类衣物放进干洗机，开启泵把准备好的溶剂泵进筒体至高液位。

（4）正反转洗涤，洗液经过滤器循环，时间 6～8 分钟。

（5）把洗液泵至蒸馏缸，并高速脱液 2 分钟。

（6）把清洁溶剂泵进筒体至高液位。

（7）正反转洗涤，洗液经过滤器循环，时间 3～4 分钟。

（8）把洗液泵至工作溶剂缸。

（9）高速脱液 3～4 分钟。

（10）在 60℃～65℃ 下烘干，时间 25～35 分钟。

（11）冷却（排臭），时间 3～5 分钟。

（四）纯白色衣物（或近似白色的衣物）干洗洗涤

洗涤纯白色衣物需要干洗机内有一个绝对清洁的工作环境，即纤毛过滤器必须起作用，有关溶剂所经过的管道必须干净，只有这样，才能确保衣物洁白、不发灰，一般采用二次干洗法洗涤。

（1）洗前的准备工作：更换上干净的纤毛过滤器，从清洁溶剂缸里泵出小量溶剂进筒体内，启动泵进行小循环 10 秒，然后把溶剂泵至工作溶剂缸内，这个步骤反复两次。

（2）对衣物的领口、袖口等易受污的地方进行预处理。

（3）把衣物放入干洗机内，从清洁溶剂缸泵溶剂至筒体低液位，并在纽扣收集器加入干洗洗涤剂（衣物重量的 1%）。

（4）正反转洗涤，开启泵使洗液小循环，时间约 2.5 分钟。

（5）把洗液泵至工作溶剂缸。

（6）高速脱液 0.5～2 分钟（视衣物状况而定）。

（7）从清洁溶剂缸泵溶剂至筒体低液位。

（8）正反转洗涤，开启泵使洗液小循环，时间为 2 分钟。

（9）把洗液泵至工作溶剂缸。

（10）高速脱液 1～4 分钟（视衣物状况而定）。

（11）在 45℃～50℃下烘干，时间 15～35 分钟（视衣物状况而定）。

（12）冷却（排臭），时间为 4 分钟。

四、布件的去渍

沾在布件上的食物、油滴、口红、墨水等，都称为污渍。污渍是污垢的一类，与污垢的区别是污垢可以在常规的水洗或干洗过程中去除，而污渍必须经过特别的技术处理才能去除。去渍，就是运用适当的物质（水、洗涤剂、有机或无机溶剂等）、适当的技巧和方法，将吸附在布件表面、常规水洗或干洗无法洗掉的污渍去除的过程。

（一）污渍的种类

布件上的污渍种类很多，为达到良好的去渍效果，在去渍前，应首先判断污渍的种类，以便对症下药。污渍通常可分为以下几大类：

1. 水基污渍

布件上的水基污渍比较普通，通常可以用普通洗涤剂或含溶剂的水溶液去除。

2. 油脂类污渍

布件上主要的油脂类污渍，是动植物油渍。对此类污渍，要针对性地使用有机溶剂，如汽油、松节油、香蕉水等；也可用表面活性剂类洗涤剂，如洗衣粉等。

3. 油基色素渍

圆珠笔油、油墨、复写纸墨等，都属于油基色素渍。这类污渍通常可采用有机溶剂（汽油、四氯化碳、香蕉水等）去除，也可用洗衣粉溶液与氧化剂配合洗涤。

4. 果酸色素渍

果酸色素渍，有水果、果汁、西红柿等汁渍，可采用有机酸做溶剂的溶解方法去除，也可使用洗衣粉水溶液处理。

5. 蛋白质类污渍

肉汤、奶油、鸡蛋、血、汗等渍，都属于蛋白质类污渍，通常可用含 2% 氨水的皂液去除，也可用蛋白酶处理。

6. 其他类污渍

布件受到某些化学药品的污染或其表面颜色与化学品反应留下的污渍。这类污渍通常因布件受到损伤而成为永久性污渍，不易去除。

（二）去渍剂

对不同的污渍应使用不同的去渍剂，饭店常用的去渍剂可分为湿性起渍剂、干性起渍剂和漂白剂三大类。

1. 湿性起渍剂

（1）中性洗涤剂。中性洗涤剂指含表面活性剂的洗涤剂（pH＝7），在起渍过程中起到润湿、分散、乳化污渍的作用。

（2）碱性蛋白酶。碱性蛋白酶，主要用于清除肉渍、奶渍、血渍、汗渍等蛋白质类污渍。

（3）甘油。甘油渗透性极强，特别适用于去除墨水和染料污渍。

（4）醋酸。醋酸是去渍剂中所用的最弱的酸，其作用主要是中和污渍中的碱性成分，达到去除咖啡渍、果渍、软饮料污渍的目的。

（5）草酸。草酸可用于去除铁锈、墨水渍。使用时，应加水稀释，使用后，应将布件上的残液冲洗干净。

（6）氨水。氨水可用于去除汗渍、某些墨渍、染色及药渍，可中和因酸引起的变色，使布件恢复原色。

（7）氢氧酸（除锈剂）。氢氧酸，是去渍剂中最强的酸，有毒，使用时必须小心。可去除墨渍、药渍及锈渍等。

（8）肥皂酒精溶液。肥皂酒精溶液，由肥皂、酒精、水及少量氨水组配而成，主要用于去除一些墨水渍、化妆品、油渍等。

2. 干性起渍剂

（1）香蕉水。香蕉水可用于去除指甲油渍、油漆渍等。香蕉水为易燃品，使用时应远离火源。

（2）乙醚。乙醚是一种有机溶剂，能溶解蜡质、油脂、树脂等污渍。

（3）松节油。松节油是一种良好的溶剂，可溶解油漆、树脂、油脂等污渍。

（4）汽油。汽油在去渍中，可用于去除动植物油、矿物油、油漆和其他油性污渍，使用时应小心，远离火源。

（5）四氯化碳。四氯化碳为有机溶剂，有良好的脱脂作用，可去除口红、油漆、圆珠笔油等污渍。

（6）四氯乙烯。四氯乙烯即干洗溶剂，能去除油漆、矿物油、动植物油、口香胶、化妆品等污渍。

3. 漂白剂

漂白剂与布件上的污渍发生反应，可起到掩盖污渍或使污渍呈现无色的作用。漂白反应可从污渍中吸氧或给污渍加氧（吸氧称之为还原剂，加氧称之为氧化剂）。一般情况下氧化漂白比还原漂白稳定性强。氧化漂白多用于去除有机污渍，还原漂白多用于去除色渍。

（1）氧化漂白剂。氧化漂白剂有双氧水（过氧化氢）、过硼酸钠、次氯酸钠、高锰酸钾（不常用）等。

（2）还原漂白剂。还原漂白剂有亚硫酸钠、亚硫酸氢钠、硫酸钛等。

（三）去渍的方法

不同种类的污渍去渍方法也不同。去渍时应根据污渍的具体情况，选择合适的去渍方法。布件常用的去渍方法有喷射法、擦拭法、浸泡法等。

1. 喷射法

水基可溶性污渍可采用喷射法去除或部分去除。使用喷枪应注意：使用前先放水，防止积水或水锈弄脏布件；喷射时，喷射角度要合适，避免浪费。

2. 擦拭法

擦拭是去渍时常用的方法。擦拭有刷式及刮板式两种方法。

（1）刷式。对污渍表面加注化学药品后，用刷子轻刷，直至污渍脱离布件。使用毛刷要注意力度和角度，要顺经逆纬刷洗。

（2）刮板式。对污渍表面加注化学药品后，要使其渗透溶解，然后用刮板轻刮污渍，直至将污渍刮离布件。使用刮板时，应注意将有污渍的部位展平，然后要用刮板来回刮动，刮时要掌握力度，不可强行刮除。

3. 浸泡法

浸泡法是指将布件的污渍部位浸泡在装有化学药品的器皿内，使化学药品有充分的时间与污渍发生反应。经过浸泡后，再用刷式法去除污渍。

（四）去渍的注意事项

布件去渍是一项细致而又慎重的工作，如果处理不当，轻者会影响布件的色泽和美观，重者会磨损布件，缩短其使用寿命。布件去渍应注意以下事项：

（1）布件受到污染后，应尽早对其采取去渍处理，以提高去渍效果。

（2）根据理论和经验判断污渍的种类。

（3）仔细鉴别布件的染色度和纤维成分等。

（4）不熟悉的面料或没有接触过的污渍，应先在布件衬里或边角处做去渍试验。

（5）使用去渍药品，应从弱到强、从少到多，不能一开始就大量使用。

（6）去除时间长的污渍，可少量、多次地使用去渍药品。

（7）使用两种或两种以上的去渍药品时，应先将第一种漂净后，再使用第二种（仅限于水洗）。

（8）为防止污渍扩散，使用去渍剂时，应从污渍周围向污渍中心滴注，擦拭时同样如此。

（9）去渍时，污渍面宜向下，放置在毛巾或吸水纸上，从布件背面施加去渍剂，尽量少用强力擦搓。

（10）用同一方法处理污渍两三次后，如果效果仍不明显，应考虑改用其他方法。

（11）任何水洗去污的布件，去渍后要及时将化学药品洗净，避免化学药品的残留物对布件造成损害。

五、客衣及制服的洗涤

客衣洗涤是直接为客人服务的，也是洗衣房经济收入的主要来源。其洗涤效果、洗送时间都直接影响服务质量。而员工制服的洗涤效果则反映了饭店的精神面貌，并且在某种程度上反映了饭店的等级和规格。

1. 客衣的送洗程序

（1）客人将换洗衣服放入客房洗衣袋，由客人填写"洗衣单"。

（2）客衣收发员按楼层每天收取洗衣袋，检查客衣及洗衣单，填写"客衣洗送记录表"，交洗衣房。

（3）客衣分类员将收到的客衣分类、打号、送洗涤。

打码员必须根据洗衣单上填写的房号在衣服上作上标记，通常将房号打在衣领和衣袖上。打码员在打码的同时，要检查衣服有无需要特别处理的污迹，确认衣料是否湿洗等。

（4）按洗衣单要求洗涤客衣，保证质量和时间。

（5）客衣洗好后，熨平整形，连同洗衣单装入洗衣袋。衬衣要用薄膜包装袋封好，西服、裙子及其他质料好的衣物要连衣架一起送到楼层，由楼层服务员签收。

（6）楼层服务员将衣物交客人签收。

（7）重要客人的换洗衣服的收取和分送，都必须经客房楼层管理员的核实和检查。

2. 客衣的洗涤流程（见表 14-5）

表 14-5　　　　　　　　　　　　客衣的洗涤流程

程序	方法	注意事项
打码分类	分清干洗、湿洗，对每件衣服都做上标号，将号码打钉在衣领、袖、裤腰处，同一件衣服要同一号码	仔细检查有无特殊污渍
清洁特殊斑渍	用专门配制的清洗剂先行清洁	如果没有把握，不可随意除污，以免留下不可弥补的斑点
湿洗或干洗	根据服装的纤维质地和式样，选择适当的洗涤方法，通常外套、套装、天然纤维高档织物都应干洗	
烘干、熨烫	无论水洗或干洗都要熨烫平整（内衣裤、袜除外）	大面积处用熨烫机熨烫，领、袖、腰等处手工熨烫
折叠、上架	外套、制服必须用衣架悬挂，其他则折叠装包，有破损处及时修复	注意号码，避免搞混

3. 客衣洗涤服务注意事项

（1）满足客人对洗涤的时间要求。

（2）满足客人对洗涤的质量要求。

（3）避免因洗涤所造成的客衣损坏、丢失现象。

（4）避免将客衣弄湿。

（5）对客人提出的特别要求尽量予以满足。

（6）纠正客人错误的洗涤方法的要求。如客人要求湿洗，但衣料经不起湿洗，应向客人提出纠正。

4. 员工制服的洗涤

员工制服与客衣的洗涤要分开，员工制服都有标记无须打号码，但洗涤流程相同。对员工制服最好的保养和处理办法是：每位员工有两三套制服替换使用，及时清洗，及时修复，既可延长制服寿命，又可保障上岗的着装要求。

总之，在员工制服和客衣洗涤中，有三条必须遵守的规定，特别是客衣的洗涤更应严格执行。

（1）明确要求，严格检查。

客衣种类多，其面料、质地、颜色也不一样，洗涤的方法和所需的洗涤剂及剂量就要有所区别。因此，收取客衣要明确洗涤要求，让客人填好洗衣单。同时，客衣收发员和楼面服务员要做好核实工作。客衣收发员和分类员应配合，严格检查衣服有无破损和严重污渍以及衣袋内有无遗留物品等，以防止差错。

（2）严格打码，防止混淆。

分类服务员必须根据洗衣单打码编号，或按客房号码编号；洗衣单上的号码必须与客衣上的号码一致；洗好的客衣按号码装入衣袋内，防止混淆、丢失。

（3）掌握技术要求。

保证衣服洗涤质量。

六、服装和布件的熨烫

作为服装和布件洗整的最后一道工序的熨烫，是保证各种服装和布件外观达到平整、挺括、定型的关键环节。掌握服装、布件和熨烫工具的性能，是熨好服装、布件的先决条件，灵活地应用熨烫工具是熨好服装、布件的必需条件。

（一）熨烫工具

服装和布件的熨烫工艺主要有两大类型，一是人工机械化，二是手工操作。在现代化的饭店洗衣房，熨烫衣服和布件主要是以人工机械化为主，手工操作为辅。

1. 人像机

人像熨衣机是由人型套袋及调节系统、吹风电动机、加热盘管、前后固定杆、控制系统、衣袖架子等组成。这种机器是根据熨烫原理设计而成的。由于机器外表酷似人型，所以叫人像熨衣机。

人像熨烫机对于一般的衣服，如西服、夹克、衬衣、运动衣、内衣、长袍等均可应用，但对于西服、夹克、衬衣、长袍等只能作熨烫前的预处理，以减轻熨烫的劳动强度，提高效率，而对于运动衣、内衣等则可一次完成。

对于某些紧身衣物、弹力衣物、纤细衣物及一切容易变形的服装则应慎用人像熨衣机，使用不当会有损衣物，甚至使衣服永久变形。

2. 绒面蒸汽熨衣机

绒面蒸汽熨衣机是根据熨烫原理而设计的，由底垫、压垫、底垫蒸汽控制系统、压垫蒸汽控制系统、压垫固定与释放系统、抽湿系统和机座等组成。

大部分的衣物都可以使用绒面蒸汽熨衣机熨烫。其优点是：省时省力，效率高，熨烫质量好，操作方便，安全可靠，应用较为广泛。但对于某些水洗类衣物，如纯棉或混纺衬衣、牛仔裤等处理效果不够理想。对于某些外形特殊，有些部位不能平整地放置在它底垫上的衣物，不能熨烫。

3. 光面蒸汽熨衣机

光面蒸汽熨衣机是根据熨烫原理而设计的，由底垫、压垫、压垫固定与释放系统、机座等组成。

光面蒸汽熨衣机主要针对一些能耐一定温度并可直接加热的纤维织物，对于纯棉、混纺或某些化纤的织物熨烫效果甚佳，具有省时省力、效率高、熨烫质量好等优点。对于某些不能平整摆放在底垫上的衣物部位不能熨烫；对于某些不耐高温的织物，可在织物表面加放垫布（含水分）熨烫，但必须谨慎操作。

4. 平张烫平机

平张烫平机又简称平烫机。它也是根据熨烫原理设计的产品，专门熨烫那些平面布件，例如，床单、台布、餐巾、枕套等。

平烫机由送布系统、滚筒、抽湿系统、动力系统、加热系统、控制系统等组成。这类机器因加热系统的不同可分为滚筒加热式和底盘加热式。平烫机因滚筒的数量的不同可分为单滚筒式、双滚筒式、三滚筒式、四滚筒式。在蒸汽压力相同的情况下，对同一类布件的熨烫，滚筒多的比滚筒少的熨速要快。滚筒多的平熨机要求蒸汽压力相对滚筒少的要低一点，而滚筒少的平烫机的滚筒直径比多滚筒平烫机的大。

底盘加热式平烫机与滚筒加热式平烫机比较，熨烫质量比较好，效率高，布件磨损率较高，机价也较昂贵。滚筒加热式平烫机由于受本身条件限制，熨烫质量和效率一般，布件磨损率极低，设备结构较简单，机价相对便宜。

5. 手工操作熨烫工具

（1）熨斗

虽然现在拥有先进的熨烫设备，可以高效率地熨烫衣服，但对于某些特殊的服装、衣物的某些部位，这些设备就无能为力了。这时，熨斗便可以起到一个补充的作用。使用熨斗，几乎可以熨烫所有的服装和布件，只要技巧掌握好，就可以取得满意的效果，但要求操作者必须有相当的技术水平。使用熨斗熨衣服的缺点是效率较低。

一般洗衣房应用的多为自动调温型蒸汽电熨斗，由于蒸汽的提供方式的不同，可分为两类，一类是外接蒸汽式，由中央蒸汽系统提供蒸汽；另一类是内置蒸汽发生器，使用时补充水源就行了。

（2）辅助熨烫工具

①烫床。烫床由烫垫、多孔钢板、抽风系统、控制系统和支座等组成，烫垫盖在多孔钢板上，在熨烫的后阶段，需要冷却时，可使用抽风系统对衣物被烫部位冷却。烫床的使用特点是可把整件衣物平铺其上熨烫。

②烫台板。烫台板构造与烫床一样，面积只有普通烫床的 1/3～1/4，西裤、裙子、衬衣等熨烫时应用比较灵活方便。

③喷水壶。喷水壶可用普通市售喷雾式塑料喷水器。

④棉枕头。棉枕头用棉花做枕心，外包软布缝制而成，其外形尺寸以长 15cm、宽 9cm、厚 5cm 比较合适。棉枕头可以作为垫子用在一些不规则的形状的衣物部位，如熨烫某些衣物的肩部、胸部、裤腰等。

⑤木手骨。木手骨用木板制成，侧视图似刁型，木板长 70cm、宽 12cm，上层木板垫有棉毯并用软白布包上并缝好，上下两板相隔约 20cm，可针对衣物袖子等熨烫。

（二）布件的熨烫温度

熨烫布件离不开热能。熨烫过程中，为确保布件熨烫质量及安全性，所使用的熨烫温度必须控制在一定的范围之内。如果高于该布件所能承受的温度，那必然会造成纤维的破坏；而低于该温度，又会影响到熨烫质量。表 14-6 介绍单一布件纤维的熨烫温度及危险温度。

表 14 - 6 单一布件纤维的熨烫温度及危险温度表

织物	直接熨烫温度/℃	危险温度/℃
绵	150～180	240
麻	155～185	240
毛	120～150	210
丝	120～160	200
粘胶	120～150	220
醋纤	120～140	160
涤纶	140～160	210
锦纶	120～140	170
腈纶	115～130	180
维纶	120～140	170
丙纶	85～100	130
氯纶	45～65	90

上表所提及的直接熨烫温度是指包括使用熨斗及使用光面蒸汽熨衣机和绒面蒸汽熨衣机熨烫布件时所应注意的温度。如果使用熨斗熨烫布件需使用垫布的，熨烫温度可提高15％。危险温度是指在熨烫布件时，若布件处于这个温度作用持续30秒，布件强度会下降10％，同时纤维的变化程度直接用肉眼就能辨别出来。

（三）熨斗的操作规则

1. 衣物分类，流水作业

手熨衣物使用的是熨斗，一般同一面料的衣物，使用的熨斗温度大体相同。如果把衣物进行分类熨烫，可以提高效率，保证质量，安全生产。

2. 熨前观察，领会要求

当拿起一件衣物时，应首先观察衣物的具体情况，包括衣物结构、布料情况、皱折状况，从而得出相应的判断，再合理处理。如果衣物皱折严重，可采取这个面料的上限温度处理。

3. 按部就班，合理操作

按照衣服的熨烫程序进行熨烫，不要违反先后顺序，避免相互影响，影响质量。

4. 熨后细看，及时补救

衣物熨好以后，应将它挂在衣架上或拿在手上，仔细检查，如发现不足之处应马上补熨。

（四）机械熨烫操作规则

1. 烫前观察，领会要求

拿起衣物熨烫前，应首先对衣物各部位进行观察，例如，观察其是怎样一个衣物架构、皱折状况、布料情况，从而得出判断。

2. 合理摆位，循序渐进

熨烫衣物有规矩，哪部分该先烫，哪部分该后烫，如何摆放位置，都有一定要求。如若不注意，会影响熨烫质量和效率。

3. 烫时把关，仔细入微

在熨烫衣物时，要注意衣物的每一个熨烫细节，不要遗漏，避免返工，影响效率，还应做到对每一个部位认真熨烫，达到良好水准。

4. 烫后检查，及时补救

衣物烫后一定自检。如果是上衣，应把其挂在衣架上，前后左右上下细看，以发现不足之处；如果是西裤，应双手端起裤腰双侧，前后上下检查，等等。其检查内容包括：

（1）衣物是否平整挺括。

（2）是否有皱折。

（3）是否整体符合该衣物的熨烫标准。

若发现不足之处，应采取补救措施，可以在熨衣机上熨烫或以熨斗熨烫。

资料卡

洗衣房与饭店内其他部门的关系

洗送客房、餐厅所用布件是洗衣房的重要工作内容，所以洗衣房与客房和餐饮部都应保持密切的联络，这样既能保证前台业务活动的需要，又能防止丢失、损坏，降低消耗，提高效率。另外，洗衣房的正常运转又离不开工程部和采供部的支持，对机器设备的维修保养，对洗涤用品的采购供应均需要部门间的通力合作，才能保证洗衣房的正常运转。

（1）洗衣房与餐饮部和客房部的关系

每天将洗干净的布件送到楼层（也可由布件房承担，详见下节），餐饮部则有专人到洗衣房或布件房领取、送交干净或脏布件，要求严格点数，填单记录。

（2）洗衣房与采供部的关系

洗衣房提供物品采购清单，要标明数量、价格、质量和供货时间等要求。采购回来的物品必须由洗衣房验收后方能入库，以确保质量要求和规格，减少不必要的损失。

（3）洗衣房与工程部的关系

洗涤布件的水质要求很高，不同的水质对洗涤剂的选择也不同，否则会影响洗涤效果。工程部对水质定时检查，并将检查结果及时反馈给洗衣房，以决定使用洗涤剂的型号或增加必要的附加剂。对洗衣房的设施和能源供应系统，工程部和洗衣房应共同制定检修计划，定期检查、保养，尽量做到防患于未然。洗衣房也应尽早将设备维修零件申购要求通知工程部，以便能得到及时更换修理。

思考与练习

一、思考题

（1）洗衣房的特点是什么？

（2）设立一个洗衣房需要哪些设备及专用洗涤剂？

（3）棉织品的洗涤要注意哪些事项？

（4）什么是二次干洗法？

（5）熨烫的工具有哪些？

（6）布件的去渍就是将布件上的油渍去掉，对吗？

（7）试比较一下客衣与制服洗涤的各自作用和意义。

二、案例解析

这不能干洗

北京某酒店客房部经理和洗衣房主管如约来到国际饭店，听取该店洗衣房的工作经验。接待这两位客人的是饭店客房部朱副经理。

"我建议两位先到我们的洗衣房去看看，也许你们可以从我们日常的操作程序中看出点什么，还可帮助我们总结这些年来的工作情况。"朱副经理很诚恳地建议道。

他们三人来到洗衣房。正好客房服务员送来客人放在袋中欲洗的脏衣。一位资深的员工在一一核验客人自己填写的洗衣单和袋中的衣服。

"瞧，817房的客人也在这一栏里选择'干洗'和'烘干'。我们的客人不了解每种面料的正确洗涤方式，他们凭个人生活经验填单，要是我们不帮助他们把好关，洗涤员很可能把客人的衣服洗坏了。"这位姓段的老技师给我们看放在洗衣袋中的重磅真丝衬衫，衬衫上有饰物镶嵌。他向我们解释，这种衬衫绝不可以干洗。接着他又一一打开洗衣袋，当他发现另一位客人把一条毛麻织物的裤子写成水洗时，他又对来访者说："这必须改变洗涤方式。"前来取经的两位客人看到段技师如此认真把好洗衣前这一关，深受感动。

客房部朱副经理又把客人引领到熨衣处，只见每件洗涤物旁都有段技师标明的熨烫温度和时间。

"洗衣房里只有两名技艺出众的技师可使用非蒸汽型熨斗，因为非蒸汽型熨斗对使用者的技艺要求较高。有些薄软织物如果熨烫不当，立刻就会变形或变色，严重的还会烫焦。"朱副经理说。

参观后，三人回到客房部，朱副经理又介绍道："洗衣房里学问也颇多，关键在于管理。既要在设备添置上舍得花钱，又要在工艺程序上严格实行规范化。先进的设备保养不当，很快便会发生故障；要是管理不严，设备有油外泄，弄污了客人衣物，就严重违反了'允许客人失误，不允许洗衣房出差错'的原则。另外，酒店本身还有许多布件，在洗涤前我们都要根据原料、纱支、经纬密度来确定适当的洗涤时间、洗涤剂浓度及用量、烘干和整烫的温度与时间。我们管理得越规范、越严格，布件的使用寿命便越长。"

参观、介绍前后才两个小时，然而两位客人却满载而归。

（1）你认为通常住客对洗衣房投诉的主要原因是什么？

（2）在洗涤的各道程序中，时间与温度的标准化是关键。怎样具体落实洗衣房业务的标准化、规范化管理？

第十五章 对客服务工作

重点提示

1. 对客服务的模式和特点。
2. 对客服务的内容和程序。
3. 客人投诉的处理。

故事坊

租借的不仅仅是物品

几位来自北方的客人到云南瑞丽旅游，下榻到某酒店。客人从集市上买回了一种南方特有的水果——菠萝蜜，足有12斤重。对这些北方来的客人来说，还是第一次见到这么大的长在树上的水果，非常惊喜。带回房间后，他们打电话给客房服务中心，借一把水果刀。3分钟后服务员小李把水果刀送来了，但几位客人却犯难了，不知道如何下手。看到客人面露难色，小李就主动向客人说道："先生，你看这菠萝蜜又叫牛肚子果、树菠萝，被称为水果之王，在客房内恐怕你们不太好处理，如果可以的话，我拿到餐厅去帮你们处理好吗？"几位客人听后非常高兴地答应了。过了会儿，小李一手托着已用果盘装着的切好的菠萝蜜，旁边还放有水果签和餐巾纸，另一手提着用保鲜袋装着未切完的菠萝蜜进来了。服务员轻轻地把果盘放在了桌子上，礼貌地对客人说："先生，菠萝蜜已切好了，请慢用。"随后又把剩下的菠萝蜜放到了冰箱，并对客人说："先生，剩下的我放在冰箱里，要吃的话再给我们打电话。"客人边吃着甜美的菠萝蜜，边向小李致谢。小李向客人说道："不客气，这是我应该做的，请慢用。"接着退后几步，关上房门，转身离开了房间。

第一节 对客服务的模式和特点

由于受不同设施设备和人力条件的限制，各国宾馆酒店业分别采用了不同的对客服务模式。国外宾馆酒店以采用客房服务中心模式居多，而我国过去多采用楼层服务台的形式。由于前者注重用工效率和统一调控，后者突出面对面的专职对客服务，因此在客房部的岗位设置和人员配备量上存在较大区别。各宾馆酒店应根据自身的条件和特点，选择适宜的服务模式和组织结构形式。

一、客房服务中心模式

为了使客房服务符合以"暗"的服务为主的特点，保持楼面的安静和尽量少打扰客人，客房服务中心的服务模式首先在我国中外合资宾馆酒店出现，然后在其他宾馆酒店逐步普及。客房楼层不设服务台和台班岗位，而是根据每层楼的房间数目分段设置工作间。工作间在形式上是不对外的，也不承担接待客人的任务，而是由行李员带领客人进房间。客用钥匙的管理也由前厅部的问询处负责。客人需要找客房服务员时，可以拨内线电话通知客房服务中心，由客房服务中心用通讯工具通知离客人房间最近的服务员。

（一）客房服务中心的职责

为了方便住客，客房服务中心实行 24 小时值班制，其主要职责如下：

（1）信息处理。

凡是有关客房部工作的信息，一般都要经过客房中心的初步处理，以保证有关问题能及时地解决和分拣、传递。

（2）员工出勤控制。

客房部所有员工的上、下班都必须在此打卡签名，这样既方便了考核和对客房服务工作的统一调控，又有利于加强员工的集体荣誉感。

（3）对客服务。

保管和租借给客人用品，接受住客提出的各种合理要求，通知楼层服务员为客人提供及时的服务，同时还承担为重要客人准备礼仪物品的责任。

（4）楼层万能钥匙的管理。

用于清洁整理客房的楼层万能钥匙都由客房中心负责统一签发、签收和保管。

（5）与前厅部的联系。

客房中心按时向前厅部接待处通报客房情况，并及时核对客房差异情况。

（6）投诉处理。

接受客人投诉，并及时进行处理和汇报。

（7）失物处理。

提高失物招领的工作效率。

（8）档案保管。

客房中心保管着客房部所有的档案资料，并及时补充和更新，为客房部以后的工作打下了基础。

（9）负责向工程部申报工程维修单。

（10）协调与其他部门的关系。

（二）客房服务中心的特点

（1）减少了台班的人员编制，节省了人力，降低了成本。

（2）保持客房区域安静，体现出客房服务处处为客人着想的"宾客至上"宗旨。

（3）有利于统一调度和控制。客房中心承担了客房服务质量信息处理中心的任务，确保工作的及时性，并且代理客房部经理处理一些日常事务，成为其得力助手。

正是由于客房服务中心具有以上特点，加上国外人工费用昂贵，所以欧美国家普遍采用这种形式。不足之处是服务中心与客人之间不是面对面的服务，缺乏亲切感，而且随机服务较差，有时使客人（尤其是内宾和华侨）感到不便。

（三）客房服务中心设立的条件

客房服务中心的设立，只有具备一定设施设备和人力条件，才能真正发挥效能。

（1）宾馆酒店要有较完备的现代安全设施。客人住的楼面与其他区域严格分开，员工通道与客用通道分开。

（2）有较完备的服务项目，并且大部分已在客房内设立，使宾客能自己动手，满足起居的生活需要。例如，国际国内直拨电话、热水供应、可饮用的冷水以及电热水瓶、服务指南、游览图等用品，都要一应俱全。

（3）建立一个独立的 BP 机呼叫系统，加强信息传递，及时通知有关服务人员满足客人提出的各种合理需求。

综上所述，客房服务中心的设立和有效运转，既取决于建筑设计和设备配置，又有赖于劳动组织和选位的合理性，否则便不能真正发挥其功能。在条件具备的情况下，建立客房服务中心后对重要客人及行政楼层实行专职对客服务相结合的服务模式，将是提高客房管理和服务水平的重要举措。

（四）客房服务中心的运营

客房服务中心通常设一名领班或主管，负责一般的日常事务，向客房经理负责或与秘书直接联系。客房中心的职员需具有丰富的楼层服务经验并受过良好的训练，通晓前厅、客房、餐饮等所有服务环节，才能有效地密切客房部与宾客以及客房管理人员同员工的联系，增强服务环境的生动感和亲切感，发挥好客房服务质量信息管理中心的职能。

客房服务中心的理想位置是与客房部经理办公室相通或相邻，处在同一平面的制服房与布件房以及更衣室和员工电梯之间，以便于统一调控和实行不间断的连续服务。

二、楼层服务台模式

宾馆酒店客房楼层服务台发挥着前厅部总台驻楼面办事处的职能。同时，它后面还设有供客房服务员使用的工作间。

（一）楼层服务台的主要职责

楼层服务台受楼层主管直接领导，同时在业务上受总台的指挥。楼层服务台的主要职责是：

（1）负责本楼层客人和来访客人的接待及服务工作。

（2）根据客房状态，安排工作定额及清扫顺序。

（3）维护客房和楼面的安宁，保管和发放客用钥匙。

（4）掌握客人动态，尤其是有关客人迁入、迁出及客房租用情况，及时通报总台。

（5）填写"楼层日报表"和"楼面工作日志"。

根据客人的需要，楼层服务台及时提供规范性和针对性相结合的面对面服务，颇受外国客人、尤其是年老体弱客人的欢迎，还有利于做好楼层的安全保卫工作和及时准确地了解客房状态。

但楼层服务台也有其不能令人满意之处，如一天三班倒，花费人力较多，对物品及员工劳动纪律的管理有困难，等等。

（二）楼层服务台的优点和不足

1. 优点

（1）能及时提供面对面的亲情服务，颇受东方客人和老弱病残客人的欢迎。

（2）有利于做好楼层的安全保卫工作和及时准确地了解房态。

（3）楼层服务台的设置，增加了饭店与客人之间进行交流、沟通的机会，可以随时解决客人的不便，使客人对饭店服务不满足的情绪减少到最低程度。

正因为楼层服务台具有以上的好处，所以一些老饭店和以接待会议团体客人为主、且又以内宾占大多数的饭店至今仍保留了这一对客服务模式，不少高档饭店还对这种模式加以改进，使之成为吸引客人的一种手段。例如，我国一些饭店在客房区域设立了行政楼层，它集饭店的前台登记、结账、餐饮、商务中心及客房贴身管理服务为一身，为客人提供更为舒适的环境，让客人享受更优质的服务。特别是贴身管家服务最具特色。从客人进店开始，贴身管家便听从客人的吩咐和安排，包括为客人打扫房间、收送客衣、订餐送餐、发送传真、安排外出旅游等，使客人感到亲切而舒适。贴身管家的出现，可以说是楼层服务台模式的一项新举措。

2. 不足

（1）楼层服务台的设立往往会影响楼层安静，尤其是一些管理不善的饭店更是如此。例如服务台人员不注意"三轻"服务，打电话声、嬉笑声、吵闹声不绝于耳，既影响客人休息，又给客人留下很坏的印象。

（2）使客人有受监视的感觉。西方客人对此很不习惯，感觉受到监视，是对客人隐私权的侵犯。

（3）花费人力较多，增加人事开支，同时增加员工纪律及物品管理的难度。

正是由于上述原因，欧美国家以及日本等国家的大部分饭店都不设置服务台，而用客房服务中心取而代之。

（三）楼层服务员岗位职责

目前，我国部分饭店仍采用每一层楼设置服务台的形式为住宿客人提供服务。每层楼或每两层楼设领班一人，直接指导服务员的工作。楼层服务员又叫客房服务员，一般有台班、卫生班和服务班等三种岗位。较小的饭店则只有台班和卫生班。

1. 台班服务员职责

台班服务员，即楼面服务台值班员，负责楼层（面）的日常服务接待及安全保卫工作，为客人提供服务。

（1）台班服务员主要职责

①提供楼层日常服务接待，尽量满足客人的合理要求。

②验证客人住宿凭证，保管和发放客用钥匙（没有采用电子门锁系统的饭店）。

③根据要求填写"值台记事表"和"房态表"。

④做好来访客人的登记和接待工作。

⑤向客人介绍饭店各主要服务设施设备及客房服务项目，办理客人委托事项。

⑥接受客人各种费用账单。

⑦做好上下班工作交接及安全保卫。

⑧搞好值台公共区域及后台区域的清洁卫生。

⑨接受并确保完成上级布置的任务。

（2）台班服务员业务要求

①熟悉客房设备与清洁工具的性能和使用方法以及维修保养常识。

②掌握客房楼面接待知识，熟悉前厅部与客房管理的业务常识。

③熟悉主要客源国的风土人情、宗教信仰，懂得旅游服务心理学基本知识，了解旅游营销基本知识。

④能用外语进行对客服务，懂得外事工作礼仪、礼节。

⑤熟悉本楼层开关的分布、用途，懂得安全消防知识及应急措施。

（3）台班工作内容与程序

楼层服务台一天24小时为客人提供服务，一般为早、中、晚三班制。

①早台班工作内容与程序（7：00～16：00）。

a. 与夜班台班服务员交接好班，查看交接日志，了解急需解决的问题或特别注意事项。

b. 了解掌握客房及客人情况，检验客人住宿凭证，保管和收发客用钥匙（没有采用电子门锁系统的饭店），掌握客房预订及客人离店情况，接受领班对服务台钥匙的发放。

c. 在卫生班上班前，根据客房实际状态安排工作定额，将客房状态用文字的形式写出，交给领班及时调整卫生班打扫客房的顺序。

d. 检查存放物品，清理酒水，核对单据，掌握楼层酒水的存量，并负责楼层酒水的填报与补充。

e. 向服务班传递住客对服务的要求。

f. 来访者探访客人，须经客人同意，方准进入客人客房，若客人不在房间而又无特别交代的，应礼貌地劝其到餐厅、酒吧或其他公共场所等候。

g. 未经接待部门或人员允许，要求参观客房者应予婉言谢绝。

h. 非本楼住客及工作人员，应婉言劝其离开，不允许在楼面滞留。

i. 不允许台班人员与任何人在服务台、楼面、客房聊天。

j. 把报纸杂志送入客房。

k. 做好酒水、洗衣事宜交接，现款要当面点清。

l. 负责客房的报修，报修后半小时无人到或到场后半小时未修，应及时报告领班或主管。

m. 填写交班日志，提出下班要做的工作或需要注意的事项。与中班交好班，重要事情向经理报告。

②中台班的工作内容与程序（15：30～24：00）。

a. 查验客人住宿凭证，收发客用钥匙（没有采用电子门锁系统的饭店），向服务班提供准确的需开夜床的客房数。

b. 将通用钥匙及客房钥匙交服务中心保管。

c. 将空房上锁，打开通道门、安全梯门。

③夜台班的工作内容与程序（当日23：30～次日8：00）。

a. 接好班后即进行工作。夜班是在夜深人静的情况下进行工作的，要注意走路轻、说话轻、操作轻，以保持楼面安静。

b. 礼貌地劝来访者离开客人客房。对超过24：00、经多次劝说仍不离开客房者，应请保安部协助处理。

c. 检查空房是否已锁好，通道门、安全梯门是否打开。对不慎将钥匙留在房门上的客用钥匙要轻轻取出，放服务台保管。

d. 若发生紧急情况，要及时报告夜班经理和保安部门，不慌乱并即刻采取相应措施。

e. 协助服务班做好早上离店客人客房的查房工作，收回客用钥匙。

f. 协助服务班做好早上离店客人的行李服务工作。

g. 关好通道门、安全梯门。

h. 填写交班日志，与早台班交接好班。

2. 服务班服务员职责

服务班服务员负责客房服务的辅助工作。

（1）服务班服务员主要职责

①为客房服务输送物品。

②打扫楼面公共区域卫生。

③收发洗涤的客衣。

④为客人开夜床。

⑤负责客房的小整服务。

⑥完成领班或台班指派的临时任务。

（2）服务班服务员业务要求

①熟悉客房整理与开夜床的标准和程序。

②能正确使用清洁剂对杯具进行消毒清洗。

③能用外语进行简单的会话。

（3）服务班工作内容与程序

①早班的工作内容与工作程序（7：00～15：30）。

7：00～8：00 的工作内容：

a. 做好签到、接班工作，接受领班、主管的工作指令。

b. 向领班领取通用钥匙。

c. 准备好杯具和冷热水等，并按指定位置放好，更换服务台热水。

d. 清洁楼梯、太平梯、员工电梯等。

8：00～11：30 的工作内容：

a. 清点和补充客房的酒水。

b. 将离店客人客房撤出的加床、送餐餐具及其他用品搬到指定位置放好。

c. 将卫生班的用车撤到工作间并补充杯具等物品，将用过的杯具清洗、消毒，并包装好。

d. 收集要洗涤的客衣，注意客人送洗衣服的要求，如干洗、湿洗、熨烫、急洗，等等。

e. 清洁和整理楼面卫生和服务班用房，将垃圾集中在工作间。

11：15～12：00 为服务班服务员就餐时间。

12：00～15：30 的工作内容：

a. 继续上午未完成的工作。

b. 重要客人离开房间一次，进行一次小整理。

c. 填写交班日志，报告注意事项，移交通用钥匙，交好班。

②中班的工作内容与工作程序（15：00～23：30）。

a. 继续早班的一般工作内容与工作程序。

b. 领取和分发洗涤过的客衣。

c. 重要客人离开房间一次，进行一次小整理。清点客房酒水，并告诉台班进行补充。

d. 清点脏棉织品，负责将其运到制服与棉织品房。

e. 清点洗衣房补充的干净棉织品，按指定位置叠放整齐。

f. 完成领班临时指派的工作任务。

g. 对客进行夜床服务。

h. 填写交班日志，提出注意事项，向领班报告工作，交好班。

资料卡

卫生班服务员工作职责

卫生班服务员（客房清洁员）负责客房的整理和清洁工作。

1. 卫生班服务员主要职责

（1）每天打扫客房前，检查工作车上的补给品。

（2）按照饭店规定的标准，对自己负责的客房进行布置、整理、打扫，并补充物品。

（3）检查客房内的电器是否完好，如有损坏或故障，及时向台班或楼面领班报告。

（4）按要求填写各种报表。

（5）如发现可疑的人或事，应立即向客房部办公室报告。

（6）保持客房楼面安静和安全。

（7）每天整理工作间及清洁用具，并在下班前准备好次日工作车上的一切用品。

（8）完成领班、管理人员交给的其他工作。

2. 卫生班服务员业务要求

（1）了解客房布置、打扫标准以及清扫的程序。

（2）能正确使用各种清洁剂，做好客房清洁、消毒工作。

（3）能按饭店规定，按质按量完成客房清扫任务。

（4）了解饭店对遗留物品的处理程序。

（5）熟悉安全操作及劳动保护常识，懂得消防和卫生救护常识。

（6）能用一门外语进行简单对话。

3. 卫生班工作内容和程序

卫生班服务员一般上白班。

（1）向领班签到后，接受工作指令。

（2）领取通用钥匙，补充工作车上的用品，做好准备工作。

（3）对客房、卫生间进行清扫与整理。

（4）清洁完毕一间客房，在"工作日志表"上做好相应的记录。

（5）离店客人客房的加床、送餐餐具等应撤出收好，放在指定的位置。

（6）客房设备若有损坏及地毯、墙面若有污迹应报告台班或领班，并在"工作日报表"上注明。

（7）接受台班临时因客房状态变化而下达的工作任务与检查，但必须将正在整理的客房整理完毕。

（8）接受领班、经理对工作程序及质量的检查、指导，对不符合要求的必须重做。

（9）定期对客房进行杀虫等。

（10）客房布件用具处理。

①将客房换出的床单、器皿、枕套送到工作间。

②将客房换出的茶杯、水杯、壶送到工作间。

③将客房清出的垃圾放在指定位置处理。

（11）清洁、整理工作车、吸尘器及其他清洁用具，布件袋要定期清洗。

（12）下班时交通用钥匙给领班。

（13）填写工作日志及提出的注意事项，向领班汇报工作。

第二节　对客服务的内容与程序

一、客房服务概述

客房服务是饭店提供的 24 小时的全天候服务，在很大程度上体现了饭店服务的水平和质量。客人在饭店下榻期间，逗留在客房内的时间最长，可以说客房是宾客临时的家，客房服务水平的高低在很大程度上决定了客人对饭店产品的满意程度。客房服务与饭店的前厅、餐厅等服务相比较既有相同之处，又有不同之处，对其特点进行研究有利于服务的针对性。

（一）客房服务的特点

1. 以"暗"服务为主，兼具"明"服务

前厅、餐厅等服务是基本上为客人提供面对面的服务，客人能直接接触到服务员。客房服务有别于以上两种服务，主要通过有形的客房产品体现出来。例如，客人一走进饭店看到整洁的客房，喝到热腾腾的开水，这些都会让客人感受到客房服务员的服务，但客人并不知道具体是谁提供了服务，从这一方面来讲，客房服务员是饭店服务的幕后英雄。但这并不意味着客房服务员永远不面对客人，如当客人借用物品、需要整理客房时，客房服务员仍然要面对客人。这就要求客房服务员具有良好的礼貌礼节及仪容仪表，具备较高的综合素质。

2. 体现出"家"的温暖与舒适

客人在下榻饭店前，往往经过了长时间的车船、飞机旅行，到达饭店都比较疲倦，迫切需要一个在生理和心理上都能得到休息的环境。舒适而温暖的客房才能让客人感觉到宾至如归，感到像到了家一样。

（二）客房服务的具体要求

1. 良好的职业道德

首先要尊重客人的隐私，客人在"家"里，作为"家"的管家或侍者，有义务尊重客人的隐私。不得以任何理由私自打开客人的行李袋（箱），不得翻动、使用客人的物品，不得在客房接听或私打电话。坚决禁止利用工作之便私拿客人物品和财物。其次要注意避免与客人谈论政治敏感问题，不得泄露国家机密，不得私自陪客人在店内外参观、旅游、娱乐和吃饭，不准请客人购买私人物品。

2. 主动热情

主动服务要服务在客人开口之前，热情服务则是指服务人员出于对自己从事的职业有肯定的认识，对客人的心理有深切的理解，因而富有同情心，发自内心地、满腔热情地向客人提供良好的服务。

3. 礼貌待客

良好的仪容仪表、自然得体的语言、落落大方的气质是一种礼貌的表现。在服务中要做到："请"字先，"谢"字后，"您好"不离口；见到客人先微笑，然后再主动礼貌地打招呼；客来热情欢迎，客住热情服务，客走热情欢送，并把微笑服务贯穿始终。

4. 耐心细致

客人的多样性和服务工作的多变性，使得客房服务员要面对很多的委屈、刁难、责备，在这时客房服务员就要摆正心态，保证服务质量。虽然客人在客观上会犯错误，但我们也要在主观上巧妙地把"对"让给客人，让客人享受到做"主人"的尊贵。在客人住店期间，要创造一种家的氛围和环境，从细处着手体现服务品质。一个细心的服务员在整理房间时如果发现客人睡觉时把床罩搭在了毛毯上，就会联想到客人可能觉得毛毯太薄，主动为客人加棉被。

5. 准确高效

客人对客房的要求是舒适、整洁、安全。清洁而符合规范的房间是礼貌服务的物质依托。忽略了这一客人对房间的基本要求，其他礼仪便无从谈起。而要保证客房能够达到舒适整洁的标准，就要求客房部员工付出巨大的努力，在辛勤的劳动中提高工作效率，否则是不可能胜任这一工作的。如饭店规定服务员打扫一间走客房的时间是 30 分钟。

二、客房服务的基本内容和方法

客房服务是饭店服务的重要组成部分，客房服务项目的多少与饭店的星级高低、客源市场的需求有关。饭店要根据自身条件，在考虑客人的需求下合理地确定所提供的服务项目。

（一）楼面接待服务

客房楼面接待服务包括三大环节：迎客服务的准备、到店的迎接服务和送客服务。

1. 迎客服务的准备

客人到达前的准备工作做好了，可为下面服务工作的顺利进行奠定良好的基础。当接到住客通知单后，要尽可能地了解宾客的风俗习惯、宗教信仰、生活特点、接待标准、活动日程，并且按服务标准和客人的需要与特点准备客房用品及检查设施设备状况，一旦发现有损坏失效的，要及时报修更换。

2. 到店的迎接服务

服务员在做好各项准备工作后要注意对自己的仪容仪表进行整理，以饱满的精神面貌迎接客人的到来。客人到达楼层出电梯口时，因旅途的疲劳需要尽快到客房休息。客房服务员应面带微笑，主动向客人问候，并带客人进房，简明扼要地向客人介绍有关情况，并及时退出房间，以免影响客人的休息。另外，当行李员把团队客人的行李送到楼层后，服务员要及时准确地分送到客人手中。

3. 送客服务

送客服务是楼面接待服务的最后一个环节。这一环节的服务十分重要，是宾客对饭店留下美好印象的关键环节。宾客离店服务做得好可以弥补以前服务的不足，改变宾客对饭店的印象；宾客离店服务做得不好，那么以前的服务做得再好也会因此改变宾客对饭店的印象致使饭店的服务前功尽弃。

送客服务要根据客人预约的时间，敲门后进入客房，提醒客人是否已准备好，不要忘带东西，通知行李员为客人拿行李，客人离房时要送到电梯口热情道别。送别团队客人时，要按规定时间集中行李，放到指定地点，清点数量，并协同接待部门核准件数，以防遗漏。

客人离店后，及时检查房间，查看有无客人遗忘物品，客房内有无设备损坏和客用品遗失，如客人还在饭店应及时退还，如客人已离店要按规定上交有关部门。最后登记并更改房态。

（二）宾客住店期间的日常服务

1. 送水服务

（1）早班服务员每天早晨送开水进房（商务客人在房间停留时间长，最好早晚各送一次）。

（2）客人需要冰块时，应在 10 分钟内送至房间。

（3）离开房间时应询问客人是否还需要帮助。如不需要帮助，应礼貌地向客人告退，轻轻将房门关上。

房间如使用电热水壶或饮水机，则应免去此项服务，但应每天做好相应的清洁和保养工作。

2. 整理房间

客人住宿期间，要经常保持客房整洁，按饭店"住房清扫程序"进行整理。清洁卫生工作要做到定时与随时相结合，每天上午按照程序进行彻底清扫和整理；午餐前进房保洁、暖瓶换水；午休后进房简单整理；晚饭后进房送水、开夜床；客人外出后可随时进房进行简单的清扫；等等。当然，客房的整理次数和规格，各饭店要按自己的档次和客人接待规格来进行。

3. 楼面保安

安全是客人的第一需要，而客房服务员则被客人看作是饭店客房的保安员，因为他们是唯一留在客房楼面和经常使用楼层万能钥匙的饭店人员。楼层应建立安全措施和安全检查制度。

（1）检查房内设备有无不安全因素，对电器设备、门锁和"猫眼"等要进行重点检查。

（2）管理好万能钥匙。

①除自己的领班或主管外，严禁把楼层万能钥匙外借或转交他人，即便是饭店的其他

员工也不行。

②只有在两种情况下，客房服务员才能为没有住宿凭证的客人打开房间。一是百分之百地肯定该客人正是某房间的住客；二是客人持有大堂副理或接待处主管签发的要求服务员为他打开房门的证明。

③实行钥匙的签领和签收制度。客房服务员上班期间必须将万能钥匙系在腰上以防遗失。万一丢失钥匙，服务员必须立即向有关方面报告以采取必要的措施。

（3）上班要穿规定的制服。工作之余，客房服务人员不能穿着自己的衣服进入客房。其余部门的员工，如木工、电工，只允许穿戴规定的制服、帽子进入客房进行维修保养工作，同时，客房服务员要监护其工作的完成。这种做法不仅可以维护客房的安全，而且可以保证客房的清洁。

（4）保护客人的生命财产安全。未经客人同意，不得将访客引入客房内。在客人不在或没有书面指示的情况下，即使是客人的亲人、朋友或熟人，也不能让其拿走客人的行李和物品。对出现在楼面的陌生人，客房服务员必须走近他，问清他的目的，如有疑点，必须打电话向保安部反映情况。

（5）替住客保密。有关客人的身份、客人携带的物品等不得告诉他人，特别是重要人物的房号及行踪更不能泄露，要严守客人的秘密。

（6）整理住客房间时，如遇客人进入房间，应请客人出示房卡或其他住宿凭证，以防止不法分子借机犯罪。

4. 洗衣服务

洗衣服务是饭店为住店客人提供的常规性服务项目，与客人住店的日常生活紧密相关。客人很重视这一项服务，因为他们需要整洁的外表。洗衣服务也是最容易引起纠纷的服务项目，要求服务人员耐心、细致严格按操作规范进行洗衣服务程序，杜绝客人投诉。

电话接受客衣是国际上大部分饭店的例行做法。客衣服务员在电话中应提醒客人填写洗衣单（见表 15-1），并将所洗衣物一并放入洗衣袋内，若客人有特殊需求，服务员应作记录。最后由客衣服务员到客房收取客衣。收取的客衣若有破损、染色、掉色、缩水等情况，要及时与客人联系，得到客人认可后才能洗。若客人填写的洗衣单与所洗衣服不符要及时与客人取得联系，重新填写。

表 15-1   ×××饭店洗衣单

FOR SERVICE PLEASE CALL EXT "8"   服务请拨内线 "8"

□Same Day Service   即日服务

□4 Hours Express Service   4 小时加快服务

NAME 姓名：

ROOM NO.   房号：

DATE 日期：_____

GUEST SIGNATURE 贵客签名：_____

LAUNDRY （WITHPRESSING） 湿洗（连熨）

Guest Count 客人数量	Hotel Count 饭店数量	Gentlemen 男士	RMB	Guest Count 客人数量	Hotel Count 饭店数量	Ladies 女士	RMB
		Dress Shirt 礼服恤	15.00			Cotton Dress 棉质长西裙	20.00
		Silk Shirt 丝质恤衫	18.00			Blouse 恤衫	15.00
		Shirt 普通恤	14.00			Jacket 外衣	22.00
		Under Shirt 内衣	8.00			Skirt （Hain） 短棉裙	15.00
		Under Pants 内裤	5.00			Skirt （Pleated） 百褶裙	22.00
		Socks 短袜	5.00			Brassiere 胸衣	6.00
		Handkerchief 手帕	5.00			Handkerchief 手帕	5.00
		Cotton Jacket 棉质上衣	24.00			Pyjamas （2pcs） 睡衣	18.00
		Pants （Trousers/Jeans） 棉质西裤	18.00			Morning Gown 棉晨袍	18.00
		Pyjamas （2pcs） 睡衣	18.00			Stockings 丝袜	5.00
		Shorts 短裤	12.00			Panties 内裤	5.00
		T-Shirt T恤	14.00			Undershirt 内衣	8.00

DRY CLEANING （WITHPRESSING） 干洗（连熨）

Guest Count 客人数量	Hotel Count 饭店数量	Gentlemen 男士	RMB	Guest Count 客人数量	Hotel Count 饭店数量	Ladies 女士	RMB
		Sweater 针织短衣	12.00			Slacks （Trousers/Jeans） 棉西裤	18.00
		Robe/Yukata 浴袍	15.00			T-Shirt T恤	14.00
		Sweater Suit 运动衣	20.00				
		Tuxedo （2pcs） 礼服一套	40.00			Plain Dress 长西裙	22.00
		Suit （2pcs） 西装一套	38.00			Jacket 短外衣	22.00
		Jacket 短装上衣	22.00			Overcoat 长大衣	35.00
		Pants 西裤	28.00			Skirt （Plain） 短西裙	18.00
		Silk/Shirt 丝质恤衫	18.00			Skirt （Pleated） 百褶裙	24.00
		Overcoat 长外衣	35.00			Slacks 西裤	26.00
		Tie/Scaf 领带/领巾	12.00			Sweater 羊毛衣	22.00
		Waistcoat/Vest 背心	14.00			Blouse 恤衫	18.00
		Sweater 羊毛衣	22.00			Evening Dress 晚礼服	38.00
						Suit （2pcs） 西装一套	38.00

PRESSING（熨衣）

Guest Count 客人 数量	Hotel Count 饭店 数量	Gentlemen 男士	RMB	Guest Count 客人 数量	Hotel Count 饭店 数量	Ladies 女士	RMB
		Tuxedo（2pcs）礼服一套	28.00			Plain Dress 长西裙	18.00
		Suit（2pcs）西装一套	26.00			Jacket 短外衣	12.00
		Jacket 短装上衣	12.00			Overcoat 长大衣	20.00
		Pants 西裤	16.00			Skirt（Plain）短西裙	12.00
		Tie/Scaf 领带/领巾	9.00			Skirt（Pleated）百褶裙	16.00
		Shirt 恤衫	11.00			Slacks 西裤	11.00
		Waistcoat/Vest 背心	10.00			Blouse 恤衫	16.00
		Silk/Shirt 丝质恤衫	12.00			Evening Dress 晚礼服	26.00
□Return Shirt On Hanger 恤衫交回挂起 □Return Shirt Folded 恤衫加叠				Starch 浆 □Yes 浆 □No 免浆			
Sub Total		小计					
Plus 50% Express Charge		加50%特快费					
Crand Total RMB		共计					
Total Pieces		总件数					

返送客衣主要有两种方式，一种是由客衣服务员直接送回客人房间，另一种是客衣服务员将客衣送至楼层服务台，再由楼层服务员将其送给客人。第一种方式可以减少客衣流通的环节，更能保质保量地将客衣送回客人手中，所以这一方式，是大多数饭店所采用的。

客衣服务员在给客人送客衣前要先安排好送衣的路线，从而节约送衣时间。对于挂有"请勿打扰"的客房或双锁房，客衣服务员不能打扰，可将客衣交给客房中心服务员，由他们递送。但要在门下塞入衣服已洗好的说明卡（见表15-2）。

表15-2 　　　　　　　　　　　　**说　明　卡**

LAUNDRY SERVICE
房号　　　　　　时间　　　　　　日期 ROOM NO.　　　TIME　　　　　DATE 亲爱的宾客： 因你的房间挂了"请勿打扰"牌，衣服没有送回，现存客房中心。若你需要，请拨内线电话 _____，我们将派人送上。 Our laundry, We found a "Do Not Disturb" sign when returning your clean laundry. It is being retained in the service center of Housekeeping. Kindly contact Ext. _____ for delivery. Thank you. 　　　　　　　　　　　　　　　　　　　　　　　　　　洗衣房主管 　　　　　　　　　　　　　　　　　　　　　　　　　　LAUNDRY MANAGER

5. 擦鞋服务

国家旅游局规定，三星级以上饭店必须向住店客人提供擦鞋服务。有的饭店设有擦鞋机，更好的做法是提供人工擦鞋服务。饭店在客房内备有鞋篮，客人将要擦的皮鞋放在鞋篮内。有的饭店没有鞋篮，客人将要擦的皮鞋放在走廊门口或直接通知楼层服务台，服务员将写有房号的字条放在鞋内。擦鞋时先在鞋下垫上一张废报纸，将表面的尘土擦去，然后根据客人皮鞋的面料、颜色选择合适的鞋油或鞋粉，仔细擦拭、抛光。对于特殊质地的鞋子，应当向客人说明情况，征得客人同意后再擦。鞋子一般在 2 小时内擦好并送进客房，如果客人不在，应放于壁橱内的鞋篮旁。

若遇雨、雪天气，服务员应在客人外出归来时主动询问客人是否需要擦鞋。

6. 接待来访客人

对于各种来访客人，服务员要礼貌接待，这些访客可能就是饭店潜在的客人，如果对他们不尊重就会失去这些潜在的客源，同时也是对住客的不尊重。

当访客到来，服务员要在征得住客同意后，将来访客人带到指定地点。对于住店客人事先告知的来访客人，楼层服务员要做好会客的各项准备工作，了解来访客人的人数、时间、是否需要准备饮料等，有无特别要求，还要根据主人的要求及时送茶、换水、添加饮料。会客结束后征得住客同意要及时整理房间。

7. 送餐服务

送餐服务是指某些客人因为生活习惯或特殊要求，在客房用餐的一种送餐到房的餐饮服务。饭店的餐饮部单独设专人提供这项服务。客人若需要在客房内用早餐，应于前一天晚上在客房备有的早餐牌上选好食物种类，注明用餐时间，然后将其挂在房门把手上，由服务员定时收集，代向餐饮部订餐员订餐。客人也可直接打电话给订餐部直接订餐。送餐则由餐饮部送餐员直接送进客房。送餐车必须有保温装置，防止送到时饭菜温度不够影响质量。客人用餐完毕，在征得同意后要及时撤出餐具，整理房间。

8. 加床服务

当客人向客房服务员提出加床服务时，客房服务员要对客人说明不能直接加床，礼貌地向客人说明要到前台办理相关手续。待客人到前台办理相关手续后，服务员按客人要求为其加床并配套相关的毛毯、枕头、床单等，并增加一次性客用品。

9. 会议服务

在饭店功能中，会议设施设备及其服务愈来愈受到饭店管理者和客人的重视。无论何种星级的饭店都会设计不同数量、不同形式、不同大小面积的会议室，同时提供会议设施设备及其服务，以满足客人召开各种类型会议的需求。

由于会议形式多种多样，参会人数有多有少，常规的会议室要应会方要求作相应的布置，并根据会议性质提供配套服务。

（1）常见的会议种类。

①会见。会见是身份相近的双方就礼节、政务和事务等方面的问题进行短时间的互相交流形式。

②会谈。会谈是双方或多方共同就某些重大的政务、军事、经济、文化、科技等方面

共同关心的问题进行商谈的一种形式。

③签字仪式。签字仪式是双方或多方就某项具体事务达成一致、各方首席代表代表本方在文件上签署自己名字的一种仪式。

④讲座。讲座是就某专业或某专题进行阐述的一种会议形式。

⑤专业会议。专业会议是就某专题有组织有领导地商讨的一种形式。

（2）会议前的准备工作。会议前的准备工作是会议服务的首要和必要程序。为了提供给客人满意的会议服务，会议服务人员必须先搞清楚下列问题后再作准备。

①会议类型。分类型的目的是为了进行会场布置和提供相应的会议设施设备。例如，签字会议的场地布置与讲座会议的场地布置要求就不相同。若为讲座会议还应提供投影仪、幻灯机、放像机等。图 15 - 1 为签字会议布置图，图 15 - 2 为讲座会议布置图。

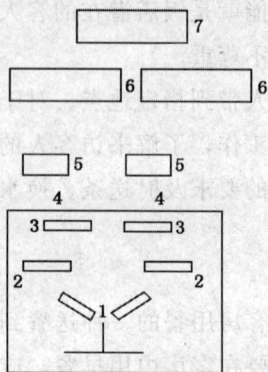

图 15 - 1　签字会议布置图

1. 国旗　2. 文具　3. 文本　4. 主管人　5. 服务员
6. 双方随行人员　7. 壁挂

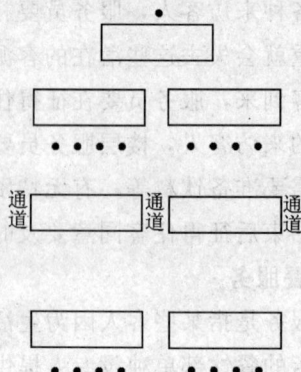

图 15 - 2　讲座会议布置图

②到会人数。目的是为了准备相应的座位、会议物品、茶具等。在摆放座位时，椅子的间距应为 15～20cm，不可挨得太紧，以免妨碍客人行动。每排座位较多时，中间及两侧应设通道。茶具应摆放在座位的右前方，茶杯把朝向客人右手方向，离桌边约 30cm。摆放时，每个茶杯要等距离。是否放置烟灰缸应征求会务组的意见。若需放置烟灰缸，应放置在两个座位的中间，等距离成直线。

③会议时间。目的是为了安排服务人员的上下班时间。要了解会议的具体时间及日程安排，尽可能做到专人服务。

④会议提供的饮品。会务组会因会议档次而要求饭店提供会间饮品，有茶水、饮料或水果、点心等。

⑤会议性质。有些会议具有一定的保密性，会间无关人员都要回避，因此会前准备工作应更加充分，以减少进入会场服务的次数。

⑥会务组房号。目的是便于查询、沟通，及时获得服务信息，以提供更周到细致的服务。

⑦特殊要求。

（3）会议过程中的服务。

①会议客人到达时，应打招呼问好，为客人开门，礼让入场。

②客人就座后，按次序为客人泡茶并说"请"。泡茶时将杯盖反扣在桌上，再将茶杯端起，侧身弯腰将水冲进，以倒至七成满为止，放回桌上，杯把向右，盖上杯盖。是否送小方巾则视会议组织者要求、会议档次或到会人数多少而定。

③会议中间定期更茶续水或补充饮料，更换烟灰缸。

④若会议组织方要求上点心或水果时，应将点心和去皮后切成块的水果放在小盘中，放上牙签，每人一盘，以方便食用。

⑤会议结束时，打开会议室门，与客人道再见。

（4）会议服务中的注意事项。

①会议室有会议时，楼层应保持安静，无关人员应回避。

②服务人员应配合保安人员做好安全服务工作。

③会议过程中的更茶续水不宜过于频繁，动作要轻。

10. 客房小酒吧服务

旅游饭店一般在客房内设有小酒吧，吧台上放有各种饮料，由客人自由取用。这样做既方便客人，又增加饭店收入。小酒吧管理程序如下：

（1）零星客人结账时由客房中心联络员通知到楼层，楼层服务员应立即进房查核小酒吧（表15-3），并在房内拨电话，将该房客人饮用的饮料品种及数量通知前台收银处。

（2）服务员根据"客人进店、离店通知单"，在团队客人离店前半小时，将该团队所有客房内的小酒吧查核一遍，开好饮料账单，由领班送至前台收银处。

（3）住店客人房内的小酒吧，由服务员每天上午换茶具和晚间做夜床时逐一查核。如有饮用，立即补充，并将饮料的品种和数量记录在工作单上，开好账单，领班据此填"饮料消耗表"（表15-4）。

（4）早班领班在上午下班之前、晚班领班在下班前，分别将楼层服务员开的饮料账单送到客房中心。

（5）早班领班上班后，立即核对饮料柜中的饮料，作好报表，并按定量将饮料发给各楼层服务员，供补充客房小酒吧用。晚班领班在晚班服务员下班前将用不完的饮料收回到饮料柜中。

（6）每周日，由领班对楼层饮料柜进行盘点，作出一周饮料消耗表，交由楼层主管核对。物品领发员于次日根据楼层消耗数量将饮料发到楼层。

（7）每日全部楼层的饮料消耗账目由夜班服务员完成。夜间零点，夜班服务员从前台收款取回所有饮料账单的回单，与早、晚班领班填写的"饮料消耗表"核对，并按楼层分类，逐一订好。若回单与"消耗表"相符，则将此数据登记在"饮料消耗总账簿"上；若有疑问则另作记录，交由秘书核对，楼层主管负责查清原因。

（8）秘书每天去前台收银处抄录小酒吧饮料跑账的房号、品种、数量，交由楼层主管调查。

（9）每月底由服务员对房内小酒吧、领班对楼层饮料柜内的饮料进行检查。如有接近保存期限的，立即与仓库调换。

表 15 - 3　　　　　　　　　　客房小型酒吧账单

MINI BAR CHARGE VOUCHER

亲爱的贵宾：

希望您能尽情享受房内小型酒吧的饮品。

客房部服务员将每日核对您所用饮品数量，并把清单送到前厅会计部转入您的账目内，如您需要其他特别饮品服务，请拨内线电话"5111"。

为了能准确地计算您的账目，请您在结账离店时，将此单带到前厅收款处。

谢谢！

Dear guest,

Please feel free to enjoy the facility of your Mini Bar provided for your convenience.

Your room attendant will collect this voucher daily and take it down to the Front Office Cashier for billing to your account. If you require any additional service, please call Room Service on Ext "5111".

If you have some drinks on the day of your departure, please hand in your last voucher to the Front Office Cashier at check out time.

Thank you.

房号　Room No. ____　　　　日期　Date ____

品类 Items	点存 Inventory	耗量 Consumed	单价 Unit Price	小计 Sub. Total
金牌马爹利 Martell VSOP	2		30.00	
施格兰金酒 Seagram's Gin	2		28.00	
皇冠伏特酒 Smirnoff Vodka	2		25.00	
威士忌 Whisky	2		30.00	
人头马 VSOP Remy Martin	2		28.00	
黑方·红方 Black Label Red Label	2		35.00	
青岛啤酒 Qingdao Beer	2		8.00	
可口可乐 Coca Cola	2		8.00	
宝鲜粒粒橙 Balsam Snappy Orange Drink	2		8.00	
芒果汁 Mango Drink	2		6.00	
崂山矿泉水 Laoshan Mineral	2		3.00	

房号 Room No. ___		日期 Date ___		
品类 Items	点存 Inventory	耗量 Consumed	单价 Unit Price	小计 Sub. Total
水蜜桃汁 Peach Drink	2		6.00	
合计 Total				
10%服务费　10%Service Charge				
总计 Grand Total				

表 15 - 4　　　　　　　　　　　　　　　小酒吧日消耗单

领班　　楼层　　　　　　　　　　　　　　　　　　　　　　　　　　　　日期

	粒粒橙	青岛啤酒	矿泉水	贝克啤酒	呕咔咖啡	八宝粥	椰子汁	红牌威士忌	白兰地	可口可乐	黑牌威士忌	进口矿泉水	番茄汁	雪碧	杏仁露
01															
02															
03															
04															
05															
06															
07															
08															
09															
10															
11															
12															
13															
14															
15															
16															
17															
18															
上午															
下午															
小计															

有些高级饭店对客房内的冰箱采用计算机管理,当客人从冰箱里取出一瓶饮料后,冰箱内的开关信号将指示机器驱动,客人在总台的账目立即自动增加。但这种装置也有缺点,如客人取出一瓶饮料查看后又放回原处,计算机就无法准确识别,仍将这瓶饮料的钱记在客人的账上。

11. 租借物品服务

客房部要对所租借的物品编号。客人经常租借的物品如吹风机、变压器、接线板、枕头等要多备一些。当然客房管理人员应根据客人需求的变化,不断补充租借物品的品种,调整其数量。

服务员在接到客人租借物品通知后,要迅速填写好《物品借用单》并将其和物品一起用托盘送到客人手中(饭店应根据具体情况规定最快时间),请客人签字。在借用物品前要对物品的性能进行检查,对一些特殊物品要向客人介绍使用方法和性能。从房间收回客人借用物品时,应在借用物品单接受人处签收,以证明客人已经归还。物品若有损坏或遗失要作记录,并与前台联系,向客人索赔。

12. 托婴服务

托婴服务是饭店视其自身客源特点开设的特别服务项目。托婴服务是为外出办事的住客提供照管婴幼儿童的有偿服务。这项服务在中国出现的时间并不长,因此很多饭店并没有配备专业人员,而是由客房部有责任心、并确有育儿知识、略懂外语的女服务员担任。

表 15-5   托婴服务申请表

BABY SITTER REQUEST

Guest's Name _____   Room No. _____

Date _____   Baby Age _____

Dear guest,

As requested by you, we have arranged for BABY SITTING from _____ to _____.

Tick (√) the appropriate.

Breakfast   Yes☐   No☐

Lunch   Yes☐   No☐

Dinner   Yes☐   No☐

Kindly note that there is a minimum charge of _____ for the first 2 hours of baby sitting. A fee of _____ is charged for each additional hour. All payment should be made directly at the Hotel Cashier. Under no circumstances shall the hotel be liable to compensate the guest for any accident, negligence caused by the babysitter on purpose.

                         I fully accept the above terms and conditions.

Signature _ _ _ _ _ _   Signature _ _ _ _ _ _

HOUSEKEEPER   GUEST

顾客姓名：_____ 房间号：_____

日期：_____ 婴儿年龄：_____

尊敬的顾客：

按照您的要求，我们为您安排了婴儿托管服务，时间从_____到_____。请勾选您所需的服务。

早餐 是□ 否□

午餐 是□ 否□

晚餐 是□ 否□

请注意我们对看管婴儿两个小时以内有一个最低收费____元，每超过一小时，加收____元。

所有的费用应直接交给旅馆收银台，如果是由于看护人员故意造成的任何意外，本旅馆概不负责。

我同意以上条款。

签名_____   签名_____

（管理员）   （顾客）

客人需要托婴服务时需提前与房务中心联系，并要填写一张《托婴服务申请表》（见表15-5），房务中心根据申请表可了解婴儿的生活习惯。看护人员务必小心谨慎，不能离开小孩，不能随意给小孩吃东西，不让小孩接近容易碰伤的东西，不能把小孩带离指定的地方。客人外出时，请其留下联系电话，以便出现特殊情况进行联系。将婴儿交还给客人时请客人签字确认并付费。

13. 客人遗留物品处理

客人在住店期间或离店时，难免会遗忘或丢失物品。饭店应有客人失物处理的规定和程序，以协助客人找、领自己的物品。这会使客人感到饭店服务工作的尽善尽美。

（1）判断是客人扔掉的，还是遗留物品。下列物品一般为遗留物品：

①遗留在抽屉或衣柜内的物品，如衣服、围巾等。

②具有文件价值的信函和信件，如电传、收据、日记、上面还记有电话号码的纸片等。

③所有有价值的东西，像钞票、珠宝、信用卡等。

④身份证件。

⑤器材或仪器零件等。

对已知遗留物品的客人姓名、住址或单位的，应及时交还客人，或通知或邮寄。

（2）若在走客房内发现客人遗留的贵重物品，服务员应立即打电话通知客房中心。若是零星客人，中心值班员应立即与前台联系，设法找到客人；若是团队客人，则与团队联络员联系。若仍找不到失主，要立即报告大堂副理处理，服务员应立即把物品送到客房中心。

（3）房内遗留的一般物品，由服务员立即在工作单上"遗留物品"一栏内登记。下班前，在"遗留物品"单上清楚地填上此物品的房号、名称、数量、质地颜色、形状、成色、拾物日期及自己的姓名。一般物品要与食品、钱币分开填写。

（4）早、晚班服务员收集的遗留物品交到客房中心后，均由晚班的中心值班员负责登记。

（5）钱币及贵重物品经中心值班员登记后，交主管进行再登记，然后交秘书保管。

（6）一般物品整理好后与遗留物品单一起装入遗留物品袋，将袋口封好，在袋的两面写上当日日期，存入遗留物品室内的格档中，并贴上写有当日日期的标签。

（7）遗留物品室每周由专人整理一次。

（8）如有失主认领遗留物品，需验明其证件，且由领取人在遗留物品登记本上写明工作单位并签名；领取贵重物品需留有领取人身份证件的复印件，并通知大堂副理到现场监督、签字，以备查核。

（9）若客人打电话来寻找遗留物品，需问清情况并积极查询。若拾物与客人所述相符，则要问清客人来领取的时间。若客人不立即来取，则应把该物品转放入"待取柜"中，并在中心记录本上逐日交班，直到取走为止。

国外有些饭店主张，除非客人前来认领或写信函寻找遗留物品，一般不通知物主或邮寄给他。其理由有二：一是客人不前来认领的物品一般是扔掉的物品，二是为了替客人住店情况保密。

（10）若有客人的遗留物品经多方寻找仍无下落，应立即向经理汇报。

（11）按国际惯例，客人遗留物品保存期为一年，特别贵重物品可延长半年。如客人失物保存到饭店规定的期限仍无人认领，饭店按有关规定自行处理。

三、超常服务

超常服务，即我们常说的个性服务和针对性服务。它是指在满足客人基本普遍的需求的基础上，进一步满足不同客人个别的、偶然的、特殊需要的服务。饭店服务的对象是人，客人的需要千变万化，仅仅像大工业生产的规范服务是不够的，还需要灵活应变的个性服务才能满足客人的合理、特殊需求。

（一）住客类型及针对性服务要求

饭店客人来自四面八方，各个阶层，由于他们的性别、身份地位、文化修养、兴趣爱好、生活习惯不同，要划分住客类型并非易事，但只要平时注意调查研究，还是有规律可循的。下面就常见的住客类型和服务方法作一个大致的介绍。

1. 商务旅游者

指任何以公务为目的而进行旅行的旅游者。这类客人没有季节性，是饭店的常年生意。商务客人具有消费高、回头率高、要求高的"三高"特点。商务客人是十分成熟的市场，他们大都下榻过多家饭店，对饭店的服务、设施是十分讲究甚至是挑剔的。他们公务在身，常常早出晚归，有的长住客则会在客房办公，要求提供送餐服务，住店时间一般较长。为这类客人服务要特别讲究效率，在为客人打扫卫生时，不要乱翻客人的文件，在客人工作时不要打扰。

2. 观光旅游者

指到饭店所在地从事私人活动和休闲观光为目的的旅游者。这类客人是饭店旺季客源，他们以游览观光为主要目的，对自然风光、名胜古迹感兴趣，最大的要求是吃好、住好、玩好。对这类客人注意做好早晚服务工作，如清晨的叫醒服务。还要向客人主动介绍本地的旅游景点、风味餐馆及购买旅游纪念品的商场，让客人感到饭店的服务热情周到，如同在家般亲切自然，使他们感到自己的消费物有所值。

3. 会议旅游者

指到饭店所在地以开会为目的的旅游者。这些客人人数多；活动集中、有规律；会场使用多；对食品、饮料的需求量大；晚间有娱乐活动。一些有影响的会议客人，他们的身份地位一般较高，多属高级知识分子和政府官员，生活上要求高级享受。对这类客人服务好了，对饭店而言可大大提高声誉，稳定客源市场。对会议客人的客房布置打扫要及时，要保证茶水供应和房间整洁，室内一般办公用品要保证供应，便于客人会议期间使用。客人的文件要严格保密，不能乱翻乱动。夜晚有娱乐活动不要忘记告诉他们，以便调节客人的生活。

4. 疗养旅游者

这类客人是为了身心的健康而外出旅游。他们住店时间长，喜欢安静，活动有规律，对药物、矿泉和优美的自然风光感兴趣。他们一般希望生活方便，能够得到热情周到的服务。服务员对这类客人要主动问候，客人在房内用餐要及时供应，客人休息时不要打扰他们，要保持楼道、客房的安静。

当然，客人的划分还有很多类型，如不同年龄的旅游者对客房有不同需要：年轻人观念新，喜欢追求新的经历和感受，愿意尝试新的服务项目和设施，他们会携带少量的行李独自或结伴而行，住便宜的饭店；中年人，一般取得了一定的社会地位，他们看重与自己身份相称的舒适享受；老年人对自己的健康比较关注，外出会携带较多的行李，行动迟缓，花钱比较节省。另外不同性别的旅游者也有不同特点：女性客人喜欢结伴外出，家庭观念强，单独在外的女性非常注意个人的财产和人身安全，喜欢宽敞、美观、整洁、干净的客房；男性对与事业有关的事较关注，对新产品、新科技成果较留意，异地的商贸、经济、政治也能引起他们的兴趣，他们更喜欢方便、科技含量高的客房。

总之，客房服务员要研究不同类型旅游者的需要特点，针对他们各自的特点，提供相应的服务就能收到良好的效果。

（二）特殊情况的处理

客房接待服务过程中会遇到各种各样的人，也会遇到各种各样的问题，这就决定了接待服务中不可避免地会出现特殊情况。特殊情况处理的好坏，往往直接影响饭店的声誉，甚至国家的声誉，需要引起客房工作人员的高度重视。

1. 客人物品丢失

在客人住店过程中，随身携带的小件物品，甚至贵重物品，由于种种原因，可能丢失，客人着急，请求找回。这种事故的基本处理程序如下：

（1）安慰并帮助客人回忆物品可能丢失在什么地方，请客人提供线索，分析是否确实丢失。

①常有部分客人害怕自己的钱物丢失，在客房把钱物藏起来，事后忘记藏在什么地方了。经过分析，应让客人安定情绪，并帮助客人寻找。

②如果客人报告贵重物品丢失并涉及某服务人员，在没有弄清事实前，不可盲目下结论，以免挫伤该服务员的自尊心。

（2）在查找过程中，请客人耐心等待或让客人在现场一起寻找。查找工作一般由保安人员及管理人员负责。

①如果在客人自己的客房进行搜寻时，客人愿意亲眼目睹整个寻找过程，则让客人在

现场一起寻找。

②客人即将离店，但客房还未清扫，应建议客人留在现场目睹整个寻找过程。

③客人原住房已为新客人租用，只能由保安人员或管理人员对床底和窗帘后面的部分进行搜索，查找工作不能由丢失物品的客人进行。

④已整理完毕的客房，可请客人耐心等待。

a. 与负责检查和整理该客房的工作人员进行查对。

b. 搜索所有不外露的部分，例如，抽屉里面、床底下、床垫下面、画幅后面等。

c. 从客房已清理出的物品和垃圾里寻找，例如，从脏棉织品、吸尘器内或其他废物中寻找。

d. 检查客人丢失的物品是否已放在工作间内，但尚未交到失物招领处。

（3）经多方查找仍无结果，或原因不明，没有确切事实认定是在客房内或被盗窃的，饭店不负赔偿责任，但应向客人表示同情和耐心解释，并请客人留下地址和电话，以便今后联系。

（4）将整个情况详细记录，以备核查。

2. 客人突然得急病

个别客人因旅途劳累或水土不服，可能会突然得急病，遇到这种情况的处理方法如下：

（1）服务人员不要轻易乱动客人，或擅自拿药给客人吃，应立即报告客房部经理，并立即打电话同附近医院联系，之后由饭店医务人员护送病人到医院抢救。

（2）迅速通知接待旅行社或客人接待单位主管人员。

（3）从发病开始，每天作好护理记录，必要时派专人护理。医疗费用和护理费用由客人自理。

（4）客人住院抢救期间，及时电告其家属前来。

（5）客人如果经抢救无效死亡，由医院向死者家属报告抢救详细经过，并写出《死亡诊断证明书》。证明书一式多份，由主治医生签字盖章。

（6）对该客人住过的客房进行严格的消毒处理，并对该客人住过的客房号保密。

（三）VIP 客人的接待

贵宾是指有较高身份和地位以及因各种原因对饭店有较大影响力的客人，在接待中会得到较高的礼遇。

根据饭店的具体情况可将贵宾分为不同的等级，在贵宾入住前要做好各项准备工作。对贵宾的接待，从客房布置、礼品的提供，到客房服务的规格内容，都要高出普通客人，使其感到饭店对自己确实特别关照。

为贵宾服务时要特别注意以下几个环节。

1. 准备工作

接到通知单（表 15-6）后，要选派经验丰富的服务员将房间彻底清扫，按规格配备好各种物品，并在客房内摆放有总经理签名的欢迎信、名片及饭店的赠品，如鲜花、果篮、饮料等。有的饭店会专门为常来的贵宾配备绣有客人名字字母的浴衣、毛巾，以示客人专用。客房打扫完毕后，要由客房经理或主管严格检查，然后由大堂副理最后检查认可。

2. 迎接

根据贵宾的等级，饭店要由客房主管、大堂副理甚至是总经理在大门迎候。员工尽可能地用姓氏或尊称称呼客人。贵宾可享受在房内登记的特权。

3. 住店期间的服务

在住店期间，客房部员工应认真查看客史档案和贵宾接待通知单，并根据客人的具体情况提供针对性服务。服务员应特别注意房间卫生，合理增加清扫次数。对特别重要的贵宾，应提供专人服务，随叫随到，绝对保持高水准的服务。

表 15－6　　　　　　　　　　　　××× 大饭店贵宾接待通知单

```
来宾姓名 _____    来宾身份 _____    住店人数 _____ 名

接待单位 _____    联系人 _____    电　话 _____

抵店日期 ___年___月___日___时  离店时间 ___年___月___日___时

一、接待安排

1. 住店房号    □豪华套房    □普通套房    □标准房    □_____ 房
   房间价格  豪华套房 ____元/间  普通套房 ____元/间  标准间 ____元/间

2. 用餐安排 _____厅  餐别  早_____ 中_____ 晚_____
            □固定餐桌    □专用菜单    □专人服务    □_____

3. 出面迎送  □总经理     □副总经理    □大堂经理    □_____

4. 用车     □饭店车     □自备车      □其他车      □_____

二、接待要求

1. 房内布置  □A 级      □B 级      □C 级

2. 入住登记  □免登      □进房登记    □签字       □_____

3. 迎送地点  □车站      □饭店大厅    □_____      □_____

三、结算方式

            □现付      □支票      □转账      □信用卡

四、优惠折免

1. 免费范围  □房费      □餐费      □用车      □洗涤
            □电话      □舞厅      □理发      □_____

2. 折扣范围  房费            餐费            用车      □_____

备注

_____

_____

总台通知人                                           年   月   日
```

（资料卡）

各星级服务标准

国家质量监督检验检疫总局于 2003 年 6 月 2 日发布的《旅游星级饭店的划分与评定》标准中规定，星级饭店客房部应提供以下服务：

（一）一星

（1）客房、卫生间每天全面整理一次，隔日或应客人要求更换床单、被单及枕套，并做到每客必换。

（2）16 小时提供冷热饮用水。

（二）二星

（1）客房、卫生间每天全面整理一次，每日或应客人要求更换床单、被单及枕套。

（2）提供洗衣服务。

（3）24 小时提供冷热饮用水。

（三）三星

（1）客房、卫生间每天全面整理 1 次，每日或应客人要求更换床单、被单及枕套，客用品和消耗品补充齐全。

（2）提供开夜床服务，放置晚安致意卡。

（3）24 小时提供冷热饮用水，免费提供茶叶或咖啡。

（4）70% 客房有小冰箱，提供适量酒和饮料，备有饮用器具和价目单。

（5）客人在房间会客，可应要求提供加椅和茶水服务。

（6）提供留言和叫醒服务。

（7）提供衣装湿洗、干洗和熨烫服务。

（8）有送餐菜单和饮料单，18 小时提供送餐服务，有可挂置门外的送餐牌。

（9）提供擦鞋服务。

（四）四星

除了提供三星级饭店的所有服务外，还应提供以下服务：

应客人要求随时进房清扫整理，补充客用品和消耗品；开夜床服务放置晚安致意品；24 小时提供冰块，所有客房内设微型酒吧（包括小冰箱）；提供衣装干洗、湿洗、熨烫及缝补服务，可在 24 小时内交还客人，16 小时提供加急服务；24 小时提供中西式送餐服务，送餐菜式品种不少于 8 种，饮料品种不少于 4 种，甜食品种不少于 4 种。

（五）五星

在四星级饭店所提供服务的基础上，提供语音信箱服务；对洗衣服务提出了更高的要求，即可 18 小时提供加急服务。

第三节　客人投诉的处理

在客房服务中，员工所面对的客人可能来自不同国家或地区，加上年龄、性格、心理特征和生活方式上的差异，对客房服务的要求不尽相同。在大多数情况下，客人通常根据自己的意愿和感觉来评判客房及客房服务工作，加上服务工作中由于种种原因总会有些不尽如人意之处，因此，客人往往会提出相应的批评或建议，这便是投诉。

一、客人投诉原因与方式

（一）客人投诉原因

了解客人投诉的原因，从而在日常服务工作中采取相应的预防性措施防患于未然，是妥善处理客人投诉的第一步，即应尽量减少客人投诉的几率。通常，客人对客房服务的投诉主要集中在以下几个方面。

1. 客房硬件设施不达标准

客房硬件设施是满足客人需求的必备条件。客人对其最基本的要求是功能齐全、完好无损。如果房内家具设施设备陈旧甚至损坏妨碍使用，自然会引起客人的不满和投诉。

2. 客房清洁卫生不达标准

清洁卫生状况现已成为许多客人选择宾馆酒店时所考虑的一个重要因素。在星级评定标准中，清洁卫生的规定得分率为92％以上，不过在实际工作中，应努力达到100％的清洁卫生，才能增加客人满意程度。

3. 客房服务不到位

（1）服务人员没有遵循不打扰客人的原则为住客服务。

（2）服务人员在接待客人时不礼貌或没有一视同仁。

（3）服务人员在服务过程中有意或无意地用了客人的物品，也会使一些细心而敏感的客人反感，甚至感到不安全。

（4）让客人感到服务员暗示或索要小费或礼品。

4. 客人物品遗失或被盗

这实际上是一个服务员在日常服务工作中要特别注意的安全问题。如果客人物品丢失或被盗，不管其贵重程度怎样，都会给客人留下极坏的印象。

5. 客房物品被带走或损坏而要求客人赔偿

客人在住店期间因各种原因有意或无意带走或损坏客房内的物品和设施设备，服务员发现后尽管通过正常途径请客人赔偿，但有时也会引起投诉。

6. 客人休息时受到噪音干扰

客房是供客人休息的场所，尤其需要宁静，服务员的工作没有遵循"说话轻、走路轻、操作轻"的服务要求，房间隔音效果不好，相邻客房互相干扰，等等，都是这类投诉的根源。

7. 客衣洗熨服务中问题

这类投诉主要包括：客衣丢失、客衣破损以及客衣口袋内物品遗失等。

（二）外国客人对我国饭店客房常见的投诉

我国饭店与国际先进饭店业相比，在硬件方面和软件方面有一定的差距，常常引起国际旅游者的投诉。此外，由于东西方文化的差异以及我国很多饭店从业人员缺少饭店意识，也常常引起外国客人的投诉。

1. 饭店内的公共洗手间的清扫员要分性别

男洗手间应由男清洁员来清扫，但有些饭店，都是由上了年纪的女士在搞清洁卫生，客人不习惯，有的甚至吓得退了出来。饭店要按国际习惯办事。

2. 闭路电视节目不准确，没法收看

一是节目单是中文的，看不懂；二是即使是英文的，按指定的频道，根本不是这个节目，或根本没有节目。希望服务员能每天为客人调整到位。有的饭店有两条闭路电视，最好一条能放英文的，以满足客人的需要。拉萨假日饭店这一点做得很好。

3. 客房没有冰块供应

美国人冬天都要吃冰块，更不要说夏天了。希望客房里能有冰块供应，至少大堂里应该有。这是美国人的基本生活需要。这与中国人爱喝茶是一样的道理。

4. 卫生间及卧室有"毛发"

客人走进给他安排的房间，如果发现毛发那是不能容忍的，将会认为"极不卫生"。但国内好多饭店对此并不在乎，枕头上、被子上、地毯上、浴缸边经常可见。

5. 饭店没有无烟区和无烟客房

有些人抽烟太厉害，西方国家在公共环境里很少有抽烟的。建议国内的饭店在大厅和餐厅里专门辟出一块无烟区。有的客房一进门，一股残留的烟味便扑面而来，客人无法忍受，只能换房。

6. 商务客房多是灯光暗淡

公司商务代表，每天办公到深夜（不仅仅只是写东西）。但许多饭店商务客房多是灯光暗淡。这些客房应该按办公室的要求来调整灯光，加强亮度。

7. 饭店工作人员大声喧哗

在饭店内任何地方，服务员讲话要注意轻声，切忌大声喧哗。服务员在饭店里大嗓门讲话，给客人留下了不文明的印象，也影响到客人的情绪。国外公共场所都是轻声讲话，这也是个礼貌问题。

8. 电话收费问题

电话结账收费要及时。没有计算机一次性结账系统的饭店更要注意这个问题。客人早走，电话账单不到，这是饭店的损失。千万不要出现账单晚到，竟让同房间的或后来的客人付账的笑话。

9. 饭店服务要有明确的时间概念

饭店员工的时间观念要强、守时。饭店一切服务都应有明确的时间概念。如有意外服务或特殊要求，尽量少用"一会儿"、"马上"、"等等再说"之类时间概念模糊的字眼。要明确告诉客人多长时间内提供，而且说到做到。耽误时间，欧美和日本客人尤为恼火。

以上客人投诉与问题在我国很多饭店带有普遍性，应该引起我国饭店管理人员的高度重视，使我国饭店业尽早与国际饭店业接轨。

上述问题，大致可以归结为两种类型：一是硬件方面的因素，二是软件方面的因素。对于这两方面的因素，客人投诉的倾向性和投诉的方式是不同的。美国马萨诸塞州立大学的罗伯特教授曾对美国东部主要城市 6 家饭店的 1314 名客人作过调查，结果表明：对于有形因素，愿意当面向管理部门提意见的旅游者占 59%，而对于无形因素，只占 41%。这说明，客人对于无形因素一般不太愿意当面向管理部门提意见投诉。其原因是由于这种因素的"无形性"本身造成的，客人担心"说不清"；另一方面，无形的因素通常都是服务方面的问题，而服务又涉及具体的"人"，客人外出，一般不愿意轻意伤和气，不愿意"惹事"，这是主要原因。

另据美国休斯顿大学酒店管理学院院长 Alan. T. Stutts 教授的调研结果表明：96％的不满意的客人不会提出投诉。这说明客人一般是在迫不得已，或"忍无可忍"的情况下才来投诉的。因此，对于客人的投诉，饭店及客房管理者要格外重视。

（三）**客人投诉的方式**

投诉的方式可分电话投诉、致函投诉和住客面对面地向大堂副理、经理、客务主任或客房部领班投诉。

1. 电话投诉

每当接到电话投诉时，应该注意以下几点。

（1）要表达对问题的重视与关心，告诉顾客他们的宝贵意见会向主管人员汇报。

（2）要友善、热诚及有礼貌。

（3）保持客观的态度。

（4）要细声说话并保持镇静。

（5）要注意时间、姓名、房号、投诉内容及处理方式。

2. 信件投诉

当我们接到信件的投诉时，应注意以下几点。

（1）首先看清楚来函的投诉内容。

（2）寻找该住客的入住资料。

（3）找出被投诉的有关工作人员及设备。

（4）与被投诉的员工面谈。

（5）查明真相后，如果是员工失职，须作出适当的纪律处分。

（6）通知客房部回信向顾客道歉。

（7）记录时间、姓名、房号、投诉的内容及处理方法。

3. 面对面投诉

当房客当面向我们抱怨投诉时，应该注意以下几点。

（1）首先我们应了解顾客都希望在离开酒店前问题能够得到解决。

（2）专心聆听，留意顾客的表情及所投诉的事情。

（3）须表现热情、友善、关心及愿意协助。

（4）记录投诉的内容。

（5）勿胡乱解释及中途打断顾客的话。

（6）留下顾客的姓名、电话号码，令他更为安心。

（7）诚心诚意地帮顾客解决问题。

（8）切忌在公众场合处理投诉问题，应引领顾客到宁静舒适的地方。

二、对客人投诉的认识

投诉是沟通饭店管理者和客人之间的桥梁，对客人的投诉应该正确认识。投诉是坏事，也是好事，它可能会使被投诉的对象（有关部门或人员）感到不愉快，甚至受罚。接待投诉客人也不是一件令人愉快的事，对很多人来讲，是一种挑战。但投诉又是一个信号，告诉我们饭店服务和管理中存在的问题。形象地说，投诉的客人就像一位医生，在免费为饭店提供诊断，以使饭店管理者能够对症下药，改进服务和设施，吸引更多的客人前来投宿。因此，服务人员及管理阶层对客人的投诉必须给予足够的重视，对客人的投诉持真诚的欢迎态度。

具体而言，对饭店来说，客人投诉的意义表现在以下几个方面。

1. 帮助饭店发现存在的问题

客人的投诉，可以帮助饭店管理者发现饭店服务与管理中存在的问题与不足。饭店的问题是客观存在的，但管理者不一定能发现。原因之一是"不识庐山真面目，只缘身在此山中"。管理者在一个饭店一工作就是几年，甚至几十年，长期在一个环境工作，对本饭店的问题可能会视而不见，麻木不仁。而客人则不同，他们付了钱，期望得到与他们所付的钱相称的服务。他们也可能住过很多饭店，某个饭店存在的问题在他们眼里可能一目了然。原因之二是尽管饭店要求员工"管理者在和不在一个样"，但事实上，很多员工并没有做到这一点，管理者在与不在截然两样。因此，管理者很难发现问题。而客人则不同，他们是饭店产品的直接消费者，对饭店服务中存在的问题有切身的体会和感受。因此，他们最容易发现问题，找到不足。

2. 改善宾客关系

客人的投诉，为饭店方面提供了一个改善宾客关系的机会，使其能够将"不满意"的客人转变为"满意"的客人，从而有利于饭店的市场营销。

研究表明，"使一位客人满意，就可招揽 8 位客人上门。如因产品质量不好，惹恼了一位客人，则会导致 25 位客人从此不再登门"，因此，饭店要力求使每一位客人都满意。客人有投诉，说明客人不满意，如果这位客人不投诉或投诉没有得到妥善解决，客人将不再入住该饭店，同时也意味着失去 25 位潜在客人。无疑，这对饭店是个巨大的损失。客人的投诉，使饭店了解到客人的"不满意"，从而为饭店提供了一次极好的完善服务机会。饭店妥善处理客人投诉，能够将"不满意"的客人转变为"满意"的客人，从而消除客人对饭店的不良印象，减少负面宣传。

3. 有利于饭店改善服务质量，提高管理水平

饭店可通过客人的投诉不断地发现问题，解决问题，进而改善服务质量，提高管理水平。因此，可以这样认为，处理好客人的投诉是一项不需要饭店花钱的投资，它能直接提高客人的满意度和饭店的美誉度。

三、投诉的处理

一般来说，客人投诉既有消极的一面，也有积极的一面。消极的一面是可能影响宾馆酒店的声誉。因为客人通常在受到不公正待遇后，不仅投诉宾馆酒店，并且不可能再光顾，甚至还会把这个不愉快的经历告诉他们的朋友、亲属与同事。虽然受理投诉不是件令人愉快的事，但如果忽视了客人投诉或处理不当将使宾馆酒店失去客人，无法适应日益激烈的竞争环境。积极的一面是客人在提出投诉时，通常从他们自身的角度对宾馆酒店表示不满或提出建议，如果处理得当，能够帮助宾馆酒店及时发现自身不足，从而避免更多类似问题的发生，不断地改进和完善对客服务工作，进而在一定程度上减少投诉，使客人完全满意，最终使宾馆酒店受惠。

同样，受理客人投诉应注意礼貌，维护客人和宾馆酒店的利益，做到事事有答复。服务人员主要受理口头投诉，包括当面投诉和电话投诉。投诉的处理应注意以下几个方面。

（一）倾听，有礼貌

面对任何一位客人的投诉，都要保持冷静，注意倾听客人对宾馆酒店或客房服务意见的具体内容，如发生的时间、地点、经过以及涉及人员等，表现出高度的礼节礼貌。在投诉时，客人总是"有理"的，切记不要反驳客人的意见，更不要与客人争辩。

（二）表示同情、理解

（1）在听取客人意见时，要设身处地为客人着想，对客人的遭遇或感受表示同情，并不失时机地表示歉意，用适当的语言给客人以安慰，让客人感到你是同情和理解他的，是认真听他投诉的。但此时因尚未核实，切不可肯定是宾馆酒店或客房的过错，否则可能给宾馆酒店带来不必要的损失或难以处理的结果。

（2）当投诉客人情绪较为激动时，为不影响其他客人，应设法将客人请到适宜的地方进行个别交谈。

（三）记录要点

（1）记录客人投诉的要点，并适时复述，能够使客人语速放慢，缓和客人情绪，并且可使客人确信其受到重视。另外，记录的资料也是处理问题的依据。

（2）面谈中还要注意给予客人以特别的关注，如使用姓名尊称客人，用诸如"这件事发生在您身上，我感到十分抱歉"之类的语言，表示对其特别的关心。

（四）解决问题

（1）视情况程度随客人到出事地点查看并弄清事情原委，然后作出正确判断，并与有关部门联系，对客人投诉的事情进行处理，如有可能，可请客人选择解决问题的方案或补救措施。一定不要对客人表示由于权力所限，无能为力。处理中要注意不转换目标，不推卸责任，也不能怪罪客人。

（2）把解决问题需要的详细时间告诉客人，时间应较为宽裕，不要闪烁其词。

（3）对超过权限或解决不了的问题，要及时与上级或有关部门联系，以得到指令，不要无把握、无根据地向客人保证，以致妨碍事情的进一步处理。

（4）特别是因外部因素而引起的投诉，处理过程中要将进展情况告诉客人，这样会赢得客人的理解，知道你在尽力地为他解决问题。

（5）对一些无理取闹的客人，在处理中要做到不卑不亢，态度温和，举止礼貌，并采取有效措施。如果处理不了，通知上级或有关人员处理。

（五）检查落实

与客人保持联系，询问其问题是否得到解决，并再次征求客人意见。

（六）记录存档

投诉处理要写成报告上交部门存档，并定期分析，以避免同类事件的再度发生。

当然，用恰当的方式对投诉进行处理最终还要因人而异，但不管怎样，最终使每位投诉者都有满意的结果，化干戈为玉帛才是宾馆酒店处理投诉的目标。

资料卡

对报怨处理的态度

(1) 保持冷静的态度，不要将声音提高。

(2) 表现关切的态度，愿意帮助顾客。

(3) 表现了解顾客的困难，让顾客知道你会处理。

(4) 不论顾客对错，都不要与顾客争论。

对抱怨处理的标准作业程序

(1) 对顾客的抱怨表示道歉，并予以同情。

(2) 注意聆听顾客的问题，不要插嘴。

(3) 仔细听顾客讲完整件事情。

(4) 同意顾客的说法。

(5) 不要轻易答应顾客的要求。

(6) 告知顾客自己的做法，并给顾客一个提议。

(7) 说顾客有兴趣的事，如此可帮助顾客接受自己的建议。

(8) 最后要感谢顾客提出抱怨，使得我们能加以改进，并保证以后不会再发生。

(9) 记录下抱怨的经过，作为日后改进之参考，亦可以作为个案探讨的题材，让员工了解部门运作原则及公司的待客之道。

思考与练习

一、思考题

(1) 衡量对客服务的质量标准包括哪几个方面？

(2) 客房员工的职业道德包括哪些内容？

(3) 请简述客房服务中心模式和楼层服务台模式的各自特点，并加以比较。

(4) 什么是超常服务？试举例说明。

(5) 什么是对客服务？请简要谈一谈你的理解。

(6) 如何做好优质服务？

(7) 有人说："我最讨厌客人投诉。"他的态度对吗？请与同学们讨论一下对待投诉的正确态度。

二、案例解析

粗心的服务员让惯偷得逞

有一天，客房服务员正在打扫1802房的浴室，门敞开着，工作车置于楼层走廊中，客房员一边轻声哼着歌曲一边清洗浴缸。这时，一名在饭店多次作案的惯偷轻手轻脚地溜进房间，坐在床上大模大样的假装打电话。服务员清洗完毕，看到房内有人，以为是住客回来了，不宜打扰，于是退出房间，关上了房门。这样惯偷就在房内有恃无恐地作案。他撬开客房小保险箱，偷走了现款和有价值的物品，随后迅速离开房间。晚间客人回来，发现失窃，立即报案。在当地派出所的协助下，饭店逮着了这名惯偷并追回赃物。但是，这件事已严重损害了饭店的名誉。

根据上述材料，请分析该惯偷为什么会得逞。

第十六章　客房部的机构设置及人员管理

重点提示

1. 客房的组织机构及岗位设置。
2. 客房部的人员管理。

故事坊

被弄乱的 OK 房

一家饭店的公关人员带着旅行社订房人员参观客房。她从总台领了房间的钥匙便带客人入房，而没有向客房部打招呼，总台服务员也没有将这一情况通知客房部。结果，这间客房被参观的人弄得一团糟。对此，客房部一无所知，所以也不会去重新整理。而总台电脑仍然显示这间客房是"OK"房，第二天又将这间客房出租给新来的客人。结果，这位客人进入房间后，发现此状，大为恼火。

第一节　客房的组织机构及岗位设置

一、客房部的机构形态

建立科学的组织结构，是保证客房部顺利开展各项工作，确保部门正常、高效运转的基本条件。客房部的组织机构应根据各饭店的实际而设计，并随着情况的改变而调整。

图 16-1 是某大型饭店的客房部组织机构，体现了某大型饭店客房部的许多共性。大中型饭店客房部一般分为楼层、公共区域和洗衣房三部分，有的饭店将客房中心和棉织品房单列，从而分五个部分。

图 16-2 是某小型饭店客房部组织机构，该饭店的客房部隶属于房务部。相当一些小型饭店不设洗衣房和房务中心，饭店的棉织品和制服洗涤由社会上的专业公司承担。客房中心的对客房务电话的接听，由总服务台承担，中心的其他工作职责则由客房部经理根据部门的情况安排给其他岗位。组织机构图反映饭店部门内部各岗位的基本职责。在设计组织机构时，要着重考虑以下几个问题。

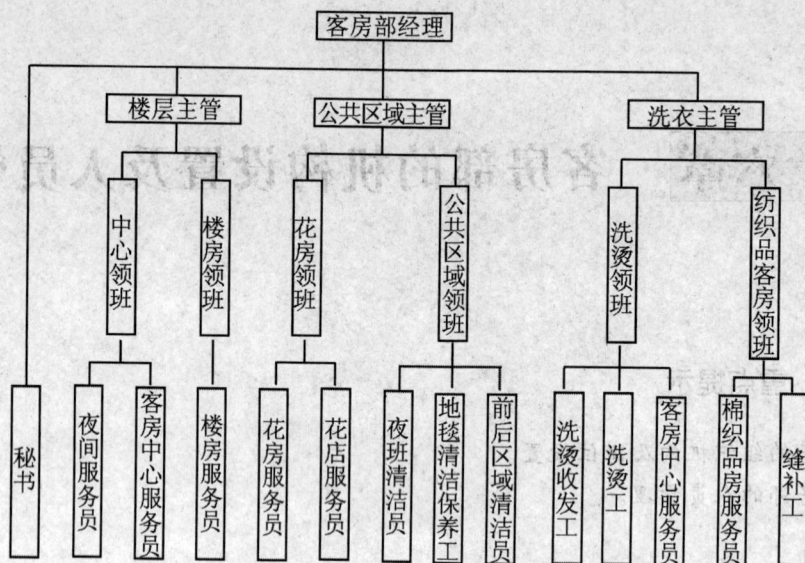

图 16-1　大型饭店客房组织机构

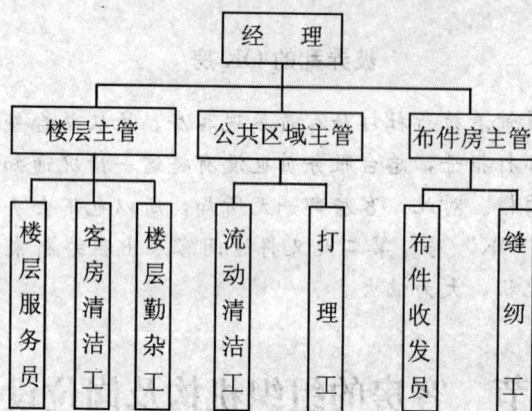

图 16-2　小型饭店客房部组织机构图

（一）客房部的清洁范围

国际上大多数饭店把厨房以外的所有区域的清洁工作都划归客房部。这些区域包括前台和后台的公共场所、各行政办公室、库房等区域。

（二）选择服务模式

客房服务通常有两种模式，一种是客房中心，另一种是楼层值台服务。前者注重用工效率和统一调控，后者突出面对面服务。从饭店业的现状和发展来看，将会有越来越多的饭店采用客房中心的服务模式。

（三）楼层服务与清扫岗位的分与合

将两个岗位合并是饭店业的发展趋势。

（四）确定洗衣房与棉织品房的关系

首先，应当考虑饭店的规模。一般来说，饭店规模越大，将洗衣房与棉织品房分开的可能性越大。其次，要看洗衣房负责人的经历与管理能力，服务意识强，棉织品房归其统一管理的可能性就大。

（五）洗衣房的归属

大部分的洗衣房归客房部管理，但随着饭店业的发展，也可根据情况使其从客房部分离出去，成为一个独立部门。

二、客房部下属各机构的职能

为更详尽地介绍客房部各分支机构的功能，现按客房中心及棉织品房单列的情况，将客房部的下属机构分为五个部分。

（一）客房中心

客房中心一般位于客房部办公室区域，它的基本功能是：

1. 传递信息

客房中心是客房部内部及与其他部门交流信息的中心，同时，也是对客服务的中心，所有有关的对客服务及管理信息都汇集于此，因此客房中心承担着大量的信息传递工作。

2. 协调工作

客房中心通常代表客房部经理协调部门内部的工作，并与相关部门联络，协调各方面工作。

3. 控制出勤

客房部所有员工均在客房服务中心签到、签离，中心负责对该工作的监督，并对出勤情况进行统计和整理。

4. 管理钥匙

客房部所有钥匙的发放、收回及保管均由客房中心负责。

5. 管理遗留物品

饭店所有区域内的遗留物品通常归客房部管理。

6. 管理资料

客房部的大部分资料由客房中心服务员整理归档。

（二）客房楼层

客房通常是饭店最主要产品，客房楼层部分也自然成为客房部组织机构中的主体。其职能包括：

（1）为前厅部及时提供符合饭店标准的客房。

（2）为宾客提供礼貌、周到的服务。

（3）管理楼层区域的设施、设备。

（三）公共区域

公共区域通常被称为 Public Area 组，在一些饭店也被称为厅堂组。其职能包括：

（1）负责除楼层与厨房以外所有区域的清洁与保养。

（2）负责楼层的地毯及软面家具的定期清洁和保养。

（3）为全店提供绿色植物及花卉的布置，负责庭院绿化。

（4）为宾客提供公用卫生间的服务。

在一些饭店，公共区域还负责客房及其他部门、家具的搬运及布置。

（四）棉织品房

棉织品房，通常被称为布件房或布草房。其职能包括：

（1）负责全饭店棉织品及制服的收发保管和修补。

（2）负责全饭店棉织品的定期盘点，并负责棉织品与制服的补充。定期的盘点和定期的补充，可以确保棉织品及制服达到饭店定额标准，满足各部门的营运要求。

（3）负责棉织品的报废工作。对于报废的棉织品，可以根据情况进行改制，以充分利用其残值。

（五）洗衣场

洗衣场也称洗衣房，其职能为：

（1）负责全饭店棉织品及制服的洗涤。

（2）为住店客人提供洗衣服务。

此外，洗衣场在有条件的情况下，还可为社会提供棉织洗涤及洗衣服务。

三、客房部的主要工作岗位职责

工作岗位职责对部门各岗位职责范围进行了明确划分，对组织关系、岗位职责进行了具体的说明，它使客房部各岗位员工明确自己在组织中的位置、工作范围、工作职责和权限。岗位职责是部门对岗位员工进行评估的依据，也是部门招聘员工的参照标准。部门在员工应聘时就应让其了解岗位的主要职责，以使其在被聘用后能适应岗位的要求。

图 16-1 是大型饭店的客房部组织机构，现参照该组织机构，详细介绍客房部经理的职责，有选择地简要介绍其他主要岗位的基本职责。

（一）客房部经理的岗位职责

1. 岗位名称

客房部经理。

2. 直接上司

总经理、副总经理。

3. 管理对象

楼层主管、洗衣场主管、公共区域主管及员工。

4. 职责提要

全面负责客房部的经营管理，制订并监督实施本部门的工作计划，确保实现客房部的经营目标，达到饭店质量标准，为住店客人提供符合标准的客房服务及清洁、美观、舒适、安全的住宿环境。

5. 具体职责

（1）根据饭店的总体目标，制订客房部年度工作计划并负责实施。

（2）负责制定本部门的各岗位职责、工作程序、规章制度；设计运转表格；定期评估客房部组织机构，并提出相应的修改方案。

（3）参与本部门员工的招聘，负责本部门员工的培训、评估与激励。

（4）看望病客，定期拜访常住客人，处理宾客投诉，了解、分析宾客对客房设施和服务方面的需求及投诉等，并采取相应的措施。

（5）合理安排使用人力，并根据客情变化及时作好调整，在确保服务质量的前提下，努力降低人力成本。

（6）巡视检查并督导下属工作。

（7）负责客房部的安全工作，保证宾客和员工的人身及财产安全。

（8）与其他部门建立良好的合作关系。

（9）负责本部门物资的管理与控制。在不降低服务标准的前提下，努力控制客房部的成本。

（10）考查客房的装修布置、清洁器具及清洁剂的使用，根据饭店的具体情况提出改进建议。

（11）学习先进的管理方法，不断提高经营管理水平。

（12）完成上级布置的其他各项工作。

6. 任职条件

（1）有强烈的事业心、责任感与协作精神，工作细致、踏实，顾全大局。

（2）熟悉客房、公共区域和洗衣场的经营管理，掌握各种客房装饰布置、清洁保养、对客服务及安全消防常识，具有一定的财务管理、市场营销、人事管理、旅游心理学及公共关系等方面的知识。

（3）具有较强的计划、组织、指挥、督导和协调能力，能较好地处理人际关系；有较强的口头及书面表达能力，熟悉一门外语，能够阅读本专业的外文资料，并能进行日常会话。

（4）具有大专以上学历或同等文化程度，有一定的工作经验（如从事客房部管理工作至少三年或从事饭店管理工作至少四年）。

（5）身体健康，精力充沛，仪表端庄。

7. 权力

（1）对本部门员工有工作调配和奖惩权。

（2）对本部门员工的聘用、晋升、辞退有建议权。

（3）对本部门物资申购计划有审批权。

（二）楼层主管的岗位职责

楼层主管应协助客房部经理进行楼层及客房中心的日常管理，监督实施各项服务程序和规章制度，确保为住店客人提供符合标准的客房服务及清洁、美观、舒适、安全的住宿环境。具体职责如下：

（1）制订客房及楼层区域的定期清洁计划并组织实施。

（2）抽查房间（不少于 30 间/天）的清洁质量。

（3）检查所有贵宾房，落实贵宾接待程序。

（4）主持每日内部晨会，根据客情变化，及时作好人员、物资方面的调整。

（5）巡视检查并督导下属的工作，负责下属的排班与考评。

（6）协助客房部经理制订下属的培训计划并负责实施。

（7）负责楼层安全工作。

（8）处理客人投诉及其他突发事件。

(9) 负责楼层物资的管理与控制。

（三）楼层领班的岗位职责

楼层领班的主要职责是检查、督导下属的工作，确保为宾客提供清洁、舒适、安全、高效的客房服务，使楼层各项工作均符合标准。具体职责包括：

(1) 检查下属的仪表仪容与行为规范。

(2) 督导下属按规定的标准和工作程序提供各项客房服务。

(3) 检查客房、楼层、公共区域的清扫质量。

(4) 掌握楼层的住客状况，及时收取房况表，送交客房中心。

(5) 督导、检查客房的卫生工作。

(6) 督导下属管理好楼层物资。

(7) 巡视检查所有负责楼层的工作状况。

(8) 接受并处理一般性的宾客投诉。

(9) 负责下属的培训，并参与考核下属的工作。

(10) 及时收拾客房小酒吧的消费账单，送交总台（供结账使用）及客房服务中心。

（四）楼层服务员的岗位职责

楼层服务员的主要职责是负责客房和楼层公共区域的清洁保养及对客服务，为住客提供清洁、舒适、安全、美观的住宿环境。具体职责包括：

(1) 为住店宾客提供冷热水供应、擦鞋、物品租借、房客接待等各项服务，并为贵宾、伤残客人和患病客人提供有针对性的服务。

(2) 负责客房及楼层公共区域的清洁保养，承担楼层卫生工作。

(3) 掌握楼层住客状况，填写房况表。

(4) 负责客人结账时房间的检查工作。

(5) 做好客人进店前的准备工作，根据要求布置贵宾房和有特殊要求的客房。

(6) 根据总台通知，提供加床服务。

(7) 负责杯具的更换、清洗和消毒工作。

(8) 为住客提供客房小整理及夜床服务。

(9) 负责与洗衣场的棉织品交换工作，协助完成客衣的收送工作。

(10) 管理工作钥匙及楼层物资，合理控制客用消耗品、租借用品及清洁用品等，承担工作车及工作间的清洁、整理工作。

(11) 负责本楼层客房小酒吧的存放、补充与调换。

(12) 协助安全部做好楼层的安全工作。

（五）客房中心服务员的岗位职责

客房中心服务员的主要任务是接听客人电话，及时反馈来自客人的服务要求，并督促及时满足客人要求，确保为客人提供高效率的客房服务；准确、迅速传递部门间及部门内部的各种信息，为部门正常运转创造良好的条件。具体职责包括：

(1) 接听电话并作记录，将客人的要求或进店、离店、结账等信息准确、迅速地通知到相应人员。

(2) 负责保存、发放、收取客房部的工作钥匙。

（3）核对房况。

（4）整理、传递通知，报告客情资料。

（5）熟悉客情，熟记当日进店、离店团队及贵宾的抵离时间、接待要求和规格，并督促有关人员提前准备。

（6）将客房维修要求通知工程部值班室，并做好当日客房维修统计工作。

（7）接受、登记、保管饭店范围内的遗留物品。

（8）负责客房部员工的考勤记录。

（六）公共区域主管的岗位职责

公共区域主管的主要职责是协助各部门经理进行公共区域和花房的日常管理工作，确保为客人提供符合标准的清洁、美观、舒适、安全的公共环境。具体职责包括：

（1）制订公共区域清洁保养计划和花卉等植物的保护方案，并负责实施。

（2）巡视检查和督导下属按制度、标准和程序工作。

（3）负责下属的排班及考核工作。

（4）根据需要，作好人员、物质等方面的调整。在不降低标准的前提下，努力控制成本开支。

（5）制订对下属的培训计划并负责实施。

（6）负责清洁用品及鲜花的申购，确保物资的正常供应。

（7）负责所辖范围的清洁剂、清洁器具及插花用具等物资管理与控制工作。

（8）负责公共区域的虫害防治工作。

（9）负责按饭店规定的标准安排鲜花，绿色植物的装饰、布置工作。

（10）了解先进的清洁技术及质量好的清洁产品，不断提高清洁保养质量。

（七）洗衣场主管的岗位职责

洗衣场主管的主要职责是负责洗衣场的日常管理工作，确保为宾客提供优质的客衣服务，为其他部门和员工提供符合饭店要求的棉织品和制服服务。具体职责包括：

（1）协助客房部经理制定洗衣场的岗位职责、工作程序、规章制度，设计运转表格。

（2）督导下属按程序进行操作，负责下属的排班、考评。

（3）负责机器设备的日常使用及维修保养管理工作，保证机器设备的正常运转。

（4）负责洗衣场物资的管理与控制。

（5）制订洗衣场员工的培训计划并确保其实施。

（6）计划、落实棉织品和制服的盘存工作，合理控制库存，严格控制流失。

（7）控制棉织品的报废量，制定废旧棉织品的处理方案。

（8）合理安排人力，根据客情变化，及时作好人员、物资等方面的调整。

（9）掌握洗涤技术和了解洗涤新产品，不断提高洗涤质量。

（10）在不降低标准的前提下，严格控制物品消耗，努力降低成本。

（11）研究市场新出现的织物，提出棉织品和制服的采购建议。

（12）负责洗衣场机器设备、棉织品、制服的档案管理。

（13）接受并及时处理客人和员工的投诉。

（14）负责洗衣场的安全工作。

棉织品房领班的岗位职责

棉织品房领班的主要职责是协助洗衣场主管进行棉织品的日常管理工作，确保为饭店各部门提供优质的棉织品和制服的收发服务。具体职责包括：

（1）负责棉织品房员工的排班和培训工作，并参与下属的考核工作，督导下属严格执行各项制度。

（2）督导下属按程序进行棉织品和制服的收发、存放及报废工作。

（3）负责棉织品的定期盘点及出库入库工作。

（4）抽查棉织品与制服的洗烫、修补质量，确保质量合格。

（5）监督有关制服的使用情况。

（6）负责棉织品房的物品申领和消耗控制。

（7）提出废旧棉织品的处理建议。

（8）协助洗衣场主管建立棉织品和制服档案。

（9）与洗衣场领班保持良好的沟通和合作关系。

第二节　客房部的人员管理

客房部人员配备是客房部人力资源管理的一项重要工作，它通过确定客房部人员编制、招收客房部人员和合理调节客房部人力资源等步骤，将客房部员工进行科学的排列组合，使之成为一支高效率的团队，从而实现饭店的最大效益。

一、客房部人员的编制

客房部的人员编制是在客房服务模式、劳动定额以及饭店管理层次的基础上进行的。客房部应与人力资源开发部协作，做好人员的定编定岗工作。

（一）影响客房部人员编制的因素

1. 客房的对客服务模式

客房的对客服务模式一般有两种：楼层服务台模式和客房服务中心模式。由于楼层服务台模式注重的是面对面的、有针对性的对客服务，客房服务中心模式强调的是高效和统一调控，因此，采用不同的对客服务模式的饭店，其所要求的客房部员工的人数亦不同。一般来说，采用客房服务中心模式的饭店，其客房部员工的人数会比采用楼层服务台模式的减少30%左右。饭店应根据自身特点和实际情况决定采用哪一种对客服务模式。

2. 客房部的劳动定额

劳动定额是指每个员工在单位时间内，在保证服务质量的前提下，平均应完成的工作量指标。劳动定额是对工作效率的要求，是编制定员的基础。

（1）影响劳动定额确定的因素

①员工可能达到的素质水平。劳动定额的科学制定与员工的素质有很大关系。员工的

年龄、性别、性格、文化程度、专业训练水平等的差异，都直接影响到客房部劳动定额的确定。了解和预测客房部员工未来可能达到的整体水平，是确定客房部劳动定额的关键。

②员工的工作环境。员工的工作环境，如饭店的装饰设计的布局和风格、饭店绿化和空气质量、客人的层次和生活习惯等，都会影响到员工工作效率和工作质量，影响到劳动定额的制定。

③饭店的等级。一般来说，饭店的等级或档次越高，其服务的设施就越多，对服务质量和清洁卫生水平的要求也就越高。从某种程度上来说，这无疑增加了员工的劳动量。因此，饭店的等级或档次越高，员工的劳动定额应越低，员工的数量无形中增多；反之，饭店的等级或档次越低，则其员工的劳动定额应越高，员工的数量无形中减少。

④工作器具的配备。工作器具的现代化是饭店开展高质量、高效率服务工作的重要保证。因此，饭店所使用的工作器具越是现代化，员工的工作效率就越高，因而员工的劳动定额就可增大，员工的数量可适当减少；反之，则应降低员工的劳动定额，增加员工数量。

（2）劳动定额的制定

与其他行业不同的是，饭店客房部的工作随机性较大，除了客房清扫员，其他工种的劳动定额都不易确定，需要灵活掌握。

客房部的劳动定额有两种表现形式：一是时间定额，即规定完成单位工作所必须消耗的时间，如清扫一间走客房大约需要 35～40 分钟；另一种是工作量定额，即在规定的单位时间内按标准应完成的工作数量，如一个五星级饭店的服务员每天应完成 12 间客房的清扫任务。表 16-1 为一份单项操作时间标准例表。其中的标准时间没有包括操作前的准备以及清洁设备、收理工具等的工作时间。有了单项操作的时间标准后，饭店即可规定楼层各班次有关服务员的工作量。当然，由于饭店本身的等级以及对清洁卫生质量要求的不同，不同饭店的工作定额是有一定差异的，详见表 16-2。客房部应根据员工的劳动定额，结合饭店的实际情况，来确定人员。

表 16-1 　　　　　　　　　　　单项操作时间标准例表

工作项目	项目序号	基本时间（分）	间歇许可（%）	意外耽搁（%）	标准时间（分）
整理一张床	1	1.80	22.0	10	2.38
重做一张床	2	3.90	22.5	10	5.17
清洁一只脸盆	3	1.20	13.0	10	1.48
清洁一只浴缸	4	1.92	14.5	10	2.40
清洁一套淋浴器	5	1.00	13.0	10	1.23
清洁一只马桶	6	0.94	16.0	10	1.18
擦净一张梳妆台	7	0.43	11.0	10	0.52
一张梳妆台的打蜡	8	0.85	13.0	10	1.05
清洁一只废纸桶	9	0.72	11.0	10	0.87
10m² 地面吸尘	10	0.80	12.5	10	0.98

表 16 - 2   不同等级饭店房间清扫定额

饭店级别	豪华型饭店（五、四星）	中档饭店（四、三星）	经济型饭店（三星级以下）
员工定额	10～12 间/（人·天）	14～16 间/（人·天）	18 间以上/（人·天）

3. 管理层次

客房部的管理层次一般由饭店的规模以及客房部的管辖范围决定。若饭店均规模大、分工细，客房部的管辖范围广，则该饭店客房部的管理层次就多，通常分为经理、主管、领班、服务员四个层次。星级越高、规模越大的饭店，其管理层次就越多。而在小型饭店，则通常将主管和领班合并为一个层次，副经理、秘书等职务就不必设置。小型饭店的服务员大多是"全能型"的，他们不作工种的细分而只作工作区域或班次的划分，因而小型饭店的人员数量应大大低于档次高、规模大的饭店。值得一提的是，客房部管理层次的多少应以保证客房有效运转和保障员工身心健康为宗旨，而不应以减少员工数量、降低成本为目标。

（二）编制客房部定员的程序

（1）根据客房部的管辖范围将各职能部门分开。

（2）确定各职能区域所有的岗位或工种设置。

（3）确定各岗位每天所需的班次。

（4）计算每个班次的工作量。

（5）根据各工种和各区域的性质和任务，确定具体的劳动定额。

（6）编制客房部的定员。

（三）客房部定员法

客房部的业务范围广、工作量大，且各区域、各岗位的工作性质、要求都不一样，要使每一个岗位都有合适的员工，做到人尽其才，充分发挥员工的工作积极性和创造性，就必须采用不同的方法来编制定员。饭店中常用的客房部定员方法主要有以下三种。

1. 按比例来定员

客房部员工的数量可以根据一定的比例来确定。方法一，根据饭店所需要员工的全部数量，结合饭店的规模、档次，来确定客房部的人员。例如，一般地，客房部的员工人数约占饭店总人数的 30%。方法二，根据客房的房间数，结合对客服务的模式来定员。例如，在设立客房服务中心的饭店，楼层服务员的人数与客房数的比例为 1/5 左右，而在设立楼层服务台的饭店，楼层服务员的人数与客房数的比例为 1/3 或 1/4 左右。方法三，根据客房部某部分员工的人数来定员。例如，每 5～8 名服务员配一名领班。比例定员法简单易行，容易使用，但比较粗糙和平均化，应根据实际情况来使用。

2. 按岗位来定员

客房部的员工数量也可以根据客房部的机构设置、职责范围、工作量、开工班次等因素来确定。这种定员的方法主要适用于行政管理人员，如经理、经理秘书、文员，或楼层台班服务员、公共区域的部分员工的人数的确定。

3. 按劳动定额来定员

客房部的员工人数还可以根据客房部员工的劳动定额来确定，即按劳动任务、劳动定额和出勤率来定员。这种定员的方法主要适用于客房卫生班服务员等以操作为主的、实行劳动定额管理的工种的人员的定员。按劳动定额来定员的计算公式为：

定员人数＝劳动任务（客房间数×平均出租率）÷（员工劳动效率×出勤率）

［例］朝阳饭店有客房 480 间，该饭店的客房主要分布在 3～22 层楼。该饭店规定：早班服务员的清扫定额为 12 间/（人·天）；3～16 层楼配备早、晚班台班服务员各 1 人/层，夜班客房服务员的工作定额是 48 间/（人·天）。每 3 层楼设一名日班领班，每 5 层楼设一名夜班领班。所有员工都实行 8 小时工作制，每周工作为 5.5 天，除固定的 7 天假日外，还可享受年旅游假 7 天，预计每位员工每天可能有 14 天的病、事假。行政管理人员设客房部经理 1 人、经理助理 1 人、主管 3 人。预测朝阳饭店的年平均客房出租率为 80％，朝阳饭店楼层需要多少人员？

根据上述定员的方法来计算该饭店楼层所需的人数。

解：（1）按劳动定额来确定早班、夜班服务员的人数

计算员工的出勤率

员工出勤天数＝365 天－78 天（周休息日）－14 天（年假和旅游假）－14 天（病假）＝259 天

员工出勤率＝259 天÷365 天＝71％

早班定员人数＝（480 间×80％）÷（12 间/人×71％）＝46 人

夜班定员人数＝（480 间×80％）÷（48 间/人×71％）＝12 人

（2）按岗位定员的方法来确定台班数

台班定员人数＝2 人×14 层楼÷71％＝40 人

（3）按比例定员的方法来确定楼层领班

楼层日班领班定员人数＝20÷3÷71％＝10 人

楼层夜班领班定员人数＝20÷5÷71％＝6 人

（4）经理等行政管理人员＝1＋1＋3＝5

（5）朝阳饭店客房部楼层所需的人数：46＋12＋40＋10＋6＋5＝119 人

注：计算过程中，凡带有小数点的数字，都进了一位。在实际工作中，也可采用四舍五入的方法。

二、客房部员工的调节

有关调查表明，稳定的员工队伍，将有助于客房部工作的顺利开展。因此，客房部应有效地控制员工数量，做好员工的调节工作，科学合理地运用人力资源。

（一）合理编制定员

客房部人员的有效调节是在合理编制定员的基础上进行的。如前所述，客房部的定员应采用一定的方法，遵循一定的程序。同时，在编制客房部的定员时，还应注意以下几方面。

1. 客房出租率的预测要准确

饭店的客源是在不断变化的，客房部的工作量亦随之而变化。因此，客房部应根据所积累的资料，结合饭店客情的变化规律和趋势，作好年度、季度甚至是月度的客房出租率预测，从而合理地确定客房部的人员。

2. 定员的水平要先进

编制客房部的人员时，不仅应反映出饭店已经达到的平均劳动效率水平，还要反映出

提高劳动效率的可能性和现实性。即客房部的人员编制的宗旨是：要使客房部的大部分员工通过努力可以超过工作定额，而不是现有员工劳动效率平均数的简单表现。

3. 各岗位工作人员的比例应科学合理

客房部人员的编制，应协调好客房部内部各岗位人员的数量和质量，使各层次、各岗位的人员既符合该层次工作的要求，又符合饭店科学管理的幅度，避免部门内部因定员不合理而出现忙闲不均的情况。要做到科学合理地确定客房部各岗位工作人员的比例，应注意处理好以下三方面的关系。

（1）注意处理好楼层服务人员与后台工作人员，包括公共区域、布件房及洗衣房人员的比例关系。

（2）注意处理好管理人员与服务人员的比例关系。

（3）注意处理好客房部各工种人员的比例关系。

（二）精简人员，提高劳动效率

在保证客房部人员相对稳定、确保服务质量的基础上，客房部人员的编制应避免人员的冗杂，减少不必要的工作人员，节约劳动力成本。饭店可采取一系列措施，来做好饭店营运旺季或临时需要人员时的服务工作，并在淡季时使员工休养生息，实现员工的合理调节和人力成本的有效控制。

（1）利用客房出租率较低的时段或经营淡季安排员工集体轮休。

（2）掌握客房部员工的家庭住址、电话号码等，以便做好临时需要时的服务工作。

（3）可以考虑将临时工、计时工、专业院校的实习生纳入定员的范围。这样，不仅保证了饭店在营运旺季的人员需求，还可降低淡季时的人力成本。但是，这类人员的比例不能过高，否则会使饭店的服务质量失控。

（三）合理安排工作，实行弹性工作制

客房部的工作量是随着客房出租率的变化而变化的，若不注意调节日常的工作节奏，将会出现"忙时筋疲力尽，闲时百无聊赖"的状况。因此，客房部应作好工作计划，实行弹性工作制，通过控制员工出勤率、合理安排班次、发放奖金、安排休假等方式，来减少员工缺勤，避免员工窝工。例如，一部分客人，特别是喜欢夜生活的外国人，习惯清晨睡懒觉和下午退房，针对这种情况，客房部可以让一部分员工9点钟或10点钟上班。这样，不仅会使员工的工作量饱满，保证出租的需要，而且亦可使员工的身心得到一定的调节。

资料卡

客房部员工的招收

（一）确定员工选用的标准

客房部工作与饭店其他业务部门的工作有较大的区别，其选用员工的标准亦不同于其他部门。员工选用标准的科学性与合理性，直接关系到客房部工作的有效开展。

1. 设计工作岗位

根据客房部的组织机构形式，设计符合客房部实情的具体岗位，是确定客房部员工选用标准的第一步。在工作岗位的设计过程中，应本着"因岗设人，人有其岗"的原则，结合当前饭店业员工的素质状况、饭店的分工情况，在充分考虑员工的满足感的基础上来设计岗位，切不可"因人设岗"。

2. 编写岗位责任书

岗位责任书的编写是在客房部工作岗位设计的基础上进行的。岗位责任书的内容一般应包括：该岗位在饭店组织中的地位和作用；该岗位属于哪一个部门，受谁的领导，领导谁；该岗位的工作范围，与哪些部门和岗位有横向的协作关系；该岗位具体应履行的职责，等等。岗位责任书一经完成，就应汇总成为活页型手册，以便随时取下和更换。一经聘用，员工就应拥有一份自己所从事职务的岗位责任书。同时，客房部经理和人力资源部经理应各有一份客房部的全部岗位的责任书。

3. 确定客房部员工选用的标准

饭店的分工较细，加上客房部的岗位、工种较多，因此，不同的岗位其选用员工的标准亦不同。除了不同岗位的具体要求外，客房部的员工应具备以下素质：

（1）爱岗敬业，工作踏实。

（2）责任心强，具有较高的自觉性。

（3）性格开朗，具有良好的合作精神。

（4）身体素质好，能够吃苦耐劳。

（5）动手能力强，工作效率高。

（6）熟悉所做职务的岗位责任，具有良好的服从意识。

（二）招收客房部人员

饭店员工的招收主要由人事部门负责，作为用人部门之一的客房部应协助人力资源部，把好通往本部门各岗位的最后一关——面试关，做好面试工作。

人员招收包括以下几个阶段：

1. 准备阶段

在此阶段中，主要应做好以下工作：根据饭店的经营情况和社会上劳动资源情况，确定招工的岗位和人数；根据招工的数量和招工对象的重要程度，确定招工的组织；根据国家有关部门的政策和不同岗位的资格条件，确定招工的区域、范围和条件，并以此来拟定招工简章；通过多种渠道发布招工信息。

2. 受理报名阶段

通过简单的目测、交谈和验证，确认报名资格，并通过填写求职申请表，了解求职者的基本情况，为下一阶段的考核录用工作奠定基础。

3. 考核录用阶段

通过对求职者的全面考核，综合评定，严格挑选，确定录用者的名单，并对其工作进行初步安排。

思考与练习

一、思考题

（1）在设计客房部组织机构时，要考虑哪几个问题？

（2）客房部主要工作岗位有哪些？简述一下各自的职责。

（3）影响客房部人员编制的因素有哪些？

（4）客房员工的培训类型有哪些？培训的内容是什么？

（5）通过本章的学习，与同学们讨论一下怎样对客房部进行组织机构设置和人员配置才能真正做到精简高效。讨论后，请写一篇1000字左右的可行性方案。

二、案例解析

开元旅游业集团所属饭店服务理念

1. 服务宗旨

向宾客提供东方文化与国际标准完美融合的服务。

2. 服务格言

让每一个人都成为开元的朋友。

（1）积极地帮助宾客。

（2）巧妙地吸引宾客。

（3）真诚地关怀宾客。

3. 服务准则

（1）每一位员工都必须熟练掌握岗位说明书的每一个细节。

（2）每一位员工都必须接受系统、持续的培训。

（3）每一位员工都是质量管理员。员工都有责任为改进集团任何一家企业的服务质量而反馈信息和提出建议。

（4）每一位员工都是服务员。管理人员要为员工服务，后台员工要为前台员工服务，所有员工都有责任满足宾客一切合理需求。

（5）服务宾客的三个基本要求：微笑、欠身、用尊称。

（6）服务就是细节。

（7）要始终保持殷勤好客的服务。

（8）人人都是金钥匙。在对客服务时，每位员工都应竭尽所能去帮助宾客解决一切问题。

（9）良好的综合素质是优质服务的关键。每一位员工都要尽可能地去学习、掌握更多与业务相关的知识和技能。

（10）努力为宾客创造惊喜。要尽力争取为宾客提供超值服务和延伸服务。

（11）使宾客成为你的朋友。在服务过程中要尽可能与宾客进行交流，养成观察、记录宾客需求和意见的习惯，要注意建立客史档案并加以运用。

（12）要用ISO国际质量标准来规范、改进我们的服务。

（13）要把国际上最新的生活方式和新的观念及时、有效地融入到服务中去（绿色观念、健康观念、无障碍观念、社交观念等）。

（14）注意用现代科技来提高我们的服务质量。

阅读上述材料，请用自己的语言概括一下开元旅游业集团所属饭店的服务理念，不超过500字。

第十七章　客房的物资管理

重点提示

1. 客房部的预算。
2. 客房家具设备的管理。
3. 客用物品的管理。
4. 客房布件的管理。
5. 降低消耗和保护环境。

故事坊

少了两条面巾

某天早上，某某酒店二楼早班服务员检查团队退房时，发现 207 房少两条面巾，等这个团队其余房间全部检查完后，也未发现有多出的面巾。服务员通知领班，一同再次检查 207 房，仍未发现有面巾。于是，服务员只行告诉前台，207 房少面巾两条。当前台人员告诉 207 房客人房间少了 2 条面巾时，客人非常生气，说他们昨晚入住时就发现两条面巾未配，而且，在这之前已告知了大堂副理。

事后，客房管理人员和大堂副理找当值服务员查询，服务员这才想起，她自己昨天早上在清扫 207 房时，因当时干净面巾缺，未及时配入。下班前集中给二楼房间配放面巾时，因该房客人刚进店，且房间有 DND 标志，所以当时未配入，可后来又忘记将此事作书面交接，从而导致今天早上查房的误报。

第一节　客房部的预算

预算是管理人员用来控制和指导经营活动（尤其是采购没备、用品）的依据。制定房务预算是客房管理者的基本职责之一。通过制定房务预算，饭店可以有效地控制客房各项成本和费用，提高客房经济效益。

预算的制定应力求谨慎，一旦制定出来，就必须成为指导开支的纲领。可以说，预算是整个客房经营管理工作的基础。

一、制定客房预算的依据和原则

（一）制定客房预算的依据

（1）宾馆酒店在计划期内的经营预测。

（2）宾馆酒店经营的历史资料。

301

（3）客房设施设备及人员现状。

（4）计划期内物价及劳动力成本水平。

（二）制定客房预算的原则

1. 轻重缓急原则

制定预算时，所有预算项目必须分清轻重缓急，按以下先后次序排列：第一优先，来年绝对必须配置的项目；第二优先，增加享乐程度和外观的新项目；第三优先，未来两年内需要添置的项目。

宾馆酒店在开业 3 年以后，总有必要对某些设施进行更新、改造和重新装饰，这些更新项目往往占了预算开支的一大部分，但是如果能将过去所购物品的购买和使用时间记录在案，那会就给客房管理人员的年度资金预算计划提供方便。

2. 实事求是原则

预算必须实事求是，按照客房部的实际状况和经营需要确定，否则，如果客房管理人员为了得到预期的金额而在预算上报了多出两倍的金额，那么，将来的实际开支就将是实际预算的两倍。事实上，如果按轻重缓急序列制订预算，也没有必要做这种"预算外的预算"。

3. 充分沟通原则

在绝大多数宾馆酒店，客房部门要负责整个宾馆酒店的家具配备工作，因此，客房管理人员必须与其他部门负责人（特别是工程维修部）保持联系，以便协商确定客房部与这些部门预算有关的统一开支款项。

二、客房预算的编制

（一）客房预算总表

客房预算包含的项目及预算表的格式如表 17－1 所示。

表 17－1　　　　　　　　某饭店 2001 年客房部预算总表　　　　　　　　单位：元

项目	上年实际	上年预算	本年预算	备注（原因）
第一优先项目				预计今年出租率上升 9％，补齐缺编 10 名员工
工资	338400	340000	430560	增加物价上涨因素（按 15％计）
工作服	16920	17000	26000	增加员工：今年需发皮鞋每人一双（70 元/双）
医药费	25560	23560	27960	240 元/（人·年）×104 人＋3000 元重病超支保险费
床单			57600	补充二套 30 元/床，急需补，否则会影响周转
洗衣房洗涤剂	36000	35000	45000	业务量增加，洗涤剂价上涨 15％（已接到通知）
客房、PAA 洗涤用品	15000	18000	9600	部分改用国产产品替代合资、进口产品
客房易耗品	245000	230000	226000	去年还有一部分。 3.3 元/间×240 间×82％出租率×365 天×95％消耗率
维修保养费	70000	75000	38000	去年增加烘干机一台 4 万元
第二优先项目				
清扫工具等	9000	15000	11000	考虑上涨因素
临时工工资	12000	10000	6000	去年人手不足，今年旺季考虑雇用些临时工（5～10 月）

续表

项目	上年实际	上年预算	本年预算	备注（原因）
差旅、培训费	4800	5000	4500	去年批量实习，今年少数骨干学习培训
邮电通讯费	2100	2000	2100	
第三优先项目				
办公用品及印刷品	4000	5000	3000	有些报表已够用
员工生日及生病等	2700	3000	2800	每个员工生日及病假达三天者的探望
奖金	293230	280000	330000	增加员工，业务增加，争取增长10%
劳保用品	16920	18000	18720	101人×15元/（人·月）×12个月
		累计	1238840	

说明：第一优先中，床单须在旺季之前（3月底之前）解决；工作服中夏季服装及皮鞋在5月份前解决，冬季服装在9月底之前解决。共需资金壹佰贰拾叁万捌仟捌佰肆拾元，当否，请审批。

此

呈：总经理室

客房部

2001年12月12日

（二）预算总表的分解

为了作好预算的控制，还应对预算的有关项目按月进行分解。参见表17-2。

表17-2　　　　　　　　　　月底预算表

项目	一月		二月		三月		……		十二月	
	本年	去年	本年	去年	本年	去年	本年	去年	本年	去年
工资										
客房用品										
清洁用品										
……										

三、客房预算的执行与控制

客房部年度预算一经批准，客房管理人员必须严格执行，将经营活动控制在预算范围之内。为此，客房管理人员应对预算执行情况进行检查，一般每年检查不得少于两次，最好是每月都检查一次，并填写预算执行情况控制表（见表17-3）。

表17-3　　　　　　　　　　预算执行情况控制表

项目	本月实际		本年累计		
	本年	去年	本年	预算	去年
工资					
客房用品					
清洁用品					
……					
直接开支合计					

四、客房设备的更新改造计划

饭店在开业 3 年以后即有必要对某些设施设备进行更新、改建和重新装饰，这些更新项目往往占了预算开支的一大部分。同时，为了保证自己的信誉和档次，满足客人不断增长的需求，保持和扩大对客源的影响力，大多数饭店都要制定客房设备的更新改造计划，还会根据市场的情况对一些设备用品实行强制性淘汰。客房部不是客房更新改造工作的直接承担者，但客房部人员对此又最有发言权。因此，客房部应关注和参与更新改造计划的制定工作，并根据客人的需求提出有关的设想，这将会使客房部的预算更加合理和完善。

（一）常规修整

这部分工作也可属于客房部的计划卫生项目（详见第三章第三节），每年至少进行一次。其主要内容包括：地毯、饰物的清洁，墙面的清洁和粉饰，常规检查和保养，家具的修饰，窗帘、床罩的洗涤，油漆。

（二）部分更新

客房使用达 5 年甚至更长时间，即应实行更新改造。更新改造主要包括：更换地毯，更换墙纸，更新沙发布、靠垫等装饰物品，更换窗帘、帷幔，更换床罩。

（三）全面更新改造

全面更新改造一般 10 年左右进行一次，它要求对客房的陈设、布置和格调进行全面彻底的改造。对客房的全面更新改造应加强调查研究，听取和收集客人的意见，了解国际国内同行业的行情，结合饭店的实际，搞出自己的特色来。同时，要考虑饭店的经济力量，不要贪大求洋，要在保证饭店整体利益的前提下，实事求是地、有步骤有重点地进行。有的饭店在这方面有深刻的教训，这是在进行客房全面更新改造时必须注意的问题。全面更新改造的项目包括：床垫和床架的更新（包括床头板），地毯的更新，橱柜、书桌和梳妆台的更新，沙发、咖啡桌的更新，墙纸的更新，灯具、镜子和画框等装饰物的更换，卫生间三大件的更新，卫生间墙面和地面材料、灯具和水暖器件等的更新。

此外，还应增添一些方便客人的具有新功能、新科技的设备和用品。

第二节　客房家具设备的管理

客房家具设备是客房产品的重要组成部分，客房家具设备的管理是客房管理的重要内容。加强对客房家具设备的管理，有利于保证客房的产品质量、延长家具设备的使用寿命、减少家具设备维修更新的资金投入，对于完成客房管理的各项任务有重要意义。

一、家具设备的配置

客房家具设备的配置并非简单的客房家具的布置和设备的安装问题，而是客房产品的设计问题，主要包括客房应该配置家具设备的种类、家具设备的样式等内容。客房家具设备的配置直接影响客房的功能、档次和特色，因此，饭店必须从产品设计的角度来解决客房家具设备的配置问题，具体要考虑以下几个方面的要求。

（一）适应目标市场的需求

饭店客房产品的设计与其他产品设计一样，都必须以市场需求为导向，以适应市场需求为目的。一家饭店通常会有若干种客房，每一种客房都应有比较明确的目标市场，即客人的消费群体。因此，饭店就要根据这些客人的特点和需要为客人设计客房。如商务客人往往把客房当作第二办公室，而且一般都单独使用一间客房，因此，商务房内就应配置一张双人床、一套舒适的办公桌椅和现代化的办公设备等（或者为客人安装使用自备的办公设备提供方便）。每一位客人都有一定的特点，对客房都会有一些特殊的要求。饭店必须注重研究分析各类客人的特点和他们对客房的特殊需求，有针对性地配置各类客房的家具设备。

（二）具有配套协调性

客房家具设备的配置必须具有配套协调性，一方面，客房的家具设备必须与客房相配套、相协调；另一方面，一间客房内的家具设备之间要相互配套协调。在配置客房家具设备时，要考虑家具设备的规格、造型、色彩、质地、档次等诸多要求，不能东拼西凑、杂乱无章。

（三）具有实用性

客房内所配置的家具设备必须具有实用性。每一件家具设备都有其特定的功能，都必须能够满足客人的实际需要，坚固耐用，使用方便，并能使客人在使用过程中得到某种享受。

（四）具有安全性

配置客房的家具设备时必须考虑安全问题，如家具是否牢固、是否阻燃，电器设备是否有安全保护装置，浴缸是否防滑，等等。所有家具设备都必须有很高的安全系数，在布置安装时都要采取相应的预防性措施。

（五）利于节能和环保

节能和环保是配置客房家具设备时必须考虑的重要因素，这一点也常被人们所忽视。随着人们节能和环保意识的增强、科学技术水平的提高，越来越有利于节能和环保的新产品不断问世。饭店在配置客房家具设备时，应优先选择这类产品，一方面可以减少消耗，降低成本，另一方面对保护环境作出贡献。

（六）方便维修保养

客房家具设备本身的材料、构造等要方便维修和保养，客房家具设备的布置安装也要方便维修和保养。无论家具设备质量多高、多么坚固耐用，都要有维修保养的过程。因此，在配置客房家具设备时必须考虑这一方面的要求。

（七）具有特色性

没有特色的产品就没有生命力。客房是产品，也就应该具有一定的特色。客房产品的特色可以表现在各个方面，其中，家具设备的配置就是一个重要方面。饭店在配置客房家具设备时，要有新理念、新思维，敢于突破传统的习惯，要有一些有别于常规和他人的做法，从而形成自己的特色。

二、客房常用设备、用品的维护保养

（一）木质家具

客房中用得最多的家具是木质家具，像写字台、梳妆台、衣柜、床头柜、酒柜等。由于木质家具的特点是容易变形、易腐朽、易燃，且质地结构不均匀，各方面强度不一致，因此要加强保养。

1. 防潮

木质家具受潮后容易变形、开胶和脱漆。因此，家具放置一般要距墙 5～10cm，并要经常通风换气。平时不要把受潮的物品（如湿毛巾、刚刚洗过的衣服等）搭放在木质家具上。

2. 防水

清扫房间时，见到水要及时擦干。若沾上难以擦拭的污垢，可用抹布蘸少许多功能清洁剂或少许牙膏擦拭，然后用湿润的抹布去除。如果是胶合板制成的家具沾上污垢，可用多功能清洁剂去除，严重的污渍还可用掺有油脂的清洁剂擦除。

3. 防热

木器家具受阳光暴晒，容易收缩，所以日常应避免烈日暴晒。在有暖气的房间，家具摆放时不要靠近暖气设备，以防被烘干而破裂。

4. 防虫蛀

壁柜、抽屉底层，应放些防虫蛀药或喷洒防虫剂，竹制家具可常用辣椒水擦洗，以防止虫蛀。

5. 定期打蜡上光

使用时间较长的家具会失去光泽，因此必须定期打蜡上光。保养的办法是将油性家具蜡倒少许在家具表面，用干布擦拭一遍，约 15 分钟后再重复一次。第一遍家具表面形成一层保护层，第二遍则可达到上光的效果。

6. 轻搬轻放

如需移动家具，必须轻搬轻放，切忌在地上硬拖强拽。搬动时，还要注意不要撞到其他物品和墙面。

（二）床

目前，饭店客房里面常用的床大多是西式床，西式床主要包括床架、软垫和床头板等几个部分。床的使用和保养要注意以下几个方面。

1. 床架

（1）保证牢固稳定。床架是床的支架，必须牢固稳定，能够承重受力。一方面，床架本身要牢固完好，无破损，受力或推拉时不摇晃、无声响；另一方面，床脚要牢固完好，无损坏和松脱，易于推拉，推拉时不损坏地面。

（2）保持清洁。要保持床架的清洁，一是要防脏，二是要及时除脏。为了防止床架被弄脏，可在床架上套上床裙，用床裙围护床架的四边。当发现床裙有脏污时，要及时换下来洗涤，如果床架上有脏迹，可采用擦洗的办法清除。

2. 床垫

（1）在床垫上加铺一床褥子，用松紧带将褥子固定在床垫上。否则，褥子在铺床时容易滑动,给操作带来困难。褥子脏时更换即可。

(2) 定期翻转床垫。

①贴标签。在床垫的正面两头贴上①和②两个标签,在床垫的反面两头贴上③和④两个标签。

②定期翻转。视床垫使用状况和年限,每月或每季度翻转一次。即按床垫贴的标签逐次翻转。例如,以床头板为准,每次将床垫按标签顺序翻动一个号码,使床垫各处压力和磨损相同,避免凸凹或倾斜。

(3) 经常注意检查。

①检查床垫弹簧的固定钮是否脱落。如果脱落,弹簧会移动,必须及时报修。否则,床垫易损坏,客人睡眠会不舒服。

②检查床垫四周边沿是否有积灰,若有要及时用小扫帚清除。在客房使用率低时,用吸尘器清洁床垫。

(三) 沙发

(1) 选用耐磨、易洗、色彩与客房相协调的面料制作沙发套,防止沙发面层磨损和污染。

(2) 在易脏部位放置花垫,可起到保护和美化的作用。

(3) 经常吸尘,及时除迹,定期清洗。

(4) 经常翻转坐垫。

(5) 如有损坏要维修。

(四) 电视机

1. 电视机的安装要求

(1) 为防止机内热量积蓄,切勿堵塞通风口。

(2) 电视机安在通风良好的地方,放置位置距墙5cm以上,切勿将电视机置于高温、潮湿、多尘的地方。

(3) 电视机的荧光屏一般应背对窗户放置,避免阳光直射到电视机屏幕上。

(4) 为了减少地磁对彩色晶体管的影响,电视机最好面向南或向北放置,否则可能产生色度不好现象。

(5) 搬动电视机时,切勿碰撞。

2. 安全方面的要求

(1) 非专业人员切勿打开机箱后盖,否则有被电击的危险。

(2) 大多数电视机仅可使用220V交流电,50Hz频率。

(3) 若有任何液体或异物落入机箱内,应立即拔掉电源线,并经专家检查以后方可再次使用,否则会导致失火、触电和破损。

(4) 电视机若长期不使用,要从墙上拔下电线插头。拔取插头时须拿住插头部分,切勿抽拉电线本身,并注意保护电源线不要受损伤。

(5) 用电视机时,上面不要盖软布,以便于通风散热。

(6) 磁体会干扰电视机的色彩,请勿使磁铁及含磁性的玩具、收音机及其他类似物品接近电视机。

（7）电视机不看时，应用罩套好或定期请维修人员清理，以避免灰尘和清除灰尘。

（8）接通或断开电源时触摸荧光屏，可能会感觉到微弱的电，但这是静电，对人体无害。

（9）雷雨天气时，最好不要打开电视机，应将天线和电源拔下。

（10）不要在电视机上放置盛水的容器或小物品，避免掉入机内造成故障。

（11）电视机长期不使用，夏季应每月通电一次，时间两小时以上；冬季则3个月通电一次，时间在3小时以上，以驱逐湿气。

（12）不要丢弃装纳电视机的厚纸箱及垫塞物等，以备将来须搬运时保护电视机之用。

3. 清洁方法的要求

（1）为安全起见，擦拭以前应先拔下电源线插头。

（2）用柔软的干布擦净机壳外表的灰尘。若要使用清洁剂，应用中性清洁剂。切勿使用稀释液或挥发性汽油、香蕉水等溶剂，以免失去外表光泽。

（五）电冰箱

1. 搬运与安放要求

（1）搬运电冰箱要防止剧烈震动，否则会使箱内一些部件损坏。

（2）搬运电冰箱时要使箱平稳直立，箱体倾斜角不可大于60℃，更不允许将电冰箱倒置。因为冰箱压缩机底部和电动机罩壳内有适量的润滑油，如将冰箱倒置或倾斜过度，会使油液进入制冷系统，有损循环。冰箱倒置还会引起压缩机减震弹簧脱钩。

（3）电冰箱背部与墙要有10cm以上的距离，以保证散热。同时，平时要注意不要堵塞散热通道。冰箱中放的食品不要紧贴后壁。

（4）冰箱顶部严禁放置其他电器和物件。

（5）要有独立的电源插座和可靠的接地线。如果安装地线有困难，一定要在电源前加装漏电保护器，以确保安全使用。

（6）为了取得最佳的冷藏和冷冻的效果，应将冰箱控制器调在适当的位置上。冰箱显示3个雪花，表示冷冻完的温度低于-18℃。

2. 维护与保养要求

（1）电冰箱长期不使用时，应拔下电源插头，切断电源，取出饮料、食品，并清洁干净。

（2）阴雨潮湿季节，由于大气湿度大，空气中的水分会凝结成水珠吸附在箱体外壳上，这是正常现象，可用柔软干布擦去。

（3）应经常清理冰箱内部，防止产生异味，内部附件可用浸有温水或中性清洁剂的软布擦洗，但塑料件绝对不能接触开水、酸、苯、石油等，否则会使塑料件老化、变形。蒸发器表面结有约5mm的霜时，应及时除霜。

（4）冰箱外表可用柔软干布蘸上中性清洁剂擦拭，再用干布擦净。

（5）冰箱使用要保持连续性，不要采取日开夜停的方法。因为再次启动要使箱内达到一定温度，需要较长时间，这样会使压缩机和电机工作量增加，长期下去，电冰箱寿命会受到影响，同时也更耗电。

（六）空调器

饭店常用的空调有中央空调系统和房间空调器两大类。

1. 使用注意事项

（1）只能使用 220V、50Hz 电源。

（2）使用中应该经常给房间通风，使用冷风型空调器，既能制冷又能除湿。

（3）切勿拉扯电源线。

（4）切勿通过插入或拔出电源线来打开或关闭机组，否则会造成脚管松力而导致接触不良，使其产生电击和过热。

（5）使用额定电流的熔丝，任何时候都不能用导线取代熔丝，否则不仅会损坏机组，而且可能造成严重事故。

（6）室内温度要调节适当，过冷或过热，或者调节幅度过大，既损害人体健康，又浪费电力。冷气运转的适合温度是在 26℃～28℃之间。冷气运转每调低 1℃，暖气运转每调高 2℃，能源耗费即增加 5% 左右。

（7）每两周务必清扫一次滤尘器。如果不认真清扫尘埃，滤尘器堵塞，不但影响运转效果，而且部分电力也将浪费。

（8）室外机周围不要堵塞。

（9）长期不使用应拔下插头，否则，因内部电脑控制部分仍在工作，会耗电 3～5W。

（10）不要让阳光直射和风从空隙吹进。

（11）设定适当的气流方向。

2. 房间空调的维护保养

（1）停止机组运转，拔下电源插头，用柔软的布擦拭脏污的地方。用 40℃ 以下的温水沾湿抹布，拧干后擦拭。

（2）切勿用开水、稀释剂、腐蚀性粉末或强烈溶剂来清洗滤尘网。

（3）切勿用水冲洗机组，否则将造成漏电和电击。

（4）当空气滤尘网指示灯闪烁时，需要清扫空气滤尘网。若室内的尘埃多，应每周清扫一次。

（5）如长时间停用空调机时，需用半天时间转动风扇，以排除机械内的湿气，避免发霉和产生气味，然后停机，拔电源，清洗过滤网，并按原样装上。

加强对客用物品的管理是客房管理的一项很重要的内容。客房日常使用的物资用品，多数是单件价值不大的生活用品。这些低值的消耗品需要量大，如果不加强对它的消耗控制和进行严格的管理，必然会造成大量浪费，直接影响到客房部的经济效益。

资料卡

地毯的维护与保养

1. 保养地毯的原则

（1）吸尘是保养地毯的首要程序。吸尘工作做得越好，地毯需清洁的次数就越少，地毯的使用寿命就越长。

（2）使用清洁剂清洗地毯时，要熟悉清洁剂的性能，并先试用。要避免使用酸性、碱性过强的清洁剂，更不要一次使用太多。

（3）尽量不用过热或过冷的水清洗地毯。

（4）地毯上的污渍要随脏随擦。对太脏的地方不要试图一次洗净，应等地毯干后再重复清洗，直至干净。

2. 地毯的维护和保养方法

（1）地毯的平时维护与保养

地毯的维护与保养是一项长期的工作，服务员每天要吸尘一次，将地面的灰尘、纸屑、沙砾等及时吸净。发现地毯上有污渍要及时清除。同时要防止卫生间、暖气跑水，打扫卫生时不要把水洒到地毯上。如果地毯大面积被淋湿，要及时搬到室外晾晒。若因地毯太大或天气不佳，不便搬到室外，可用物体把地毯浸湿处支撑起来，然后打开门窗使空气对流，把地毯风干。

铺在楼梯上的地毯，每隔一段时间应适当错动地毯棍的位置，使地毯的磨损及褪色不致集中一处，以延长其使用寿命。

羊毛地毯极易被虫蛀蚀。每年四至七月，是地毯最易生虫子的时候。因此，要经常检查，发现虫子及时处理。地板上铺的羊毛地毯，其边缘处要经常撩起，用干拖布清除下面的灰尘，以防生虫。暂时不用的地毯在收藏时，应先去灰尘，然后洗刷干净。纯毛地毯可卷成圆筒形，放些樟脑丸，然后用绳将两端扎好，用物体将其垫起来，置于通风干燥处。

（2）地毯的定期维护与保养

主要是对地毯进行彻底的清洁。一般半年或一年对地毯进行一次大面积清洗。清洗的方法有三种。

①干泡擦洗（又称干粉法）。是用干泡洗地毯机将干洗剂喷洒在地毯上进行擦洗，干泡剂与地毯里的尘埃结成晶体，十几分钟后用吸尘器将结晶体吸去，地毯便洗净。它的特点是易干燥，特别适宜对羊毛地毯的洗涤，并且不影响正常营业，具有清洁速度快、溶合力好、不褪色、不皱裂、不发霉、无污染等优点，是目前效果最好的地毯清洗方法。

②旋转式擦洗。是将大量经稀释后的清洁液喷入地毯，由机器带动刷盘在纤维上旋转擦洗，而后将污水吸除。此法洗涤效果较好，但缺点是洗后地毯湿度大，有些地毯纤维和背衬遇水后会缩水、褪色，湿洗后会破坏平整和美观。因此，绝不能用于洗涤羊毛地毯。

③温水抽吸洗涤。是用高压将温水稀释的清洁液喷射在地毯上，将污垢喷离后，再由与喷口同时工作的吸口将脏液吸入，达到洗净的目的。此法特点是操作轻松方便，地毯纤维不受损伤，但洗后地毯湿度大，只适宜于绒毛纤维稍短的化纤地毯。

第三节　客房用品的管理

一、客房用品的分类

（一）一次性消耗品

是提供给客人的个人用品。例如，茶叶、卫生卷纸、信封、信纸、浴液、牙具。这些用品是一次消耗完毕，用完即完成其价值补偿。

（二）多次性消耗品

是提供给客人反复多次使用的供应物品。例如，棉织品、茶水具、文具夹、烟灰缸、衣架等。这些用品可连续多次供客人使用，价值补偿要在一个时期内逐渐完成。

（三）租借物品

是客人在住店期间向饭店借用的物品。例如，熨斗、风筒，使用后须归还饭店。但使用期间如有损坏，须负责赔偿。

二、客房用品的选择

（一）实用

客房用品是为方便住客生活需要而提供的，因此必须有实用性。

（二）美观

客房用品除具有实用性，还应具有欣赏性。在清洁舒适的客房里放上令人赏心悦目的用品，会使客房增色不少。

（三）适度

客房用品的质量及配备的数量，应与客房的规格档次相适应。高档饭店，其用品齐全，名贵豪华；中档饭店的用品应尽量多，要求美观；低档饭店的用品力求完好、实用和方便。

（四）价格

在保证客房用品基本质量的前提下，应尽可能地控制好价格，以降低客房成本。

三、客房用品的发放和使用控制

（一）客房用品的发放

（1）楼层服务员每天按规定的数量和品种向楼层小库房领取当天需要为客房配备和添补的用品。

（2）楼层小库房的库存量先由楼层领班将本楼层库房的消耗及现存情况统计出来，再按楼层的规定配备标准填好客房用品申报表。报主管审批后，凭申领单到中心库房领取。

（3）中心库房依据申领单进行统计，按消耗的情况及仓库最高库存量从采购部领取物品。

（4）客房部负责人对中心库房要经常检查，控制物品流失和了解使用情况。

（二）客房用品的消耗控制

1. 制定消耗标准

在实际工作中，要加强统计分析，从而掌握各种客用物品的消耗情况，制定出客房用品的消耗标准。通常客房用品是每天按客房物品的配备标准进行配备的。但并非所有用品都于每天消耗完，可能有部分用品被全部消耗，而部分用品没有消耗或没有全部消耗。因此，通过统计分析，可以找出其中规律。

（1）单项客房用品消耗标准一般可按下列公式计算：单项用品消耗标准＝客房出租间天数×每间客房配备数×平均消耗率。

例如：客房的茶叶，每间客房每天供应4包，而平均每间客房每天消耗量为3包，平均消耗率为75％。如果某一楼层本月出租总数为576间天，那么该楼层本月茶叶消耗标准

应为：576 间天×4 包/间天×75％＝1728 包

（2）全部用品的消耗标准＝客房出租间天数×每间客房配备用品总价×平均消耗率。

例如：某饭店每间客房全部消耗品的总价是 18 元，平均消耗率为 70％，某楼层客房出租总数为 576 间天，那么该楼层本月客房用品的消耗总金额应为：576 间天×18 元/间天×70％＝7257.6 元

2. 加强统计分析

实行奖惩制度，各楼层及中心库房对客房用品消耗，要进行每日、每周、每月、每季度和年度的统计，并根据规定的消耗标准实施奖惩。超出标准消耗的，要给予惩罚，并分析原因，找出解决问题的办法。对节约物品消耗的，要给予奖励。但是，鼓励节约要适度，不能因讲究节约而忽视服务质量。通常要规定一个限度，即在单位人均消耗上进行控制。对超出控制限度的，不但不能奖励，而且应该提出批评甚至惩罚。目前，有些饭店实行楼层全员负责制，使客房用品的超标消耗得到有效的控制。

3. 加强日常管理

（1）控制流失。要做好员工思想工作，对客房用品的保管不能掉以轻心，防止无谓的浪费。还要严格按饭店的配置标准摆放供应品，工作中要按规定使用。

（2）每日统计。客房服务员每天完成客房整理工作后，应填写一份客用供应品的耗用表，作好日耗用量的统计。

（3）严格进出手续。凡领用物品必须按财务、物资管理手续登记，验收入库。客用物品要有人审批，填写原始凭证，以堵塞漏洞。

资料卡

客房用品的配备标准

（1）房间用品配备标准

配备的标准数量，一般按饭店的档次、经营的决策及客房的种类来确定。在管理中可将配备的标准列成书面材料，供日常发放、补充、检查及培训使用。

（2）工作车物品配备标准

服务员工作车专门用于存放各类需要补充或更换的客房用品。工作车上应配备多少客房用品，应视在服务过程中需要补充或更换的数量来确定，一般以一个班次的耗用量为基准。在管理中，可将其数量及摆放位置的规定用文字说明，或者制成图片张贴在工作间里，统一工作车的物品配备。

（3）楼层小库房配备标准

楼层工作间通常储备可供楼层一周内使用的各种客房用品，具体品种、数量应该用卡条列明，并贴在工作房内，以供领料和盘点时对照。

（4）中心库房配备标准

客房中心库房一般储备能满足一个月需要的各类客房用品。物品的诸备量，最好做到既能保证供应，又不造成积压。仓库的保管员应根据物品实际使用情况，每月制定物品需求计划，及时向饭店总仓库申报。

第四节　客房布件的管理

布件又称为布草或布巾。在客房的经营活动中，它不仅被作为一种日常生活必需品提供给客人使用，还被用于装饰环境与烘托气氛等。

一、客房布件的分类

按照用途来划分，客房的常用布件可分为四大类。

（一）床上布件

包括床单、枕套等。

（二）卫生间布件

包括方巾、面巾、浴巾、地巾等。

（三）餐桌布件

包括台布、餐巾等。

（四）装饰布件

包括窗帘、椅套、裙边等。

二、客房布件的质量要求

（一）床上布件的质量要求

1. 纤维的长度

纤维的长短对布件的质量有着重要的影响。纤维长，纺织出来的纱均匀、光滑、条干好、拉力强，织成织物后平滑细腻，耐洗耐磨；纤维短，纺出的纱和制成的织物质量也较差。一般二级至四级棉的纤维长是 27～29mm，一级（高级）棉的纤维长是 29～31mm。

2. 纱支数

纱支数的高低与纤维的长短有很大关系。纤维长，纺出的纱细而紧，纱支数高，使用中不易起毛，耐洗耐磨；纤维短则次之。棉纱的支数有三种，用于床单、枕套等的织物有20 支纱、21 支纱和 24 支纱。24 支纱要用一级棉纤维纺制，20 支纱、21 支纱多为二级至四级棉纤维纺制。混纺纱支数要高一些，因为化学纤维多比棉纤维长，所以可达 30 支纱和 40 支纱。

3. 织物密度

密度高且经纬分布均匀的织物强度和舒适度佳。可用作床单、枕套的织物密度一般为每 $10cm^2$ 288 根×244 根，高级的可超过每 $10cm^2$ 400 根×400 根。

4. 断裂强度

织物的断裂强度与织物的密度等都有密切的关系，通常织物的密度越高，其断裂强度越好。

5. 纤维的质地

目前常用的床单、枕套的质地主要有全棉和混纺两类。全棉的织物柔软透气、使用舒适，但容易起皱、退色、泛黄，不耐用；而混纺织物则既保留了棉的优点，又吸取了化纤的易洗快干、抗皱挺括、不退色、经洗耐用等优点。目前客房使用的床上布件，特别是床单、枕套、被套等大多是棉绦混纺织物，一般棉绦比例为50：50或65：35等。

6. 制作工艺

布件的制作工艺也直接影响布件的质量。布件的制作要求是：卷边宽窄均匀、平齐，缝线平直，针脚均匀，疏密适度，规格尺寸标准。

（二）卫生间布件的质量要求

卫生间布件主要是各种毛巾，对毛巾的质量要求主要有以下几点。

1. 毛圈的数量和长度

通常毛圈的数量多而且长，毛巾的柔软性和吸水性就好。但如果毛圈太长就容易被钩坏，故一般要求毛圈的长度在3mm左右即可。毛圈的数量和长度与毛巾的质量成正比。在购买毛巾时，不仅要看尺寸大小，而且还要看质量。

2. 织物密度

毛巾是由地经纱、纬纱和毛经纱组成。地经纱和纬纱交织成布基，毛经纱与纬纱交织成毛圈，故纬线越密，毛圈抽纱的可能性就越小。

3. 原纱强度

制作毛巾的原纱要有足够的强度，才能经得住拉扯。通常较好的毛巾，地经纱用的是股线，毛经纱用的是双根无捻线，这样能增强耐用性和吸水性。

4. 制作工艺

毛巾的边必须牢固平整，每根纬纱都必须能够包住边部的经纱，否则，边部容易磨损、起毛。另外，毛巾的折边、缝线、线距等要符合要求。

（三）窗帘的质量要求

窗帘的功能是遮光、保护隐私、装饰美化、隔音隔热，还能弥补窗户本身的一些不足。客房的窗帘有薄窗帘和厚窗帘，多为织物制成。薄窗帘通称纱窗帘，作用是减缓阳光的照射强度、美化房间，白天既不影响室内的人观赏室外景色，又能保护室内隐私；厚窗帘则具有窗帘的较多功能，讲究的厚窗帘除有一层装饰布外，还有一层遮光背衬。

选择客房窗帘织物时要注意以下几点。

1. 纤维的质地

化纤牢固，不缩水，不退色，颜色品种多且鲜艳，耐磨，耐拉扯，但易吸附灰尘，柔软度较差，档次较低。天然纤维（棉、毛、麻）华贵，色泽自然，坠感和手感好，浆过后平整挺括，但会退色，易缩水。混合纤维则兼具了以上两种纤维的优点，价格也比较适中，客房窗帘大多选用混合纤维的织物制作。

2. 纤维的纺织方法会影响到织物的柔软性、重感、牢度和美观度

选择时要注意纺织的松紧度及纤维的粗细。细的纤维精致、平滑、质高；粗的纤维粗犷、动感强，但质量较差。

3. 阻燃性

窗帘必须具有阻燃性。在纤维中加入矿物纤维，可使织物具有阻燃性，也可在织成后进行专门的阻燃处理。

4. 色彩和图案

客房窗帘的色彩和图案要根据房间的装饰风格、冷暖感、空间感等来选择，另外还要考虑其本身的显脏性。一般不宜用太大太乱的花形图案，颜色不宜太深或过浅。太深显得压抑，过浅容易显脏。颜色跳跃不宜太大，过分华丽和跳跃的色彩影响客房的安静感，刺激客人的视觉，影响客人的休息。

5. 价格

选择窗帘织物时，还必须考虑价格因素，优质优价。

6. 制作工艺

窗帘的制作工艺直接影响窗帘的功能与使用寿命。因此，客房的窗帘应由专业厂家制作，要求精致考究。上下折边不能小于 3cm，褶距要相等均匀。为了增加垂坠感，可在底边配重。

三、客房布件的规格

（一）床上布件的规格

客房的床上布件是与床及床上的其他用品配套使用的，其规格尺寸应与床的规格及其他相关用品的规格相适配。

1. 床单

床单的规格尺寸是根据床的规格尺寸和铺床的方法及要求确定的。通常按下列公式计算：

床单的长度＝床垫的长度＋2×床垫的厚度＋2×20cm

床单的宽度＝床垫的宽度＋2×床垫的厚度＋2×20cm

如果床垫的规格是 120cm×200cm，厚度为 16cm，用于这种床的床单的规格就应该是：

长度＝200cm＋2×16cm＋2×20cm＝272cm

宽度＝120cm＋2×16cm＋2×20cm＝192cm

之所以按照这套公式计算床单的规格，是因为按西式铺床的方法和要求，床单不仅要覆盖床面，而且还要能包边包角，即包住床垫的四边四角，为了包角紧密，还需把四边塞进 20cm。

按照公式计算出来的床单的规格是实际所需的尺寸，没有考虑缩水的因素。棉布的缩水率一般为 5%～8%，购买床单时要考虑其缩水率。

2. 枕套

枕套是与枕芯配套使用的，因此，枕套的规格尺寸要依据枕芯的规格尺寸来确定。一般要求枕套比枕芯宽 2～5cm，长 20～23cm。

3. 褥垫

褥垫是铺在床垫上起防护等作用的垫子，因此，褥垫的规格要与床垫的规格相适配，通常要求略小于床垫的长度与宽度，以四边不超出床垫滚边并紧贴滚边为宜，不能过大，也不能过小。

（二）客房卫生间毛巾的规格

客房卫生间毛巾的规格要与饭店的档次相适应。参照饭店星级评定标准的有关要求，客房卫生间毛巾的规格如表 17-4 所示。

表 17-4　　　　　　　　　　　　客房卫生间毛巾的规格

种类	尺寸（cm）	质量（克）	饭店档次
大浴巾	120×60	400	一、二星级
	130×70	500	三星级
	140×80	600	四、五星级
小浴巾	100×34	125	无明确规定
面巾	55×30	110	一、二星级
	60×30	120	三星级
	70×35	140	四、五星级
地巾	65×35	280	一、二星级
	70×40	320	三星级
	75×45	350	四、五星级
方巾	30×30	45	三星级
	30×30	55	四、五星级
浴衣	大、中、小号		

（三）窗帘的规格

窗帘可分为标准窗帘和落地窗帘两种。

1. 标准窗帘

标准窗帘的尺寸（单位：cm）为：

长度（高度）＝窗子的长度（高度）＋2×（15～20）

标准窗帘的上下两端均应超出窗户 15～20cm。如果窗子的高度为 150cm，那么窗帘的长度应为〔150＋（30～40）〕cm，即 180～190cm。

窗帘宽度与窗帘轨道的长度相等。轨道长度等于窗子宽度两边各加 15～20cm。如果窗户的宽度为 250cm，那么窗帘的宽度应为〔250＋（30～40）〕cm，即 280～290cm。

2. 落地窗帘

是否做成落地窗帘，一般取决于窗户的大小与墙面的比例及整体装潢效果。如果窗户面积与墙面面积之比大于 2/3，则宜做落地窗帘。如果窗台离地面的距离小于 45cm，宜做落地窗帘；大于 70cm，宜做标准窗帘；介于 45～70cm 之间，则视整体装潢效果和窗户面积与墙面面积的比例大小而定。

落地窗帘的高度应为挂好后下端离地面 2cm，宽度则等于轨道长度。一般轨道的长度等于墙面的宽度。

3. 窗帘用料

（1）用料面积计算（长度单位：cm）：用料面积＝（2×丈量宽度＋25）×丈量高度

（2）用料长度计算（长度单位：cm）：用料长度＝用料面积÷布料宽度

式中的 2 为折中倍数，通常最大不大于 3，最小不小于 1.5，具体折中倍数取决于布料的厚薄。厚料可选偏小数，薄料可选偏大数。25cm 是用于接缝和重叠。在购买布料时，要考虑接拼缝及凑花形图案的需要和缩水率，要留有余地。

四、客房布件的配备

客房布件的配备是客房布件管理工作中的一个重要问题。客房布件的配备需有合理的定额标准，要防止定额的不合理而影响客房布件的正常供应及造成无谓的浪费和损耗。

通常，客房布件主要包括在用布件和备用布件两部分。在用布件即投入日常使用和周转的布件，备用布件即存在库房以备更新补充使用的布件。

（一）在用布件

在确定在用布件的数量时，要综合考虑下列因素：

（1）必须能够满足客房出租率达100％时的使用和周转需要。

（2）必须能够满足客房一天24小时运营的使用和周转需要。

（3）必须能够适应洗衣房的工作制度对布件周转所造成的影响。

（4）必须适应饭店关于客用布件换洗的规定和要求。

（5）必须考虑布件调换补充周期及可能发生的周转差额和损耗流失等情况。

（6）能够保证刚洗烫过的布件有一段保养的时间。

（二）备用布件

在确定备用布件的数量时，要综合考虑下列因素：

（1）布件的损耗率。

（2）计划更新补充的周期和数量。

（3）预计流失布件的补充情况。

（4）是否有更新布件品种及规格等计划。

（5）定制和购买新布件所需的时间。

（6）库存条件。

（7）资金占用的损益分析。

根据经验，有店属洗衣房的饭店，其客房布件的配备定额一般都为3.5～4套。其中一套在客房使用，一套在楼层布件房或工作车上，一套在洗衣房或中心布件房，另外的半套或一套存在库房。这里所说的一套是指按饭店规定标准全部客房配备时的总数。

一般来说，库存的布件不宜过多以防止库存时间过长而造成自然损耗，各种布件的损耗情况并不完全一样。此外，有的布件可以改制再利用，因此也就无需各种布件都按3.5～4套配备。

五、客房布件的管理与控制

（一）客房布件的存放

在用布件除客房里有一套之外，楼层布件房应存放多少、工作车上要布置多少、中心布件房要存放多少、各种布件的摆放位置和格式等，这些都要有统一的规定，这样员工就有章可循。平时，只要核对一下数量多少就可知道有没有发生差错以及用起来够不够，这样，工作效率得到了提高，员工的责任心也会随之加强。

（二）客房布件收发制度

这不仅指收发的数量，还含有对质量的控制。

（1）送多少脏布件就可以换多少干净的布件，不管是楼层或餐厅，送来多少布件应填表列明，洗衣房收到货给予复算后签字认可，使用者便可去中心布件房领到相同品种和数量的干净布件。

（2）如果使用者需要超额领用，应填写借物申请并经有关人员批准；如果中心布件房发放布件有短缺，也应开出欠单以作为归还凭据。

（3）在布件收发处及各个布件储存点应设有一个布件分拣筐或桶。收点或叠放布件时，应将有破损或污迹的分拣出来以单独处理。这不仅可提高下一道工序的效率，还可防止出现布件质量下降的趋势，并且利于布件的保养。

（三）客房布件报废和再利用制度

布件报废的原因通常有以下三点。

（1）使用年限已到。为了维持水准和利用残值，应及时淘汰旧的、更换新的。

（2）进行大规模统一调整而作更换。这类报废布件应该很好地给予利用。

（3）布件破损或沾上污迹后无法清除。布件报废应定期、分批进行，以便分散工作量并保持布件的质量水准。布件报废应有核对审批手续，一般由中心布件房的主管核对，客房部经理审批并填写报废记录（见表17-5）。报废布件要洗净、打印、捆扎好之后再集中存放。根据其具体情况，报废布件可改制成小床单、抹布、枕套或盘垫等。

表 17-5　　　　　　　　　　　　布件报废记录

品名：_____　　规格：_____　　填报人：_____　　批准人：_____

报废原因	年限已到	无法缝补	无法去迹	其　　他	报废总数
数　　量					

（四）员工使用布件的控制

员工中极易发生的现象是：客房布件充作抹布或餐厅的餐巾握在厨师手中，甚至有的员工将客用毛巾占为己有。对于前一类现象，应加强监督和有关培训，并保证有充足的抹布供应；对后一种做法，务必要严肃处理以杜绝后患。

（五）把好洗涤关

洗涤的程序、时间、温度和洗涤剂的使用是影响布件质量的几个主要方面。此外，还要做到脏布件不过夜和湿布件优先处理；熨烫烘干也要把好关，以免布件外观和内在质量下降。

（六）建立盘点制度

客房盘点工作通常是三个月或半年一小盘，一年一大盘。小盘点由客房部自行组织，大盘点往往有财务部参加或由财务部统一组织。盘点能够帮助我们加强工作的责任感，提高内部管理和控制的自觉性。

盘点前要计划好准确日期和具体时间，预先发出通知，以便到时暂停布件的周转并清点出各处布件的准确数量；盘点过后应制作统计分析表并予存档（见表17-6）。对于盘点发现的问题要及时地给予解决，使盘点真正起到促进工作的作用而不是流于形式。

表 17 - 6　　　　　　　　　　　　　　　布件盘点统计分析表

部门：_____　　盘点日期：_____　　制表人：_____

品名	额定数	客房		楼层布件房		洗衣房		中心布件房		盘点总数	报废数	补充数	差额总数	备注
		定额	实盘	定额	实盘	定额	实盘	定额	实盘					

（七）建立备用布件储量卡

把新布件存在财务部库房中，建立备用布件储量卡，可供客房部随时了解现存布件的品种与数量，并可根据现有布件的使用及补充情况，提出布件采购申请或计划（见表 17 - 7）。

表 17 - 7　　　　　　　　　　　　　　　备用布件储量卡

规格	单价	项目				最高限量		最低限量	
日期	摘要	进	出	结存	日期	摘要	进	出	结存

国外同行的研究表明：如果布件使用得当，一般洗涤寿命起码应达到这一水平：床单 250～300 次，枕套 150 次，毛巾 150 次，餐巾 75 次，台布 100～150 次。

资料卡

客房布件的保养与储存

1. 客房布件的保养

客房布件的保养必须贯穿于储存与使用的始终，除了前文中提及的有关要求外，还应注意以下几点。

（1）尽量减少存库时间。

（2）新布件必须经洗涤后才能投放使用。

（3）备用布件要按先进先出的原则投入使用。

（4）洗涤后的布件要放置一段时间，以利其散热、透气。

（5）要消除污染和损坏布件的隐患。

2. 备用布件的购买

备用布件一次不宜购买太多，存放时间太长会使布件的质量明显下降。

3. 备用布件的使用原则

备用布件应遵循"先进先出"的原则投入使用。最好能在布件边角上做 A、B、C 之类的标记以表明其投入使用的批次，这样不仅有利于跟踪分析其使用状况，还方便了布件的定期更新换代工作。

4. 新布件应洗涤后再使用

这既是清洁卫生的需要，又有利于提高布件强度，并为使用后的第一次洗涤带来方便。

5. 洗净的布件

刚洗涤好的布件应在货架上放置一段时间以利其散热透气，这样可以延长布件的使用寿命。

6. 特别注意

要消除污染或损坏布件的隐患，如：将布件随便丢在地上，收送布件时动作粗鲁，布件中夹带别的东西，布件车或架等不干净以及表面粗糙或有勾刺，等等。

7. 客房布件的储存

客房布件应存放在一个合适的环境中，无论是楼层布件房、中心布件房还是备用布件房，都应具备下列条件：

（1）具有良好的温度和湿度条件。储存布件的库房相对湿度不能大于 50%，最好控制在 40% 以上；温度以不超过 20℃为宜。

（2）通风良好，以防微生物繁衍。

（3）墙面材料应经过良好的防渗漏及防霉蛀预处理，地面材料最好用 PVC 石棉地砖。

（4）在安全上，房门应常锁，限制人员的出入，并要作经常的清洁工作和定期的安全检查，包括有无虫害迹象、电器线路是否安全等等。

（5）布件要分类上架摆放并附货卡。布件库不应存放其他物品，特别是化学药剂以及食品等。

（6）对长期不用的布件应用布兜罩起来，以防止积尘、变色。否则，严重的污染可能导致布件领用后难洗涤干净。

第五节　降低消耗和环境保护

创建"绿色客房"、走可持续发展之路已成为 21 世纪饭店业发展的必由之路。美国著名管理大师乔格·温特在其《企业与环境》一书中指出："总经理可以不理会环境的时代已经过去了，将来公司必须善于管理生态环境才能挣钱。"在全球性的绿色浪潮推动下，饭店经营中的环保意识逐渐成为广大从业人员和消费者的共识。

一、绿色饭店和绿色客房

（一）绿色饭店的含义

如今，人们通常把与环境保护、防止污染相关的事物冠之于"绿色"称号。绿色产品、绿色产业、绿色科技、绿色职业纷纷涌现。譬如，就产品而言，已拓展到衣、食、住、行各个消费领域，如绿色时装、绿色食品、绿色住宅（指使用绿色建筑材料建造的住宅、节能住宅等）、绿色汽车等等不胜枚举。"绿色饭店"这个概念也已经逐渐为人们所熟悉，但迄今为止，还没有一个明确的解释。"绿色"一词往往用来比喻"环境保护"、"回归自然"等。当一个与绿颜色无关的名词被"绿色"所修饰时，就表示该事物与环境保护有关。"绿色饭店"可以简单地翻译为 Green Hotel，但国际上又把"绿色饭店"翻译为 Eco-efficient Hotel，意为"生态效益型饭店"，由于 eco 也是 economy 的前缀，这个在此也隐含着"经济效益"的含义，意思是充分发挥资源的经济效益；也有将"绿色饭店"翻译为 Environmentally Friendly Hotel 即"环境友好型饭店"。应该说，"绿色饭店"或 Green Hotel 只是一种比喻的说法，是用来指导饭店在环境管理方面的发展方向。它可以理解为与可持续发展类似的概念，即指能为社会提供舒适、安全、有利于人体健康的产品，并且在整个经营过程中，以一种对社会、对环境负责的态度，坚持合理利用资源，保护生态环境的饭店。绿色饭店只是提出了一个原则和框架，并不涉及具体的内容和目标、指标。

所以，绿色饭店是指运用安全、健康、环保理念，坚持绿色管理，倡导绿色消费，保护生态和合理使用资源的饭店，其核心是在为顾客提供符合安全、健康、环保要求的绿色客房和绿色餐饮的基础上，在生产运营过程中加强对环境的保护和资源的合理利用。近年来，绿色管理已风靡全球酒店业，国内外不少酒店纷纷实施绿色管理战略，成效显著。香港的 ISL 酒店制定了 100 多条绿色管理条例，严格绿色管理操作程序，成为亚太地区首家通过国际标准 ISO14001 的酒店。中华人民共和国国家经贸委 2002 年 12 月 25 日颁布了由中国饭店协会起草的《中华人民共和国商业行业标准——绿色饭店等级评定规定》，这个标准对绿色饭店的管理和评定条件作了具体的规定，并于 2003 年 3 月 1 日开始实施。2003 年 6 月 22 日，我国首家参评达标 5A 级中国绿色饭店——海南博鳌金海岸温泉大酒店正式挂牌（《海南日报》2003.06.22），同时参评达标的还有深圳圣庭苑酒店（中国旅游人才网 2003.09.19）。

（二）绿色客房

"绿色客房"是绿色饭店所提供的客房产品，它必须符合"绿色饭店"的一些基本要求，包括设备的运行对环境的影响最小，物资消耗降到最低，客房环境符合安全卫生标准，给客人提供良好的自然空间，如无建筑装修污染，无噪音，有空气过滤装置，有室内环境完全符合人体健康要求的禁烟房间；房间所有的用品、用具的使用都符合充分利用资源、保护生态环境的要求。

二、绿色客房管理

（一）创建绿色客房的意义

创建绿色饭店并不是一项负担，而是一次挑战，更是一次机遇。它与高新技术的应用、大力开发人力资源和努力建设学习型组织等时代潮流相结合，必将引起和推动我国饭店业的新变革。美国负责旅馆估价服务业务的伊万洛斯基瑞希莫认为，顾客看待饭店经营对环境影响的态度、购买行为、政府立法等方面的变化将会确立饭店绿色化在未来饭店经营管理中的重要位置。他们认为，建设绿色饭店意义在于以下三个方面。

1. 节约成本

环境问题与饭店经营成本直接相连，而把成本减至最低就需要恰到好处的管理。对排放的各种废物的收集、运输和倾倒等方面的费用不断上涨，同时，政府的有关处罚力度也在加大，饭店需要承受越来越大的成本压力。而饭店把这些废料，根据不同的特点进行再循环使用，就可降低成本。例如，在客房设置征询牌，减少棉织品的洗涤量；减少一次性消耗品，设置多次性消耗品；废水处理后再利用，等等。能源是饭店经营成本的一条重要渠道，饭店的照明、供暖、通风和空调等方面都离不开能源。加强对能源的管理力度，节能降耗，无疑还大有潜力可挖。

2. 适应社会要求

饭店的生存发展首先要符合国家各种法规的要求和广大消费者的认可。随着国家对环保立法的完善和公众关注程度的提高，饭店必然要采取措施来适应这一大环境的变化。饭店管理人员应该为自己的饭店量身订做一套建立绿色饭店的方案与制度，使之朝着符合国家政策法规、适合本身的实际情况、适应人们的消费需求的方向发展。

3. 赢得竞争优势

创建"绿色客房"已成为各饭店的主要竞争点。绿色饭店成本低，适合人们的消费理念和生活环境，所以会受到越来越多顾客的欢迎。据美国旅游协会的调查，仅美国国内就有约 4300 万人自称是"生态旅游者"。数据显示，他们宁愿多花 8.5% 的钱也要使用关心生态的旅游生产供应商提供的产品和服务。所以通过建设绿色饭店并把自己的努力与社会公众及时沟通，可以为饭店在生态旅游者这一日益壮大的市场中极大地赢得竞争优势。

（二）绿色客房管理的原则

"绿色饭店"需要有一些基本的原则来指导实际工作以支持它的持续改进和发展。

1. 再思考——转变观念

人们的追求总是围绕经济发展、提高生产力、提高生活水平来进行的，主观上并没有刻意破坏环境的用意，环境污染只是在追求经济高效率、生活高质量的过程中的一个副产品。尤其是 20 世纪 90 年代以来变得日益严重的一些环境问题，如固体废弃物、白色污染增加，这与产品生产者的生产、促销理念，人们的生活、消费理念有密切的关系。有些产品是方便了消费者，却给环境带来了污染。所以，饭店要把握现行的生产方式、经营方式和服务方式，看它是否符合环境因素，把保护环境作为一个重要内容来考察现有行为的合理性，然后进一步提出改进措施。应该改变长期以来在旅游界流行的"旅游业是无烟产业，不会造成对环境的污染"的观念。事实上，我国许多地方为了开发旅游业大兴土木，已经造成了对自然环境的"人为"破坏，而且许多破坏是不可弥补的。

2. 再循环——节约资源

人们常说："我们只有一个地球，正如我们只有一双眼睛。"的确如此，地球上的绝大多数资源都是有限的，我们要想法提高其利用率，一个较好的方法是对可循环使用的资源进行再利用。再利用可分为微观再利用和宏观再利用两个层次。微观再利用是一种企业内部的行为，而宏观再利用是在全社会范围内，由政府干预或通过其他的方式来实现的。饭店内部首先要努力实现微观再利用，例如中水、冷凝水的回用，将报废床单改制为洗衣袋，将客人用过的肥皂收集制成洗涤剂进行再利用，等等。但是纸张的再生在饭店内部是无法实现的，此时，饭店的任务是要为宏观再利用创造条件，即把废弃的纸张从其他的废弃物中分离出来，集中由废品处理站送到造纸厂进行再生。

3. 再减少——降低成本

减少物品消耗量有助于减少废弃物的产生，从而降低经营成本提高资源效益。在大部分人的观念中，现代饭店就是豪华生活的代名词，所以饭店非常注重"包装"，包括对服务过程、对提供的物品的包装，正是这种包装使得饭店产生大量浪费并产生大量废弃物。典型的例子就是饭店提供的生活用品、卫生用品包装精美，但被客人打开后就成了废弃物。饭店完全可以实施简化包装，既能节约资金，又可达到环境保护的目的。又如饭店为客人一天一换床单，浴室里的易耗品如香皂、浴液、洗发水、牙膏、润肤露等均超出正常人 4 天的剂量。据新华网北京 8 月 17 日电，长沙、上海数家酒店日前推出"绿色饭店"新做法：如果顾客不提出特殊要求，酒店将不再提供被业内人士称为"六小件"的牙刷、牙膏、拖鞋、梳子、瓶装洗发水、沐浴液。这样做是否合理，我们有法可依了，中国首部饭店行业的"绿色法典"——《绿色饭店标准》最近正式出台。《标准》要求："房间的牙刷、梳子、小香皂、拖鞋等一次性客用品和毛巾、枕套、床单、浴衣等客用棉织品，按顾客意愿更换，减少洗涤次数；改变、简化或取消客房内生活、卫浴用品的包装。"但并未提到"撤除"。据一项针对京、沪、穗三地 682 位市民的最新调查显示，目前赞同这一做法的仅有 16.3%。同时，有三成被访者表示，如果宾馆不提供洗浴用品就不会入住。国际上一些发达国家也不是所有的酒店都不提供"六小件"。

绿色饭店是营造人类社会可持续发展环境的全球性科学理念和措施。这种理念的培养并付诸实施，不是一朝一夕的事，亦非简单撤掉牙刷所能解决的。对一些客用消耗品，完全可以从减量、再循环的角度去考虑其配置方式。比如沐浴液可以使用固定的容器存放，硬纸壳包装可以简化，香皂可以通过造型设计减少克重。同时，进一步提高这些消耗品的内在质量。绿色饭店是一个持续改进的过程，取消"六小件"在一定程度上确实能降低酒店成本，但作为一个有公众责任心的酒店，更应该把这些节省的资金用于继续完善酒店的绿色投入，比如把这部分资金放在如何改进酒店的绿色配置、提升酒店的绿色内涵上。

4. 恢复、补偿——改善环境

饭店存在大量对环境不利的因素，因此需要对这些因素进行改进，减少对环境的破坏；同时饭店要在可能的情况下投入资金，对已经造成破坏的环境进行治理，以使环境得到恢复和补偿。虽然环境在遭受到破坏后很难再恢复原貌，但是对它进行恢复和补偿是必要的，例如饭店通过种植花草树木的方式来净化空气、补偿绿地的减少。

（三）绿色客房管理的基本内容

伊万洛斯基等人指出，所谓绿色饭店，其实就是指它的设施设备、政策和实践，可以减少其对环境的负担的饭店。他们认为，对于现有体系及经营程序，特别是在废物、水和能源方面的管理的认真调研和分析，将使得许多可能的改进措施不会有很多费事支出或者很快就会为饭店带来回报。专门从事 ISO14001 认证的 SGS 国际认证服务香港有限公司营销经理和注册审核师陈宝玲女士介绍绿色饭店标准最少包括六个要素：最低排污量、某些物品的回收与再利用，能源有效利用、贮存与管理，新鲜水资源的管理，废水管理，关注环境保护的采购政策，社会文化的发展。但归纳起来，根据伊万洛斯基等人的说法，建设绿色饭店主要包括以下三方面的内容。

1. 废物处理

饭店的废物管理目的在于努力减少排放废物的数量及毒性，饭店应按照 3R（Reduce、Reuse、Recycle）原则，采取各种措施减少、再利用和循环利用纸张、塑料、杯子、金属、木材、有机废物和某些有毒物质。废物管理主要遵循以下几条原则。

（1）重复使用和一次性使用。饭店中能够实现重复使用的东西应尽量使用可重复利用的材料制作。比如,客人洗澡间中摆放的装洗发水的瓶,在客人离店后重新整理房间时,饭店可以专门分类收集,送厂家经过清洗消毒之后,重新灌注,再次利用。这无疑减少了废物排放量,也减少了所排放废物中的不可降解的成分,同时也降低了成本。

(2)化学药品的使用。许多化工产品不仅在使用时会对人产生副作用(如食品添加剂),而且在排放后也会对环境造成污染,如含磷的洗衣粉等。饭店可以使用天然的可再生的材料或经过改良的化工产品来加以替代。

(3)延长产品使用时间。饭店应加强各种设施设备的管理,能够修理和翻新的就不要重置。即使需要重置的,也应考虑将那些淘汰下来的物质充作其他用途。如各种瓷制餐具等,要么换到饭店其他部门继续使用,要么奖励给员工,要么捐赠给有需要的机构。

(4)尽量循环使用。饭店各种物品的循环使用需要员工和顾客的参与,回收、加工废物没有员工的积极主动参与是无法实现的。

2. 水资源保护

节水设施与策略不仅是有效的水资源保护计划的基础,而且见效快,所以事实上也是饭店业中应用最广泛的。许多设备都可以减少水龙头、花洒等的出水量。但是这些节水设备必须与其他保护策略相配合才有效。例如,清洁走廊时用扫帚而不用水冲;客房中也可摆放一些给客人的建议信等材料,提醒客人节约用水。

3. 能源管理

自从20世纪70年代第一次能源危机以来,能源的保护也已成为西方国家饭店经营管理者所关心的问题。在饭店日常经营管理中,许多技术都可以在员工日常行为中达到节能的目的,而不需要另外的资本投入,例如,控制温度,关掉暂时不需要照明的灯和及时报告哪有浪费能源之处。饭店也可通过在客房中发放特别的小册子等措施,鼓励客人参与节能。比如提醒客人在睡觉时将温度调高一点,饭店还可提供可调节温度的开关并提醒客人调节到他们最合适的温度。这样既可以使饭店的能耗降低,又可让客人满意。

虽然建设绿色饭店与赚钱并不矛盾,但是,许多饭店仍把"以罚代改"视作处理环保问题的良方,而不愿意投资购买或改造环保设备,这是一种短视行为和权宜之计。从长远发展来看,早一点投资就早一点有回报。

三、评定绿色饭店的标准、条件

中华人民共和国国家经贸委2002年12月25日颁布了由中国饭店协会起草的《中华人民共和国商业行业标准——绿色饭店等级评定规定》。这个标准对绿色饭店的管理和评定条件作了具体的规定,并于2003年3月1日开始实施。

(一)绿色饭店的标志及意义

对达到或超过绿色饭店标准的饭店和餐馆,将准许使用绿色饭店标志。目前绿色饭店以银杏叶作为标志。

图案外形为C,代表中国的China,C型用银杏叶围成,银杏树是世界上最古老的树,有植物界的"活化石"之称,代表着生生不息的绿色与生命,中间H代表着含客房的酒店、度假村(Hotel),中间是R,则代表不含客房的餐馆、饭庄、酒楼(Restaurant)。

（二）绿色饭店的三个理念

1. 安全

这个概念，是绿色饭店的一个基本特征。

2. 健康

健康是指给消费者提供有益于健康的服务和享受，具体来讲就是绿色客房和绿色餐饮。

3. 环保

（1）减少浪费、实现资源利用的最大化。比如在餐厅就餐，让消费者适量点菜，注意节约，提供剩菜打包、剩酒寄存服务，这些都是绿色饭店的内容。

（2）在饭店建设和运行过程中，对环境的影响和破坏降到最低。比如一次性消耗用品的过度使用导致污染，因此我们对没有使用完的用品不再添加；我们以前对饭店服务规范要每天更换棉织品，绿色饭店要求可根据顾客的意见更换，这样即可以降低饭店成本，又可以减少对环境的污染。

（3）饭店的物资消耗和能源消耗降到最低点。比如在客房随手关灯，随手关空调等。

（三）绿色饭店的五个等级

按照国际惯例，我们把绿色饭店分为五个等级，根据企业在提供绿色服务、保护环境等方面作出不同程度的努力，分为 A 级、AA 级、AAA 级、AAAA 级、AAAAA 级共五个等级。AAAAA 级为最高级。

资料卡

绿色饭店产生的背景

人类的环境保护意识始于上世纪 60 年代末、70 年代初，到了 80 年代末才形成高潮。1992 年 6 月联合国在里约热内卢召开了"联合国环境与发展大会"并通过了《21 世纪议程》，标志着世界进入了"保护环境、崇尚自然、促进可持续发展"的一个崭新阶段。人们称，90 年代，世界进入了"环保时代"的绿色时代。绿色时代的到来对世界经济发展产生巨大影响。当然，旅馆业也不例外。人们在生产和消费过程中，越来越关注资源与环境保护，环保时代的到来给旅馆业的发展提出了新的要求。为了旅馆业的可持续发展，1991 年"威尔士王子商业领导论坛"（PWBLF）创建了一个名为"国际旅馆环境倡议"（IHEI）的机构。该机构是由世界上 11 个著名的旅馆集团组成的一个委员会，它们是雅高、福特、希尔顿、假日国际集团、洲际旅馆公司、"Omni"国际旅馆集团等，由英国查尔斯王子任主席。1993 年，英国查尔斯王子倡议召开了旅馆环境保护国际会议，通过了由上述 11 个国际旅馆集团签署的倡议，并出版了《旅馆环境管理》一书，旨在指导旅馆业实施环保计划，改进生态环境工作，加强国际合作，交流旅馆环保工作的经验及有关信息，促进政府、社区、行业以及从业人员对旅馆环境保护达成共识，并付诸实践。

📖 思考与练习

一、思考题

(1) 简述客房部预算的依据和原则。

(2) 客房部设备全面更新改造的项目包括哪些？

(3) 客房家具设备配置的要求应从哪几个方面考虑？

(4) 客房用品的选择一般从哪几个角度去执行？

(5) 客房布件应储存在什么样的环境下，且怎样贮存？

(6) 什么是绿色客房？创建绿色客房的意义何在？

(7) 试以"建立了绿色客房就能实现环保"为主题与同学们展开讨论，主要把握准它们之间的辩证关系。

二、案例解析

关于电视机的投诉

某饭店住了一位商务客人，当晚因没有商务活动留在房内。他打开电视机，多数频道没有图像，一些频道即使有图像也模糊不清。于是他打电话给楼层服务员要求派人前来检修。半个小时过后，客人仍未见有人进房检修，再打电话给服务员，询问是否有人检修电视机。服务员向客人接连道歉，并要求客人耐心等候。大约又过了 20 分钟，才来了一位维修员，对电视机作了一番检查后，表示这台电视机无法修理，离房而去。恼怒的客人打电话到客房部投诉。

阅读上述材料，请分析一下客人恼怒的原因。为杜绝这种现象，客房部应该怎样做？

附 录　中国旅游饭店行业规范

第一章　总则

第一条　为了倡导履行诚信准则，保障宾客和旅游饭店的合法权益，维护旅游饭店业经营管理的正常秩序，促进中国旅游饭店业的健康发展，中国旅游饭店业协会依据国家有关法律、法规，特制定《中国旅游饭店行业规范》（以下简称为《规范》）。

第二条　旅游饭店包括在中国境内开办的各种经济性质的饭店，含宾馆、饭店、度假村等（以下简称为饭店）。

第三条　饭店应当遵守国家的有关法律、法规和规章，遵守社会道德规范，诚信经营，维护中国旅游饭店行业的声誉。

第二章　预订、登记、入住

第四条　饭店应与宾客共同履行住宿合同，因不可抗力不能履行双方住宿合同的，任何一方均应当及时通知对方。双方另有约定的，按约定处理。

第五条　由于饭店出现超额预订而使宾客不能入住的，饭店应当主动替宾客安排本地同档次或高于本饭店档次的饭店入住，所产生的有关费用由饭店承担。

第六条　饭店应当同团队、会议、长住宾客签订住房合同。合同内容应包括宾客进店和离店的时间、房间等级与价格、餐饮价格、付款方式、违约责任等款项。

第七条　饭店在办理宾客入住手续时，应当按照国家的有关规定，要求宾客出示有效证件，并如实登记。

第八条　以下情况饭店可以不予接待：携带危害饭店安全的物品入店者；从事违法活动者；影响饭店形象者；无支付能力或曾有过逃账记录者；饭店客满；法律、法规规定的其他情况。

第三章　饭店收费

第九条　饭店应当将房价表置于总服务台显著位置，供宾客参考。饭店如给予宾客房价折扣，应当书面约定。

第十条　饭店客房收费以"间/夜"为计算单位（钟点房除外）。按宾客住一"间/夜"，计收一天房费；次日 12 时以后、18 时以前办理退房手续者，饭店可以加收半天房费；次日 18 时以后退房者，饭店可以加收一天房费。

第十一条　根据国家规定，饭店可以对客房、餐饮、洗衣、电话等服务项目加收服务费，但应当在房价表及有关服务价目单上注明。宾客在饭店商场内购物，不应加收服务费。

第四章　保护宾客人身和财产安全

第十二条　为了保护宾客的人身和财产安全，饭店客房房门应当装置防盗链、门镜、应急疏散图，卫生间内应当采取有效的防滑措施。客房内应当放置服务指南、住宿须知和防火指南。有条件的饭店应当安装客房电子门锁和公共区域安全监控系统。

第十三条　饭店应当确保健身、娱乐等场所设施、设备的完好和安全。对不按使用说明及饭店员工指导进行操作而造成伤害的，饭店不承担责任。

第十四条　对可能损害宾客人身和财产安全的场所，饭店应当采取防护、警示措施。警示牌应当中英文对照。

第十五条　饭店应当采取措施，防止宾客放置在客房内的财物灭失、毁损。由于饭店的原因造成宾客财物灭失、毁损的，饭店应当承担责任。由于宾客自己的行为造成损害的，饭店不承担责任。双方均有过错的，应当各自承担相应的责任。

第十六条　饭店应当保护宾客的隐私权。饭店员工未经宾客许可不得随意进入宾客下榻的房间，日常清扫卫生、维修保养设施设备或者发生火灾等紧急情况除外。

第五章　保管宾客贵重物品

第十七条　饭店应当在前厅处设置有双锁的宾客贵重物品保险箱。贵重物品保险箱的位置应当安全、方便、隐蔽，能够保护宾客的隐私。饭店应当按照规定的时限免费提供住店宾客贵重物品的保管服务。

第十八条　饭店应当对住店宾客贵重物品的保管服务作出书面规定，并在宾客办理入住登记时予以提示。违反第十七条和本条规定，造成宾客贵重物品灭失的，饭店应当承担赔偿责任。

第十九条　宾客寄存贵重物品时，饭店应当要求宾客填写贵重物品寄存单，并办理有关手续。

第二十条　客房内设置的保险箱仅为宾客提供存放一般物品之用。对没有按规定存放在饭店前厅贵重物品保险箱内而在客房里灭失、毁损的宾客的贵重物品，如果责任在饭店一方，可视为一般物品予以赔偿。

第二十一条　如无事先约定，在宾客结账退房离开饭店以后，饭店可以将宾客寄存在贵重物品保险箱内的物品取出，并按照有关规定处理。饭店应当将此条规定在宾客贵重物品寄存单上明示。

第二十二条　宾客如果遗失饭店贵重物品保险箱的钥匙，除赔偿锁匙成本费用外，饭店还可以要求宾客承担维修保险箱的费用。

第六章　保管宾客一般物品

第二十三条　饭店保管宾客寄存在行李寄存处的行李物品时，应当检查其包装是否完好、安全，询问有无违禁物品，并经双方当面确认后签发给宾客行李寄存牌。

第二十四条　宾客在餐饮、康乐、前厅行李处等场所寄存物品时，饭店应当当面询问宾客物品中有无贵重物品。宾客寄存的行李中如有贵重物品的，应当向饭店声明，由饭店员工验收并交饭店贵重物品保管处免费保管；宾客事先未声明或不同意核实而造成物品灭失、毁损的，如果责任在饭店一方，饭店按照一般物品予以赔偿；宾客对寄存物品没有提出需要采取特殊保管措施的，由物品自身的原因造成毁损或损耗的，饭店不承担赔偿责任；由于宾客没有事先说明寄存物的情况，造成饭店损失的，除饭店知道或者应当知道而没有采取补救措施的以外，饭店可以要求宾客承担其所受损的赔偿责任。

第七章　洗衣服务

第二十五条　宾客送洗衣物，饭店应当要求宾客在洗衣单上注明洗涤种类及要求，并应当检查衣物状况有无破损。宾客如有特殊要求或者饭店员工发现衣物破损的，双方应当事先确认并在洗衣单上注明。

宾客事先没有提出特殊要求，饭店按照常规进行洗涤，造成衣物损坏的，饭店不承担赔偿责任。宾客的衣物在洗涤后即发现破损等问题，而饭店无法证明该衣物是在洗涤以前破损的，饭店承担相应责任。

第二十六条　饭店应当在洗衣单上注明，要求宾客将衣物内的物品取出。对洗涤后宾客衣物内物品的灭失，饭店不承担责任。

第八章　停车场管理

第二十七条　饭店应当保护停车场内饭店宾客的车辆安全。由于保管不善，造成车辆灭失或者毁损的，饭店承担相应责任，但由宾客自身的原因造成车辆灭失或者毁损的除外。双方均有过错的，应当各自承担相应的责任。

第二十八条　饭店应当提示宾客保管好放置在汽车内的物品。对汽车内放置的物品的灭失，饭店不承担责任。

第九章　其他

第二十九条　饭店可以谢绝宾客自带酒水和食品进入餐厅、酒吧、舞厅等场所享用，但应当将谢绝的告示设置于有关场所的显著位置。

第三十条　饭店有义务提醒宾客在客房内遵守国家有关规定，不得私留他人住宿或者擅自将客房转让给他人使用及改变使用用途。对违反规定造成饭店损失的，饭店可以要求下榻该房间的宾客承担相应的赔偿责任。

第三十一条　饭店可以口头提示或书面通知宾客不得自行对客房进行改造、装饰。未经饭店同意进行改造、装饰并因此造成损失的，饭店可以要求宾客承担相应的赔偿责任。

第三十二条　饭店有义务提示宾客爱护饭店的财物。由宾客的原因造成损坏的，饭店可以要求宾客承担赔偿责任。由宾客原因维修受损设施设备期间导致客房不能出租、场所不能开放而发生的营业损失，饭店可视其情况要求宾客承担责任。

第三十三条　对饮酒过量的宾客，饭店应恰当、及时地劝阻，防止宾客在店内醉酒。宾客醉酒后在饭店内肇事造成损失的，饭店可以要求肇事者承担相应的赔偿责任。

第三十四条　宾客结账离店后，如有物品遗留在客房内，饭店应当设法同宾客取得联系，将物品归还或寄还给宾客，或替宾客保管，所产生的费用由宾客承担。三个月后仍无人认领的，饭店可进行登记造册，按拾遗物品处理。

第三十五条　饭店应当提供与本饭店档次相符的产品与服务。如果存在瑕疵，饭店应当采取措施及时加以改进。由于饭店的原因而给宾客造成损失的，饭店应当根据损失程度向宾客赔礼道歉，或给予相应的赔偿。

第十章　处　理

第三十六条　会员饭店违反本《规范》，造成不良后果和影响的，除按照有关规定进行处理外，中国旅游饭店业协会将给予内部通报批评。

第三十七条　会员饭店违反本《规范》，给宾客的人身造成较大伤害或者给宾客的财产造成严重损失且情节严重的，除按规定进行赔偿外，中国旅游饭店业协会将给予公开批评。

第三十八条　会员饭店违反本《规范》，给宾客人身造成重大伤害或者给宾客的财产造成重大损失且情节特别严重的，除按规定进行赔偿外，经中国旅游饭店业协会常务理事会通过，将对该会员饭店予以除名。

第十一章　附　则

第三十九条　饭店公共场所的安全疏散标志等应符合国家的规定。饭店的图形符号应符合中华人民共和国旅游行业标准 LB/T001—1995 旅游饭店公共信息图形符号。

第四十条　会员饭店如果同宾客发生纠纷应参照本《规范》有关条款协商解决；协商不成的，双方按照国家有关法律、法规和规定处理。

第四十一条　本《规范》适用于中国旅游饭店业协会会员饭店。尚未加入中国旅游饭店业协会的旅游饭店可参照本《规范》执行。

第四十二条　本《规范》自 2002 年 5 月 1 日起施行。

第四十三条　本《规范》由中国旅游饭店业协会常务理事会通过并负责解释。